Lk 2 4185 (II,2)

Mortagne
1891

Besnard, Joseph

Histoire religieuse de Mortagne, paroisses, monuments, monastères et autres institutions depuis leur établissement

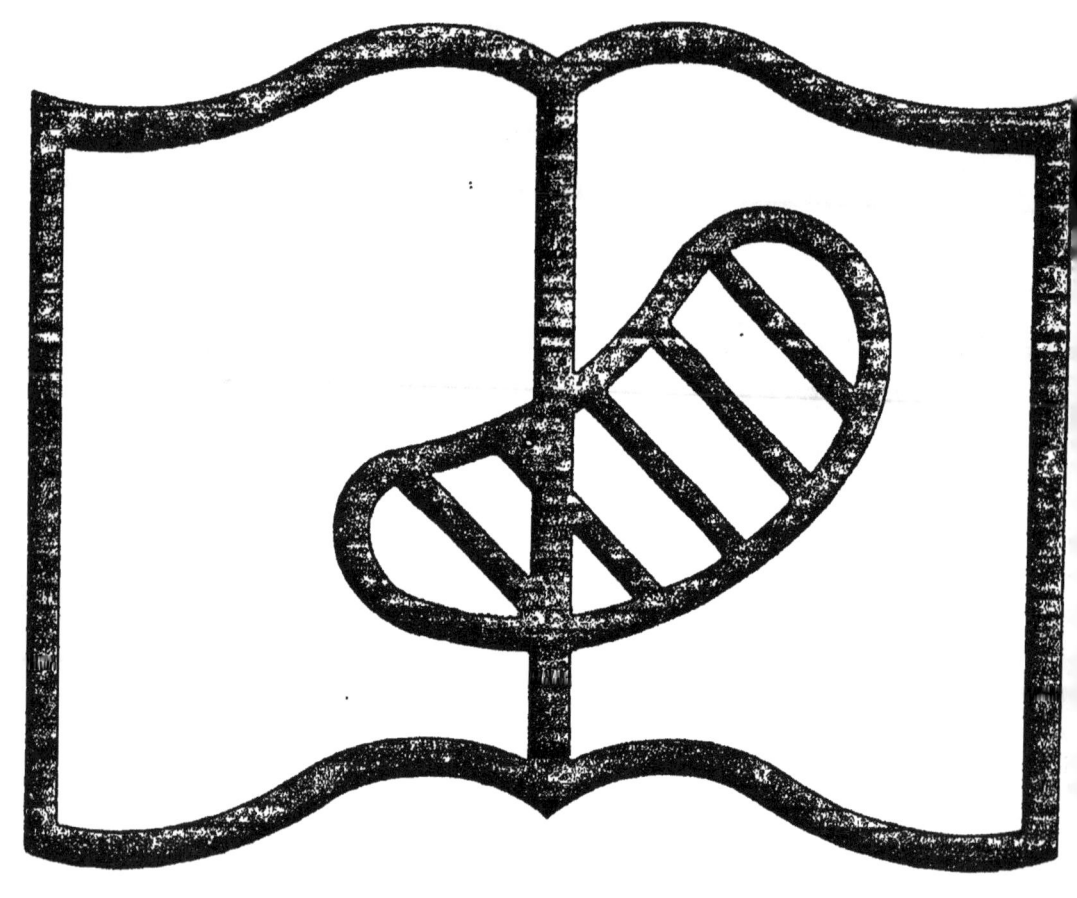

Symbole applicable
pour tout, ou partie
des documents microfilmés

Original illisible

NF Z 43-120-10

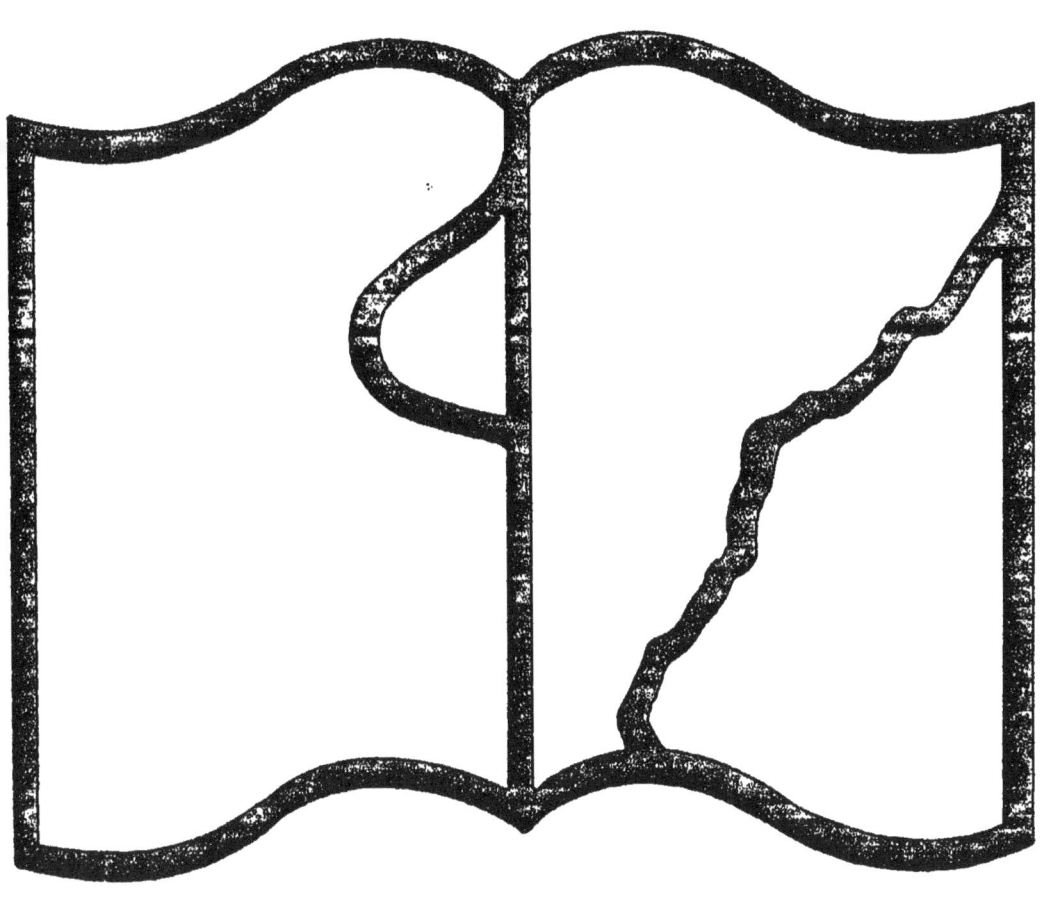

Symbole applicable
pour tout, ou partie
des documents microfilmés

Texte détérioré — reliure défectueuse

NF Z 43-120-11

DOCUMENTS SUR LA PROVINCE DU PERCHE
2º série. — Nº 2.

HISTOIRE RELIGIEUSE
DE
MORTAGNE

PAROISSES, MONUMENTS
MONASTÈRES ET AUTRES INSTITUTIONS

Depuis leur établissement jusqu'à nos jours

AVEC PLANS ET GRAVURES

PAR

J. BESNARD

Membre de la Société historique et Archéologique de l'Orne

MORTAGNE

IMPRIMERIE L. DAUPELEY, PLACE D'ARMES

M. DCCC. XCI.

DÉPOSITAIRES :

A Mortagne, à la librairie MARCHAND et GILLES.
   Id.   à la librairie FOURNIER.
A Nogent-le-Rotrou, chez M. HAMARD, libraire ;
A Chartres, chez M. JACQUOT-BROSSERON, libraire ;
   Id.   chez M. PÉTROT-GARNIER, libraire ;
A Alençon, chez M. LOYER-FONTAINE, libraire ;
A Paris, à la librairie Ernest DUMONT, 32, rue de Grenelle.

HISTOIRE RELIGIEUSE

DE

MORTAGNE

DOCUMENTS SUR LA PROVINCE DU PERCHE
2ᵉ série. — nº 2.

HISTOIRE RELIGIEUSE
DE
MORTAGNE

PAROISSES, MONUMENTS
MONASTÈRES ET AUTRES INSTITUTIONS

Depuis leur établissement jusqu'à nos jours

AVEC PLANS ET GRAVURES

PAR

J. BESNARD

Membre de la Société Historique et Archéologique de l'Orne

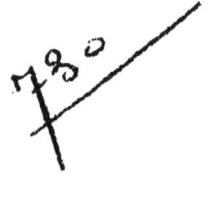

MORTAGNE

PICHARD-HAYES || L. DAUPELEY
Libraire-Éditeur || Imprimeur

M. DCCC. XCI

INTRODUCTION

Un grand peuple, agité par l'esprit de ruine,
Fait écrouler sur lui tout ce qui le domine;
Il veut renouveler trône, autels, mœurs et lois ;
Dans la poudre et le sang tout s'abîme à la fois.
(Jocelyn.) LAMARTINE.

Lorsqu'éclata la Révolution, Mortagne, comme beaucoup d'autres villes de province, était richement dotée en institutions religieuses ; elle possédait :

1° Quatre églises paroissiales :

Notre-Dame, avec 1 curé et 3 vicaires ;

Saint-Jean, avec 1 curé et 2 vicaires ;

Loisé, avec 1 curé et 1 vicaire ;

Sainte-Croix, avec 2 vicaires desservants (cette dernière église n'était qu'une succursale de celle de Loisé).

2° Trois communautés d'hommes :

Saint-Eloi (ordre de la Sainte-Trinité pour la rédemption des captifs), avec 11 religieux ;

Les *Capucins*, avec 4 pères et 2 frères convers ;

Chartrage (Genovefains, chanoines réguliers de saint Augustin, congrégation de France), avec 2 religieux.

3° Deux communautés de femmes :

Sainte-Claire (religieuses de sainte Claire, cloîtrées), avec 19 religieuses de chœur et 3 sœurs converses ;

Hôtel-Dieu, desservi par des sœurs hospitalières au nombre de 6.

4° Une église collégiale, appelée collégiale de *Toussaints*, avec 12 chanoines et 12 chapelains.

Dix années de discorde civile et religieuse firent tomber, les uns après les autres, ces asiles de la piété et de la charité. C'est à peine si les Vandales de 93 purent consentir à laisser debout l'église Notre-Dame, seul vestige de la splendeur passée de la capitale du Perche. Encore eurent-ils la barbarie de la mutiler et d'en faire ainsi le témoin de leur rage satanique.

« Au retour des terres de l'exil, dit le vénérable M. de Vieillard, « mes regards attendris cherchèrent avidement la ville où je

« vécus ; je me crus illusionné par un songe en revoyant Morta-
« gne tel que la Révolution l'avait fait. Des larmes de compas-
« sion inondèrent mon visage et mon cœur se serra quand, de
« tant de richesses et de beautés que j'avais laissées à mon départ,
« je n'aperçus debout que le dôme de Notre-Dame (1). »

Aujourd'hui, non seulement la plupart des monuments ont été détruits, mais les hommes d'autrefois ont disparu et avec eux le souvenir de ces mille détails anecdotiques qui font une histoire vraiment intéressante. La tradition orale en conservait jadis le récit répété d'âge en âge dans chaque famille pendant les veillées d'hiver, mais beaucoup délaissent de nos jours le foyer paternel et avec lui l'histoire du lieu natal.

Pour satisfaire notre curiosité et savoir ce qu'avait été notre ville natale à travers les âges, il nous a donc fallu recourir aux écrits, et nous confier à la Providence des chercheurs ; Dieu aidant, la récolte fut assez abondante : à toutes les portes où nous frappâmes, malgré notre jeune âge, on nous accueillit toujours favorablement. Que tous ceux qui, par leurs conseils ou par leur bienveillance à nous mettre entre les mains leurs archives privées ou les archives publiques dont ils sont les gardiens, nous ont aidé dans ce travail, veuillent bien agréer ici nos plus sincères remerciments.

Notre but est d'essayer de raconter l'histoire des paroisses et des divers établissements religieux qui existaient à Mortagne au moment de la Révolution ; nous ne négligerons pas ceux qui étaient alors déjà disparus, ni ceux que l'Eglise, mère toujours féconde, a fait, depuis, renaître de leurs cendres ou surgir du néant pour soigner les malades, soulager toutes les misères, donner aux enfants non seulement l'instruction profane, si utile à qui veut réussir ici-bas, mais aussi la foi et l'éducation chrétiennes, trésors bien autrement nécessaires pour vivre heureux en ce monde et en l'autre. Ce travail sera certainement bien incomplet, mais nous espérons que tôt ou tard un historien plus habile que nous, réunira aux siens ces quelques épis glanés dans le champ de l'histoire, pour en former une gerbe digne d'être offerte à l'antique capitale du Perche.

J. B.

(1) Abbé Fret. *Chroniques percheronnes*, t. III, page 154.

SAINT-JEAN, SAINT-MALO
ET ENVIRONS

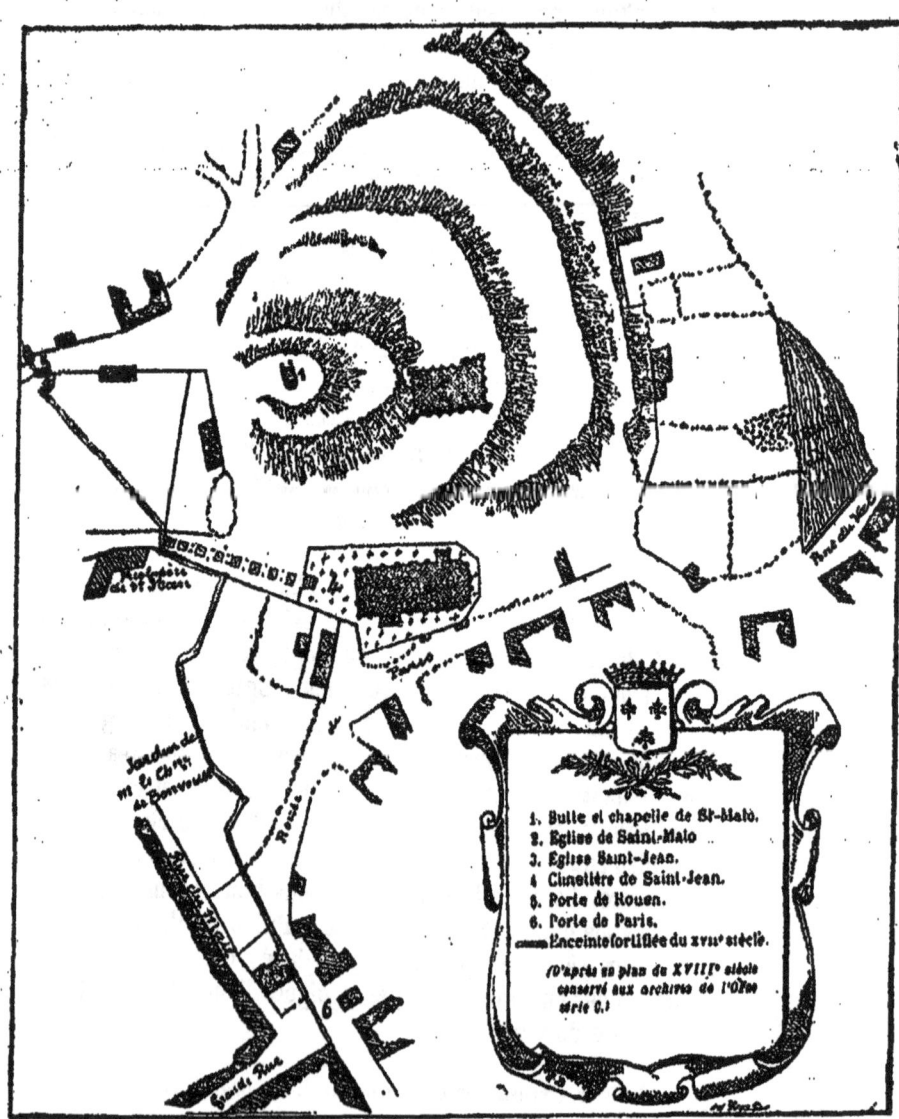

Échelle proportionnelle d'environ 0 m. 034 par hectomètre.

Ce plan a été dressé par l'ingénieur en chef des ponts et chaussées de la Généralité d'Alençon, le 1ᵉʳ février 1789. Il s'agissait d'adoucir les côtes qui rendaient l'accès de Mortagne presque impossible du côté nord, en faisant une nouvelle route qui n'est autre que la route actuelle de Paris.

CHAPITRE Ier

ÉGLISE ET PAROISSE DE SAINT-MALO

§ 1. *Fondation et privilège de l'église Saint-Malo.* — § 2. *Description de l'église.* — § 3. *Curés.* — § 4. *Bienfaiteurs.* — § 5. *Réunion de la paroisse Saint-Malo à celle de Saint-Jean.* — § 6. *Démolition de l'église.* — § 7. *Chapelle du Calvaire.*

§ 1. Fondation et privilège de l'Eglise Saint-Malo.

L'Eglise Saint-Malo, bâtie sur le deuxième fossé du premier château de Mortagne, était sans contredit le plus ancien monument religieux de cette ville. Bart des Boulais nous dit que : « L'esglise paroissiale de Sainct-Malo estoit anciennement la chapelle du dict château, que l'on tient de tradition avoir esté auparauant un ancien temple d'idole et basti suivant le modelle de ceux que l'on tient en avoir servi (1) ».

L'abbé Fret, tout en mentionnant ce texte, semble ne pas y ajouter foi : « Malgré le respect que je professe pour le chroniqueur précité, dit-il en parlant de Bart, je préfère néanmoins l'autorité d'un autre chroniqueur anonyme dont les recherches et le manuscrit portent la date de 1555. Suivant ce dernier, l'église de Saint-Malo *Ecclesia Sancti-Macuti in castro Mauritaniæ*, fut construite par les premiers comtes de Mortagne pour

---

(1) Bart des Boulais, Recueil des Antiquitez du Perche, p. 43, not. 2 et 3. Documents sur la province du Perche, publiés par le vicomte de Romanet et M. H. Tournoüer, 1er fascicule.

leur servir de chapelle ainsi qu'aux officiers de leur suite et aux employés de leur maison (1) ».

Nous rappelons les deux versions, ne sachant pas laquelle est la meilleure; que l'on fasse remonter la fondation de Saint-Malo avant ou après l'introduction du christianisme dans nos contrées, cette église n'en était pas moins vénérable et le souvenir de son antique origine fut longtemps conservé par un curieux usage : « En signe et tesmoignage de subjection, toutes les paroisses de la chastellenye du dict Mortaigne, chacun an, le lundy des Rogations, viennent en la chapelle du dict château, en procession avec la croix et bannière, conduites par leurs curés ou vicaires, comme renouvellement de foy et fidélité de leur service, à quoy les officiers de l'officialité prennent garde et sy quelqu'un y manque est puny par amandes. Anciennement la paroisse de Saincte-Céronne y entroit la première privativement à toutes les autres (2) ».

Les paroissiens de Saint-Malo étaient fiers de ce privilège attaché à leur église; aussi, lorsqu'on parla de l'incorporation de cette paroisse à celle de Saint-Jean, demandèrent-ils à jouir de cette faveur comme par le passé. Cette démarche ne nous paraît avoir été faite que pour rappeler aux incorporateurs la supériorité de Saint-Malo sur Saint-Jean; car, en 1630, année de l'incorporation, les paroisses de la châtellenie, sauf celles de la ville de Mortagne, étaient dispensées de cette cérémonie assez gênante pour les plus éloignées (3) ».

La chapelle des comtes de Mortagne devint église paroissiale dès une époque reculée : Geoffroy IV, comte de Mortagne, qui prit le premier le titre de comte du Perche, donne aux moines de Saint-Denis de Nogent : « l'église de Saint-Maclou (ou Saint-Malo) du château de Mortagne avec ses dépendances (4) ». Ce don fut fait vers 1081 (5), du consentement de Béatrix, son épouse,

---

(1) Abbé Fret, Chroniques percheronnes, t. III, p. 81.

(2) Bart des Boulais, Recueil des Antiquitez du Perche, p. 44. — Documents sur la province du Perche, 1er fascicule.

(3) Abbé Fret, Chroniques percheronnes, t. III, p. 83 et 84. — Il paraîtrait, cependant, d'après la protestation des habitants de Saint-Malo contre l'incorporation de leur paroisse à celle de Saint-Jean, que cette procession aurait encore subsisté en 1630. Les protestataires, en invoquant ce droit qui, selon eux, donnait à leur église la supériorité sur les autres, disent que « *les paroisses de la chastellenie y viennent en procession* » et non : *y venaient*. (Archives de l'évêché.)

(4) « ... *Ecclesiam Sancti Macuti Mauritaniæ castri cum suis appenditiis...* » Cette charte est reproduite en partie dans l'Histoire des comtes d'Alençon et du Perche, par Bry de la Clergerie, p. 152. M. des Murs, dans son Histoire des comtes du Perche de la famille des Rotrou, p. 200, en donne la traduction.

(5) Cette charte, que M. des Murs place en 1081, doit être placée comme

et de Rotrou, son fils, et confirmé par Richer, archevêque de Sens, Geoffroy, évêque de Chartres, et plusieurs seigneurs. C'est pour cette raison que nous voyons les moines de Saint-Denis présenter à cette cure et le prieur de ce monastère intervenir lorsqu'il s'agit de la suppression de cette église comme paroisse et de sa démolition.

§ 2. Description de l'Eglise Saint-Malo.

C'est d'après les principes d'architecture les plus primitifs que fut bâtie l'église Saint-Malo; tout, jusqu'aux autels, était simple dans ce temple; tout y respirait encore la foi naïve de nos ancêtres.

L'église se composait de trois nefs lambrissées et chacune des collatérales se terminait par une chapelle. Le chœur, qui mesurait vingt pieds de long sur quatorze de large, avait un autel en pierre avec un gradin en bois; la contretable renfermait un tableau représentant saint Roch; de chaque côté étaient les statues en pierre de saint Malo et de sainte Claire.

Des stalles pour le clergé se trouvaient dans le chœur, séparé de la grande nef par une balustrade en bois, au-dessus de laquelle étaient un Christ et les statues de la sainte Vierge, de saint Jean, de saint Ambroise et de saint Lambert.

Les chapelles des nefs collatérales avaient un autel et deux statues en pierre; l'autel du midi était surmonté d'un tableau de l'Ange gardien; celui du nord, d'une contretable. Plusieurs fenêtres, outre celles du chœur et des chapelles latérales, étaient ornées de vitraux.

Le clocher surplombait le portail situé à l'extrémité de la grande nef et renfermait une clochette d'environ cent kilogrammes. Outre le portail, auquel on accédait par un escalier, il y avait à Saint-Malo une porte latérale du côté du midi.

Sous le sanctuaire était une chapelle souterraine, renfermant deux autels complètement abandonnés dès 1701; une seule fenêtre y faisait pénétrer le jour (1).

---

dates extrêmes entre 1079, année où Geoffroy IV succéda à son père, et 1089, date de la mort de Thibaut, comte palatin, qui l'approuva.

(1) Arch. de l'Evêché. — Procès-verbal de visite du 20 juin 1781, cité en entier plus loin.

§ 3. Curés de Saint-Malo.

Les curés de Saint-Malo, chargés de l'instruction de la jeunesse mortagnaise, étaient connus sous le nom d'*Escolâtres*. Un vaste bâtiment, situé derrière l'église Saint-Jean, fut bâti par les comtes de Mortagne pour servir de maison d'école ; les huguenots le renversèrent en 1562, lors du sac de la ville. Ils devaient encore établir une école dans les paroisses qui pouvaient subvenir aux frais de son établissement et de son entretien ; l'administration de leur revenu respectif était exclusivement dévolue à ces prêtres, ainsi que le témoignent de vieux titres ou contrats d'institution, passés devant Thibout, tabellion à Mortagne. (?)

A eux incombait encore la pénible charge d'assister les condamnés à mort et de les conduire à l'échafaud. Le domaine, comme rétribution spécialement attachée à ce ministère, accordait à ces prêtres de Saint-Malo le droit de prendre, les jours de foire et de marché, une poignée de sel sur tous les débiteurs et un pot de terre d'un denier sur l'étalage de chaque potier (1).

Nous donnons ici les noms de quelques prêtres appelés successivement à la cure de Saint-Malo, ce sont :

Le 19 septembre 1470, *Jean Poisson*, par suite de la résignation de *Jean Quelain*, sur la présentation des moines de Saint-Denis de Nogent.

Le 17 avril 1471, Jean Poisson résigne cette cure et *Jean Mallet* lui succède.

Vient ensuite : *Pierre Le Tessier*, auquel succède, le 15 septembre 1514 : *Robert Boudin*, *Jean Fourault* apparaît le 15 mars 1524, puis *Robert Legrien*. A ce dernier succède, le 14 janvier 1536, *Etienne Le Roux*.

Le 28 août 1537, la collation fut dévolue de plein droit à *Guillaume Pousset*.

Le 4 février 1538, *Guillaume Fagry* est nommé curé.

Enfin, le 10 octobre 1541, après toutes ces nominations pour lesquelles toutes les formalités n'avaient peut-être pas été accomplies, la collation est donnée à *Jacob Marchand*, mais cette fois par toutes les voies de droit. Guillaume Pousset, que nous avons vu arriver lui aussi à la cure de Saint-Malo avec cette mention « *jure devoluto certis mediis* » donne sa démission ; Jacob Mar-

(1) Abbé Fret, Chron. perch., t. III, p. 82 et 83.

chand, par suite de cet événement, est une seconde fois nommé curé.

Après un intervalle dont nous ignorons la durée et les motifs, nous voyons arriver à la cure de Saint-Malo, le 23 décembre 1594, X....., par suite de l'incapacité de *Pierre Le Charpentier*.

Après la résignation de *Marin Radigues*, *Jean Beaudoin* obtient de Rome, le 15 décembre 1597, des lettres de provision; lui-même résigne sa cure et, par les mêmes voies, *Jean Dugras* lui succède, le 23 mars 1604.

Jean Debray résigne à son tour, *Jean Gilbert* lui succède le 8 mai 1607, en se pourvoyant lui aussi à la chancellerie romaine.

Après le décès de ce dernier, *Simon Forestier* ou *le Forestier* apparaît à la cure de Saint-Malo, mais lui, cette fois, sur la présentation des moines de Saint-Denis (1). Dix jours après sa nomination, le 14 août 1629, eut lieu l'enquête *de commodo et incommodo* et la réunion de cette paroisse à celle de Saint-Jean eut lieu le 6 mai suivant. L'abbé Forestier clôt la liste des curés de Saint-Malo, après un bien court séjour dans cette cure : neuf mois à peine.

§ 4. Bienfaiteurs.

Malgré toutes nos recherches, nous n'avons pu trouver qu'un nom parmi les bienfaiteurs de Saint-Malo : c'est celui de Jeanne Rouel, fille de défunt Marin Rouel, demeurant en cette paroisse, sur la butte de Saint-Malo. Par son testament du 25 avril 1583, elle donnait à la fabrique de Saint-Malo une rente annuelle de 20 sols, à la charge par celle-ci de lui faire dire chaque année deux messes, l'une à l'intention de feu sa mère, le mardi qui suivra Pâques, l'autre à l'intention de la testatrice, le jour anniversaire de sa mort. Elle voulait aussi être enterrée dans l'église de sa paroisse (2).

Nous ne savons rien autre chose sur les fondations faites à Saint-Malo, si ce n'est qu'en 1612, il y avait six obits à acquitter et qu'aucun des fondateurs n'ayant laissé de ses biens en quantité

---

(1) Pouillé de Séez.

(2) Minutes de Mᵉ A. Delorme, notaire à Mortagne. Nous sommes heureux de renouveler ici nos remerciments respectueux à M. Albert Delorme, pour la bonté avec laquelle il nous a autorisé à fouiller les Archives de son étude, où nous avons trouvé la majeure partie des documents dont nous nous sommes servis pour ce travail.

suffisante pour leur entretien, l'abbé Jean Gilbert en demanda la réduction le 25 octobre de cette année (1).

§ 5. Réunion de la paroisse Saint-Malo à celle de Saint-Jean.

Il est toujours dangereux d'avoir des privilèges quand on n'est pas le plus fort, car il arrive le plus souvent que quelque voisin jaloux tue le privilégié pour voir plus sûrement disparaître le privilège ; la paroisse Saint-Malo en fit la triste expérience lorsque les comtes du Perche ne furent plus là pour défendre les droits de leur antique chapelle. Le curé et les principaux habitants de la paroisse Saint-Jean demandèrent la réunion de la paroisse Saint-Malo à la leur, se basant sur ce que les revenus de la cure de Saint-Malo n'étaient plus suffisants pour « *conserver la dignité du curé* » et que les églises Saint-Malo et Saint-Jean se trouvaient à une faible distance l'une de l'autre.

Mgr Le Camus de Pontcarré, évêque de Séez, ordonna une enquête « *de commodo et incommodo* » qui eut lieu le 17 août 1629, trois jours après son ordonnance. Elle fut faite par l'official de Séez au siège de Mortagne : M⁰ Chevallier, chanoine, doyen de la collégiale de Toussaint, licencié en droit. D'après cette information, nous voyons en effet que le revenu de la cure était si minime qu'il était absolument impossible à un prêtre de vivre dans cette paroisse, à moins d'avoir un autre bénéfice. Le revenu de cette église pouvait valoir au plus 120 livres (dans cette somme est comprise la location de quatre boisseaux de terre que la cure possédait dans la paroisse de Courgeoût, s'élevant à 36 livres). Il y avait dans cette paroisse 40 ou 50 communiants au plus. Ensuite les offices étaient complètement abandonnés : les fidèles allaient à Saint-Jean, parce que les offices y étaient célébrés avec beaucoup plus de solennité qu'à Saint-Malo ; si bien que, dans cette dernière église, la messe paroissiale était souvent une messe basse, à cause du peu d'assistants. Quelques-uns, cependant, étaient attachés à leur vieille église, mais ceux-là assistaient pour la plupart à la messe qui se disait le dimanche, à sept heures, par les soins de la confrérie de Sainte-Claire, dont ils étaient membres probablement (2). Y avait-il un sermon à Saint-

(1) Arch. de l'Evêché.
(2) Cette première messe était dite par l'abbé Forestier et l'autre, c'est-à-

Jean, ou toute autre cérémonie un tant soit peu extraordinaire, le curé de Saint-Malo était sûr d'être presque seul dans son église : il est vrai que son troupeau était peu nombreux et entouré par celui de Saint-Jean. On changeait bien l'heure des offices, mais, autrefois comme aujourd'hui, on avait assez d'une messe : la meilleure était celle où les cérémonies étaient les plus belles.

Les habitants de Saint-Malo protestèrent bien contre les prétentions de ceux de Saint-Jean (1), mais, que faire? Par leur peu d'assiduité à leurs offices paroissiaux, ils fournissaient des armes contre eux-mêmes; on passa outre cette protestation et la réunion fut décidée. Le curé de Saint-Malo, l'abbé Le Forestier, donna sa démission en faveur du curé de Saint-Jean, l'abbé Châtel, et messire André Fremiot, ancien archevêque de Bourges, doyen-prieur du prieuré de Saint-Denis de Nogent, donna son consentement en qualité de présentateur à la cure de Saint-Malo. Les formalités remplies, l'évêque de Séez ratifia la sentence d'incorporation le 6 mai 1630 : par suite, l'église Saint-Malo ne se trouva plus qu'une annexe de Saint-Jean.

On fit quelques petites concessions aux déshérités, car nous voyons dans le procès-verbal d'incorporation :

1° Que chaque année, les fêtes de saint Malo et de sainte Claire, patrons de cette paroisse, seraient célébrées à Saint-Malo avec autant de solennité que par le passé;

2° Que les habitants auraient la faculté de se faire enterrer dans le cimetière de leur ancienne paroisse (2);

dire la messe paroissiale, par un prêtre habitué, nommé Vaunoir. (Arch. de l'Evêché. Enquête *de commodo et incommodo* précitée.)

(1) L'acte de protestation fut passé par-devant Me Roussel, notaire royal à Mortagne, le 21 août 1630, et les habitants de Saint-Malo donnaient une procuration (en blanc) pour faire les diligences nécessaires pour empêcher la réunion des deux paroisses.

Dans cette protestation, les habitants font valoir leurs anciens droits, entre autres l'obligation qu'avaient les paroisses de la chastellenie de Mortagne de venir en procession à Saint-Malo, le lundi des Rogations (voir plus haut). Ensuite l'église était suffisamment meublée pour que la célébration de l'office divin se fît décemment. Pour la question du revenu, ils prétendent qu'il est suffisant pour l'entretien du curé; du reste, disent-ils, « *plusieurs prêtres habitués et un enfant de la paroisse se contenteraient bien du revenu de la paroisse.* » Selon eux, la question du traitement ne suffisait pas pour déterminer cette incorporation : la cause de cette détermination serait plutôt l'accord qui semblait exister entre les curés de ces deux paroisses, l'oncle et le neveu; aussi, les habitants de Saint-Malo, dans leur protestation, semblent-ils indignés de la conduite de leur curé en cette circonstance. (Arch. de l'Evêché.)

(2) Nous lisons dans un registre paroissial de Saint-Jean : « A été inhumé en l'église Saint-Malo, le 4 juin 1630, le petit enfant de Nicolas

3° Que le trésor de Saint-Jean serait tenu de faire à l'église de Saint-Malo les réparations nécessaires à son entretien.

D'un autre côté, nous remarquons que l'abbé Le Forestier ne pouvait plus désormais prendre le titre de curé de *Saint-Malo* et que la messe du dimanche qui suivit le 6 mai fut la dernière messe paroissiale célébrée à Saint-Malo. Au prône de cette messe fut lue la sentence d'incorporation. Le 22 décembre 1633, le vicomte du Perche rendait une sentence par laquelle il assignait au trésor de Saint-Jean les revenus de l'ancienne église Saint-Malo, à la charge de bien entretenir cette dernière (1).

§ 6. Démolition de l'Eglise Saint - Malo.

Les Mortagnais semblent déjà atteints, quelques années avant la Révolution, de cette monomanie de destruction qui fit un amas de ruines de nos monuments religieux. Il est vrai qu'en 1782, l'église Saint-Malo était dans un piteux état par rapport à l'ornementation, mais était-elle à la veille de crouler? Nous ne le pensons pas, malgré ce qu'en disaient le curé et les habitants de Saint-Jean, qu'offusquait la vue de cette église, leur aïeule, dont la faiblesse les avait rendus puissants.

Monseigneur du Plessis d'Argentré, évêque de Séez, était en tournée pastorale à Mortagne. Ils en profitèrent pour lui présenter une supplique en termes si peu flatteurs pour la pauvre église que monseigneur l'accepta et ordonna qu'elle fût communiquée à messire Jacques de Bonvoust, chanoine, doyen de la collégiale de Toussaint, promoteur de l'officialité de Séez au siège de Mortagne. Ce dernier ayant donné, le 14 mai 1781, un avis favorable aux desseins des habitants de Saint-Jean, l'évêque de Séez accordait, le 21 mai suivant, l'autorisation demandée et commettait messire de Bonvoust pour dresser le procès-verbal de visite de l'église Saint-Malo, après avoir fait publier cette détermination au prône de la messe paroissiale de Saint-Jean, par trois dimanches ou fêtes consécutives.

Guimont », et en marge « Nota. Le premier office des morts célébré en la dite paroisse depuis l'annexion d'icelle. » (Arch. mun. de Mortagne.)

Cette faculté de se faire enterrer à Saint-Malo fut abrogée par une déclaration du roi du 22 juin 1776. (Arch. de l'Evêché.)

(1) Abbé Fret. Chron. perch., t. III, p. 84.

Le mercredi 20 juin 1781 eut lieu la visite de l'église Saint-Malo, dont le procès-verbal contient d'intéressants détails (1).

(1) L'exposé, qui ne mérite pas d'être reproduit *in extenso*, n'est autre qu'une demande identique à celle de l'année précédente. Elle était formulée : 1° par messire Jacques de Bonvoust ; 2° par l'abbé Barbier, curé de Saint-Jean, qui croit devoir attester qu'il a encore vu les marques de l'ancienne consécration de cette église et qui ont été effacées, par suite du blanchissage des murs fait après le décès de messire Delestang ; 3° par les prêtres habitués (1) et délégués de Saint-Jean (2) ; 4° par Alexandre Henri, marguiller en charge. Les formalités préliminaires remplies, on commence la visite et on constate :

« Dans le chœur, qui a vingt pieds de long sur quatorze de large : un autel en pierre, une pierre bénite, une nappe, un mauvais tapis, un mauvais devant d'autel de satin et étoffe de soie déchirée, un mauvais gradin en bois sur lequel il y a un petit Christ de cuivre que Thomas Veron, sacristain de la paroisse de Saint-Jean, a dit appartenir à cette dernière paroisse, six mauvais chandeliers de bois jadis argentés, le tableau de la contrétable représentant saint Roch, aux deux côtés de l'autel deux statues en pierre représentant saint Malo et sainte Claire, deux crédences aux côtés de l'autel garnies d'étoffes tombantes en lambeaux, un marche-pied de bois, une lampe de cuivre en mauvais état, deux bancs, deux stalles destinées à l'usage du clergé. A côté du maître-autel s'est trouvé un bahut ou coffre fermant ; ouverture faite d'icelui, avec la clé représentée par ledit Veron, sacristain, s'y est trouvé : une aube, amit et ceinture, trois chasubles, l'une de brocatelle servant à toutes couleurs, une autre de camelot rouge et une de camelot violet, avec les étoles, manipules et voiles, une bourse contenant un lavabo ; le chœur fermant par le devant par un balustre en bois au-dessus duquel est un Christ accompagné de quatre statues représentant saint Jean et la Vierge, saint Ambroise et saint Lambert.

« A la partie latérale à droite : un autel en pierre, sans pierre bénite, sans garniture ; une contrétable brisée et pourrie, deux statues en partie mutilées, dont une en bois est en partie consommée de vers.

« A la partie latérale à gauche : un autel en pierre, nullement décoré, au-dessus un mauvais tableau représentant l'Ange gardien et deux statues en pierre en partie mutilées, une pierre bénite, un Christ d'or sur bois peint en noir, un mauvais gradin.

« Les vitraux du chœur et des deux chapelles collatérales cassés et brisés, deux prie-Dieu en bois.

« Dans la nef : un mauvais banc, un mauvais coffre dans lequel ne s'est rien trouvé, deux bénitiers en pierre, deux vitraux en partie cassés et fracassés, trois autres croisées où il n'y a pas de vitres, la porte latérale brisée, la grande porte en état de servir, une cloche à peu près du poids de deux cens avec une corde ; le pavé, moitié bon et moitié mauvais, et dépavée en quelques endroits.

« Le lambris des collatéraux très mauvais ; celui de la nef paraît moins mauvais, quoique ancien ; le pignon du chœur mauvais et lézardé ; le perron de la grande porte en mauvais état, trois piliers butants : l'un à l'encoignure du chœur, les deux autres à la porte collatérale, en mauvais état, les murs collatéraux lézardés en plusieurs endroits, quoique en état de servir ; la couverture de la dite église en tuiles, sillonnée dans toute son étendue ; les pièces de la charpente en état de servir.

(1) Denis Charpentier, François Lancelin, Michel Guérin.
(2) Chesnon de Champmorin et Claude de Langle.

Les jours suivants, l'information continua, différents notables de la paroisse et des environs furent cités devant messire de Bonvoust, pour donner leur avis sur la démolition de Saint-Malo.

Tous furent partisans de la destruction complète, « parce que dans cette ancienne église, dirent-ils, des scandales avaient lieu, et que, pour en empêcher l'accès, des dépenses considérables seraient à faire. »

Parmi les témoins, nous citerons : MM. Daupeley, curé de Théval ; Jardin, prêtre, grand chapelain de Toussaint ; de Vanssay de Mauregard ; Guéroust de Freuville ; Planches de la Noë, etc...

Une année entière se passe. Le 23 août 1782, en approuvant définitivement la démolition de Saint-Malo, le promoteur de Séez au siège de Mortagne ordonnait : que les corps et ossements inhumés dans l'église Saint-Malo seraient transportés dans le cimetière de Saint-Jean, que les statues des deux saints patrons de cette église seraient transférées dans une des chapelles de Saint-Jean et que, dans cette dernière église, on célébrerait comme par le passé les fêtes de saint Malo et de sainte Claire.

Enfin, le 20 septembre 1782, Mgr l'Evêque de Séez rendait une ordonnance portant que l'église Saint-Malo serait vendue au profit de la fabrique de Saint-Jean, à charge par les acquéreurs de la démolir dans le délai fixé par le cahier des charges. Cette sentence fut lue aux prônes des messes paroissiales par trois fêtes ou dimanches consécutifs (1).

Dans la réunion des maire et échevins de la commune de Mortagne du 14 octobre 1782, le maire, M. Granger, dit :

« Que c'est avec peine que depuis cinq à six ans il est forcé par

« La dite église ou chapelle de Saint-Malo distante de celle de Saint-Jean de cinquante à soixante pas géométriques ; qu'entre les deux églises il y a une promenade vulgairement [appelée] « la Butte », très fréquentée et principalement par les enfans, ce qui occasionne la fracture de toutes les vitres, que même le dit Veron, sacristain, a déclaré que s'étant aperçu qu'on entrait dans l'église par un des vitraux, il y a mis des morceaux de bois en travers au nombre de trois, que nous y avons encore remarqués ce jour-d'hui ; que même plusieurs habitans nous ont déclaré que quelquefois on y recelait en fraude des tabacs et eaux-de-vie.

« Qu'au-dessous du chœur, il y a un caveau dans lequel nous avons trouvé plusieurs têtes et ossemens de morts, deux vestiges d'autels en pierre, le dit caveau éclairé par un jour sur le champ de Saint-Malo, par laquelle ouverture le dit Veron nous a déclaré qu'il s'était introduit différentes personnes de nuit dans la dite église.

« Nous a déclaré le dit Veron qu'il est sacristain depuis trente-trois ans de la dite église de Saint-Jean ; qu'il a eu connaissance qu'il a été inhumé différentes personnes dans cette église, et notamment depuis cinq à six ans le corps de la veuve Seraye. Dont... etc. (Signé : CHESNON DE CHAMPMORIN, DE LANGLE, VERON, DE BONVOUST et LANGE.) »

(1) Arch. de l'Evêché.

sa place de faire loger les bourgeois de cette ville et ce par les passages fréquents des troupes et surtout des recrues pour les colonies, que personne ne sent mieux que lui la charge qu'en supportent les habitans, que cet inconvénient n'arriveroit pas si la ville avait une cazerne.....

« Qu'il croit que l'occasion se présente aujourd'hui assez favorable [pour en faire une]; c'est la destruction et la démolition que l'on veut faire de l'église de Saint-Malo autrefois chapelle du château et première paroisse de la ville, qui était inutile depuis des siècles, que les habitans viennent d'en obtenir la suppression, que par conséquent elle va être vendue au bénéfice du trésor de de Saint-Jean, qu'il seroit donc essentiel que la ville en fît l'acquisition pour en faire des cazernes et que ce seroit un bon acquest, parce que le corps du bâtiment est bon et solide, ainsi que la charpente, qu'elle est située en bon air, et dans une place à proximité de la ditte ville qui, eux faisant la dépense qu'il conviendroit, serviroit très bien et seroit très propre à cazerner des troupes..... »

Le Conseil, après avoir délibéré, autorise M. le Maire à porter ou faire porter les enchères sur la dite église jusqu'à concurrence de 1,800 à 2,000 livres (1).

Cette décision fut loin de satisfaire ces messieurs de Saint-Jean qui voulaient faire disparaître complètement cet antique sanctuaire : converti en caserne ne serait-il pas toujours là pour leur reprocher leur ingratitude; ils étaient autorisés à la démolir, ils se gardèrent bien de ne pas le faire; aussi insérèrent-ils la clause suivante dans le cahier des charges : L'adjudicataire du corps de l'édifice, ou celui de la totalité de l'édifice, c'est-à-dire de la charpente et de la maçonnerie, « à tout événement sera obligé de faire l'enlèvement de tous ses matériaux quelconques dans l'espace de trois années à compter du jour de l'adjudication, en sorte qu'à cette époque le terrain soit libre, les trous ou fouilles, que la démolition pourra occasionner, comblés et unis, même le caveau régnant sous l'autel de la ditte églize comblé, le tout au niveau du terrain limitrophe, autant que faire se pourra, à tout quoy l'adjudicataire sera tenu de se conformer dans ledit délay, à peine de tous dépens, dommages et intérêts. »

Pour amoindrir la portée de cet acte et comme amende honorable, nous lisons plus loin que : « Les dits sieurs curés et trésoriers étant dans le dessein de transporter la croix de pierre qui est sur le chemin du presbytaire à l'église Saint-Jean et de la faire placer sur la partie ou est présentement le chœur de la ditte

(1) Arch. municip. de Mortagne.

église Saint-Malo, l'adjudicataire général, ou celuy de la charpente et couverture, à l'événement, sera tenu de faire en sorte que la place du chœur de ladite église y compris les deux collatéraux soit libre dans six mois de ce jour et en état de recevoir l'établissement de ladite croix, en sorte que, s'il se trouve deux adjudicataires, celuy de la charpente et couverture sera tenu de descendre toutte cette partie du chœur dans un délay convenable pour que l'adjudicataire de la maçonnerie puisse démolir ensuite et que l'emplacement soit prest et uny dans ledit délay de six mois.

« L'adjudicataire de la charpente et lambris sera tenu de payer le prix de son adjudication dans un an du jour de la vente, et celui de la maçonnerie dans deux ans. Dans le cas où les deux seraient réunis, l'acquéreur paiera son prix dans l'espace de trois ans ; les frais de l'acte et ceux de la démolition seront supportés par l'acquéreur. En cas de non exécution de tout ou parties de ces clauses, le trésor de Saint-Jean rentrera en possession de l'immeuble vendu. »

La vente fut fixée au 9 février 1783.

Le cahier des charges ainsi rédigé, on annonça la vente de l'église Saint-Malo aux prônes des messes paroissiales de Saint-Jean et par toute la ville « par affiches aux portes des églises paroissiales et endroits apparents de la ville ; même trois publications à son de tambour aux carrefours et marchés tenans en ladite ville » furent faites les 25 janvier, 1er et 8 février. Le dimanche 9 février, les habitants de Saint-Jean se réunirent dans la chapelle des frères de charité, à l'issue des vêpres, pour arrêter le cahier des charges que nous venons d'analyser et procéder à l'adjudication.

La mise à prix fut fixée à 1,200 livres. Plusieurs enchères furent portées par les sieurs Jean Bourgeois, maître maçon ; François Hayot, charpentier ; Delestang du Chesnay ; François Bonhomme ; Jacques Fretté ; Noël Brad ; Leprince-Letertre, et la dernière par Jacques Pierre-Gilles, marchand, élevant la mise à prix à 2,000 livres. Déclaré adjudicataire de la totalité de l'église Saint-Malo, ce dernier présenta pour sa caution les sieurs Pierre Fraboulet, maître menuisier, et René Creste, marchand boucher. L'adjudication ne fut rendue définitive que le 9 mars suivant (1).

L'ancienne église démolie, la croix de pierre, qui se trouvait sur le chemin du presbytère de Saint-Jean, fut-elle transportée là où était autrefois le chœur de Saint-Malo ? Qu'il nous soit permis d'en douter, puisque ce chemin dont il est parlé dans le cahier

---

(1) Minutes de Me Delorme, notaire à Mortagne.

des charges n'est autre qu'une des avenues dont nous parlons plus loin (1) et que la croix y était encore à la Révolution. Dans le plan que nous donnons figure celui de l'ancienne église Saint-Malo, bien qu'il fut fait en 1789. Peut-être à cette époque en restait-il encore des fragments assez considérables, puisque l'ingénieur crut devoir en marquer l'emplacement. L'abbé Barbier étant mort au mois de décembre 1784, deux ans avant le délai imposé pour la démolition, son successeur, l'abbé Soyer, d'accord avec les acquéreurs, fit-il interrompre les travaux au moment où les fondations allaient disparaître?

Mais aujoud'hui ce serait en vain que l'œil de l'archéologue chercherait le moindre vestige de l'église Saint-Malo.

> Du vénérable sanctuaire,
> Où jadis on priait avec tant de ferveur,
> Il ne reste plus rien, rien ! pas même une pierre
> Pour asseoir le mortel rêveur.

§ 7. Chapelle du Calvaire.

Entre l'église de Saint-Malo et celle de Saint-Jean se trouvaient des promenades, appelées « *la Butte* », fréquentées surtout par les enfants qui ne se gênaient pas pour briser à coups de pierres les fenêtres de l'ancienne église.

Cette butte, sur laquelle en 1781 « *il restait encore des membranes du château de Mortagne* », occupait autrefois un vaste emplacement inutile et inculte. Un seul chemin y conduisait. Comme cet espace n'était pas fieffé, on résolut d'y faire des promenades publiques : on défricha le terrain et on y planta des arbres en avenues. A la fin de février 1781, un ouragan renversa deux de ces arbres ; vingt ans auparavant, un ormeau, situé à droite d'une avenue près l'église Saint-Malo, avait déjà été endommagé par le feu du ciel (2).

Sur le point le plus élevé de cette motte, la piété des fidèles avait érigé un calvaire. Cette croix, que l'on apercevait de fort loin, était imposante au milieu de ces ruines, souvenirs d'un glorieux passé; car c'est à l'endroit qu'occupait autrefois le donjon de la vieille citadelle qu'était planté l'étendard de ceux qui combattent pour une victoire sans fin.

(1) Église et paroisse de Saint-Jean, § 1.
(2) Arch. municip. de Mortagne. Délibération du conseil du 8 mars 1781.

Plus tard, en 1707, un oratoire fut construit à cette même place et fut connu dans la suite sous le nom de *Chapelle du Calvaire*. En 1725, un violent orage se déchaîna sur la ville et la foudre tomba sur la petite chapelle, ce qui l'endommagea beaucoup ; elle fut restaurée par un « pieux fidèle nommé Blanchard » avec l'offrande des fidèles. Au mois de mai 1763, elle était encore à la veille de tomber faute d'avoir été réparée à temps. Le procureur syndic de la ville de Mortagne, pour prévenir la ruine totale de la chapelle du calvaire, prie le conseil de faire procéder : « aux
« réparations, réfections et décorations, tant en dehors qu'en
« dedans de la dite chapelle, et commencer par rendre prati-
« cables les trois différents chemins qui servent à y monter, de
« peur que quelqu'un ne risque de tomber en allant ou descen-
« dant. » Un nommé Robin dit Lonchamp, maître perruquier, s'offrit à faire les travaux. Le conseil accepta les propositions qui lui étaient faites, à la condition toutefois de bien employer les aumônes destinées à cette œuvre (1).

En 1789, on décida de modifier le tracé de la route de Paris à Brest. Le projet portant qu'il était indispensable de faire disparaître la butte du Calvaire, ainsi que nous le verrons plus loin, fit que le conseil, dans sa séance du 31 octobre 1791 demanda au directoire du district l'autorisation de démolir l'Oratoire. Le procès-verbal de cette réunion porte : « Que la chapelle dite le
« Calvaire est absolument inutile et que, sous prétexte de dévo-
« tion, on y pratique souvent des actes qui y sont contraires ; con-
« sidérant aussi que la masse du terrain sur lequel cette chapelle
« est construite, sera nécessaire pour remplir le vide encore
« existant dans l'endroit de la route nouvelle où il a été construit
« un pont, et qu'il sera même indispensable de l'employer à cet
« usage, soit à cause de la proximité, soit parce que dans les
« environs, il ne se trouve aucuns autres matériaux propres à
« remplir ce vide immense.

« Il a été arrêté, sauf le bon plaisir de messieurs les admi-
« nistrateurs du district, que les matériaux de la chapelle dont il
« s'agit, appartenant à la ville, seront vendus au profit de la
« commune, après annonces et affiches, par le bureau de la mu-
« nicipalité ; et que l'adjudicataire sera tenu de les enlever assez
« promptement pour que, dès cet hiver, on soit à portée de faire
« transporter les terres servant à former la masse du dit Cal-
« vaire.... (2). »

Le directoire, dans sa séance du 4 novembre suivant, fait droit

---

(1) Arch. mun. de Mortagne. Délibération du conseil du 23 mars 1763 et suivantes.
(2) Arch. mun. de Mortagne.

à la demande de la municipalité et ordonne de faire la vente au plus offrant et dernier enchérisseur (1). L'adjudication eut lieu le 22 novembre 1791. Après plusieurs enchères portées par les sieurs Bellacroix et Lacroix, le nommé Gadois fut déclaré adjudicataire « *des matériaux de la chapelle du calvaire de cette ville située paroisse Saint-Jean* », moyennant la somme de 285 livres (2).

(1) Arch. de l'Orne. Série H.
(2) Arch. municip. de Mortagne.

CHAPITRE II

ÉGLISE ET PAROISSE SAINT-JEAN

§ 1. *Fondation et description de l'Eglise Saint-Jean. Environs. Limites paroissiales.* — § 2. *Curés.* — § 3. *Bienfaiteurs.* — § 4. *Chapelains.* § 5. *Confréries établies à Saint-Jean.* — § 6. *Destruction de l'Eglise Saint-Jean.*

§ 1. Fondation et description de l'Eglise Saint-Jean. Environs. Limites paroissiales.

ATIE sur le deuxième fossé des fortifications primitives, l'église Saint-Jean-Baptiste se trouva *extra muros* par suite de la réfection, au commencement du XVIIe siècle, des murs d'enceinte de la ville de Mortagne.

La fondation qui, selon les historiens, remonte au Xe siècle, paraît devoir être attribuée aux seigneurs de Loisé. Ce qui le fait croire, c'est qu'à la fin du XIe siècle, Gérard de Sassy, Geoffroy et Gauthier Gruel, tous trois seigneurs de ce lieu, abandonnèrent aux moines de Saint-Denis de Nogent-le-Rotrou tous leurs droits sur la cure de Saint-Jean (1), et ces religieux ne cessèrent d'y présenter jusqu'à la Révolution.

(1) Bart des Boulais, *Documents sur la province du Perche*, p. 102 et 103 ; des Murs, *Histoire des comtes du Perche de la famille des Rotrou*, p. 207 ; abbé Fret, *Chron. perch.*, t. III, p. 85.

L'église, de moyenne grandeur, était d'une belle architecture romane et les fenêtres ornées de riches vitraux. Deux de ces verrières se faisaient surtout remarquer par la finesse du coloris. Situées au-dessus des deux portes de la sacristie ouvrant derrière le chœur, elles représentaient, l'une saint Jean prêchant, l'autre sa décollation.

Un autre vitrail, non moins remarquable, situé à l'extrémité du rond-point du sanctuaire, éclairait une grande niche à l'élégante structure dans laquelle était placée une statue de saint Jean tenant une croix ornée d'une banderolle avec ces mots : *Ecce Agnus Dei*; un mouton était couché à ses pieds.

Le chœur était entouré d'un rang de stalles au-dessus desquelles régnait une grille en bois. Entre les stalles et le sanctuaire, deux petites portes en fer donnaient accès dans les bas-côtés; une autre porte en bois et d'un beau travail ouvrait sur la grande nef.

Les trois nefs étaient voûtées en pierre et chacune des collatérales se terminait par une chapelle : celle du nord était dédiée à la sainte Vierge (1).

Le maître-autel, de la même largeur que la niche dont nous venons de parler, était surmonté d'un tableau représentant la naissance de saint Jean-Baptiste. Six chapelles possédaient chacune un autel sur lequel le saint sacrifice pouvait être offert. C'étaient : la chapelle du Nom de Jésus, celle de Notre-Dame (2),

---

(1) Notes manuscrites de M. l'abbé Bouvier. — Né à Mortagne, le 24 brumaire an XIII (14 novembre 1804), Léopold Bouvier était fils d'un perruquier de cette ville. Il se destina à l'état ecclésiastique et fut ordonné prêtre dans la chapelle de l'évêché de Séez, le 20 septembre 1828. Aussitôt après son ordination, il fut nommé chapelain de l'hospice de Mortagne et remplit ces fonctions jusqu'à sa mort, arrivée le 26 février 1871.

L'abbé Bouvier, plein d'érudition, était d'une modestie exemplaire; à ces qualités venait encore se joindre un grand amour pour son lieu natal. Il connut presque tous les contemporains de la Révolution et recueillit de leur bouche beaucoup de détails intéressants sur l'histoire religieuse de Mortagne avant et après 1789. Il est à regretter qu'il n'ait point achevé son manuscrit intitulé « *Souvenirs historiques du Perche et de ses comtes* », car le commencement promettait un travail du plus haut intérêt. Malgré cela, nous voulons rendre un juste hommage à la mémoire de cet historien percheron qui, s'il ne nous a point légué une œuvre complète, nous a au moins laissé des notes précieuses à consulter (1). Non seulement elles peuvent être utilisées par les historiens, mais encore par les hagiographes, qui pourront y trouver de nombreux documents sur la vie des saints du diocèse de Séez, que M. l'abbé Bouvier avait projeté d'écrire.

(2) Le 2 février 1774, les trésoriers de Saint-Jean concessionnaient à perpétuité à messire Pierre-Louis d'Avesgo, chevalier, seigneur de Cou-

(1) Elles font aujourd'hui partie de la bibliothèque de la ville de Mortagne.

celle de la Madeleine, celle de saint Sébastien, celle de Notre-Dame de Pitié et celle de saint Joseph (1). Tous ces autels se trouvaient convenablement ornés en 1701, sauf celui de la chapelle de la Madeleine dont le tableau se trouvait effacé (2). Le contre-retable du maître-autel sortit, ainsi que nous le verrons plus loin, des ateliers d'un sculpteur du Mans.

On entrait ou plutôt on descendait à Saint-Jean par deux portes : le grand portail roman, situé à l'extrémité de la grande nef, et une petite porte au milieu du collatéral du midi. La tour toute en pierre se trouvait à gauche en entrant et renfermait trois cloches (3). La dédicace de cette église se célébrait le même jour que celle de la cathédrale de Séez (4).

De nombreuses dalles en ardoise ou en pierre se trouvaient dans cette église. Elles recouvraient pour la plupart les restes de seigneurs ou bourgeois dont les noms sont encore en grand renom dans le pays. Nous voulons surtout parler de la famille du maréchal de Catinat, dont neuf membres étaient déjà inhumés dans l'église Saint-Jean lorsque naquit ce fameux guerrier, sans compter ceux qui probablement s'y étaient fait enterrer avant 1600, date à laquelle commencent les registres paroissiaux de Saint-Jean. C'étaient : le 24 janvier 1602, Guillemine de Boyères, veuve de Nicollas Catinat, seigneur de Bourgis ; — le 31 juillet 1609, Sébastienne Dellancourt, veuve de Louis Catinat, sieur de la Rivière ; — le 5 octobre 1612, Renée Catinat, épouse de Galleran de Crestot, sieur de Bois-Péan, décédée à Gentilly, le 3 du même mois ; — le 20 février 1615, la fille du sieur de la Houlbaudière (Rodolphe Catinat) ; — le 25 mai 1626, l'enfant du sieur de

longes, du Mesnil, Laleu et autres lieux, chevalier de l'ordre royal de Saint-Louis, ancien capitaine au régiment Royal-Cavalerie, la chapelle de la Sainte-Vierge, moyennant la somme de 300 livres, qui devait être employée à la décoration de l'église, et une rente annuelle de 15 livres. Messire d'Avesgo avait déjà fieffé cette chapelle le 9 mars 1760.

(1) La chapelle de Saint-Joseph fut fieffée à messire Jacques-Charles Saraude de la Charpenterie, écuyer, président-trésorier de France au bureau des finances de la généralité d'Alençon, et à Victoire Benoît des Mars, son épouse, le même jour que la précédente, mais moyennant la somme de 400 livres et une rente annuelle de 15 livres. Bien qu'ils fussent en règle avec le trésor par suite de la location qu'ils avaient déjà faite de cette chapelle, le 12 novembre 1758, ils voulurent faire ratifier cet acte et s'en faire assurer la jouissance à perpétuité. C'était dans cette chapelle qu'avait été inhumé, au mois d'août 1766, leur fils Claude-Charles de la Charpenterie, lieutenant-général au bailliage de Mortagne, et du consentement du curé, ils avaient fait placer une épitaphe « dans le mur du costé du cimetière ».

(2) Archives de l'évêché de Séez.
(3) Biblioth. de la ville de Mortagne ; notes man. de M. l'abbé Bouvier.
(4) Archives de l'évêché de Séez.

la Houlbaudière ; — le 4 octobre 1628, messire Nicolas Catinat, prêtre, sieur de Vaufroger, décédé au lieu de Vaufroger et rapporté à Saint-Jean, selon sa dernière volonté ; — le 30 novembre 1628, l'un des petits enfants du sieur de la Houlbaudière ; — le 22 avril 1630, Guillaume Catinat, sieur du Moulin-Neuf, décédé en la paroisse de Loisail ; — le 5 décembre 1633, Rodolphe Catinat, sieur de la Houlbaudière.

Nous citerons encore : Pierre Rouchère et ses parents ; — Jacques Poisson, sieur du Nuisement, et sa famille ; les Juchereau, les Thiboust, sieur du Boulay ; les Mallet, sieur de la Garenne ; plusieurs ancêtres de M. Delestang, ancien sous-préfet de Mortagne ; plusieurs membres des familles Saraude de la Charpenterie et d'Avesgo de Coulonges. Le 8 janvier 1712, a été inhumée dans la chapelle des Crestot, Marie Boulay, veuve de Pierre Crestot, sieur des Iles, conseiller du roi, maire perpétuel de Mortagne et lieutenant général de police, morte à l'âge de *cent quatre ans* (1).

Autour de l'église était le cimetière qui ne dut son existence à cet endroit qu'à la démolition complète du vieux château de Saint-Malo, au commencement du XVIe siècle probablement.

Avant cette époque, les habitants de Saint-Jean allaient enterrer leurs morts dans un cimetière proche et au nord de celui de Loisé. Aussi le curé de cette dernière paroisse percevait-il, pour cette raison, le casuel des inhumations au détriment de son confrère de Saint-Jean. Par une transaction passée devant Me Taffin, tabellion à Mortagne, le 15 mars 1406, le curé de Saint-Jean s'engagea à payer à celui de Loisé une redevance annuelle de 50 sols et ce dernier lui abandonna ses droits curiaux (2).

Rappelons en passant que c'est dans le cimetière de Saint-Jean que fut déposé le corps de Marie d'Armagnac, enlevé du tombeau où il reposait dans la collégiale de Toussaint. S'il faut en croire la tradition, c'est à l'endroit où l'on voit aujourd'hui un if superbe que se trouveraient les restes de celle que l'on vénérait comme une sainte.

L'église et le cimetière de Saint-Jean, qui avaient été déclarés pollués par suite des guerres de religion, furent réconciliés par sentence de l'officialité de Mortagne, le 3 février 1582 (3).

Rien de particulier dans ce cimetière. Entouré de fortes murailles, il renfermait une croix monumentale en pierre, croix qui fut renversée dès les premiers jours de la Révolution et les maté-

---

(1) Arch. mun. de Mortagne ; registres paroissiaux.
(2) Abbé Fret, *Chron. perch.*, t. III, p. 85.
(3) Arch. de l'évêché de Séez.

riaux vendus, le 4 germinal an II (24 mars 1794), au citoyen Bourgeois fils, moyennant 10 livres (1).

En sortant du cimetière on trouvait deux superbes avenues, autrefois rendez-vous des promeneurs de la ville. Les arbres qui les bordaient furent arrachés après avoir été vendus à vil prix. L'une de ces allées conduisait de la ruelle Saint-Jean à l'église Saint-Malo, l'autre de la butte Saint-Malo à l'église Saint-Jean. A leur jonction, s'élevait une croix monumentale en pierre supportée par quatre lions (2). Cette croix, renversée et vendue en même temps que celle du cimetière, fut adjugée au citoyen Bourgeois fils, moyennant trente livres (3).

Le 24 juin de chaque année, jour de la fête patronale, une assemblée très fréquentée avait lieu sur ces promenades appelées « *la Butte* » et se terminait, le soir, par la mise en loterie d'un superbe mouton. Une réunion du même genre se tenait encore à cet endroit le lundi des Rogations (4).

Nous ne nous arrêterons point ici à décrire l'église et la butte Saint-Malo, l'ayant fait dans la monographie de cette ancienne paroisse.

Le presbytère de Saint-Jean était situé dans la ruelle Saint-Jean et « *intra muros* ». Quelques mètres seulement le séparaient des murs de la ville et de la poterne fermant cette ruelle. Le curé seul y résidait. Les vicaires, qu'il choisissait parmi les chapelains, habitaient des maisons particulières (5).

La paroisse Saint-Jean, qui comptait environ 800 communiants, était limitée : au nord, par la ligne des fortifications primitives, si nous comprenons dans la paroisse Saint-Jean celle de Saint-Malo, qui ne s'étendait guère que sur la butte de ce nom; à l'ouest, par la Grande-Rue ; au midi, par la rue de la Gendarmerie, les murs du Fort-de-Toussaint et la rue de la Comédie ; à l'est, par la rue d'Alençon (6) jusqu'à la porte de Saint-Eloi et, à partir de là, par les murs de ville jusqu'à leur jonction avec la première ligne fortifiée.

Un maître d'école enseignait aux garçons à lire et à écrire, les sœurs hospitalières se chargeaient des jeunes filles. Ces instituteur et institutrices étaient rétribués par les parents des élèves (7).

(1) Arch. mun. de Mortagne; reg. des délibérations du Conseil.
(2) Notes man. de l'abbé Bouvier.
(3) Arch. mun. de Mortagne; reg. des délib. du Conseil.
(4) Notes man. de l'abbé Bouvier.
(5) Arch. de l'évêché de Séez.
(6) Appelée autrefois rue de la Haute-Folie.
(7) Arch. de l'évêché de Séez.

§ 2. Curés.

Guillaume Thevenay fut nommé curé de Saint-Jean par suite du décès de Noël Roussel, le 29 avril 1538.

Paschal Le Tessier fut nommé le 3 mars 1538.

Louis Myoche   id.   11 septembre 1538.
Louis Myoche   id.   26 juillet 1540.
Jacob Durand   id.   9 septembre 1546.

Michel Foillet était encore curé le 15 janvier 1565.

Jean Sarrazin, chanoine de la cathédrale de Chartres, était curé le 2 mars 1565 (1).

Pierre Gambert fut nommé curé le 1er février 1571.

Jacob Provost   id.   14 février 1571.
Jean Gérard   id.   24 avril 1571.
....   id.   4 octobre 1573, permuta avec Louis Moulle.

Jean Ailleboust permuta, le 30 avril 1574, avec Jean Lormeau.

Louis Moulle   id.   12 mai 1574, par suite de la résignation de Jean Lormeau.

Geoffroy Radigues permuta le 21 mai 1574.

Il y eut un déport adjugé le 17 août 1574, par suite de la résignation de Pierre Gambert (2).

Nicolas Durand, chanoine prebendé de Toussaint, était déjà curé de Saint-Jean le 13 avril 1586, et il l'était encore le 12 novembre 1598 (3).

Simon Chastel. — Simon Chastel prit possession de la cure de Saint-Jean le 25 mars 1600. Son administration sage et éclairée fit naître un certain bien-être dans cette paroisse. Apôtre zélé, il eut le bonheur de recevoir la profession de foi catholique de quatre hérétiques et de leur administrer le baptême (4).

---

(1) L'acte qui nous apprend que Jean Sarrazin était curé de Saint-Jean à cette époque est un bail de bénéfice de la cure de Saint-Jean à Etienne Lainé, prêtre, demeurant à Mortagne. Les conditions de ce bail ne sont point indiquées dans l'acte : il n'est que le renouvellement du précédent.

C'est également un acte notarié qui nous fait connaître le passage de Michel Foillet à la cure de Saint-Jean. (Minutes de Me Delorme.)

(2) Pouillé de Séez.

(3) Nous le voyons en effet comparaître avec le titre de *curé de Saint-Jean* la première fois dans une vente du 13 avril 1586, et la dernière fois, dans un bail du 12 novembre 1598. (Minutes de Me Delorme.)

(4) Ces quatre hérétiques étaient : Rachelle Lucas, *native de Bellesme,*

Le 3 juillet 1602, le maître-autel fut démoli et réédifié les 10, 11, 12 et 13 du même mois; en même temps, on rehaussa le chœur de l'église. Le mardi 10 septembre suivant, Monseigneur Claude de Morennes consacrait et bénissait les autels. Un reliquaire contenant une parcelle de la vraie croix, fut scellé dans le maître-autel. Cette cérémonie fut immédiatement suivie d'une autre non moins imposante : Monseigneur donna la confirmation à plus de *quinze cents* personnes « estimation aultre que le jour « d'hier, il avait donnée en l'église de Toussainct à plus de mille « personnes à la grande joie et satisfaction tant du peuple dud. « Mortaigne que des lieux circonvoisins d'icelle ».

Toujours il poursuivit la restauration de son église, endommagée par les guerres de religion. La contre-rétable du maître-autel fut achevée « d'estoffer », le 26 octobre 1604, par « Mre Gervaise de la Barre, sculpteur, demeurant en la ville du Mans » qui l'avait placée à l'autel dès le 9 septembre dernier, et pendant ce temps ne cessa de travailler à sa pose. La clôture du petit chœur fut scellée le 1er mars 1606 et le repositoire du saint Sacrement fut fait par Mr Fabian Crouliers, qui en « *posa la fenêtre* » le 15 décembre 1618.

Des cloches manquaient à Saint-Jean; l'abbé Châtel, dont les ressources s'épuisaient en même temps que les forces, eut cependant la suprême consolation de voir son clocher doté de trois magnifiques cloches, dont la sonnerie faisait autrefois l'admiration de tous. Le baptême eut lieu le 11 juillet 1634, en voici le procès-verbal : « Le unziesme jour des dits mois et an « [11 juillet 1634], nos cloches ont été bénites et nommées, « sçauoir est, la *grosse*, JEAN, par messire Charles Crestot, sieur « de la Bouchetière, et dames Catherine Le Roy et Marie Feillet; la « *moyenne* a été nommée MARIE par messire Jacques Mauduit, « dames Marie Rinet et Magdaleine Gobillon, et la *petite* a été « nommée ANNE, par Pierre La Vie, dames Catherine Trauers et « Françoise Michelet ».

Il rendit son âme à Dieu le 7 septembre 1635 et eut pour successeur Simon Le Forestier ou Forestier, licencié en droit, son neveu (1).

SIMON LE FORESTIER. — Avant d'être appelé à la cure de Saint-Jean, l'abbé Le Forestier était prêtre habitué de cette église depuis l'incorporation de la paroisse Saint-Malo à celle de

---

âgée de 22 ans (baptisée le 22 juin 1602); Jeanne Biblent, veuve de messire Mathurin Durand, *dict le Trésorier*, de la paroisse de Saint-Jean; Louise Chastel, de la paroisse de Notre-Dame, et Léonard Forest, de celle de Loisé (baptisé à Notre-Dame par le curé de Saint-Jean, le 27 mars 1605). (Archives mun. de Mortagne, registres paroissiaux.)

(1) Arch. mun. de Mortagne; reg. paroissiaux.

Saint-Jean. Son oncle se reposa sur lui du ministère paroissial, si bien qu'il était comme vicaire-administrateur.

Prêtre d'une grande érudition, tout en poursuivant l'œuvre de restauration entreprise par son prédécesseur, l'abbé Le Forestier s'occupa beaucoup d'études historiques. Depuis un siècle environ, les deux villes de Mortagne et de Bellême revendiquaient l'une et l'autre le titre de capitale du Perche. Toutes deux trouvaient de zélés défenseurs : Bellême, dans Bry et Courtin; Mortagne, dans Bart et Le Forestier. Ce dernier surtout défendit avec une rare énergie les droits de Mortagne contre Bellême dans une savante dissertation, dont nous possédons une copie authentique, sinon autographe.

Monseigneur Camus de Pontcarré rendit, à Mortagne, le 3 juillet 1643, une sentence par laquelle il donnait au curé de Notre-Dame le droit de préséance sur celui de Saint-Jean. L'abbé Le Forestier interjeta appel, le 29 juillet 1645, mais le Parlement, dans son arrêt du 7 décembre 1647, confirma la sentence de l'évêque de Séez (1).

En 1677, les moines de Saint-Denis de Nogent attaquèrent les curés de Saint-Jean-Saint-Malo, de Loisé et de Loisail et les assignèrent à comparaître devant le bailly de Nogent-le-Rotrou; ils furent condamnés par défaut, le 27 février 1677.

Il s'agissait d'un droit de pain d'*hostelage* (2) que ces religieux percevaient depuis plusieurs siècles déjà sur ces trois cures. « Que si quelques anciens receveurs, dit l'abbé Le Forestier en « parlant des receveurs du monastère de Saint-Denis de Nogent, « ont extorqué ce prétendu droict de quelques simples curez ou « vicaires qui ignoroient les conciles ou qui n'avoient pas la fer- « meté de s'en deffendre ; outre que cela n'est arrivé que rare- « ment et qu'il ne paroisse pas de payemens consécutifs, non pas « seulement de deux ans tout de suitte, ce ne peut être qu'une « usurpation..... »

Fort de son droit, l'abbé Le Forestier, d'accord avec ses confrères, fit introduire l'affaire au Grand-Conseil du Roy, comme appelant de la sentence du bailli de Nogent-le-Rotrou. A cette occasion, il produisit un mémoire, dans lequel ses réclamations sont exposées avec clarté : c'est aux sources mêmes que l'auteur va chercher ses arguments et ce travail, quoique de peu d'étendue (11 pages petit in-8°), achève de lui conquérir la première place parmi les défenseurs de sa ville natale (3).

(1) Arch. de l'évêché de Séez.
(2) *Panis hospitum vel ad hospitem* « *qui exigitur a domino feudali pro singulis focis seu domibus subditorum ac tenentium suorum.* » (Du Cange.)
(3) Nous possédons ce mémoire.

Malgré tous ses efforts, l'abbé Le Forestier devait succomber, ainsi que ses confrères, devant un adversaire aussi puissant; soit que la cour eût égaré dans ses cartons la requête du curé mortagnais, soit qu'un jugement fût rendu en faveur des moines, toujours est-il que les trois pauvres curés sur lesquels pesaient déjà de lourdes charges pécuniaires, durent encore payer au prieur commendataire de Saint-Denis une redevance annuelle de 40 sols pour pain d'hostelage. Nous en avons la preuve dans les pièces inventoriées le 3 septembre 1710, après le décès de Jean Martin, curé de Loisé, dans lesquelles se trouvent dix-neuf quittances de cette rente, et dans la déclaration de ce Jean Martin, insinuée le 24 juillet 1692 (1).

Après une longue et laborieuse carrière, il mourut le mardi 22 septembre 1682, doyen du Corbonnais. Son corps fut inhumé le lendemain dans le chœur de l'église Saint-Jean, « au dessoubz de la marge du petit balustre du maître-haultel (2) ».

De son vivant, il avait institué dans son église l'office des Saints Anges Gardiens, le 2 octobre, et une procession qui s'est toujours faite depuis, le troisième dimanche de chaque mois. Pour ces fondations et pour deux services qui devaient être célébrés à son intention, l'un le 22 septembre, l'autre le 21 mars, il assurait, par son testament du 13 septembre 1682, une rente annuelle de neuf livres (3).

ANTOINE DE MONNEPVEU. — Après la mort de l'abbé Le Forestier, Antoine de Monnepveu, prêtre, docteur en théologie, fut pourvu du bénéfice de cette cure.

Pendant les fréquentes et assez longues absences qu'il fit, les vicaires remplirent les fonctions curiales. Il fut inhumé à Saint-Jean, le 9 décembre 1693 (4).

LOUIS BARIL. — Le 22 du même mois, Louis Baril, licencié en droit, curé de Villiers, prenait possession de la cure de Saint-Jean-Saint-Malo (5). Il y avait été pourvu par Monseigneur Savary, alors à Paris, par lettres du 17 de ce mois, toujours sur la présentation des moines de Saint-Denis. Il continua à réparer le presbytère sur les devis adoptés par son prédécesseur. C'est

---

(1) Minutes de M⁰ Delorme et arch. de l'évêché de Séez.
(2) Registres paroissiaux ; arch. mun. de Mortagne.
(3) Notes man. de M. l'abbé Bouvier.
(4) Reg. paroiss.; arch. mun. de Mortagne.
(5) Il était assisté dans la cérémonie de sa prise de possession de messire Claude Dubois, curé de Théval, vice-gérant de l'officialité de Séez au siège de Mortagne; parmi l'assistance, on remarquait : Jean Choisnard, Pierre Berthou et Ursin Crestot, prêtres, et Nicolas Poupart, tous habitués de cette église, et Martin Chaline, trésorier.

pendant que l'abbé Baril exerçait le saint ministère à Saint-Jean, que l'abbé d'Antignat était prêtre habitué et vicaire de cette paroisse. Le pasteur et le vicaire combattirent énergiquement la doctrine de l'abbé Gesbert, ainsi que nous le verrons plus tard.

Son frère, René Baril, tiers-référendaire et secrétaire-greffier de la ville et communauté de Mortagne, puis conseiller et secrétaire du Roi maison couronne de France, était le mandataire de plusieurs des membres de la famille de Catinat et en particulier du maréchal (1).

Lorsqu'il mourut, le 18 janvier 1716, il était promoteur de Monseigneur l'évêque de Séez en l'officialité de Mortagne. Son corps fut inhumé dans le chœur de l'église.

Pendant l'année du déport, les fonctions curiales furent faites par Roch de L'Estang, prêtre habitué de cette paroisse (2).

Roch de L'Estang. — Roch de l'Estang naquit à Mortagne en 1681; ses parents, bourgeois aisés, lui firent faire ses études et le destinèrent à l'état ecclésiastique. Successivement curé d'O et de Réveillon, nous lui voyons porter pour la première fois le titre de *curé de Saint-Jean*, le 6 avril 1717, bien que l'abbé Baril se fut démis en sa faveur et qu'il ait été agréé par l'évêché, le 14 janvier 1716.

L'abbé de L'Estang était bachelier de Sorbonne et promoteur de l'officialité de Séez au siège de Mortagne; toujours il eut la confiance et l'estime des évêques de Séez ses contemporains. Un de ses petits-neveux devint sous-préfet de Mortagne sous l'Empire, après avoir été procureur de la commune en 1790 (3).

Nous n'avons rien trouvé à noter pendant les vingt-six années qu'il occupa ce poste. Il mourut le 23 mai 1742, à l'âge d'environ 61 ans. Le lendemain, son corps fut inhumé à Saint-Jean (4).

---

(1) La famille du maréchal de Catinat était originaire de Mortagne. La plupart de ses membres habitaient la paroisse de Saint-Jean. Nous avons donné plus haut les noms de ceux qui avaient été inhumés dans cette église avant la naissance du maréchal de Catinat, nous dirons ici en passant qu'à Saint-Jean et dans le même temps (de 1600 à 1637), il fut célébré huit alliances dans cette famille.

Une maison, habitée par deux des frères du maréchal, est encore presque intacte. Elle se trouve au bas de la Grande-Rue, à gauche en descendant; une boutique de boulanger lui fait face.

(2) Reg. paroiss.; arch. mun. de Mortagne et minutes de Me Delorme.

(3) Voyez la notice biographique que M. de La Sicotière lui a consacrée dans le 1er fascicule, 4e série, des *Documents sur la province du Perche*.

(4) Le service funèbre fut célébré par Jacques Abot, prieur commendataire du prieuré de Sainte-Gauburge et curé de Réveillon, en présence de René-Jean Vallée, prêtre, premier habitué de Saint-Jean, et de Thomas Roger, second habitué. (Reg. paroiss.; arch. munic. de Mortagne.)

Pendant la vacance de la cure, l'abbé Vallée, chapelain, remplit les fonctions curiales jusqu'au 3 juin 1742, époque à laquelle fut nommé curé de Saint-Jean, François Barbier, bachelier en droit canon de la faculté de Paris, chapelain de Toussaint (1).

François Barbier. — François Barbier prit possession de sa nouvelle cure le 9 juillet 1742, assisté de Jacques Le Vavasseur, curé de Saint-Hilaire, doyen du Corbonnais (2). Le onze du même mois, il se démettait en faveur de Jean-Nicolas Moulin, clerc tonsuré du diocèse de Séez, gradué en l'université de Caen, de l'une des douze grandes chapelles de Toussaint, dont il était titulaire. Malgré cela, l'abbé Vallée n'en continue pas moins à desservir la paroisse et ce n'est que le 13 avril 1743 que nous voyons, pour la première fois, la signature de l'abbé Barbier apposée sur les registres paroissiaux.

Nommé chanoine honoraire de la cathédrale de Séez, le 15 avril 1776, il mourut le 27 décembre 1784; le lendemain, ses restes mortels furent déposés dans le cimetière de cette paroisse.

La mort de l'abbé Barbier amena à la cure de Saint-Jean-Saint-Malo, le 10 janvier 1785, l'abbé Soyer, curé de Boëcé, bachelier en droit civil et canon de la faculté de Caen.

L'abbé Soyer. — Maintenant, puisque nous sommes amenés à parler de l'abbé Soyer, fut-il un prêtre révolutionnaire dans toute la force du terme? Nous ne le pensons pas.

Bon et libéral, il paraît n'avoir eu pour but que le bien-être du peuple; partisan des nouvelles réformes sociales, il ne voulait les demander qu'avec calme et discernement; ennemi du tapage, il déplorait amèrement l'effusion du sang qui lui semblait inutile en de pareilles circonstances et s'efforça, par ses discours, de maintenir la paix dans sa ville natale.

Si nous n'avons point à déplorer quelques scènes sanglantes, comme tant d'autres villes, le caractère pacificateur de ce prêtre n'y fut point étranger; il est infiniment regrettable que, pour rendre de si grands services, il fût obligé de sacrifier sa foi, en prêtant le serment condamné par le chef de l'Église. Nous revien-

---

(1) Reg. paroiss.; arch. mun. de Mortagne.

(2) Parmi les assistants, on remarquait : Michel Fromont, curé de Notre-Dame; René-Julien Dubois, curé de Loisé; Ursin-René Rochin, prévôt de la collégiale de Toussaint; Gabriel-François Gassion, prêtre, principal du collège; François-Paul Rouald, seigneur de Boisgelou, conseiller de Sa Majesté en son grand Conseil; Charles-René Rochin, conseiller du roi en l'élection de Mortagne; Denis Bouvier, chapelain de Saint-Jean; René Chardon, trésorier, etc..... (Minutes de Me Delorme.)

drons plus tard sur ce sujet et nous examinerons ensemble jusqu'à quel point on doit le rendre responsable de cette faute.

Né à Mortagne, paroisse Saint-Jean, le 27 novembre 1736, René-Noël-Guillaume Soyer, fils d'un simple marchand de cette ville, fit ses études au séminaire de Séez et se destina à l'état ecclésiastique. Nommé curé de Boëcé, le 30 juin 1769, il se démettait entre les mains du roi de son bénéfice de chanoine prébendé de Toussaint, le 27 décembre 1770 (1).

Appelé à Saint-Jean, le 10 janvier 1785, ainsi que nous l'avons vu plus haut, l'abbé Soyer prenait possession de cette cure le 7 juillet suivant (2). Nommé chanoine honoraire de la cathédrale de Séez, le 22 avril 1786, il fut, l'année suivante (18 octobre 1787), désigné par Sa Majesté pour être un des cinq conseillers chargés de l'administration de la ville de Mortagne. Cette nomination fut acceptée par le maire et son installation, ainsi que celle de ses confrères, eut lieu le 26 octobre 1787 ; l'abbé Soyer était alors doyen du Corbonais.

Choisi pour être aumônier en chef de la garde nationale, il accepta cette mission et depuis lors célébra les *divins offices* aux fêtes patriotiques. Le 14 juillet 1790, il dit la messe solennelle à Notre-Dame, en présence de la garde nationale et des autorités de la ville ; l'abbé Courapied prononça en chaire un sermon dans le goût appelé alors bien improprement *patriotique*, puis on prêta le serment prescrit pour rendre plus solennelle cette fête du *Pacte fédératif*. Vu ses fonctions, l'abbé Soyer jura sur l'autel de la Patrie, élevé sur la place d'Armes, *d'être à jamais fidèle à la Nation, à la Loi, au Roi*. Nous arrivons à la prestation du serment qui devait diviser en deux camps le clergé français et avec lui la France entière : celui des *jureurs* et celui des *insermentés*.

A Mortagne, la prestation du serment fut fixée au dimanche 23 janvier ; dans les huit jours qui précédèrent cette solennité, les prêtres qui étaient astreints à cette formalité, durent aller déclarer au bureau de la municipalité s'ils étaient dans l'intention « de prêter le serment requis par l'Assemblée nationale ». L'abbé Soyer accomplit cet acte préliminaire le 20, en déclarant que « son intention était de prêter, dimanche 23 courant, issue de sa messe paroissiale, le serment requis par la loi ».

(1) Minutes de Me Delorme.
(2) Dans cette cérémonie, il était assisté de messire Charles-François Le Boisne, curé de Notre-Dame de Mortagne, doyen rural. Parmi les assistants figuraient : François Lancelin, François-J.-B. Brad, prêtres, desservants de l'église Saint-Jean, Charles-Nicolas Lange, chanoine de Toussaint, Pierre Provost du Marchais, procureur aux sièges royaux de Mortagne, marguillier, etc... (Minutes de Me Delorme.)

« Au jour fixé, dit l'abbé Marre (1), sur les dix heures du matin, toutes les autorités réunies se firent précéder de musiciens, qui, avec les tambours, leurs tambourins, leurs flûtes, leurs hautbois faisaient un vacarme épouvantable. Suivait la garde nationale, quelques chefs en uniforme ; les soldats, qui se glorifiaient du nom de *sans-culotte*, en avaient le costume et leurs armes s'y rapportaient : c'étaient des sabres, des piques, des épées, des broches, des brocs rouillés, des fusils noircis par la fumée, des bâtons ferrés ; troupe d'écervelés, ils marchaient sans ordre, pêle-mêle avec des gamins, des femmes en guenilles ; ils vociféraient le *Ça ira*, le *Vive la Nation*, ce qui, avec le son de leurs instruments discordants, ressemblait à une musique infernale. Tel était l'effrayant cortège qui escortait les autorités, composées des membres du district, de la municipalité et des notables citoyens du club. Délire frénétique ! ceux qui ne le partageaient pas se tenaient renfermés pour trembler et gémir. »

De la mairie, le cortège se rend à Notre-Dame, puis à Saint-Jean ; c'est là que nous nous arrêterons avec lui. Le curé et ses deux vicaires attendaient avec impatience. « Les cris, les chants, les tambours, les flûtes, etc., retentirent dans le lieu saint, sur des airs et des paroles du plus chaud patriotisme. » Les trois ecclésiastiques vinrent se placer à l'entrée du chœur et écoutèrent attentivement la lecture de la loi sur la Constitution civile du clergé. Puis M. le curé monta en chaire et prononça un discours, qui n'était autre que sa profession de foi et que nous croyons devoir reproduire ici :

« Messieurs,

« Déjà deux fois, j'ai prêté le serment civique : d'abord comme officier municipal, lors de mon installation, d'après l'élection de mes concitoyens au premier tour de scrutin, ensuite comme aumônier de la garde nationale à l'autel de la Patrie, lors de la fédération du quatorze juillet dernier ; ce serment n'a pas coûté à mon

---

(1) Mémoires restés manuscrits. — M. l'abbé Marre naquit à Moulins-la-Marche en 1763 ; ordonné prêtre en 1788, il fut envoyé à Sainte-Croix, succursale de Saint-Germain de Loisé. Il était encore vicaire desservant de cette paroisse, lorsqu'éclata la Révolution. Il refusa de prêter serment et partit pour l'exil. En 1802, après son retour en France, il fut nommé curé de Feings ; il mourut en 1849, comblé d'années. Pendant les courts loisirs que lui laissait le ministère paroissial, il écrivit ses mémoires d'après les notes qu'il avait prises dans les jours de la persécution. Ces mémoires, qui contiennent certains passages importants pour notre travail, forment environ 120 pages in-8°, d'une écriture fine et serrée. Il en existe plusieurs copies authentiques ; espérons qu'un jour ou l'autre ils seront livrés à la publicité.

Nous aurons occasion, dans la monographie de la paroisse Sainte-Croix, de nous entretenir plus longuement de ce prêtre exilé pour la foi.

cœur : il était dans mes principes. Oui, messieurs, je proteste encore aujourd'hui de mon attachement inviolable à la personne sacrée du Roi, d'une fidélité à toute épreuve à la Nation, de ma déférence et obéissance à la Loi. Les preuves de ceci sont consignées dans vos registres, messieurs ; mes signatures apposées au pied des délibérations démontrent évidemment que j'ai toujours concouru à la faire exécuter ; dans ce temple même, on n'entend plus au prône de *prières nominales*, l'encens n'y brûle plus qu'en l'honneur de la Divinité.

« Je jure aujourd'hui de veiller fidèlement sur le troupeau qui m'est confié, de remplir mes fonctions avec exactitude, de maintenir de toutes mes forces la constitution décrétée par l'Assemblée nationale et acceptée par le Roi, d'être fidèle à la Nation, à la Loi et au Roi.

« Je fais ce serment, parce que je suis persuadé que l'intention de l'Assemblée nationale n'est point et ne sera jamais de faire une réforme dans les dogmes, la doctrine, l'enseignement et la morale de l'Église catholique, apostolique et romaine, à laquelle je déclare hautement que je suis inviolablement attaché et dans le sein de laquelle je veux vivre et mourir.

« C'est encore dans ce sens que je jure, de plus, d'observer et de faire observer les lois qui seront décrétées par l'Assemblée nationale, sanctionnées ou acceptées par le Roi. »

Il revint ensuite se placer de nouveau à l'entrée du chœur et prononça la formule du serment purement et simplement ; les abbés François Rivière et Charles Muteau, vicaires, suivirent l'exemple de leur pasteur.

Une nouvelle vie allait commencer pour eux : maintenant ils pouvaient agir librement, la loi les protégeait ; nous verrons comment ils usèrent de leur liberté. Le lendemain, sur la demande du procureur de la commune, l'abbé Soyer déposait sur le bureau de la municipalité le discours qu'il avait prononcé la veille, pour être inscrit sur le registre des délibérations de ce bureau et l'original déposé aux archives de l'hôtel commun, afin de « conserver à la postérité les vertus patriotiques et civiques de monsieur le curé de Saint-Jean, son zèle dans ses fonctions curiales et municipales ».

« Monsieur le curé de Saint-Jean, à cheveux blancs, d'une gravité imposante, d'une douceur et d'une affabilité séduisantes, d'une taille avantageuse, d'une réputation sans tache, d'une piété édifiante, d'une grande régularité à remplir tous les devoirs de son ministère, savant et modeste, vénéré de toute la ville, avait mérité de tout temps, nous dit l'abbé Marre, d'être cité pour modèle.

« Quand il fut bien et duement assermenté, comme il l'emportait assurément sur le plus grand nombre de ses semblables, il fut nommé évêque constitutionnel par les électeurs (1), mais il n'était pas tourmenté par l'ambition, il refusa, remercia cordialement et conserva sa cure. »

Au moment où il avait été désigné pour remplacer Monseigneur du Plessis d'Argentré, indignement chassé de son siège épiscopal parce qu'il n'avait pas voulu *jurer*, l'abbé Soyer était absent de Mortagne. Dès qu'ils apprirent cette nomination, les membres du bureau de la municipalité, fiers d'une telle distinction accordée à leur compatriote, prirent, à la date du 23 février 1791, la délibération suivante :

« Le bureau venant d'apprendre, avec la plus douce satisfaction, la nomination de M. Soyer, curé de Saint-Jean, membre du corps municipal, aumônier de la garde nationale, au siège épiscopal du département de l'Orne, à la résidence à Sées, a arrêté, vu et ce consentant le procureur de la commune, d'écrire au dit sieur curé, attendu son absence, pour le congratuler sur la nomination bien méritée, eu égard à ses vertus et à son patriotisme. Et le bureau a signé, etc... Et, de suite, le procureur de la commune a représenté qu'il ne suffisait pas de féliciter le dit sieur curé de Saint-Jean sur sa nomination, qu'il était en outre nécessaire de la manifester à tous les citoyens par le son des cloches et la salve des boëtes, pour leur apprendre la joie que tout patriote doit ressentir pour l'accomplissement des desseins de la Providence sur le peuple, pourquoi il requérait du bureau de donner de suite son avis. Sur quoi le bureau, accueillant la représentation du procureur de la commune, a arrêté de manifester à tous les citoyens la joie de la nomination du sieur curé de Saint-Jean au siège épiscopal du département de l'Orne par le son des cloches et trois salves de boëtes ; en conséquence, il a été ordonné aux sacristains des paroisses de cette ville, mandés et comparans, de sonner les cloches de leurs églises à la première salve des boëtes et artillerie. Et le bureau a signé avec le procureur de la commune et le secrétaire greffier. » [Signé :] Delestang, Muteau, Coru, Fornival, Magné, Louvain, Le Bouyer de Saint-Gervais et Doze, secrétaire.

Contre leur attente, l'abbé Soyer déclina cet honneur ; plus tard, lorsqu'on parla de la suppression de la paroisse Saint-Jean,

---

(1) Ils se réunirent dans l'église Notre-Dame d'Alençon les 20, 21, 22, 23, 24 février 1791. Le premier jour, l'abbé Soyer fut nommé au troisième tour de scrutin, par 218 suffrages contre 72 donnés à Le Fessier, curé de Berus au Maine. *(Communication de M. de La Sicotière.)*

la cure de Loisé lui fut offerte : cette fois encore il refusa, sa seule ambition était de mourir curé de Saint-Jean.

« Cependant, continue l'abbé Marre, ce bon curé de Saint-Jean, qui certes n'était ni persécuteur ni intolérant, augmenta, sans s'en douter, le nombre de nos ennemis. Il avait fait des baptêmes longtemps avant d'avoir juré, il n'avait jamais rien changé ni ajouté à ce qui était dans le rituel ; mais, après avoir juré, il fit une petite addition : quand il baptisait, il adressait aux parrains et marraines ces questions prescrites par le rituel : « *Croyez-vous en Dieu.....?* etc. *Renoncez-vous à Satan...?* » et il ne manquait pas d'ajouter au *oui* qu'ils répondaient : « *Et moi aussi, mon enfant.* » Nous prétendions que les assermentés étaient schismatiques, eh bien, à cette question : *Voulez-vous vivre et mourir dans le sein de l'Église catholique, apostolique et romaine ?* les parrains et marraines avaient à peine articulé leur *oui*, que M. le curé répétait sentencieusement son : « *Et moi aussi, mon enfant.* » Nous, nous faisions les mêmes questions, mais en nous tenant aux réponses du rituel, sans y ajouter un seul mot. Objet de comparaison entre les baptêmes faits à Saint-Jean et les baptêmes faits à Sainte-Croix, il y avait entre nous et M. le curé de Saint-Jean une ligne de démarcation dont il n'avait pas prévu les conséquences, je lui dois cette justice. — « En savent-ils plus que M. le curé de Saint-Jean, ces blancs-becs, ces morveux, ces pique-assiettes de l'abbé Coupard (1), ces aristocrates ?... M. le curé de Saint-Jean, un si bon prêtre !... qu'ils viennent donc nous dire qu'il est damné !... les malheureux, ils veulent se perdre et nous avec eux !... Ah ! encore un peu de temps, et ils danseront la *Carmagnole.* » Ces réflexions et autres du même poids circulaient dans le public et étaient commentées au club : notre situation empirait visiblement.

« Je ne prétends pas que les prêtres assermentés de Mortagne ont jamais été dans l'intention de nous persécuter, soit directement, soit indirectement ; les curés de Notre-Dame et de Saint-Jean m'ont, au contraire, fourni des preuves de l'intérêt qu'ils prenaient à ma position, mais il n'en est pas moins vrai que leurs principes, leur conduite contrastaient avec notre conduite et nos principes, ce qui ne manquait jamais d'amener des comparaisons qui aboutissaient à nous rendre odieux, à nous faire passer pour de mauvais prêtres, pour d'hypocrites orgueilleux. Qu'avions-nous à opposer à leurs principes, à leur autorité, nous, jeunes prêtres, qui vivions au sein de l'aristocratie ? la théologie ?...

---

(1) Diacre, demeurant rue de Bellême, dans la maison actuellement occupée par M. Gaillard, propriétaire.

mais, qu'avaient à gagner les docteurs les plus profonds?... Rien. »

Nous n'ajouterons rien à ces réflexions d'un contemporain, M. l'abbé Marre, victime d'une odieuse persécution, et reprendrons la suite, un instant interrompue, de notre récit. Le 21 mai, l'abbé Soyer accepta la lettre pastorale de l'évêque constitutionnel de Séez et, le lendemain, la lut au prône de sa messe paroissiale. Dans une autre circonstance, il reconnut encore Le Fessier pour son évêque.

M. Soyer, l'idole des Mortagnais, dut, pour conserver ses fonctions, suivre la pente glissante dans laquelle s'était engagé le peuple et prendre une part active dans les fêtes patriotiques qu'organisaient les meneurs. Le 14 juillet 1791 eut lieu, par toute la France, une grande fête commémorative de la *Fédération*. A Mortagne, comme ailleurs, cette fête fut célébrée le plus pompeusement possible : au son des cloches se mêlaient la voix sourde de l'artillerie et les sons discordants de la musique de la garde nationale. La messe fut célébrée solennellement sur un autel élevé au milieu de la place d'Armes. Le dernier évangile terminé, l'officiant, M. l'abbé Soyer, se tourna vers le peuple et prononça un discours patriotique, quelque peu emphatique, qu'applaudirent des bravos répétés (1).

Le 26 juillet suivant, il fut réélu à l'unanimité aumônier de la garde nationale. M. Le Douyer de Saint-Gervais venait de donner sa

---

(1) Voici le discours de l'abbé Soyer :

« Citoyens,

« L'histoire des empires nous apprend qu'il n'est point de nations, point de peuples qui n'aient consacré un ou plusieurs jours dans l'année à quelques cérémonies religieuses, et cela en mémoire de quelque événement flatteur pour la patrie, ou de quelques avantages accordés par la Providence. Les annales françaises nous en fournissent plusieurs exemples. Ces sortes de cérémonies ont leur fondement dans la religion même. On voit au vingt-troisième chapitre du *Lévitique* les jours de fêtes que les Juifs devoient célébrer dans l'année, selon le commandement de Dieu ; les observations légales y sont prescrites : « Vous appellerez, dit le Seigneur, ces jours-là des jours très célèbres et très saints. » C'est pour être dans ces vues que l'Assemblée nationale décréta, l'année dernière, la *Fédération*, qui a eu lieu le 14 juillet, et qu'elle ordonna que la cérémonie du *pacte fédératif* se renouvelleroit, tous les ans à la même époque, dans chaque département. Qu'il était beau, qu'il était imposant ce spectacle où des citoyens, députés de tous les départements de ce vaste empire, sous les murs de la capitale et sur l'autel de la patrie, remerciaient l'Eternel de la liberté qui leur était rendue, se juroient une amitié éternelle et protestoient de leur inviolable attachement à la Nation. Unis d'esprit et de cœur avec eux, partageant les mêmes sentiments, nous avons juré d'être unis par des liens indissolubles d'une sainte fraternité, de défendre de tout notre pouvoir la constitution de l'Etat ; le même jour, à la même heure, un cri unanime a démission de maire de la ville de Mortagne, il fallait lui trouver un remplaçant jusqu'aux élections générales qui devaient avoir lieu au mois de novembre. A l'unanimité, l'abbé Soyer fut désigné pour remplir le poste vacant de maire de la ville. Il accepta cette distinction, ce qui fait que nous le voyons à la tête du mouvement qui se fit le dimanche 9 octobre 1791, au sujet de la publication de la loi constitutionnelle de l'Etat. Ce jour-là, un *Te Deum* fut chanté à Notre-Dame sur les quatre heures du soir et, la nuit venue, un feu de réjouissance allumé sur la place d'Armes par les plus hauts fonctionnaires de la ville.

Le 15 novembre 1791, l'abbé Soyer fut remplacé dans ses fonctions de maire par le citoyen Rathier jeune, élu par 140 voix sur 223 votants; le 18 suivant, il est nommé notable et arrive en tête de la liste avec 64 voix.

Avant sa nomination de maire, le curé de Saint-Jean remplit plusieurs fois les fonctions de procureur de la commune, mais dans des circonstances qui n'offraient rien de bien intéressant.

Au mois de mai 1792, on se mit en tête de planter sur le milieu de la place d'Armes un arbre de la liberté, surmonté d'un bonnet phrygien. Cette idée qui avait pris naissance dans *l'esprit* de quelques chauds patriotes fut soumise au conseil qui sans nul doute l'approuva et, le 30 du même mois, arrêta le cérémonial qui devait être suivi et dans lequel nous remarquons les détails suivants:

« Messieurs les curés et prêtres assermentés recevront une invitation particulière pour ce sujet et la publieront au prône.....

retenti dans toutes les parties de l'empire françois. Que ce cri soit celui de ralliement des amis de la patrie et la terreur des ennemis de l'Etat.

« Mais, que dis-je, ennemis..... non, mes chers concitoyens, la Patrie, la Liberté, la Constitution n'auront jamais d'ennemis dès que nous aurons de toute la force publique ces objets sacrés de notre amour et s'il se trouvoit encore de ces âmes basses qui sembloient chérir leurs fers, je suis persuadé qu'elles aspireront à l'honneur de voir leurs noms inscrits dans notre pacte de famille, garant éternel de la félicité de cet empire.

« Rassemblés aujourd'hui pour renouveler l'auguste serment que nous avons déjà prêté, ajoutons-y celui de nous aimer, d'être véritablement frères, de ne point abuser du nom de la liberté, puisque la liberté sans la raison est une arme funeste; jurons de vivre sous l'empire de la loi, de défendre les personnes, de respecter leurs propriétés; plaignons les victimes aveugles de leurs anciens préjugés, mais que, sous l'empire des lois, le mot de vengeance ne soit plus prononcé; plaçons sous l'égide des lois, l'innocent. Le coupable... de coupable, n'oublions jamais qu'il n'en est point si la loi ne l'a prononcé; courage, persévérance, générosité, voilà les vertus de la liberté; voilà, mes chers frères d'armes, celles par lesquelles vous vous êtes distingués jusqu'à présent; je suis assuré qu'elles seront toujours la base de vos démarches. Je ne veux pas retenir plus longtemps l'impatience où vous êtes de réitérer votre serment. » *(Arch. mun. de Mortagne. — Reg. des délib. du Conseil.)*

Le salut pour nos frères fini, le cortège partira de l'église précédé du clergé, qui chantera le *Chant de la Révolution* (le *Magnificat*), le célébrant sera l'aumônier en chef de la garde nationale, M. Soyer, curé de Saint-Jean. A ce chant et au son de la musique militaire, on se rendra à l'arbre de la liberté où, la garde nationale érigée en bataillon carré, le célébrant donnera la bénédiction au dit arbre, chantera le *Te Deum* et le *Domine salvam fac gentem*. Ces prières finies, on battra un ban pour le silence et ceux qui auront des discours à faire au peuple les prononceront... »

La cérémonie fut fixée au dimanche 10 juin. Après le *Te Deum*, le ban pour le silence ayant été battu, l'abbé Soyer prononça un discours dont plusieurs passages obligent, malgré l'indulgence que mérite ce prêtre, autrefois cité pour modèle, à le mettre au nombre de ces schismatiques aveuglés par un faux patriotisme (1).

(1) Discours de l'abbé Soyer : « Lorsque les enfans d'Israël eurent passé le Jourdain, Josué appela douze hommes qu'il avoit choisis, un de chaque tribu, et il leur dit : « Allez devant l'arche du Seigneur, votre Dieu, au milieu du Jourdain et que chacun de vous emporte de là une pierre sur ses épaules afin qu'elles servent de signe et de monument parmi vous et qu'à l'avenir, quand vos enfans vous demanderont : Que veulent dire ces pierres ? vous leur répondrez : Les eaux du Jourdain se sont séchées devant l'arche, lorsqu'elle passait ce fleuve, c'est pourquoi ces pierres ont été mises en ce lieu pour servir aux enfans d'Israël de monument éternel. » C'est sous ces couleurs, messieurs, que j'aime à me représenter l'objet de la fête qui nous rassemble aujourd'hui. Une grande nation s'est levée comme d'un mouvement unanime, elle a cherché et a conquis sa liberté : c'est pour en retracer à l'imagination l'époque solennelle que nous avons fait élever dans nos murs cet arbre qui en sera le signe et le monument. Lorsque vos enfans vous demanderont ce que veut dire cet arbre, vous leur répondrez : Nous étions asservis sous le joug du despotisme, nous étions esclaves; mais le Seigneur, notre Dieu, nous a délivrés de l'oppression et de la servitude; vous leur direz, à ces enfans, que la liberté, conquise et défendue par le courage, ne peut se maintenir que par l'ordre et la paix ; et l'ordre et la paix demandent des vertus. Vous leur ajouterez que la vertu n'est que la souveraineté de la loy, que l'empire de la loy doit être absolu et que l'ordre et la paix qui sont nécessaires au maintien de la société ne peuvent jamais subsister où règne l'anarchie et l'inobservance de la loy. Pour nous, chers frères, nous serons toujours dociles à la voix des corps administratifs que nous avons établis et dont nous avons choisi les membres et à l'interposition de la loy, persuadés que ce serait notre propre image que nous avilirions en les avilissant. Loin de nous, les malveillans, qui saisissent toujours les occasions favorables à leurs mauvais desseins, agitent ou cherchent sourdement à agiter le peuple. Le zèle des bons citoyens prévaudra toujours sur l'investigation *(sic)* des méchans. Notre intérêt est la tranquillité. Ne soyons pas la dupe des agitateurs. Si nous sommes assez sages pour ne pas épouser leurs passions, il ne restera que la liberté et l'ordre.

« Les administrateurs veilleront à l'intérêt général en faisant observer la loy. Chacun fera ce qu'il doit faire et occupera le poste qui lui est assigné ; il portera le livre de la loy dans une main et de l'autre l'épée renfermée

Cet homme, si exact dans l'accomplissement des lois révolutionnaires, mettait complètement de côté la discipline ecclésiastique quand il aurait plutôt dû mourir que de la violer. Rome n'avait-elle pas parlé ? Le Pape n'avait-il pas condamné, quelques mois après sa prestation, ce serment qu'il avait prêté avec tant d'empressement, mais de bonne foi, nous voulons le croire. Un remède, cependant, s'offrait à lui : c'était une rétractation, rétractation que beaucoup de prêtres firent publiquement aussitôt qu'ils surent que leur conduite avait été condamnée. Loin de là ! L'abbé Soyer, ainsi que son roi, faiblit de plus en plus et ne voit plus à se conduire : une populace, affolée par quelques scélérats, lui sert de guide.

Le 14 décembre 1792, il est réélu notable de la ville de Mortagne avec 56 voix et arrive le deuxième de la liste ; le même jour, il est nommé officier public pour la paroisse de Saint-Jean. Il n'assiste plus au conseil aussi régulièrement qu'autrefois et, quelques jours après le régicide du 21 janvier 1793, il y vient encore une ou deux fois, pour n'y plus revenir du tout. Il semble qu'avec

dans son fourreau, et cette épée, il ne la retirera que quand la loy aura parlé. L'ordre est vraiment le suprême intérest de tous, de ceux même qui semblent se consacrer à le troubler. Soyons amis de la Constitution et de la paix et les conspirateurs, réduits à leur véritable nombre, n'exciteront plus que la pitié et le mépris. Ce fantôme de la révolte s'évanouira devant le colosse majestueux de la loy entourée par des milliers de volontaires qui, toujours dirigés par l'ordre, présenteront un corps sain et robuste qui résistera à toutes les attaques.

« La Révolution est faite, la Constitution est finie ; nous avons conquis la Liberté ; il faut se façonner aux saintes loys ; il faut écarter de la Liberté le flambeau de la discorde et de la licence ; il faut la présenter dans toute sa pureté, avec ses charmes naturels, accompagnée de mœurs et de vertus, afin que toutes les âmes sensibles puissent dire : la voilà celle que nous voulons adorer. Périssent toutes les factions ! nous voulons la Constitution et la Loy. Cette liberté et ce bonheur sont surtout dans la soumission aux loys, même de l'imposition, soumission d'autant plus honorable qu'elle laisse dans le cœur du vray patriote le sentiment noble et fier de la volonté et de la force qui se modère.

« Chers concitoyens, administrateurs, officiers municipaux, très chers frères d'armes qui m'avez fait l'honneur de me choisir pour l'un de vos aumôniers, réunissons-nous tous ensemble pour faire respecter la loy. Nous avons besoin de toutes nos forces pour comprimer l'anarchie et nous sauver tous. Qu'une confiance réciproque nous unisse à jamais. C'est ici, c'est aujourd'huy que nous scellerons ce traité d'une union si utile. Ne souffrons pas que jamais dans nos murs on agite le brandon de la discorde, qu'on y sème le poison de la défiance, qu'on y avilisse les autorités constituées qui sont notre ouvrage. Ce serait saper la Constitution par ses bases et couper l'arbre de la liberté par le pied. Voulons fortement et constamment l'ordre, et l'ordre les rétablira. Alors le plus cher de mes vœux sera rempli et je m'écriraj avec enthousiasme : Vive la Nation, etc... »
(*Arch. mun. de Mortagne. — Reg. des délib. du Conseil.*)

la Royauté finit la vie publique de ce prêtre : ce crime ne lui fit-il pas ouvrir les yeux et jeter un regard sur sa propre conduite ?

Nous n'entendons plus parler de lui ; nous savons seulement que la maladie le cloua sur un lit de douleur et que, le 1er septembre 1793, il adressait à sa famille ces quelques lignes où il cherche à justifier sa conduite pendant les dernières années de sa vie :

« Je dois ici quelque chose à ma famille relativement à mon *serment civique*. Je n'ai prêté que le serment de citoyen, je m'en suis expliqué clairement devant les officiers municipaux et les habitans lors de la prestation. J'en demandai même acte ; je l'ai répété le dimanche suivant au prône, en faisant ma profession de foy : cela est même consigné sur un des registres de la municipalité. Le refus que j'ai fait de l'évêché de l'Orne et de la cure de Loisey, lorsqu'on parlait de la suppression de la cure de Saint-Jean, démontre bien que je n'ai fait que le serment de citoyen. Je suis toujours uni au Saint-Siège ; je crois à la sainte Eglise catholique, apostolique et romaine ; j'adhère, d'esprit et de cœur, aux décisions de l'Eglise sur le dogme et la morale ; je crois qu'hors d'elle point de salut, que le Souverain-Pontife est le chef visible de l'Eglise, vrai successeur de saint Pierre.

« Mon corps sera inhumé dans le cimetière de Saint-Jean ; point de pompe, peu de sonnerie, six cierges au corps, six à l'autel, deux sur le banc de l'œuvre, il vaut mieux donner quelque chose aux pauvres ; je prie de faire attention à cet article..... etc. (1). »

Il mourut le 30 du même mois ; ses compatriotes, qui se montraient autrefois si empressés autour de lui, semblent l'avoir abandonné au moment suprême. Le conseil de la commune, qui ne manquait jamais de délibérer au moindre événement, ne prit point de délibération au sujet de la mort de celui qui était notable et officier public, etc. ; et c'était cependant un devoir pour lui d'envoyer au moins un délégué à son inhumation, s'il ne voulait pas y aller en corps. Les membres du directoire suivirent cet exemple.

---

(1) Demander à être inhumé à Saint-Jean, alors que tout prêtre non assermenté devait se cacher pour ne pas voir sa tête rouler sur l'échafaud, c'était vouloir l'assistance d'un clergé constitutionnel. Malade qu'il était au moment où il écrivait ces lignes, peut-être n'en mesura-t-il pas la portée.

L'abbé Bouvier, dans ses notes manuscrites, mentionne ceci en parlant de l'abbé Soyer : « On dit qu'il se rétracta avant sa mort du serment qu'il avait fait ». On vient de voir qu'il ne se rétracta pas précisément, mais qu'en prêtant le serment, il avait fait des réserves, grâce auxquelles il avait cru pouvoir accomplir cet acte sans charger sa conscience.

Rivière et Muteau, vicaires de Saint-Jean. — Les abbés François-Hippolyte Rivière et Charles-Léonard Muteau, que nous avons laissés après leur prestation de serment, suivirent la voie dans laquelle ils s'étaient engagés.

Le premier, orgueilleux et taquin, avait toujours des démêlés avec ses compatriotes. Le 2 novembre 1788, il placardait sur un des piliers de la sacristie de Toussaint, pendant que le chapitre était à la grand'messe, un pamphlet injurieux contre les chanoines de cette collégiale et avait le courage de le signer (1). En 1790, il eut une affaire avec M. Colin de la Thuilerie, colonel en second de la milice bourgeoise de Mortagne, pour avoir fait des critiques et communiqué son opinion sur un discours que ce dernier avait fait imprimer (2). Dans d'autres circonstances, que nous ne rappellerons pas ici, il montra toujours un caractère dominateur. Titulaire de l'une des douze grandes chapelles de Toussaint, il reçut comme indemnité du Directoire, lorsque cette collégiale fut supprimée et avec elle ses canonicats, chapellenies, etc., une pension de 523 livres 9 sols 4 deniers. Mais comme il recevait d'un autre côté, en qualité de vicaire de Saint-Jean, une somme de 800 livres, son traitement de chapelain fut réduit au tiers. Le 18 février 1792, le directoire du département de l'Orne lui accorde une augmentation de traitement de 300 livres, en sa qualité de premier vicaire. A partir de ce moment, nous n'avons trouvé aucun renseignement sur lui et ne savons ce qu'il devint.

Quant à l'abbé Muteau, de vicaire de Saint-Jean, il devint curé de Loisé ; aussi, aurons-nous occasion d'en parler plus longuement dans le chapitre consacré à cette paroisse.

Julien Vallée dit Pérou. — Après la mort de l'abbé Soyer, un sieur Julien Vallée dit Pérou, ancien religieux de Perseigne, nommé en 1791 chapelain constitutionnel de l'Hôtel-Dieu de Mortagne, fut chargé de desservir la paroisse Saint-Jean.

Le 28 juillet 1791, cet ex-moine déclarait au directoire du district devant les Sœurs présentes :

« Qu'il était expressément chargé par M. l'évêque de l'Orne et MM. ses vicaires de ne pas permettre qu'il fût dit par aucun prêtre non assermenté, dans l'église du dit Hôtel-Dieu, aucune messe, pas même dans la chapelle des morts qui est dans l'inté-

---

(1) Les chanoines de Toussaints avant de faire enlever le placard firent rédiger, par les notaires de Mortagne, procès-verbal de son apposition. Le placard original fut annexé à l'acte. *(Minutes de Mᵉ Delorme.)*

(2) *Affaire de l'abbé Rivière avec M. Colin dit la Thuilerie, colonel en second de la milice bourgeoise de Mortagne au Perche... etc.* Petit in-8° imprimé en 1790.

rieur de lad. maison, ni procéder à l'administration d'aucuns sacrements dans ledit Hôtel-Dieu par tout autre prestre qu'un prestre assermenté et que, si l'on introduisait un autre chapelain non assermenté dans ledit Hôtel-Dieu, il était décidé à ne pas y rester. »

Singulier raisonnement de la part d'un ministre d'un Dieu de paix, mais qui bientôt sera un nouveau Judas.

Ces paroles, qui n'étaient que des menaces à l'adresse des Sœurs hospitalières, furent suivies de faits que nous rapporterons plus tard en leur lieu et place.

Il ne cessa, jusqu'au jour où elles furent indignement chassées de leur pieux asile (21 août 1794), de provoquer d'odieuses vexations contre les Sœurs de l'hôpital qui ne voulaient pas le reconnaître pour leur confesseur.

Nommé à Saint-Jean par les électeurs de cette paroisse, réunis en assemblée générale par décision du directoire du district de Mortagne du 6 octobre 1793, il n'exerça son ministère que quelques mois seulement, cette église ayant été convertie en salpêtrière au mois d'avril 1794.

Dans un rapport fait au directoire du district, le 19 floréal an 3 (8 mai 1795), le citoyen Bourgneuf, procureur syndic, nous le dépeint ainsi :

« Le nommé Vallée dit Pérou, ex-moine, ex-chapelain de l'hôpital de Mortagne, ex-desservant de la paroisse Saint-Jean, ex-membre du comité révolutionnaire d'avant le 9 thermidor et canonnier de la garde nationale, être le plus immoral, acteur dans les arrestations arbitraires, coopérateur de celles qui arrachaient dans un seul jour 30 à 40 citoyens ou citoyennes paisibles et soumis aux loix du sein de leurs familles désolées, de leurs affaires domestiques, de leur commerce et de leurs travaux, animé d'un vandalisme stupide qui l'a porté à briser des tableaux de prix, à brûler des livres appartenant à des particuliers sur les propriétés desquels il ne pouvait avoir aucun droit, coupable d'avoir enlevé, à la suite d'une perquisition que lui et de ses collègues avaient exécutée, différentes espèces de denrées et d'en avoir rapporté dans un temps où le brigandage commençait à manquer d'appui, une somme qu'il avait arbitrée devoir en être la valeur, auteur de l'incarcération d'une femme parce qu'il l'avait trouvée trop parée un jour de dimanche, impudent visiteur des vêtements d'une autre dans la maison d'arrêt, sur laquelle il prétendait trouver des bréviaires, provocateur au meurtre en disant un jour que l'on proposait de se lever en masse pour aller contre la Vendée : « *Nous purgerons Mortagne de tous les aristocrates; je leur tirerai du sang des bras,* » chassé enfin avec ignominie de la société populaire... (1). »

Ce moine apostat est mort dans l'impénitence après avoir renoncé tout à fait aux fonctions ecclésiastiques et mené une vie scandaleuse (2).

§ 3. Bienfaiteurs.

Le 11 juin 1534, Marguerite Debray donne au trésor de Saint-Jean une rente annuelle et perpétuelle de 40 sols pour la fondation de quatre messes.

Le 20 juillet 1557, Michel Le Guay donnait au trésor de Saint-Jean une rente annuelle de 12 sous à prendre sur une pièce de terre située au Gué, paroisse de Loisé, pour la fondation d'un service.

A peu près à la même époque, Gervais Chevalier donnait au même trésor, pour la fondation d'un service ; 8 sols 6 deniers à prendre sur la terre des Mares en Courgeoût (3).

Par son testament, en date du 18 juillet 1576, Jean Coru léguait 10 sols tournois de rente et voulait être inhumé dans cette église, dans le caveau de ses père et mère.

Le 18 avril 1582, Pierre Jehan léguait par testament, pour la fondation d'un service, le 29 mars de chaque année, une rente de 50 sols à prendre sur une maison et un jardin sis en la paroisse de Bubertré (4).

Le 26 août 1650, Marguerite Rouchère donne une somme de 150 livres, à charge de lui faire dire chaque année un service solennel composé de vigiles et de trois grand'messes.

Le 18 décembre 1678, Robert de Chandebois, écuyer, sieur de Falandre, gentilhomme ordinaire de feue madame la duchesse d'Orléans, donnait au trésor de Saint-Jean, sa paroisse, une rente annuelle de 20 livres tournois, pour la fondation des Quarante-Heures avec office canonial le jour de Noël et les trois jours suivants; le jour de la fête des Saints-Innocents, on devait chanter à l'issue du salut un *Libera* pour le repos de l'âme du fondateur et

---

(1) Registre du Directoire du district de Mortagne. *(Arch. de l'Orne, série H.)*
(2) Notes manuscrites de M. l'abbé Bouvier.
(3) Notes manuscrites de l'abbé Bouvier.
(4) Minutes de Mᵉ Delorme.

de celle de sa femme, Louise Duchastel ; on devait encore le recommander aux prières aux quatre fêtes solennelles et, ces jours-là, sonner la grosse cloche pendant une demi-heure, à neuf heures du soir. En approuvant cette fondation, Monseigneur l'évêque de Séez accordait, le 16 avril 1681, 40 jours d'indulgence à tous ceux qui visiteraient l'église Saint-Jean pendant les fêtes de Noël et qui, confessés et communiés, y prieraient pour l'exaltation de l'Eglise (1).

Le 16 avril 1688, Martine Houssaye, veuve Guillaume Gobillon, sieur du Val, donnait à la fabrique un lot de terre de trois boisseaux, situé paroisse de Saint-Hilaire, à charge de faire dire, à son intention et à celle de ses père et mère, un service solennel, composé de *vigiles* et de trois grand'messes à diacre et à sous-diacre.

Le 5 décembre de la même année, Antoinette Chastel, veuve Michel Huet, léguait au trésor de Saint-Jean une maison qu'elle possédait au faubourg de Saint-Eloi, à la condition de faire dire, pour elle et son mari, un service solennel composé de *vigiles* et de deux grand'messes (2).

Vers 1700, Jacques d'Antignat, devenu plus tard curé de Notre-Dame, versait à ce même trésor une somme de 360 livres pour exposer le Saint-Sacrement le jour des Rois. Et ce jour-là, selon le vœu du fondateur, un Père Capucin devait faire un sermon à l'heure qui serait jugée la plus convenable ; en retour, le couvent des capucins recevait une aumône de 40 sols. En cas de non exécution des clauses contenues dans l'acte de fondation, le trésor sera obligé d'acheter une rente annuelle de 18 livres au nom de l'Hôtel-Dieu, qui se chargera de faire dire douze messes par an à l'intention du fondateur. Ce sermon fut institué en vue de remédier au progrès du Jansénisme et pour contrecarrer le sieur Gesbert, curé de Notre-Dame, qui faisait toujours prêcher des personnes suspectes en leurs doctrines (3).

Par son testament du 2 septembre 1701, Catherine Paillard, fille majeure, donnait 50 livres de rente au trésor de cette église pour faire dire à perpétuité, le jour de son décès, trois grand'messes avec vigiles, suivies d'un *Libera* sur sa fosse. Elle voulait que l'office de sainte Catherine fût célébré solennellement, chaque année, le 25 novembre ; le sacriste était tenu de carillonner la veille. Elle fonda à perpétuité les Quarante-Heures à Pâques ou à

---

(1) Notes manuscrites de l'abbé Marre, — Registre sommier de la fabrique de Notre-Dame.

(2) Minutes de Me Delorme.

(3) Ce don fut confirmé par acte authentique passé devant Gilles Follet, notaire à Mortagne, le 30 août 1719. *(Archives de l'Evêché de Séez.)*

la Pentecôte, au désir du curé ; pendant ce temps, le Saint-Sacrement était exposé depuis cinq heures du matin jusqu'à huit heures du soir, avec office canonial, et le dernier jour on clôturait la cérémonie par le chant du *Te Deum* (1).

Le 22 novembre 1722, Robert Saugeron, sieur du Nuisement, donna par testament une rente de 20 livres à prendre sur la terre du Nuisement, à la charge par le trésor de faire faire annuellement, aux intentions du fondateur, de son épouse et de ses père et mère, deux services solennels de trois grand'messes, l'un le jour anniversaire de sa mort, l'autre le lendemain de saint Marc.

Par décision de Monseigneur Louis-François Néel de Christot, évêque de Séez, en date du 18 août 1759, il était célébré à Saint-Jean, le 4 novembre de chaque année, un service solennel composé de deux messes chantées, précédées de vigiles, pour tous les bienfaiteurs de cette église (2).

D'après le règlement, donné à cette paroisse par Monseigneur l'évêque de Séez, en 1751 et 1753, les messes basses étaient fixées à 10 sols, — les hautes à 15 sols, — le chant des vigiles fut fixé à 5 sols, — celui des *nocturnes* à 2 sols 6 deniers, — celui du *Libera* à 6 liards, — celui des *matines* ou des *vespres* à 5 sols : pour les processions, on percevait 20 sols.

Il y avait, à cette époque, 123 fondations ainsi réparties : janvier 14, février 7, mars 12, avril 11, mai 12, juin 7, juillet 10, août 10, septembre 8, octobre 12, novembre 12, décembre 8.

Ces fondations rapportaient une somme totale de 93 livres 14 sols 6 deniers.

Il y avait en outre 36 obits dont les vicaires se partageaient les honoraires s'élevant à 16 livres 19 sols. Ils ne touchaient rien pendant les mois de mai et juin. Il faut encore ajouter 13 autres fondations se montant à 109 livres 11 sols, somme destinée à la caisse vicariale (3).

§ 4. Chapelains.

Depuis de longues années, des chapelains étaient attachés au service de l'église Saint-Jean, lorsque, le dernier jour du mois de

---

(1) Minutes de Me Delorme.
(2) Notes manuscrites de l'abbé Marre. — Registre sommier de Notre-Dame.
(3) Archives de l'Orne, série H.

janvier 1684, Monseigneur l'évêque de Séez leur imposa le règlement que nous analyserons ici.

Les chapelains devaient assister régulièrement à tous les services qui se faisaient dans cette église et étaient placés dans les *chaises* des deux côtés du chœur *le plus également possible* et ce, sur l'avis du curé. Ils devaient observer l'usage ordinaire dans les stations devant le Saint-Sacrement, dans les temps de la Fête-Dieu et prières des Quarante-Heures et, pour y garder le meilleur ordre, M. le curé indiquait l'heure à laquelle chacun devait venir en adoration devant le Saint-Sacrement, en sorte qu'il y eût toujours quelqu'un. Les matines commençaient à cinq heures aux fêtes solennelles et à six aux autres fêtes. Ils devaient assister chaque dimanche à la messe paroissiale et accompagner leur curé dans les stations de Pâques et du Jubilé pour l'édification du public. Ils communiaient également de sa main le Jeudi saint, suivant l'usage de cette église.

Ils avaient le tiers des distributions pour tous les huitains hauts et bas et anniversaires pour les défunts, à la réserve d'une fondation de 40 livres faite en faveur du curé et pour laquelle ils avaient chacun 10 sols pour assistance, et se partageaient les honoraires des deux premières messes.

Ils étaient invités *par billet* et *au son de la cloche* à assister aux inhumations, le sacristain dressait la liste des assistants dont chacun avait droit à 5 sols. Les honoraires des absents étaient partagés entre les présents.

Ils ne pouvaient s'absenter plus de deux jours sans la permission de M. le curé. Ce dernier choisissait son vicaire parmi les chapelains : c'était toujours celui qui avait la *première place* et le *premier pas*. Ils devaient se suppléer par *ordre d'antiquité* (1).

En 1784, un supplément de traitement de 30 livres leur fut accordé par les habitants à titre provisoire seulement; par suite, il s'élevait à 330 livres. Le 28 juin 1789, lorsqu'ils demandèrent à toucher le premier semestre, les habitants de Saint-Jean prirent une délibération par laquelle il fut décidé que dorénavant les chapelains ne recevraient plus que 300 livres, mais que pour cette année encore, la gratification accordée en 1784 leur serait payée (2).

Les derniers chapelains furent les abbés Rivière et Muteau, dont nous avons parlé plus haut.

(1) Archives de l'Evêché de Séez.
(2) Minutes de M⁰ Delorme.

Manoir de Prainville

En Saint-Jean-Pierrefixte

Dessiné par le Vte de Romanet, d'après une photographie.

§ 5. Confréries établies à Saint-Jean.

A. Confrérie de la Charité. — *a*. Fondation et Règlements. — Avant le 1ᵉʳ novembre 1474, nous n'avons trouvé, dans le Perche, la trace d'aucune confrérie de Charité ; des sociétés analogues existaient bien, longtemps avant cette époque, mais ne portaient point ce nom (1).

Les Charités de Notre-Dame et de Saint-Jean, érigées à cette date dans ces deux paroisses, furent donc probablement les premières de la province.

Leur mission était d'enterrer les morts, surtout dans les temps d'épidémie, et c'est encore là aujourd'hui le but principal de celles qui subsistent, quoique leurs règlements se soient successivement modifiés avec le temps.

Malheureusement, nous n'avons pas encore pu retrouver l'acte de fondation ni le règlement primitif des Charités de Notre-Dame et de Saint-Jean.

Outre l'obligation d'inhumer les morts, le règlement de la Charité de Saint-Jean, donné par Monseigneur l'évêque de Séez en janvier 1684, contient encore diverses clauses parmi lesquelles nous citerons les suivantes :

« Le *change* des frères de la Charité se fera dans le chœur de la dite église après le service divin, duquel les portes seront tenues et gardées par leur soin et diligence, en sorte que les femmes n'y soient point introduites.

« Il sera permis aux dits frères de la Charité de communier en corps dans l'église Nostre-Dame aux festes solennelles et marquées par leurs statuts, même dans la quinzaine de Pasques, par dévotion, mais non *paschale communione* qu'ils sont tenus de faire dans leur paroisse. »

Ils ne pouvaient en outre passer aucun bail sans le consentement du curé. S'ils se rendaient coupable d'un *acte indécent*, ils étaient mis à l'amende et le montant en était versé à la boîte. On destituait les *frères* passibles de trois fautes graves, lorsqu'ils étaient condamnés par la majorité de leurs collègues. Un chapelain accompagnait les *frères* lorsqu'ils allaient enterrer hors de

(1) Dans une brochure intitulée : *Les confréries campagnardes dites de Charité dans le Perche* (Bellême, 1877), M. le docteur Jousset a étudié les Charités en général et donne des renseignements particuliers sur celle de Saint-Martin-du-Vieux-Bellême et sur celle de Longny fondée en 1488.

cette paroisse. Tous les dimanches, une messe à laquelle ils assistaient était dite par leurs soins, à six heures pendant six mois et à sept pendant les six autres mois (1).

b. BIENFAITEURS. — Le 19 avril 1540, Grégoire Hulline donne à la Charité 5 sols de rente foncière, affectée sur une maison, sise à Mortagne, pour une prière au prône.

Le 4 février 1577, don par Nicolas Bossosel, écuyer, seigneur de Courtheraye, et Marguerite Bonenfant, sa femme, d'une rente de 33 livres 30 sols pour leur faire dire une messe basse tous les jours et quatre obits solennels, composés de vigiles et de deux grand'messes.

Le 2 février 1579, Guillaume Legendre, prêtre, curé de Bonnefoi, lègue par son testament une somme d'environ 30 sols pour lui faire faire un obit composé de vigiles et de deux grand'messes.

Le 20 décembre de la même année, Michel Esnault fonde trois *messes à notes* avec les oraisons accoutumées et un *Libera* à la fin; il donne trois quarts de boisseau de froment à prendre sur sa terre de Fleuze (commune de Saint-Hilaire-lès-Mortagne), pour faire le gâteau des Rois. Le champ sur lequel était pris ce blé devait désormais s'appeler le *Champ-Bénit*.

Le 2 octobre 1583, Thomas Chichou et sa femme donnent 15 sols de rente pour deux messes basses et un *Libera*.

Un obit composé de vigiles *à notes* et de deux grand'messes, l'une de *Beata* et l'autre de *Requiem*, étaient célébrées chaque année au maître-autel pour le repos de l'âme de Nicolas Catinat, sieur du Bourgis, et pour ses amis vivants et trépassés : cette fondation fut faite par Nicolas Catinat, son fils, le 30 mars 1584.

Le 10 septembre 1592, Berthe Tondeur, demeurant à Mortagne, faisait don d'une boutique, sise à Mortagne; ce legs fut accepté par MM. de Bran, de Meaubuisson, Jean Dollivet, curé de Loisail, etc... *frères* de cette Charité.

Le 6 juillet 1622, Marin Saisy et Jeanne Fauveau, sa femme, donnaient les deux tiers d'une pièce de terre, sise paroisse de Bubertré, à charge de leur faire célébrer chaque année un service composé de vigiles, de deux grand'messes et de six messes basses.

Le 18 octobre 1653, par-devant les notaires de Québec, Jean Guyon et Mathurine Robin, sa femme, donnaient une maison qu'ils possédaient à Mortagne, pour être mis au nombre des bienfaiteurs de la Charité et pour que leurs fils aient toujours un service, laissant aux *frères* la faculté de le faire quand ils voudront.

Le 11 mars 1658, un obit, composé de vigiles et de cinq messes, dont trois hautes et deux basses, furent fondées pour le repos de

(1) Archives de l'Evêché de Séez.

l'âme de Jeanne Catinat, moyennant une rente annuelle de 16 livres 15 sols.

Le 12 mars 1683, un service, composé de vigiles, d'une grand'messe de *Requiem* et d'un *Libera*, était fondé par Charlotte Closier, veuve de Le Blond, sieur de la Guiboisière.

Le 2 juin 1732, fondation par Claude Crestot, sieur des Forges, d'un obit, composé de vigiles et de deux messes hautes.

En 1751, la Charité de Saint-Jean avait à acquitter quarante-quatre fondations produisant au total 29 livres 11 sols, plus 15 livres *ad hoc* pour chaque vicaire (1).

Si, parmi les noms des bienfaiteurs de la Charité de Saint-Jean, nous remarquons ceux de notables familles mortagnaises ou percheronnes, il en est de même lorsque nous parcourons les nombreuses listes faites à différentes époques des *frères servants* de cette confrérie.

Nous citerons : les Catinat de la Houlbaudière, les sieurs du Nuisement, de Meaubuisson, plusieurs curés de Loisail qui en furent échevins, les sieurs de la Bigottière, Berthou, sieur de Courteilles, etc., etc...

On tenait à honneur d'être enrôlé sous la bannière d'une Charité : nobles, bourgeois et artisans se disputaient le privilège de rendre aux pauvres comme aux riches les derniers devoirs; ce n'était pas pour recevoir une certaine rétribution qu'ils y entraient, mais bien pour faire un *service* et avoir, après leur mort, droit aux honneurs rendus par les *frères* à celui qui avait passé un an sous leur étendard avec le plus complet désintéressement.

c. Costume. — En temps ordinaire, le costume des *frères* de la Charité de Saint-Jean différait de celui qu'ils portaient aux fêtes solennelles et aux enterrements de première classe : les robes étaient courtes et l'habit n'était pas exigé.

Une contestation s'éleva à cette occasion entre l'abbé Barbier, curé de Saint-Jean, et les *charitons*. Le curé voulait qu'en toute occasion ils missent robes longues et habit noir : ils refusèrent et prétendirent suivre leur règlement et non les avis du curé. L'affaire fut soumise à l'évêque de Séez. Après avoir entendu les revendications de l'une et de l'autre partie, Monseigneur Noël de Christot ordonnait aux *frères*, par sentence du 10 février 1767, de se conformer à leur règlement et de ne porter « la robe longue » qui ressemblait assez aux robes des magistrats, « et l'habit de cérémonie que lorsqu'ils y seraient obligés. »

Ils avaient en outre un rabat blanc et un chaperon rouge ; sur ceux du *prévost* et de l'*échevin* était inscrit le nom de leur grade. Le *sacriste* portait une espèce de dalmatique noire. Les torches

(1) Archives de l'Evêché de Séez.

et les cierges étaient identiques à ceux de nos jours. Une bannière rouge et une croix les précédaient (1).

Certains détails qui nous manquent ici sur les coutumes et l'administration de la Charité de Saint-Jean se trouveront dans l'historique de celles de Notre-Dame et de Loisé, car toutes trois avaient des règlements identiques.

B. CONFRÉRIE DU SAINT SACREMENT. — Un acte du 21 mars 1689 nous apprend qu'il y avait à Saint-Jean une confrérie du saint Sacrement. La date de sa fondation et son règlement nous sont entièrement inconnus. Celle de Loisé fut réunie à la *charité* en 1736; en fut-il de même à Saint-Jean? ce que nous savons par l'acte précité, qui est une quittance de 60 livres donnée à Renée Chaline, veuve Brosset, et aux héritiers de son mari, par Simon Berthou, sieur de Courteilles, marchand, c'est que ce dernier était receveur et administrateur de cette confrérie; elle existait encore en 1758, ainsi qu'on le voit par une ratification faite à son profit par François Rousseau, d'une rente de 5 livres 10 sous (23 décembre 1758) (2).

§ 6. Destruction de l'Eglise Saint-Jean.

Instruits que, par suite des décrets de l'Assemblée nationale, il avait été procédé, par le directoire du département de l'Orne, à de nouvelles circonscriptions de paroisses, et que l'église de Saint-Jean allait être supprimée, les habitants demandèrent sa conservation, en protestant énergiquement contre cet arrêt, le 15 juin 1791 (3).

Reçurent-ils une réponse favorable? Toujours est-il que cinq mois après, le 30 octobre 1791, ils prirent une délibération dont voici les principaux passages :

« Instruits qu'en exécution des décrets de l'Assemblée nationale et de l'arrêté du département de l'Orne, il va être incessamment procédé à la descente, enlèvement et ensuite à l'envoi des différentes cloches des églises de cette ville dont la suppression a été prononcée, notamment de celles de l'église de la ci-devant collégiale de Toussaints, qu'il y a dans ce moment-ci l'une des

---

(1) Ces détails sont empruntés à différentes pièces qui se trouvent dans les archives de l'évêché de Séez.
(2) Minutes de M° Delorme.
(3) Voyez cette protestation aux pièces justificatives.

grosses cloches de l'église Saint-Jean qui est cassée et presque hors d'état de pouvoir servir.

« Que pour éviter et prévenir la dépense dont il s'agit (la refonte), on pourrait demander au nom du général des habitans de cette paroisse les trois grosses cloches de l'église de Toussaints, au moyen et parce que les quatre grosses cloches de cette paroisse seraient données en échange.

« Qu'enfin il n'y aura aucune perte pour la Nation, puisque les cloches de cette église sont de presque égale pezanteur que celles de Toussaints. En conséquence, etc..... (1). »

La demande des habitants de Saint-Jean fut agréée et une décision favorable fut rendue par le Directoire du district de Mortagne, le 31 octobre 1791, mais à condition qu'ils se chargeraient des frais qu'occasionnerait cet échange. Il fut en outre décidé que deux commissaires constateraient par procès-verbal le poids des trois cloches de Toussaints et des quatre de Saint-Jean (2).

Le Département envoya, le 2 novembre suivant, une lettre au District approuvant cette délibération et ce dernier nommait, le lendemain, pour commissaires les citoyens Boussardière et Rousseville.

L'église Saint-Jean était dépourvue d'ornements pour la célébration des Saints Offices. Les habitants de cette paroisse en demandèrent au Directoire qui fit droit à leur requête en leur accordant, le 2 janvier 1792, sur le mobilier des églises et chapelles supprimées : un ornement rouge, un dais et six aubes (3).

Malgré ces faveurs, l'église Saint-Jean était appelée à disparaître.

Les Vandales de 93 n'attendirent même pas que l'abbé Soyer fût mort pour se ruer sur son église. Agonisant, eut-il la suprême douleur d'apprendre que les cloches de Saint-Jean allaient être descendues et envoyées à Paris pour faire des canons ?

Le 2 vendémiaire an II (23 septembre 1793), le citoyen Lemoule-Demalle, commissaire auprès de la Convention, requérait le conseil général de la commune de presser la descente des cloches. Les membres de ce conseil, accédant à ses désirs, arrêtèrent que le citoyen Dutertre-Charpentier serait requis de faire cette

---

(1) Minutes de Me Delorme.
(2) Les quatre cloches de Saint-Jean données en échange des trois grosses de Toussaints pesaient 6,029 livres. Elles furent envoyées à Orléans pour être converties en monnaie, le 18 novembre 1791.
(3) Registres du Directoire du district de Mortagne. Archives de l'Orne, série L.

besogne et que la petite et la grosse cloche de Saint-Jean seraient descendues pour être conduites au district au désir de la loi. Comme une cloche était indispensable pour l'horloge de la tour Notre-Dame, il fut décidé que la grosse cloche de Saint-Jean y serait montée (1).

Le 14 nivôse suivant (3 janvier 1794), eut lieu le départ et envoi des cloches, après que le sieur Lacroix en eût constaté le poids ; quatre voitures en firent le transport de Mortagne à Paris. Le citoyen Jean Laverduire fut chargé des deux provenant de Saint-Jean, dont le poids s'élevait à 4,254 livres. Une lettre de voiture, adressée au ministre de l'intérieur et constatant le poids, lui fut remise.

Le 11 pluviose (30 janvier), un membre présente au district l'état de l'argenterie et des tissus d'or et d'argent qui, en vertu du décret du 18 brumaire précédent, doivent être envoyés à l'hôtel de la Monnaie. Pour Saint-Jean, nous voyons :

Un soleil d'argent pesant 10 marcs 7 onces 6 grosses.
Un ciboire id. 4 id. » id. 6 id.
Un autre ciboire id. 1 id. 2 id. » id.
Un calice et patène id. 2 id. 2 id. 6 id.
Un grand calice et patène, id. 3 id. 7 id. 3 id.
3 calices et patènes id. 8 id. 1 id. 5 id.

Les galons des ornements de Notre-Dame et de Saint-Jean pesaient 25 marcs 2 onces, l'étoffe desdits ornements brochés en or pesait 36 livres (2).

Le premier coup était porté : encore quelques années et Saint-Jean ne sera plus qu'à l'état de souvenir. Les églises ne renfermant plus rien pour assouvir la soif de destruction, les tyrans d'alors s'attaquèrent aux monuments eux-mêmes : ils commencèrent par faire disparaître les *restes du fanatisme et du royalisme*, autrement dit : les croix et emblèmes de toutes sortes.

C'est ainsi qu'à la date du 4 germinal an II (24 mars 1794), le conseil général de la commune de Mortagne, composé des citoyens Rathier, maire, Cochard, Dujarry, Hérode, Monanteuil, La Croix, Boucher, Tartarin, Maillard - Charpentier, Besnard-Bouillie, Chaline, Pierre Soyer, Maillard, jardinier, Letan et Muteau fils, décida qu'il serait procédé à l'adjudication au rabais des travaux à exécuter pour l'enlèvement des *coqs* et *croix* de toutes les églises de la ville et de Loisé. Cette adjudication fut consentie au citoyen Gasteclou dit La Croix, moyennant 600 livres. Un mois

---

(1) Arch. mun. Registres des délibérations du Conseil.
(2) Registres du Directoire du district de Mortagne. Archives de l'Orne, série L.

après cet exploit, l'église fut transformée en salpêtrière pour l'alimentation des arsenaux de la Révolution (1).

La première livraison de cet établissement au magasin du district de Mortagne fut faite le 6 floréal an II (25 avril 1794) et la dernière le 5 frimaire an III (25 novembre 1795). Pendant le court espace de son existence, le citoyen La Croix, salpêtrier, agent de cette fabrique, livra 4,704 livres de salpêtre.

De nouveau, l'ancienne église de Saint-Jean fut abandonnée jusqu'au 11 floréal an III (30 avril 1795), jour où sa location fut mise en adjudication.

Le nommé Brad, marchand de bois, s'en rendit adjudicataire, moyennant un loyer annuel de 40 sols ; le citoyen Bouvier-Desnos aîné, marchand tanneur, se présenta pour sa caution (2).

Les instruments servant à la fabrication du salpêtre devaient être enlevés dans le délai de quinze jours après l'adjudication.

Le lendemain, une visite eut lieu pour constater « *l'état et situation de la ci-devant église Saint-Jean* ». Le procès-verbal constate : « Dix-huit vitraux à moitié cassés et brisés, laquelle église est sans vestiges d'existence de pavés. En outre, proche le puits (situé dans le collatéral de gauche), nous avons aperçu une porte ayant été ouverte depuis peu et percée dans le mur du côté de la route neuve et tous lesquels objets, etc..... »

Enfin, le 22 thermidor an IV (11 août 1797), l'église de Saint-Jean ainsi que le ci-devant cimetière et ses alentours, pouvant contenir un boisseau de terre, furent vendus, moyennant 5,028 livres, au citoyen La Croix, salpêtrier, à charge par lui de ne faire aucune fouille dans le cimetière avant huit ans.

Voici comment le procès-verbal mentionne la façon dont le prix de vente fut déterminé. La ci-devant église valait 250 livres de revenu en 1780, laquelle somme multipliée par 18, conformément à la loi du 28 ventôse, donne un capital de 4,500 francs. Le cimetière et ses dépendances valaient 24 livres de revenu, laquelle somme multipliée par 23, conformément à l'article 5 de la même loi, donne un capital de 528 francs (3).

De l'église Saint-Jean, la seconde des églises paroissiales de Mortagne, sur l'emplacement de laquelle fut construite, en l'an VI, la charmante habitation de M. Cordier, propriétaire, rue de Paris, il ne reste plus aujourd'hui que quelques tronçons de piliers en pierre rouge.

(1) Arch. municipales. Registres des délibérations du Conseil.
(2) Voyez aux pièces justif. le cahier des charges de cette adjudication.
(3) Archives de l'Orne, série Q.

CHAPITRE III

ÉGLISE ET PAROISSE NOTRE-DAME

A. AVANT LA RÉVOLUTION

§ 1. *Fondation de l'Eglise Notre-Dame.* — § 2. *Description ancienne et moderne de l'Eglise Notre-Dame.* — § 3. *Curés.* — § 4. *Principaux bienfaiteurs ou fondateurs.* — § 5. *Chapelains.* — § 6. *Confréries à Notre-Dame.* — § 7. *Le cimetière. Limites paroissiales.* — § 8. *L'enseignement primaire et secondaire.*

§ 1. Fondation de l'Eglise Notre-Dame.

E vieux château de Saint-Malo, grandement endommagé par les assauts que lui livrèrent les Normands, les Rois de France et les seigneurs de Bellême, toujours en guerre avec les comtes de Mortagne, se trouva hors d'état de défendre ceux qu'il devait protéger ; on se vit dans la nécessité de le réparer ou de le remplacer : son remplacement fut décidé. Près de là s'élevait une colline dont les flancs commençaient déjà à se couvrir d'habitations ; les seigneurs mortagnais en choisirent le sommet pour asseoir leur château. « C'est dans l'intervalle du temps écoulé entre l'an 1031 et l'an 1035 que M. des Murs place l'époque de la construction, par Geoffroy II, du nouveau château-fort de Mortagne, connu sous le nom de Fort-Toussaints (1).... »

Dans l'enceinte de la forteresse on construisit une chapelle, qui, de chapelle privée, devint bientôt avec la nécessité des temps église paroissiale. Geoffroy III donna le patronage de la nouvelle paroisse aux moines de Saint-Denis de Nogent-le-Rotrou (2).

En 1356, lors du sac de la ville par Geoffroy d'Harcourt et Thibaut, roi de Navarre, unis aux Anglais, l'église Notre-Dame eut beaucoup à souffrir. On la répara, en même temps que le château dont elle faisait partie, dans les premières années du XVe siècle.

L'œuvre de restauration était à peine achevée que les Anglais, après leur victoire de Verneuil (1424), vinrent de nouveau assiéger Mortagne. La place se rendit bientôt ; mais, si court qu'il fut, ce siège causa la ruine de l'église et lorsque les ennemis quittèrent la ville, en 1449, sur la sommation que leur en avait faite le comte Jean II, ils ne laissèrent aux habitants que les murs délabrés de son ancien temple (3).

Ces guerres déplorables appauvrirent les finances, et ce n'est qu'en 1491 que les Mortagnais purent songer à reconstruire leur église ; mais pour cela il leur fallait l'autorisation du comte du Perche. Les principaux de la paroisse profitèrent pour la lui demander de la présence parmi eux de René, duc d'Alençon. Loin de repousser leur supplique, il approuva leur projet et, le 29 février 1491 (1492 n. st.), leur octroya des lettres patentes par lesquelles il leur donna « ..... congé et licence de leur dicte église faire construire et édiffier en tant que est l'un des costés d'icelle dedens le dict mur servant de cloture à nostre dicte ville sans qu'ils en puissent désormais estre reprins et reprouchez par quelconques personnes que se soient (4)..... »

Les travaux, commencés l'année suivante, ne furent terminés que le 9 novembre 1535. Comme la première église était devenue trop petite pour la population qui s'était accrue, on construisit la nouvelle sur un plan beaucoup plus vaste. Une tour du château, appelée Tour du Beffroy, située au bas de la nef du midi, servit de clocher à Notre-Dame. Comme la simplicité de son architecture militaire et son emplacement faisaient « *difformité et incommodité à la dicte église* », Henri II, roi de Navarre, et Marguerite de Valois,

---

(1) *Histoire des comtes du Perche de la famille des Rotrou*, p. 163.

(2) Abbé Fret, *Chron. perch.*, t. III, p. 86. — J.-F. Pitard, *Fragments hist. sur le Perche*, p. 309.

(3) Abbé Fret, *Chron. perch.*, t. III, p. 7 et 102. — J.-F. Pitard, *Fragments hist. sur le Perche*, p. 288 et 317.

(4) Voir aux pièces justificatives.

son épouse, autorisèrent les habitants à la démolir pour « icelle reffaire et bastir tout de neuf et approprier, raccommoder, au service de la dicte église et qui pourra néanmoins servir mieulx qu'elle ne faict de présent à la fortiffication et deffense de la dicte ville (1).... » Ces lettres patentes furent données à Verneuil le 2 mai 1540.

Commencée en 1542, la tour N.-D. ne se trouva terminée que dans le siècle suivant; l'époque exacte de son achèvement nous est inconnue, mais elle est toujours antérieure à 1619, date à laquelle fut construit le portail nord, dont nous parlerons plus loin.

Église et tour furent dignes de la cité percheronne, ainsi que nous allons le voir ensemble.

§ 2. Description ancienne et moderne de l'Eglise Notre-Dame.

Construite à l'époque où la Renaissance se plaisait à revêtir nos monuments de ciselures, de dentelures d'un art infini et d'une prodigieuse habileté, l'église Notre-Dame ne peut manquer de renfermer des merveilles architecturales.

Le portail nord, ou *Porte des Comtes*, autrefois surmonté d'un fronton triangulaire, découpé à jour, attire tout d'abord notre attention : commencé immédiatement après l'achèvement de la tour, il fut terminé en 1619.

Malgré la mutilation qu'il a subie, malgré les intempéries des saisons jointes au manque de réparations, il fait encore notre admiration. Tout n'est qu'arabesques, festons et feuillages parmi lesquels apparaît çà et là une figure bizarre. Des niches avec dais, disposées de chaque côté, sont loin de briser l'harmonie de cet ensemble.

La fenêtre de ce portail avait de splendides vitraux ; dans le bas on voyait la Sainte-Vierge expirante et entourée des apôtres; au milieu était une Assomption ; dans le haut la mère du Christ était représentée dans toute sa gloire.

Les marguilliers, trouvant que cette superbe verrière assombrissait l'église, la firent enlever vers 1822, puis remplacer par

---

(1) Voir aux pièces justificatives.

des verres blancs. Pauvres gens, c'étaient eux, plutôt que l'église, qui avaient besoin de lumière ! Loin d'utiliser les vitraux enlevés, on les mit dans les greniers de la sacristie, où ils ne tardèrent pas à être brisés.

L'ancienne église, composée d'une vaste nef et de bas-côtés avec chapelles latérales, était tout à coup interrompue par un grand mur qui paraissait cacher une abside, nécessaire pour compléter le plan du monument. A ce mur était adossé un maître-autel tout en pierre, à colonnes torses ornées de grappes de raisin, de feuilles de vigne, et surmonté d'une Assomption également en pierre. Cette Assomption, brisée dans les premiers jours de la Révolution, fut remplacée, lors de la réouverture des églises, par une Gloire de chêne sculpté venant du Valdieu. On peut encore la voir dans l'église de Loisé, où elle a été transportée après la réfection du chœur de Notre-Dame (1835). Au milieu sont les Sacrés-Cœurs de Jésus et Marie, entourés d'une couronne d'épines, le tout renfermé dans une ceinture de nuages parsemée de têtes d'anges (1).

Une fenêtre ogivale était percée dans ce pignon et possédait une verrière représentant Marguerite de Lorraine revêtue d'un manteau d'hermine, le front ceint de la couronne ducale que surmontait une couronne d'épines ; à genoux sur un prie-Dieu, elle semblait méditer sur le néant des grandeurs de ce monde, dont elle songeait à déposer le lourd fardeau. Ce vitrail suivit le même chemin que celui du portail nord, mais, plus heureux que ce dernier, il fut retiré de la poussière et de l'oubli par M. Patu de Saint-Vincent, qui lui donna une place d'honneur dans l'église du Pin-la-Garenne (2).

En 1835 seulement, les ressources de la Fabrique permirent de penser à l'agrandissement de Notre-Dame, l'unique église de la ville de Mortagne sauvée du vandalisme révolutionnaire. En 1840, le chœur actuel était achevé et un magnifique autel en marbre blanc remplaçait l'ancien.

« Si l'architecte, nous disent les savants auteurs de l'Orne archéologique (3), s'est attaché à reproduire le plan tel qu'il a dû être conçu par les premiers constructeurs de l'église, il ne s'est

---

(1) Notes ms. de M. l'abbé Bouvier.
(2) Notes ms. de M. l'abbé Bouvier. — J.-F. Pitard, dans ses *Fragments historiques sur le Perche*, p. 310, rapporte que cette verrière « a fait l'objet d'une contestation très-grave entre le Conseil municipal et la Fabrique qui l'aurait laissée vendre, par l'entrepreneur des travaux exécutés depuis 1836, à M. Jules Patu de Saint-Vincent, alors maire du Pin-la-Garenne, moyennant la somme de 80 francs. »
(3) P. 249 et suivante.

pas montré moins scrupuleux pour assujettir l'élévation au style primordial du monument, de telle sorte que les nouveaux travaux fassent la suite naturelle des anciens et que l'œil ne puisse juger qu'ils ont été ajoutés après coup. Ainsi, mêmes piliers, mêmes ogives, même disposition de voûtes, mêmes ornements ou nervures, festons, culs-de-lampes et chérubins qui, pour être reproduits plus fidèlement, ont été moulés sur les anciens.

« L'église, dans son état actuel, a 54 mètres 52 cent. de longueur, sur 28 mètres 80 cent. de largeur; la nef ayant 7 mètres 70 cent. dans son œuvre, le bas-côté droit a 4 mètres, celui de gauche 3 mètres 20 cent.; les chapelles, 2 mètres 50 cent.; le surplus est occupé par les colonnes ou piliers.

« La voûte de la nef est élevée de 13 mètres 50 cent. au-dessus du pavage, celle des bas-côtés de 9 mètres. Le faîte du toit, très aigu suivant l'usage de l'époque, est de 21 mètres au-dessus du même pavage.

« Les piliers, ornés de nervures ou canelures aux arêtes très vives, sans chapitaux, comme ceux des bas-côtés, supportent une suite d'arcades ogivales évidées en canelures en prolongement de celles des piliers. Des nervures, se réunissant à celles qui partent du centre des piliers, s'élèvent perpendiculairement depuis leur base jusqu'à la naissance des arcades. Là, elles se divisent en plusieurs branches divergeant à droite et à gauche pour aller revêtir les arêtes des voûtes et former à leur sommet des compartiments en forme d'étoiles, dont les sommets sont décorés de rosaces en culs-de-lampe, de festons ornés de feuillages délicatement sculptés et de figures d'anges tenant des instruments de musique ou des banderoles à légendes. Une sorte de crête renversée, d'une rare élégance, règne tout le long de la voûte, d'une extrémité à l'autre, et est, de distance en distance, en face des piliers, coupée transversalement par des ornements semblables. Les arêtes des voûtes des bas-côtés et des chapelles sont ornées simplement de nervures et d'une rosace centrale.

« Les fenêtres des chapelles, à droite, sont garnies de vitraux peints sur lesquels la Renaissance a semé à profusion ses détails d'architecture, ses amours, ses rinceaux, ses guirlandes. Quelques-uns de ces vitraux sont excellents de couleur et de dessin. Malheureusement ils ont beaucoup souffert et peu de sujets restent entiers. On distingue cependant une Vierge avec l'enfant Jésus; saint Pierre couvert d'une grande robe rouge avec ramage et recevant les clefs du Paradis; le Christ enseignant les petits enfants; la Décollation de saint Jean; l'histoire de l'Enfant Prodigue, en deux tableaux, dans l'un desquels il perd son or au tric-trac contre d'élégantes demoiselles, une légende en caractères gothiques les accompagne (1).

« L'exécution des deux scènes est pleine de naïveté, de finesse et de grâce.

« Au bas d'un vitrail donné par les bouchers on lit la date de 1536. Sur d'autres fenêtres, on voit les portraits des donateurs à genoux, suivant l'usage. »

Les fenêtres de l'autre côté ne renferment plus que quelques débris d'anciens vitraux et en si petite quantité qu'il est presque impossible d'en reconstituer les sujets. Deux nouveaux vitraux, dûs à la générosité de M. Vauquelin et de Mme Troussel ornent les fenêtres des chapelles de saint Louis et de saint Michel; le premier renferme trois sujets : dans le meneau de gauche est saint Thomas, dans celui du milieu saint Louis, dans celui de droite saint François d'Assises; ces trois saints sont debout avec leurs attributs ordinaires. Le deuxième est divisé en deux parties : dans l'une on voit saint Michel terrassant Lucifer, dans l'autre c'est un ange gardien qui conduit un enfant par la main et chasse le démon qui veut s'emparer de cette jeune âme.

Puissent ces pieuses personnes avoir des imitateurs !

Notre-Dame est peu riche en tableaux; deux cependant, qui semblent appartenir à l'ancienne école Italienne, ne peuvent être passés sous silence. Le premier, placé au-dessus de la porte de la sacristie, nous montre quelle devait être l'admiration de ceux qui assistaient à la Présentation de Notre-Seigneur au Temple : une grande animation semble en effet régner parmi cette foule au moment où la mère d'un Dieu va accomplir l'acte que son obéissance lui dicte; la composition est à la fois charmante et originale ; ce tableau est un des rares souvenirs du couvent de Saint-Eloi (2).

Le deuxième, placé dans la chapelle de la sainte Vierge, représente les bergers venant adorer le Sauveur sous un toit rustique, tandis qu'un groupe d'anges font entendre dans les airs le *Gloria*

---

(1) Cette singulière légende est empruntée pour partie à l'ancienne complainte :

Un homme deux enfants avoit
Auquel le jeune demanda
Le bien qui luy appartenoit
Pour à par soi régir vouloit
Et son père luy accorda.
Quand il eut à son manyment
Or et argent à toutes mains
Il vesquit prodigalement
Son bien despensant folement
. . . .

(*Le Département de l'Orne, arch. et pitt.*, p. 250).

(2) Notes ms. de M. l'abbé Bouvier.

in excelsis et que, dans le lointain, on voit accourir vers la crèche les pâtres des environs ; ce tableau appartenait autrefois à la collégiale de Toussaints (1). Un troisième se voit au-dessus de l'autel de la chapelle de saint Joseph ; il représente Louis XVIII et Pie VII à genoux devant Notre-Seigneur et lui offrant l'un son sceptre, l'autre sa tiare (2). Ce tableau fait sous les Cent-Jours « est de l'auteur du tableau correspondant de Notre-Dame-de-Pitié ». Ce dernier est une Descente de Croix.

Un grand aigle en cuivre doré, de cinq pieds de haut, servait de lutrin, quatre chandeliers, également en cuivre doré, se mettaient aux coins de l'autel dans les fêtes solennelles. Tous ces objets furent vendus pendant la Révolution ainsi que nous le verrons plus loin.

Les statues des quatre Évangélistes, qui ornaient la chaire, ont disparu pendant la tourmente révolutionnaire pour faire place à d'élégants panneaux chargés d'un semis de fleurs de lys et provenant du Val-Dieu ; les stalles du chœur viennent également de l'ancienne chartreuse (3).

Chapelles. — Robert de Champeaux fonda par testament deux chapelles en l'église Notre-Dame. L'une devait être érigée en l'honneur de sainte Marie-Madeleine ; l'autre en celui de saint Christophe. Ses exécuteurs testamentaires, Jeanne Creste et Christophe de Champeaux, suivant ses dernières volontés, firent la fondation que Mgr l'évêque de Séez approuva le 6 décembre 1525.

Le Pouillé de Séez nous a conservé quelques noms des titulaires de ces deux chapelles qui sont, pour la chapelle de sainte Marie-Madeleine :

Jean Hucher, nommé, le 13 décembre 1525, sur la présentation de messire Jean Abot, curé de Notre-Dame ; *Noël Ganivet*, nommé chapelain le 31 octobre 1526, par suite de la résignation de ce Jean Hucher ; *Gervais Ganivet*, le 14 février 1526 (1527 n. st.), par permutation avec Noël Ganivet ; le 26 février 1526 (1527 n. st.), également par permutation, *Jean Hucher*, qui lui-même résigne ses fonctions le 18 mars 1551 (1552 n. st.) en faveur de ......, ce nom laissé en blanc est peut-être celui de *Etienne Macé*, qui permuta le 24 mai 1552 avec *Charles de Sourment* (ou de Surmont), dernier titulaire que nous connaissions.

Pour la chapelle de saint Christophe, nous voyons que la collation en fut accordée, le 13 décembre 1525, à *Guillaume Levesque*, sur la présentation de Jeanne ...... et de Christophe de Cham-

---

(1) Notes ms. de M. l'abbé Bouvier.
(2) Nous aurons occasion de parler plus loin et un peu plus longuement de ce tableau qui a son histoire.
(3) Notes ms. de M. l'abbé Bouvier.

peaux, en sa qualité de tuteur de Robert de Champeaux. Guillaume Levesque eut-il des successeurs ? Nous l'ignorons.

Ces deux chapelles changèrent sans doute de vocable dans la suite, puisqu'à la fin du XVIIe siècle, nous ne les retrouvons point dans les procès-verbaux de visite les plus détaillés.

Le procès-verbal de la visite de l'église Notre-Dame, faite le 15 avril 1701, par M. Gesbert, curé de cette paroisse, nous apprend qu'en plus du maître-autel, il y avait, à cette époque, du côté de l'Evangile, huit autels ou chapelles dédiées :

La 1re à saint Blaise et à sainte Barbe, aujourd'hui à la sainte Vierge.

La 2e à saint Charles-Borromée, aujourd'hui à saint Paul (1).

La 3e à saint Cosme et à saint Damien, aujourd'hui à sainte Anne (2).

---

(1) Cette chapelle appartenait à la famille Desjouis dont l'un des membres, Charles Desjouis, conseiller du Roi, etc..., fut avec son épouse un des principaux bienfaiteurs de Notre-Dame. En 1650, il fit refaire l'autel de sa chapelle et orna la fenêtre de riches vitraux coloriés qui n'existent plus de nos jours. *(Minutes de Me Delorme.)*

(2) Le 2 juillet 1612, la chapelle saint Cosme et saint Damien fut d'abord fieffée, par le Trésor, à Me Rodolphe Faguet, sieur de Mauny, conseiller du Roy, lieutenant-général civil et criminel au bailliage du Perche. Ce fief fut consenti moyennant une rente annuelle de 10 sols tournois ; le sieur Faguet s'engageait en outre à payer au Trésor « une somme de 20 livres tournois en pièces de 3 livres, il donnait en outre un acte de don qu'avait fait, au dit Trésor, d'une somme de 31 l. 3 s. 6 d. tournois, laquelle somme était entre les mains de Me Michel Camus, sieur de Pontcarré, évêque de Séez, par lettres datées à Mortagne du 20 octobre 1621. »

Par suite de contestations, survenues entre les descendants de Rodolphe Faguet, relativement à leurs droits respectifs, cette chapelle se trouva de nouveau à fieffer. Pierre-Nicolas Le Bouyer de Saint-Gervais obtint ce fief moyennant une rente annuelle de 9 livres et le don au Trésor de 200 livres d'ornements et à la charge de bien entretenir la chapelle.

Afin d'éviter dans la suite toute contestation entre les héritiers du sieur Le Bouyer, on inséra dans l'acte cette clause trop caractéristique pour ne pas être citée. « Elle (la chapelle) se trouva fieffée par Pierre-Nicolas Le Bouyer de Saint-Gervais et ses héritiers en ligne directe, c'est-à-dire portant le même nom et mêmes armes que luy, et qu'au cas que ses enfants se divisent en plusieurs branches, tous ceux qui prouveront estre du nom de *Le Bouyer* auront droit de sépulture dans la chapelle et la séance en appartiendra de droit à la branche aisnée ; et, en cas qu'elle vienne à s'éteindre, à celle qui représentera l'aisné ; et, si plusieurs branches sont établies dans cette paroisse, elles auront droit de sépulture dans la dite chapelle sans que l'aisné puisse la leur refuser ; en observant cependant que si le nom de *Le Bouyer* vient de s'éteindre dans la personne d'une fille, cette fille aura droit de sépulture dans la dite chapelle pour elle et son mari seulement. Après quoy, la ditte chapelle reviendra à la Fabrique et les trésoriers seront libres alors de la fieffer à qui bon leur semblera sans que les enfants de cette fille y puissent prétendre aucuns droits..... »

La 4ᵉ à Notre-Dame-de-Pitié, aujourd'hui à Notre-Dame du Sacré-Cœur.

La 5ᵉ à saint Pierre et à saint Paul, aujourd'hui à Notre-Dame de Lourdes (1).

La 6ᵉ à sainte Anne, à saint Joseph et à saint Yves, aujourd'hui à saint Roch.

La 7ᵉ au Saint-Esprit, aujourd'hui N.-D. de Délivrance des Ames du Purgatoire.

La 8ᵉ était la chapelle des fonts, son emplacement est aujourd'hui occupé par l'escalier de la tribune des orgues.

Du côté de l'Epitre il y en avait sept seulement, dédiées :

La 1ʳᵉ à saint Gilles, aujourd'hui à saint Joseph.

La 2ᵉ à sainte Marguerite et à saint Crépin, aujourd'hui au Sacré-Cœur (2).

La 3ᵉ à saint Louis, aujourd'hui à saint Louis (3).

(Minutes de Mᵉ Delorme. Pièces communiquées par M. R. Chorand, banquier à Mortagne.)
Parmi les quelques personnes inhumées dans cette chapelle nous voyons : le 10 novembre 1645, Jacqueline Faguet, veuve de messire Guillaume Catinat; le 12 juin 1650, Claire Catinat, veuve de messire Pierre Le Bouyer; le 5 avril 1658, Dominique Le Bouyer de Saint-Gervais; le 16 mai 1662, messire Pierre Le Bouyer, président et lieutenant-général du bailliage du Perche, décédé à Paris. (Reg. paroiss. *Arch. mun. de Mortagne.)*

(1) Le 11 février 1759, la chapelle saint Pierre et saint Paul fut fieffée : à Nicolas-Louis Lemoult, sieur des Mallets et à Marie-Claire Marchand, son épouse, moyennant une rente de 12 livres, à charge d'entretenir la chapelle en bonnes réparations, comme doit faire un usufruitier, de tenir l'autel toujours prêt pour y dire la messe.
Cette chapelle appartint depuis à la famille de la Chapellière. *(Minutes de Mᵉ Delorme.)*

(2) La chapelle saint Crépin ou sainte Marguerite fut fieffée, le 4 mars 1759, à Edme Burat, trésorier, et à Marie Le Tonneur, son épouse, moyennant 15 livres de loyer. « A charge de tenir l'autel convenable pour y dire la messe; de mettre cette chapelle au niveau des autres et dans la même ligne et de faire faire une balustrade de un pied et demi de hauteur. »
Cette chapelle appartint aussi à la famille de M. de Puisaye, lieutenant-général.

Le 3 août de l'année suivante, René-Charles de Puisaye, chevalier, seigneur du dit lieu et autres lieux, la fieffait moyennant une rente de 15 livres.

Dans cette chapelle fut inhumé « proche la clôture du cœur », le 17 août 1658, Robert Chevalier, sieur de Faldrin *(Minutes de Mᵉ Delorme).*

(3) La chapelle de saint Louis appartenait à la famille Abot, en vertu de deux actes passés en 1570 et 1572.
En 1761, une contestation s'éleva entre les trésoriers et messires Gilles-Jacques Abot et Pierre Abot, tous deux seigneurs de Champs. Cette contestation, dont nous ignorons le principal motif, nécessita une visite de l'état « du caveau de la chapelle saint Louis dans l'église de Notre-Dame ».

La 4ᵉ à saint Roch, aujourd'hui à sainte Barbe (1).
La 5ᵉ à saint Nicolas, aujourd'hui à saint Michel (2).
La 6ᵉ à saint Martin, aujourd'hui à N.-D. du Perpétuel-Secours (3).

Le procès-verbal, rédigé par Mᵉ Lange, notaire à Mortagne, le 28 mai 1761, porte :
« Nous nous sommes transportés avec les témoins........ dans le caveau « reignant sous la chapelle dite des Abots, sous l'invocation de saint Louis, « à l'aile droite dans l'église de la ditte paroisse Notre-Dame, où étant a « été remarqué tant par nous que par les dits tesmoins, que la pierre « faisant la clef de la voûte du dit caveau est gravée d'un écusson portant « pour armes deux fougères et deux coquilles, qu'il y a encore contre le « mur du même caveau en dedans d'iceluy, du côté de l'église, deux autres « pierres portant les mêmes armes en accolade d'ailleurs.
« Lesquelles armes portant deux fougères et deux coquilles ont été « reconnues, par les dits tesmoins et nous dit notaire, estre les mêmes que « celles représentées par le dit sieur Abot, et qu'il a dit être les siennes « et de la famille des Abot, gravées sur un cachet d'argent.
« Dont du tout nous avons dressé le présent procès-verbal..... »
Ce procès-verbal, rédigé à la requête des messires Abot, nous parait, d'après les actes, avoir été fait en vue seulement de prouver que cette chapelle était bien la leur et qu'ils l'entretenaient en bonnes réparations quoiqu'en eussent dit les trésoriers.
Ce tombeau fut violé pendant la Révolution, ainsi que nous le verrons plus loin. *(Minutes de Mᵉ Delorme.)*

(1) La chapelle saint Roch fut fieffée, le 11 février 1759, à Jean-Nicolas Moulin et à Agnès-Marguerite Clément, son épouse, moyennant une redevance annuelle de 12 livres et aux mêmes conditions que celles ci-dessus « et que le Saint-Sacrement continuera d'y estre exposé les jeudy et vendredy de la Semaine Sainte, s'il est jugé à propos par messieurs les prestres ».
Cette chapelle appartenait auparavant à la famille Rochin.

(2) La chapelle saint Nicolas fut fieffée, le 4 mars 1759, à Marie-Anne de Courtemanche, veuve en premières noces de Nicolas Piedvache, sieur de Boisbuisson, et en secondes de Julien-Pierre de Thiercelin, chevallier, seigneur de Versay, capitaine, moyennant 15 livres.
Elle avait été précédemment fieffée par les auteurs du sieur de Boisbuisson, par acte passé devant Bonhomme et son collègue, notaires à Mortagne, le 13 décembre 1674, fief confirmé, pardevant Follet, notaire au même lieu, le 3 septembre 1728. Cet acte contient aussi donation par cette dame des ornements se trouvant alors dans la chapelle.
Cette chapelle appartenait plus anciennement encore aux Catinat de la Houlbaudière, puisque, dans son testament du 3 avril 1672, Gilles Catinat, sieur de la Houlbaudière, « *voulait* et *entendait* que son corps soit inhumé et ensépulturé en sa chapelle, érigée en l'église Nostre-Dame de Mortagne, soubz le tiltre de saint Nicollas, etc.... » et qu'en effet il y fut inhumé le jeudi 24 janvier 1704. *(Minutes de Mᵉ Delorme.)*

(3) La chapelle saint Martin fut fieffée le 11 février 1759, par Jacques Romet et Catherine Bouvier, sa femme, moyennant 20 l. et aux conditions ordinaires.
Cette chapelle appartenait auparavant à la famille de la dame Defreville. *(Minutes de Mᵉ Delorme.)*

La 7e à saint Sébastien ; c'est aujourd'hui la chapelle des Fonts. Cette chapelle qui n'avait point d'autel servait aux réunions des Frères de la Charité.

Chacune des chapelles que nous venons de nommer renfermait les restes des familles qui les avaient fieffées. Il serait superflu de les énumérer ici, l'ayant déjà fait dans les notes des pages précédentes ; mais le nombre des fidèles qui, n'ayant point de chapelles, se firent inhumer dans l'église Notre-Dame est vraiment considérable : dans leurs testaments, ils désignaient la place qui était toujours celle qu'ils occupaient aux offices.

Le sol de l'église Notre-Dame était presque entièrement recouvert de dalles sépulcrales : le chœur et la grande nef renfermaient les restes des *curés* de Notre-Dame et autres prêtres décédés en cette paroisse ; près de la chaire reposaient les membres défunts de la famille *Saisy*; près de la chapelle saint Roch, ceux de la famille *Chambay*, médecin ; Alexandre *de Saint-Lambert* fut inhumé le 2 octobre 1669 « tout proche le bénistier, entre le dit bénistier et la porte du costé du midi de derrière les chapelles, après avoir vécu en homme de bien et bonne odeur et receu les Sacremens..... » ; dans la famille *Catinat*, nous voyons que le 16 avril 1637, fut inhumé dans cette église, Alexandre, fils de Nicolas Catinat, sieur de la Houbaudière ; le 8 juin 1644, « dame Jehanne Catinat, veuve Gilles Rivet, est décédée en cette paroisse et son corps inhumé en cette église, au chœur, contre les chaires du hault au costé gauche » ; puis, le 10 novembre 1645, Jacqueline Faguet, veuve de messire Guillaume Catinat ; le 12 juin 1650, « damoiselle Claire Catinat, femme de messire Pierre Le Bouyer, président, lieutenant-général au baillage » ; le 3 avril 1666, Jeanne Gobille, épouse de Nicolas Catinat ; le 19 mai 1672, Jeanne Catinat ; le 24 janvier 1704, Gilles Catinat (1).

Le visiteur pouvait encore examiner, il y a quelques années, le bel orgue fabriqué par Le Sellée, en 1624. Cet orgue, placé au bas de la grande nef, appartenait autrefois à l'église collégiale de Toussaints (2). Il fut enseveli sous les débris de la tour écroulée, le 2 janvier 1890, et réduit en morceaux.

Il est impossible de quitter l'église sans donner quelques instants à l'examen des superbes boiseries provenant de l'ancienne Chartreuse du Val-Dieu.

Autrefois elles étaient toutes placées dans l'arrière-chœur, mais après la réfection de ce dernier, la plupart furent employées à l'ornementation des deux chapelles situées à l'extrémité des nefs

(1) Arch. mun. de Mortagne ; reg. paroissiaux.
(2) Notes ms. de M. l'abbé Bouvier.

latérales ; dans un des panneaux est percée la porte de la sacristie, qui, elle-même, en renferme de fort beaux. « Le style tout moderne de ces boiseries contraste avec celui de l'édifice ; mais telle est la finesse et la délicatesse de l'exécution, qu'elles seraient partout dignes d'admiration. Elles représentent des trophées de fleurs, de calices, d'étoles, d'encensoirs, de livres, de chapelets, saillissant en relief sur de larges panneaux, les uns encadrés dans une bordure plate, les autres protégés par une sorte de corniche ou d'auvent et par des consoles dans le genre de celles qui garnissent d'ordinaire les stalles (1). »

Sortons de l'église par l'autre porte latérale qui n'offre rien de remarquable : Nous ne pouvons plus, comme hier encore, examiner la tour carrée avec ses deux rangs de fenêtres ogivales, ses niches à statues, ses petites tourelles aux angles et son dôme en ardoises. Après avoir résisté à la mitraille, elle devait être, près de trois siècles plus tard, réduite en un monceau de cendre ; mais nous reviendrons sur ces terribles événements.

Le grand portail, lui aussi, a disparu avec ses superbes voussures : 93 en commença la destruction en abattant le pilier qui le divisait en deux parties, l'écroulement de la tour en nécessita la démolition complète. Ce pilier possédait une niche avec dais dans laquelle était une statue de la sainte Vierge. On peut encore entrer à l'église par une petite porte située au bas du collatéral du nord.

Outre la tour, dont nous venons de parler, il y avait autrefois, au milieu de l'église, un petit clocher renfermant une cloche destinée à sonner les messes et autres offices ordinaires. Cette cloche fut bénite le 18 septembre 1712, son poids était d'environ 120 livres (2).

Après cette description que nous croyons suffisante pour donner au lecteur une idée de Notre-Dame ancienne et moderne, nous passons à son historique qui mieux encore nous fera connaître ses transformations successives à travers les siècles.

§ 3. Curés.

Michel Burdoul est le premier curé de Notre-Dame dont le nom nous soit parvenu ; il résigna ses fonctions en faveur de :

(1) *Le Département de l'Orne, arch. et pitt.*, p. 250.
(2) Arch. mun. de Mortagne ; reg. paroissiaux.

Jean Bardoul, acolyte, qui obtint, le 18 juillet 1471, sur la présentation du prieur de Saint-Denis de Nogent-le-Rotrou, collation de la cure de Notre-Dame ; c'est sous son ministère que furent commencés les travaux de reconstruction de l'église actuelle (1493).

Jean Abbot. — Le 4 décembre 1522, Jean Bardoul permutait avec Jean Abbot qui, lui, eut la joie de voir son église reconstruite (9 novembre 1535). Quelques années plus tard, un autre événement devait mettre le comble à son bonheur : c'était la démolition de la vieille Tour du Beffroy et la pose de la première pierre (1542) de la Tour Notre-Dame. Il quitta la cure le 21 juillet 1549.

Guillaume Belhomme, qui avait permuté avec Jean Abbot, mourut quelques années après et eut pour successeur, le 17 juin 1553, X.... Ce nom, laissé en blanc dans le Pouillé, est peut-être celui de *Pierre Regnard*, qui résignait, le 26 mai 1554, en faveur de Jean Dupelle (1).

Jean Dupelle. — Huit années après sa prise de possession, Jean Dupelle devait être témoin de ces actes barbares que la guerre civile peut seule susciter. Lorsque de toutes les parties de la France un cri de mort contre les catholiques s'échappait de la bouche des Huguenots, le Perche ne fut pas épargné. Mortagne fut saccagé et pillé ; les églises et les couvents eurent surtout à souffrir de ces brigandages (2).

Le 22 mars 1563, sur les trois heures de l'après-midi, l'amiral Coligny, à la tête de ses Huguenots au nombre de 12 à 15,000, venait lui-même mettre le siège devant la ville de Mortagne ; la garnison, dont le nombre était bien inférieur à celui des assiégeants, fut obligée de céder. Bientôt la place fut forcée et la ville livrée aux horreurs du pillage. « Une lutte acharnée s'engage dans les rues, » nous dit l'abbé Fret en amplifiant quelque peu le sobre récit de Bart des Boulais, contemporain de ces faits, « le sang coule à flots de part et d'autre, surtout du côté des Catholiques, trop inférieurs en nombre. Comme la fureur des Réformés s'acharnait de préférence contre les ministres du culte catholique, les ecclésiastiques de la ville qui eurent le malheur de tomber entre leurs mains, périrent dans d'atroces tortures. On était alors en Carême, un religieux cordelier du couvent de Falaise prêchait à Notre-Dame les stations de la quarantaine. Tombé entre les mains des soldats-bourreaux de Coligny, il se trouva en butte à tous les genres de dérisions et d'outrages ; enfin, après une lente

---

(1) Pouillé de Séez.
(2) Bart des Boulais, *Recueil des Antiquités du Perche,* édition de M. H. Tournouër, p. 237.

et cruelle agonie, ces êtres féroces, pour terminer la scène par un dénouement digne de pareils acteurs, imaginèrent un nouveau genre de supplice, pour donner le coup de grâce à leur victime. Une mort ordinaire n'eut pas satisfait leur âme blasée par le raffinement de tout ce que la perversité peut imaginer de plus atroce; ils contraignirent donc l'infortuné religieux de souffler dans le tube d'un pistolet chargé à balle, lui lâchèrent la détente dans la gorge et l'étendirent à leurs pieds, sans vie et baigné dans son sang. »

Un habitant de Mortagne, Etienne Chauvin, que ses compatriotes avaient choisi comme capitaine, fut pendu, mais sur les prières de ses parents, dépendu assez à temps pour pouvoir survivre plus de vingt ans à ce terrible événement (1).

Pendant ces troubles, qu'était devenu le curé de Notre-Dame? Nous n'en savons rien.

Au 31 décembre 1566, on trouve le déport affermé 10 écus environ à messire François Courtin, nouveau curé (2).

François Courtin. — Nous ignorons la date de sa nomination à la cure de Notre-Dame, nous avons vu seulement qu'il y était en 1566, et il assista, sans doute, le 2 décembre 1569, à la prise de possession du comté du Perche par Renaud de la Baume, évêque de Mende, mandataire de François de Valois, quatrième fils d'Henri II, et prêta, entre les mains du prélat, le serment de fidélité, ainsi que les représentants des Trois Ordres.

L'histoire se tait sur ce qui se passa à Mortagne au moment de la Saint-Barthélemy. Odolant-Desnos nous dit seulement que « Mortagne perdit, sous le voile spécieux de la religion, Jacques Courtin, grand bailli du Perche, assassiné; la Martellière, lieutenant général, et plusieurs autres personnes de mérite (3); mais ce qui ôte beaucoup de valeur à son assertion, c'est que Bry de la Clergerie dit à propos de : « maistre Jacques Courtin, bailly du Perche, assassiné dans la forêt de Bellême : mon père qui commençait son exercice avec luy, fut spectateur seul de ce malheureux massacre et aida à en faire avoir la justice exemplaire », ce qui prouve qu'il ne fut pas tué par ordre de la cour.

---

(1) *Chron. Perch.*, tome III, p. 105 et suiv. Ces faits se trouvent encore rapportés dans les *Mém. hist. sur la ville d'Alençon*, par Odolant-Desnos, t. II, p. 280; dans le *Département de l'Orne, arch. et pitt.*, p. 250; et dans les *Fragments historiques sur le Perche*, par J.-F. Pitard, p. 318. Tous ces auteurs ont probablement pour source unique Bart des Boulais ; voyez ce dernier. Edition de M. H. Tournouër, p. 237.

(2) Pouillé de Séez.

(3) *Mém. hist. sur la ville d'Alençon*, t. II, p. 286.

François Courtin résigna, le 28 novembre 1579, en faveur de Blaise Septier.

Blaise Septier. — De grandes épreuves l'attendaient. Les Ligueurs, qui avaient pris les armes pour la défense de la Foi catholique, parurent devant Mortagne, le 24 mai 1585, ayant à leur tête Charles de Lorraine, duc de Mayenne : la ville se rendit et demeura en son pouvoir; il y laissa une garnison sous les ordres du sire de Pécheray. Le 28 juillet suivant, les partisans d'Henri IV reprirent la ville sur les Ligueurs. Pécheray défait songea à la vengeance : il mit si bien son plan à exécution que, le 2 août, il pénétrait dans la ville où une lutte sanglante s'engagea dans les rues. La Fretto, à la tête des Royalistes, se bat en lion ; Pécheray est grièvement blessé au bras par un coup d'arquebuse, l'amputation du membre devient nécessaire; il regagne alors Bellême, laissant 50 morts et plusieurs blessés.

Mais les ligueurs ne se tinrent pas pour battus ; ils reparurent bientôt et reprirent la ville. Cette alternative de prises et reprises se renouvela vingt-deux fois dans l'espace de trois années. Nous arrivons à cette lutte glorieuse et héroïque de vingt-huit Mortagnais contre 1,600 Ligueurs : le récit de ce combat dont l'église N.-D. fut le champ de bataille doit nécessairement trouver ici sa place. Parti de Verneuil, le 12 juillet 1593, à la tête de 250 cavaliers et 200 hommes de pied, Jacques des Moutis de la Morandière, lieutenant du baron de Médavy, gouverneur du Perche pour la Ligue, arrive le même jour sous les murs de la ville, qui sans défiance et dépourvue de garnison, tombe aussitôt en son pouvoir. Après avoir pillé quelques maisons, la Morandière et sa troupe reprennent le chemin de Verneuil. Aussitôt après leur départ, Pierre de Fontenay, gouverneur du Perche pour le Roi, prévoyant une nouvelle attaque, établit à Mortagne une nombreuse garnison. Anselme de Fontenay, son frère, fut avec ses deux fils chargé de la commander. Ces prévisions devaient être bientôt justifiées. Quatre jours après, la Morandière quittait Verneuil avec 15 ou 1,600 ligueurs et pénétrait dans la ville de Mortagne (1).

L'abbé Fret, empruntant à René Courtin et Bart des Boulais les détails de cette lutte à jamais mémorable, dans l'histoire de Mortagne, dit que « la sombre terreur qui régnait dans la ville, ne glaça cependant pas tous les cœurs; vingt-huit braves, à l'âme fortement trempée, résolurent à eux seuls de tenir tête à l'orage, décidés à défendre la place ou à s'ensevelir sous ses ruines dans un glorieux trépas. La chronique de Courtin ne nous a transmis

---

(1) *Le Département de l'Orne, arch. et pitt.*, p. 250.

que quelques noms de ces héros du Perche, savoir : MM. Faguet, lieutenant-général de la province ; Catinat, Elu, son gendre ; Crestot de la Rousselière, lieutenant du prévôt ; Denis Fouteau, procureur du Roi, et un autre Fouteau, son frère, avocat distingué ; Tassel ; Jean Crestot de la Bouchetière, enquêteur ; Boisprau, marchand de grains ; Gobillon-Prévotière et Bellanger de la Troche.

« Médavy, dès son entrée dans Mortagne, commença par attaquer le Fort de Toussaints, défendu par quelques hommes de la garnison royale. En même temps que les gens de Fontenay, plusieurs habitants du parti de la Ligue et dévoués à son chef, s'étaient réfugiés dans le château dans l'intention d'ouvrir les portes aux assiégeants ou de favoriser au moins leurs efforts ; Médavy, avec leur secours et aussi grâce au nombre de ses troupes, fut bientôt maître de la place, obligée de céder à la force et à la ruse.

« Pendant l'attaque du château, les vingt-huit braves dont nous parlons ci-dessus, se jetèrent dans l'église Notre-Dame qu'ils avaient fait fortifier et munir d'armes et de provisions, fermement résolus à vendre chèrement leur vie, si la fortune venait à leur être contraire. Médavy, vainqueur du château, dirigea aussitôt ses efforts sur l'église ; partout des échelles sont appliquées aux murs, vis-à-vis des fenêtres ; trois fois l'ennemi monte à l'assaut pour pénétrer dans le temple, trois fois nos vingt-huit preux repoussent les assaillants et les renversent. Convaincus qu'à la fin les Ligueurs finiront par franchir les obstacles, les champions se retirèrent dans la tour dont ils barricadèrent la porte de manière à en rendre l'accès infranchissable. Bientôt ils pénétrèrent sur les voûtes de l'église, où ils pratiquèrent différentes ouvertures, pour tirer de là sur les assiégeants. Le temple abandonné fut, dans un clin-d'œil, au pouvoir des Ligueurs, qui s'y précipitèrent pêle-mêle, en criant : *Tue ! tue ! au feu ! au feu ! rendez-vous ! rendez-vous !* Quand ils aperçurent l'église déserte, ils essayèrent de suite à pénétrer dans la tour pour y poursuivre leur poignée d'adversaires, dont ils se promettaient une prompte et facile victoire ; mais quel désappointement ! la porte tourmentée en mille manières refusa de livrer passage. Irrités de cet obstacle, ils songèrent à d'autres moyens pour s'emparer de leur proie ; on pointa à l'extérieur les bouches de deux canons contre la tour ; les machines meurtrières vomirent inutilement leurs projectiles contre ses robustes murailles. Ce moyen ne promettant point encore le succès si désiré, on alluma des feux dans l'intérieur de l'église, dans le cruel espoir que les voûtes, venant à crever, entraîneraient dans leur chute les héros qu'elles recélaient. Mais ce stratagème barbare, loin de seconder les vues de ses inventeurs, tourna au contraire à l'avantage des assiégés qui, à la lueur de la flamme, dirigèrent sûrement force coups d'arquebusades sur les ennemis, à travers les ouvertures qu'ils avaient su pratiquer. La fusillade fut si vive que les gens de Médavy tombèrent çà et là en grand nombre sur le pavé du lieu saint, sans espoir de pouvoir rendre la pareille à leurs invisibles adversaires.

« Rebuté de revers si inattendus de la part d'une poignée d'hommes, et craignant de se voir attaqué lui-même par les royalistes des environs, qui, instruits de la présence des Ligueurs à Mortagne, se réunissaient en grand nombre à Bellême pour leur courir sus, Médavy, aussi fin que prudent, fit sonner la retraite à trois heures après midi de cette même journée, 16 juillet 1593, et reprit la route de Verneuil, laissant sur la place cinq de ses porte-enseignes, avec leurs drapeaux. Plusieurs officiers, dont Bart nous a conservé les noms, perdirent également la vie dans cette occasion, c'étaient : Girardière, capitaine des carabiniers; Desvantes, son cornette ou porte-étendard; La Fumée, grand pétardeur; Jouan et Grénouillère, capitaines d'infanterie ; La Bâte, Bourgneuf et Saint-Martin, lieutenants d'infanterie. Cinquante-cinq soldats partagèrent le sort de ces officiers. Outre ces soixante-huit morts, le nombre des blessés s'éleva à près d'un cent. Le parti royaliste ne perdit pas un seul homme (1) ».

La paix fut rendue à la France par l'abjuration de Henri IV et par son retour au sein de l'Eglise le 25 juillet.

Le 22 août suivant, messire René Lemaire, doyen de la collégiale de Toussaints et official de Séez au siège de Mortagne, bénissait et réconciliait l'église Notre-Dame, polluée par le meurtre des Ligueurs (2).

La tour, endommagée par le canon, fut réparée et sa construction poursuivie.

L'abbé Septier, dont le cœur de prêtre avait dû saigner bien des fois à la vue de ces malheurs, mourut le 6 mai 1599 et fut inhumé dans son église. Il eut pour successeur, le 5 juin de cette année, *Jean Ozan*. Ce dernier résigna, le 6 juin 1600, en faveur de *Vincent Le Provost*, qui mourut quelques jours après. *Michel Honys* lui succéda le 23 du même mois de juin.

Le 18 septembre 1600, *Jean Bernard* était nommé à cette cure par suite de la résignation de Michel Honys, et en prenait possession le 21, « jour saint Mathieu (3) ».

---

(1) *Chron. Perch.*, t. III, p. 117 et suiv. — Odolant-Desnos, *Mém. hist. sur la ville d'Alençon*, t. II, p. 366 et suiv. — J.-F. Pitard, *Fragments hist. sur le Perche*, p. 521 et suiv. — Bart des Boulais, *Recueil des Antiquitéz du Perche*, édition de M. H. Tournouër, p. 244 et suiv. — *Les héros de Mortagne en 1593*, par M. le Vte de Broc. Bullet. de la Soc. Hist. de l'Orne, t. IX, p. 460.

(2) Abbé Fret, *Chron. Perch.*, t. III, p. 121.

(3) Pouillé de Séez. Arch. mun. de Mortagne; reg. paroissiaux.

Ce prêtre, ainsi que son confrère de Saint-Jean, combattit énergiquement la religion protestante, dont le libre exercice avait été autorisé par l'édit de Nantes (1598). Les protestants étaient peu nombreux à Mortagne, et la population les détestait. Alla-t-elle même jusqu'à leur chercher noise ? Un acte du 13 avril 1603 nous le fait supposer (1). Par cet acte, une dizaine d'ecclésiastiques et plus de quatre-vingts laïques, « tous habitans de ceste ville de Mortaigne, de la religion catholique, apostolique et rommainne, assemblez en corps, au son de la cloche, en l'auditoire du dit Mortaigne », donnèrent pouvoir à Hugues Chevallier, avocat, licencié en droit, « à l'effet de s'opposer à l'exécution d'un arrest du Conseil d'Estat du mois de febvrier dernyer (1603), *rendu sur la requeste de certains* habitans de Mortaigne faisans profession de la religion prétendue réformée ». Par cet arrêt ils étaient autorisés à faire leurs réunions dans la maison d'un nommé Etienne Franconnet ou aultres maisons qu'ils nommeront au faubourg Sainct-Langis du dict Mortaigne (2).

Les catholiques parvinrent-ils à faire annuler l'arrêt du Conseil d'Etat ? Non, sans doute, puisque les protestants avaient l'Edit de Nantes pour les protéger, mais il n'en est pas moins vrai qu'ils durent quitter la ville. Les catholiques mortagnais se réunirent de nouveau en assemblée plénière, le lundi 23 juin 1603, et en vertu d'une autorisation qu'ils avaient obtenue, ils assignèrent aux protestants, pour y faire leurs réunions, « le lieu et village de la Prévosterie distant dudit Mortagne d'une portée d'arquebuse et assis en la paroisse de Loizé-les-Mortagne (3) ».

L'assemblée nomma deux de ses membres comme commissaires chargés de l'exécution de sa volonté. Après ce petit incident, nous n'entendons plus parler des protestants.

Un titre authentique, cité par M. Delestang, mentionnait qu'un sieur Mathurin Durand, par son testament du 3 septembre 1579, avait légué à l'église réformée de Mortagne, dont il était membre, l'ancienne sergenterie Fol-Enfant, qui avait dans sa circonscription la moitié de la ville de Mortagne (4). Pitard nous dit que le premier ministre du culte protestant à Mortagne fut M. Moissant (5).

---

(1) Minutes de M° Delorme.
(2) Nous donnerons aux pièces justificatives le texte de cet arrêt, conservé aux archives nationales (E, 5ª, f. 144) et à la bibliothèque nationale, ms. fr. 18166, f. 223.
(3) Minutes de M° Delorme.
(4) Abbé Fret, *Chron. perch.*, t. III, p. 97 et suiv. — J.-F. Pitard, *Fragments hist. sur le Perche*, p. 311.
(5) *Fragments hist. sur le Perche*, p. 312.

Ces démêlés ne furent point sans rendre difficile la position de l'abbé Bernard. Il eut des querelles ; et « le mercredy 20° jour d'apvril, l'an 1605, messire Bernard, cy-devant curé, quittait le bénéfice de Nostre-Dame de Mortaigne à messire *Bonaventure Landes*, prestre, et ce par sentence de la court ».

Le surlendemain, ce dernier commettait un vicaire « à desservir ledit bénéfice pendant le terme de deulx années ». Après l'abbé Cosnard, c'est l'abbé Charles Roze qui dessert la paroisse. Messire Lande était si souvent absent que les habitants finirent par s'ennuyer d'être toujours administrés par des vicaires.

Les choses s'aggravèrent ; les paroissiens commencèrent par faire rédiger un procès-verbal pour constater que, le 24 décembre 1619 (vigile de la Nativité), quoique l'office du soir ait sonné trois fois, personne du clergé, c'est-à-dire le curé ou son délégué, ne se présenta pour dire la messe de minuit. Un prêtre, l'abbé Charles Roze, fut sommé par les habitants et les trésoriers de dire la messe, mais il refusa, « ne voulant point s'ingérer dans les affaires de la paroisse (1) ». Ce refus nous étonne d'autant plus que nous voyons sur les registres paroissiaux que ce prêtre était « commis pour l'absence de vénérable messire Bonaventure Lande depuis le premier octobre 1618 ». Et pourtant tout s'explique si l'on consulte le Pouillé de Séez qui nous dit que, le 1er août 1615, des lettres de provision apostolique furent accordées *certo modo* à *Jacob Pousset*. A cette époque où on ne renonçait pas facilement à ce qu'on considérait comme son droit, il n'était pas rare de voir deux et même trois curés porter à la fois le même titre. Ici, nous nous trouvons en présence d'un curé ayant été présenté et non nommé et d'un autre nommé sans avoir été présenté par les autorités ecclésiastiques. L'abbé Lande, qui remplissait les fonctions de « chaplain de la saincte Chapelle du Pallais à Paris », était probablement plus souvent dans cette ville que dans sa paroisse, aussi fut-il la victime du mécontentement général. On apprit qu'il avait chez lui une servante qu'une sentence avait bannie du bailliage, on ajouta qu'il la disait sa parente. Cette nouvelle colportée dans la ville ne manqua pas de causer « un grand scandale parmi les habitans qui portèrent plainte à l'Evesque de Sais ». L'officialité fut chargée de l'affaire et commença son information. A cette accusation vint se joindre celle des trésoriers (2) et des marguilliers qui accusaient leur curé de n'avoir « pas encore dict de messe paroissiale depuis qu'il étoit nommé à la cure de Mortaigne » ; ils lui reprochèrent encore d'avoir fait bail de la cure

(1) Minutes de M° Delorme.
(2) Minutes de M° Delorme.

pour trois ans à Mathurin Caignon. Les chanoines de Toussaints se mirent aussi de la partie pour se venger de la défense qu'il leur avait faite de porter le surplis à travers la ville et de dire la messe à Notre-Dame.

Tous ces griefs parurent sérieusement fondés puisque l'official, François de Guinardrie, curé de Théval, rendit un décret de prise de corps contre lui. Il fut enfermé dans les prisons ecclésiastiques de Mortagne à une date que nous n'avons point pu retrouver. Il subit interrogatoires sur interrogatoires et, finalement, condamné. Il interjecta aussitôt appel devant l'officialité de Pontoise, de laquelle ressortissait celle de Mortagne, pour le cas de dégradation et de correction. Alors nous le voyons extraire des prisons de Mortagne pour être transféré dans celles de Pontoise. Là, il devait subir un nouvel interrogatoire devant l'official de ce lieu.

Pendant tout ce temps, la paroisse Notre-Dame ne pouvait rester sans pasteur ; ce qui fait que, le 5 août 1624, on chargea *Pierre Saisy* d'exercer le ministère paroissial jusqu'à ce que Bonaventure Lande, détenu dans les prisons, put valablement administrer les sacrements.

Le procès se continuait toujours et toujours le sieur Lande niait. Il y eut audition de témoins, il présenta requête sur requête, dans lesquelles il disait que tout ce qu'on lui imputait était calomnie, et il obtint en sa faveur plusieurs arrêts du Parlement. Enfin, las de le combattre, les adversaires du sieur Lande semblent l'abandonner, si bien qu'il fut élargi le 15 mai 1625 (1). Revint-il à sa cure ? Nous en doutons.

Parcourant le registre des décès de cette paroisse, nous voyons que « le ... mars 1637, messire Bonaventure Lande est décédé à Paris, cy-devant curé de ceste esglise (2) ».

Au 1ᵉʳ janvier 1634, les registres baptismaux (3) nous apprennent que le curé était *Pierre Drouère* qui résignait, le 24 mars 1634, en faveur d'*Alexandre Chevalier* (4). Mais qu'était devenu Jacob Pousset et comment Pierre Drouère parvint-il à la cure de Notre-Dame ? C'est encore un point obscur à éclaircir.

Alexandre Chevalier. — Pendant les 38 années qu'il remplit le ministère paroissial à Notre-Dame, nous n'avons rien à signaler. Au mois de novembre 1673 il portait le titre de doyen de la collégiale de Toussaints, et le 29 décembre suivant il résignait sa cure,

---

(1) Pouillé et archives de l'Evêché de Séez.
(2) Arch. mun. de Mortagne.
(3) Arch. mun. de Mortagne.
(4) Pouillé de Séez.

en faveur de Jean Gesbert, pour jouir en paix de son doyenné (1).

Jean Gesbert, qui prit possession de sa nouvelle cure le 19 janvier 1674, paraît doué d'une certaine initiative. Le 27 décembre 1676, Jacques Crouslier, maître-sculpteur, et Nicollas Robert, maître-menuisier, se sont solidairement engagés « de faire et fournir l'hœuvre, aultrement le banc des trésoriers de ladite église de Nostre-Dame, dans le lieu où il a coutume d'estre, suivant et conformément au dessin que lesdits Crouslier et Robert en ont représenté........ travail qu'ils seront tenus rendre parfait dans le jour de la Pentecôte... » Ils firent « le plafond à compartimens de cadres et revestirent les deux piliers dudit œuvre dans le dedans d'iceluy, lequel ouvrage ils se sont submis de faire de bois de chesne bin sec.......... pour et moiennant le prix et somme de trois cens livres......... la dite somme de trois cens livres employée au présent marché provient du legs fait au trézor par feu Jacques Chrestien, escuier, conseiller du Roy (2)... »

Il continue de prendre soin de l'ornementation de son église ; les réparations qu'il y fit furent nombreuses : ses actes semblent dire qu'il ne trouva jamais la demeure assez digne de son Divin Habitant.

Ce sentiment ne peut qu'être loué, mais l'abbé Gesbert alla plus loin et ce ne fut plus l'église qu'il trouva indigne du Dieu-Hostie, mais les fidèles eux-mêmes, car il avait adopté la doctrine de Jansénius. Peu versé dans les études dogmatiques, nous laisserons parler un savant capucin, le R. P. Edouard d'Alençon. Dans ses « *Capucins de Mortagne* (3) », il donne, d'après un curieux document que nous avons été très heureux de lui communiquer, l'histoire du Jansénisme à Mortagne (4).

« Depuis plusieurs années, dit-il, une doctrine nouvelle et condamnée par l'Église se répandait en France. C'était le Jansé-

(1) Pouillé de Séez.
(2) Minutes de M⁰ Delorme.
(3) Bulletin de la Société hist. et arch. de l'Orne, t. IX, p. 438 et suiv.
(4) Tous ces renseignements sur le Jansénisme à Mortagne sont extraits d'une pièce nous appartenant, qui a pour titre : « *Information par nous faite conjointement avec M. Jacques Bigot, prestre, curé de Saint-Ouen-de-Seicherouvre, vice-gérant en l'officialité de Séez, au siège de Mortagne, par nous, Charles-Richard de Puisaye, escuyer, sieur du lieu, conseiller du Roy, président et lieutenant-général civil et criminel et commissaire-examinateur au bailliage du Perche à Mortagne, à la requeste du procureur du Roy en ce siège, demandeur et accusateur allencontre de ceux qui se trouveront chargez par icelle, à laquelle information avons procédé avec M. Pierre Marchant, nostre greffier ordinaire.* » Dans cette information, commencée le 20 mars 1686 et terminée le 13 mai, trente-deux témoins furent entendus. Ce sont leurs dépositions qui nous servent à faire cet historique.

nisme à la morale austère et au dogme désespérant, qui a parfaitement peint sa doctrine dans ses crucifix dont les bras resserrés ne s'ouvrent plus pour embrasser toutes les âmes. Nous n'avons pas à faire l'histoire du Jansénisme en France. Le Roi, d'accord avec le Pape, proscrivit la nouvelle doctrine et, mettant le bras séculier au service de l'Église, il faisait d'inutiles efforts pour empêcher le venin de l'hérésie de se répandre. Trop souvent les mesures prises avaient un résultat contraire et les lettres de cachet exilant les gens suspects et compromis n'avaient d'autre résultat que d'étendre et propager le mal. Nous en trouvons une preuve à Mortagne.

« Vers 1680, Sa Majesté avait relégué à Mortagne un sieur Cazanove (ou de Cazanove), docteur de l'Université de Toulouse et prêtre de cette ville, dans laquelle il s'était montré un des plus zélés partisans des doctrines condamnées (1). Est-ce lui qui gagna à l'hérésie le sieur Jean Gesbert, curé de Notre-Dame de Mortagne, où le trouva-t-il déjà enrôlé dans le camp des appelants ? Nous ne saurions le dire. Toujours est-il que nous voyons le curé bientôt lié par une étroite communauté de doctrine et de sentiments avec le docteur Cazanove qu'il déclarait être « un très grand homme de science, de vertus et de bonne conduite ». Souvent ils se trouvaient ensemble, soit au presbytère de Notre-Dame, soit dans la chambre du sieur Cazanove, qui avait pris son logement chez un nommé Claude Chauvin, marchand, vis-à-vis la Boucherie. Ces réunions avaient encore lieu au prieuré de Chartrage, dont le supérieur et plusieurs religieux adhéraient fortement à la secte. Peu à peu le groupe augmenta, plusieurs ecclésiastiques de la ville et des environs furent séduits et l'on nous les montre se rencontrant « le jeudy de chascune semaine au prieuré de Chartrage dans la garenne et hault bois » et là, sous les ombrages, ils agitaient ensemble les questions, alors brûlantes, de la Grâce et de la Rédemption. On voyait aussi d'autres ecclésiastiques venir à ces assemblées de gens suspects, « pour profiter de leur science et entretien, les croyant gens de bien » ; ils se retiraient bien vite désillusionnés, les entendant soutenir des « hérésies épouvantables », ou émettre des « propositions et des décisions terribles qui faisaient dresser les cheveux (2) ».

(1) « Il est le même personnage, croyons-nous, qu'un sieur Caseneuve dont parle le P. Rapin dans ses Mémoires sur le Jansénisme. Ce Caseneuve était un des directeurs de la maison d'éducation des Filles de l'Enfance de Jésus, à Toulouse, et « il avoit fait passer deux fois Pâques et un jubilé à des filles sans communier, par principe d'humilité ». *(Mémoires sur l'Eglise et la Société, la Cour, la ville et le Jansénisme*, publiés par L. Aubineau, t. III, liv. XVI.) — *Note du R. P. Edouard.*

(2) « Parmi les ecclésiastiques qui prirent part à ces assemblées, nous

« Ces réunions, surtout celles qui avaient lieu chez Cazanove, n'étaient point sans étonner et même scandaliser les bons habitants de Mortagne, « plusieurs personnes disant tout hault que cela estoit surprenant de voir tant de prestres et de religieux visiter si souvent et si régulièrement un exilé ». On traitait ces assemblées de « caballe » et « tous les honnestes gens avoient suspects » ceux qui y prenaient part; d'autres s'en « mocquaient » à la grande irritation du curé Gesbert.

« Les capucins de Mortagne, qui n'étaient point dans le nombre des religieux qui fréquentaient ces réunions, eurent à subir une véritable persécution. Ils étaient fort mal vus du sieur Gesbert et de ses adhérents, et le curé de Notre-Dame déclarait hautement « qu'il ne consentiroit point que les paroissiens allassent à confesse aux capucins, quoy qu'il eust une ordonnance qui permist d'aller à confesse où l'on vouldroit, et, que s'ils y alloient, que ce seroit contre son consentement ».

« Il appelait encore les capucins « de meschans ouvriers ». C'est qu'il ne trouvait pas chez eux, comme chez les « bons ecclésiastiques de la paroisse », (il en avait, disait-il, « chassé les meschans ») », des confesseurs consentant à se soumettre à ses mémoires « pour refuser, différer ou accorder l'absolution à ceux qu'il vouloit », et désignait par des « marques qui n'estoient connues qu'entre eux ».

Nos lecteurs s'étonneront sans doute de cette manière d'agir, de ces ordres envoyés par le sieur Gesbert à ses partisans pour refuser ou différer l'absolution à telle ou telle personne et pourtant les Jansénistes en étaient arrivés là. C'est Louis Baril, curé de Villiers, troisième témoin entendu, qui nous le dit dans sa déposition.

Aux pièces justificatives nous reproduirons les trente-deux dépositions faites dans cette affaire. Nous y verrons que ceux qui étaient coupables d'aller à confesse aux capucins se voyaient refuser l'absolution et même la communion.

trouvons comme chargés par l'enquête, outre le sieur Jean Gesbert, le Prieur de Chartrage, Estienne Macé, religieux de Chartrage, puis curé de Saint-Langis; Jullien Le Roux, mort chapelain de Notre-Dame; Guillaume Chevalier, chapelain de Notre-Dame; Bignon, prêtre de la ville de Bellême; les curés de Saint-Hilaire et de Bubertré. Ceux qui se retirèrent et déposèrent dans l'information sont : Jacques Lefebvre, Léonard Marthin et Michel Ligier, chapelains de Notre-Dame; Louis Baril, curé de Villiers et son vicaire; Marin Pallu et Jean Saugeon, chapelain de Toussaints. » *(Note du R. P. Edouard.)*

(1) Archives de l'évêché de Séez.
(2) D'après la copie que nous possédons de ce mémoire.
(3) Nous parlerons plus loin de cette fondation.

Le curé, ennemi des capucins, se garda bien de les laisser prêcher à Notre-Dame comme par le passé. Il invitait des prédicateurs plus ou moins suspects, comme le curé de Saint-Ouen de Séez et un nommé Hébert, « tous deux repris par des évesques et le Roy. Sa Majesté ayant exilé l'un et fait mettre l'autre prisonnier à la Bastille ». Ainsi que nous l'avons vu dans le chapitre II, Jacques d'Antignate, prêtre habitué de Saint-Jean, donnait, vers 1700, au Trésor de Saint-Jean une somme de 360 livres pour exposer le Saint-Sacrement et pour que, ce jour-là, un Père capucin fasse un sermon « en vue de remédier au progrès du Jansénisme et pour contrecarrer le sieur Gesbert, curé de Notre-Dame, qui faisait toujours prêcher des personnes suspectes en leurs doctrines ». Bien que la somme ne fût versée au Trésor que vers 1700, l'abbé d'Antignate paraît avoir payé, chaque année, avant cette date, un prédicateur, de ses deniers personnels (1). Ce serait donc vers 1680 que remonterait l'origine de cette pieuse fondation.

Quelles furent les suites de cette information? Un mémoire présenté, en 1710, au confesseur du Roi, par les administrateurs de l'Hôtel-Dieu, nous dit, en parlant des religieux de Chartrage, que l'on voit « par des informations cy-devant faites et envoyées en Cour, que leur conduite a été suspecte et leur doctrine très-dangereuse, ce qui causa dans ce temps-là l'exil de quelques-uns de leurs pères et du sieur Gesbert, curé de Notre-Dame de cette ville de Mortagne, qui les fréquentait tous les jours (2) ».

Nous ne pourrions dire à quelle époque il faut placer l'exil de l'abbé Gesbert. En 1689, nous le voyons fonder une école gratuite de jeunes filles avec des fonds provenant « *d'un despôt fait entre ses mains par quelques personnes de piété* » et il signe l'acte de fondation (3).

Jusqu'en 1701, époque à laquelle il fit la visite des différentes églises de Mortagne, nous avons pu constater sa présence dans cette ville; le 24 janvier 1704, il préside les cérémonies à l'inhumation de Gilles Catinat. Au mois d'avril suivant, l'abbé Fresnel, vicaire, remplit toutes les fonctions curiales. C'est donc au commencement de l'année 1704 que durent commencer les cinq années de relégation à Bellême de l'abbé Gesbert.

Ce qui le prouve, c'est que, jusqu'au 6 juin 1709, date à laquelle il recommence à signer les registres paroissiaux, les fonctions curiales furent remplies par différents prêtres qui avaient soin d'ajouter au bas de leur signature : « prêtre desservant l'église paroissiale de N.-D. de Mortaigne » ou simplement « prestre desservant de Notre-Dame ».

Le 11 juillet 1707, monseigneur Louis d'Aquin, évêque de Séez, était à Mortagne. Averti que des prières publiques se faisaient chaque soir dans l'église Notre-Dame, il ordonna au curé ou vicaire de continuer cet usage qu'il ne saurait trop louer. En même temps il enjoignit de remettre entre les mains des vicaires-généraux tous les livres condamnés qui se trouvaient entre les mains des particuliers, sous peine d'excommunication pour les détenteurs (1).

L'abbé Gesbert mourut le 14 septembre 1711, à l'âge de 72 ans, muni de tous les sacrements. Son corps fut inhumé dans l'église Notre-Dame. Louis Barban, chanoine de Toussaints, présida la cérémonie funèbre (2).

Quel était l'état de la paroisse Notre-Dame sous le ministère de l'abbé Gesbert? Nous venons de dire qu'il fit en 1701 la visite des différentes églises de la ville, parcourons le procès-verbal rédigé après celle de cette église et nous verrons :

« Qu'il n'y avait pas d'Avent parce que l'on prêchait pour toute la ville dans l'église de Toussaints ; — Que le casuel se montait à 150 écus ; — Qu'à ce moment il y avait beaucoup de titres de perdus par négligence ; — Qu'il y avait six prêtres habitués et deux clercs tonsurés... qui assistaient aux offices de ladite paroisse N.-D. en surplis, les dimanches et les fêtes. »

(Il y avait encore quatre prêtres domiciliés dans cette paroisse qui étaient le chapelain de la chapelle Saint-Blaise de Prulay et trois chapelains de Toussaints. Parmi les noms de tous ces prêtres habitués, nous ne voyons point figurer celui du fameux de Cazanove. Avait-il quitté Mortagne en 1701 ? Sans doute, car l'abbé Gesbert n'aurait pas oublié son ami intime.)

« Qu'il était perçu par le curé pour l'enterrement d'un adulte, 6 livres; pour celui d'un enfant, 30 sols, et 7 sols 6 deniers pour les purifications, selon l'usage ; — Qu'en hiver la Grand'Messe était à 10 heures et en été à 9 heures, et les Vespres à 2 heures, selon les statuts du diocèse ; — Qu'on faisait le catéchisme tous les dimanches, en carême trois ou quatre fois par semaine ; — Que des processions particulières se faisaient aux fêtes de saint Roch, sainte Madelaine, et que les Charités de Notre-Dame et de Saint-Jean y assistaient; — Que le curé avait établi la prière du soir, il y avait plus de 26 ans, et n'avait jamais manqué d'y assister; — Qu'il n'y avait point de décimateurs: le Roy était seigneur temporel ; — Qu'on donnait à boire pendant les offices dans huit cabarets (3) ».

(1) Archives de l'évêché de Séez.
(2) Arch. mun. de Mortagne; registres paroissiaux.
(3) Arch. de l'évêché de Séez; procès-verbal de la visite de l'église Notre-Dame, faite le 15 août 1701.

Jacob d'Antignate (1). — Le 10 mars 1712, Jacob ou Jacques d'Antignate fut appelé à la cure de Notre-Dame, laissée vacante par l'abbé Gesbert. Pendant la vacance, l'abbé Dubois remplit les fonctions curiales.

Ainsi que nous l'avons vu plusieurs fois déjà, l'abbé Jacques d'Antignate fut un zélé défenseur de l'Église catholique et romaine contre l'invasion, sans cesse croissante, du Jansénisme. Les paroissiens de Notre-Dame durent trouver bien grand le contraste entre les enseignements de leur ancien et de leur nouveau curé.

Sans nul doute, cette nomination avait été faite à dessein, car, dans une paroisse où l'erreur avait été semée à profusion, il fallait un homme à la foi éprouvée et à la volonté de fer pour ramener les brebis égarées. L'abbé d'Antignate manifestait depuis longtemps ces qualités.

Le 11 septembre 1712, il bénissait la cloche du petit clocher, ainsi que nous l'avons vu plus haut (2).

Monseigneur Turgot de Saint-Clair, pour le récompenser des services qu'il rendit à l'Église, le nomma chanoine le 28 septembre 1719.

Il résigna, le 16 septembre 1723, en faveur de Luc-Charles d'Antignate (3).

Luc-Charles d'Antignate, que nous croyons être le frère de Jacques d'Antignate, ne fit qu'un court séjour à la cure de Notre-Dame : nous ne savons rien de lui, si ce n'est qu'il était mort le 21 octobre 1723.

François Charpentier, appelé à cette date à lui succéder, permuta, le 18 avril 1725, avec *Jacob d'Antignate* qui se trouva curé de Notre-Dame pour la seconde fois et mourut en septembre 1727.

Louis Serant, qui lui succéda le 29 du même mois, permuta avec Michel Fromont (4).

Michel Fromont fut pourvu du bénéfice de cette cure « par lettre et collation de monseigneur l'évesque de Séez, en date du 9 octobre 1729 ». Ces lettres furent insinuées le même jour au greffe des insinuations; il prit possession de son nouveau poste le lendemain, 10 octobre, assisté de messire Jean-François Mos-

---

(1) Jacob d'Antignate appartenait à une famille originaire de Bresce en Lombardie, où vivait en 1405 Jacques d'Antignate, chevalier, passée en France à la fin du XVIᵉ siècle, établie en Normandie au commencement du XVIIᵉ et qui portait pour armes : d'azur au lion d'argent tenant en sa patte dextre une fleur de lys d'or, couppé en bande de deux traits de gueules l'un au haut et l'autre au bas de son corps. *(Note tirée par le Vᵗᵉ de Romanet d'une généalogie ms. de cette famille, rédigée en 1655.)*

(2) Page 67.
(3) Pouillé de Séez.
(4) Pouillé de Séez.

nier, « prêtre chapelain de l'église N.-D. de Mortagne ». Il était « prêtre du diocèse de Séez, docteur en Sorbonne », et habitait en ce moment la ville de Mortagne (1). L'abbé Fromont ne devait pas rester longtemps paisible possesseur de la cure de Notre-Dame.

Christophe Chartrain, « prestre, natif et originaire du diocèse de Séez, maistre ès-arts et gradué nommé en l'Université de Caen, chapelain de Sainte-Anne de Courgeon », voulut, le 26 mai 1730, prendre possession de la cure de Notre-Dame, au bénéfice de laquelle il avait été pourvu « par signature de provision par luy duement obtenue en cour de Rome en date du 1er août 1729, certifiée véritable par les banquiers expéditionnaires le 30 octobre suivant et insinuée à Séez le 15 mai 1730 ». Nous ignorons le motif pour lequel l'abbé Chartrain se fit nommer par la Cour de Rome, toujours est-il que nous nous trouvons, comme tout à l'heure, en présence de deux curés, mais avec cette différence que c'est la Cour romaine qui agit. S'étant présenté devant la principale porte de l'église « donnant sur la place nommée vulgairement la *place de la Croix-Nostre-Dame* », l'abbé Chartrain la trouva fermée ; il se transporta « chez Nicolas Mesnager, sacristain de la dite église, qu'il l'auroit requis de luy faire ouverture ainsi que le dit Chartrain l'a dit à nous notaire, ce à quoi il répondit : qu'il luy estoit deffendu de le faire ; ce fait, et attendu lequel refus de porte, le dit sieur Chartrain nous auroit requis de le mettre, comme effectivement nous l'avons mis et installé par ces présentes, fait prendre et appréhender la possession réelle, corporelle et actuelle du bénéfice cure de Notre-Dame de cette ville de Mortagne et droits en deppendans, au devant de la dite principalle porte de la dite église, par l'exhibition des lettres de signature certifiées des dits banquiers, acte de refus et ordonnance cy-dessus, qui est le seul acte qu'il ait pu faire, quoyque revestu du surply et de l'étolle, attendu le refus de l'ouverture de la dite porte, ensemble par la lecture et publication des présentes à haute et intelligible voix par nous notaire ; dont acte... Fait, présence de plusieurs personnes, auxquelles nous avons demandé leurs noms qu'ils n'ont pas voulu dire ce interpellés de signer. François Louveau et Denis Parm, de la paroisse de N.-D., ont seuls signés comme témoins (2) ».

Si pareil fait se produisait de nos jours, on ne manquerait pas d'en faire du bruit, mais, à cette époque, pareille aventure n'étonnait pas tant : les curieux qui, sans doute, étaient nombreux,

---

(1) Minutes de Me Delorme; procès-verbal de prise de possession.
(2) Minutes de Me Delorme; procès-verbal de prise de possession.

devaient commenter l'incident, mais comme il n'y avait point de gazettes mal intentionnées, avides de scandale et toujours prêtes à critiquer et accuser le clergé, on ne pensait plus guère le lendemain aux événements de la veille : peut-être ne s'en portait-on pas plus mal. En revanche on aimait à faire constater par des actes authentiques les faits auxquels on attachait de l'importance, et on n'en confiait pas le récit à l'imagination souvent trop féconde et toujours partiale des journalistes : la conduite de nos aïeux ne serait-elle pas, sur ce point, bonne à imiter ?

L'abbé Chartrain exerça-t-il un certain temps le ministère paroissial à N.-D., ou, devant la résistance de l'abbé Fromont, renonça-t-il à cette cure, nous n'en savons rien ; en tout cas l'abbé Fromont était curé de N.-D. en 1747.

Il voulut alors, en effet, contester aux chanoines de Toussaints le droit d'officier solennellement à Notre-Dame le jour de la Fête-Dieu, droit qu'ils exerçaient depuis un temps immémorial. Le doyen ou son délégué se rendait dans cette église, accompagné de deux chapelains qui faisaient les fonctions de diacre et sous-diacre. Monsieur le curé faisait ordinairement la quête à la messe et aux vêpres. Le Saint-Sacrement était toujours porté à la procession par le doyen ou le chanoine qu'il déléguait.

L'abbé Fromont, ignorant peut-être l'institution de ce privilège, essaya de le faire cesser. C'était le 1er juin 1747, jour de la fête du Saint-Sacrement ; le doyen de Toussaints, accompagné des chanoines et chapelains, fit son entrée dans le chœur de Notre-Dame et voulut user d'un droit que l'usage et le temps lui avaient confirmé, mais le curé occupait déjà la place rectorale et ses prêtres les autres stalles. Par leur attitude, le doyen ne fut pas sans présumer ce qui allait arriver ; cependant il retourna à la sacristie avec les chanoines et chapelains et ils revinrent *en procession* pour célébrer la messe. Le clergé de Notre-Dame, loin de céder les stalles aux chanoines et chapelains, refusa catégoriquement ; le pain bénit demandé fut également refusé, si bien que les doyen et chanoines virent qu'ils n'avaient rien de mieux à faire que de s'en aller, ce qu'ils firent aussitôt, sans toutefois négliger de faire constater cet incident par acte notarié (1). Le procès-verbal nous apprend que pareils refus avaient été faits l'année précédente.

Les chanoines, qui n'étaient point gens à se laisser traiter de la sorte, firent une réclamation en justice, et le Parlement confirma leur droit, par arrêt du 18 juillet 1747. De plus, il fut ordonné par le même arrêt « que dorénavant les *Te Deum* seroient chantés

---

(1) Minutes de Me Delorme.

dans l'église collégiale de Tous les Saints *(sic)*. Que les curés de Mortagne s'y rendroient, accompagnés de leur clergé et qu'il se feroit le même jour une procession solennelle du Saint-Sacrement autour de la ville (1) ».

L'année 1753 devait être funeste pour l'abbé Fromont : en s'opposant à l'introduction du nouveau rituel il s'attira nécessairement les foudres épiscopales et malheureusement pour lui il vit qu'elles étaient puissantes.

Nous n'entrerons point ici dans les détails de cette malheureuse affaire qui amena l'internement du curé au grand-séminaire de Séez, car nous savons que M. l'abbé Devaux se propose de publier très prochainement un travail sur cet incident (2). Le vendredi 30 mars 1753, l'abbé Fromont reçut signification de ses lettres de cachet ; il était dix heures du soir lorsque l'huissier se présenta au presbytère. Avant son départ il voulut entendre les confessions pour les Pâques et ne se rendit à Séez que le lundi suivant (3). Ce prêtre ne revint pas dans sa cure ; il mourut à la fin de 1759 ou au commencement de 1760. Un inventaire fut fait après son décès, le 2 avril 1760, sur la requête de mademoiselle Jeanne Fromont (4). L'abbé François Gosnard fut chargé de desservir la paroisse.

Nicolas Bouillie fut nommé curé de N.-D. de Mortagne, le 22 mars 1760, sur la présentation du prieur de Saint-Denis-de-Nogent-le-Rotrou (5).

Le 28 février 1761, *François Vieillot*, prêtre habitué de Saint-Jean, assisté de messire Michel Fourier, curé de Comblot, doyen du Corbonnais, prenait possession de cette même cure, au bénéfice de laquelle il avait été pourvu par lettres apostoliques et par l'évêque de Séez, le 18 du même mois (6). Encore deux curés à la fois ! Mais Nicolas Bouillie, le protégé du présentateur, donne sa démission.

Jacob Marc, maître ès-arts, curé de la paroisse de Saint-Hilaire-de-Sentilly, au diocèse de Séez, lui succède, le 14 mars 1761, sur la présentation du prieur de Saint-Denis ; l'évêque de Séez lui accorde son visa le même jour et il prend possession de sa nouvelle

---

(1) Robert de Hesselin, *Dict. Universel de la France* (1771), art. Mortagne.
(2) Nous espérons pouvoir offrir à nos lecteurs ce travail qui sera un complément bien intéressant de la monographie de cette paroisse.
(3) D'après une lettre de l'abbé Fromont conservée aux archives de l'évêché.
(4) Minutes de M⁰ Delorme.
(5) Pouillé de Séez.
(6) Minutes de M⁰ Delorme ; procès-verbal de prise de possession.

cure, le surlendemain 16, assisté de messire François Cosnard, prêtre, chanoine de Toussaints, nommé *ad hoc* pour la collation (1).

François Vieillot permuta avec Jacques Marc qui, ainsi, se trouva seul titulaire de la cure de Notre-Dame ; cet arrangement, fait avec l'approbation du présentateur et de l'évêque de Séez, évita toute contestation.

Jacques-François Burat, curé de Carrouges, bachelier en droit civil et canon, succéda, le 6 mars 1768, à Jacques Marc, qui s'était démis lui-même de son titre de curé de Notre-Dame. Le 12 du même mois il prit possession de son église, assisté de messire J.-Noël Moissard de la Coudre, prêtre habitué, pour l'absence du doyen du Corbonnais (2). Le 18 février 1769, il se démettait de son bénéfice de la cure de Sainte-Marguerite de Carrouges entre les mains de messire J. Tanneguy le Veneur, comte de Tillières, seigneur et patron de la paroisse (3). Messire J.-F. Burat fut nommé doyen du Corbonnais le 27 février 1774 (4). Il mourut le 16 décembre 1774, à l'âge de 57 ans. Son corps fut inhumé le lendemain dans la chapelle de sainte Marguerite (5).

Son successeur, *Charles-René-Gervais de la Prise*, reçut la collation de la cure de N.-D. le 6 janvier 1775 (6), et la résigna en Cour de Rome dès le 27 mars suivant.

Joseph Le Saulx, son successeur, fut nommé par lettres de la chancellerie Romaine visées par Monseigneur du Séez le 14 septembre 1775, et prit possession de sa nouvelle cure le 20 suivant, assisté de Pierre Jardin, l'un des prêtres habitués de Notre-Dame (7).

François Loriot obtint des lettres de provision apostoliques, visées par l'évêque de Séez le 22 février 1776, par suite de la résignation de Joseph Le Saulx.

Charles-François Le Boisne, prêtre du diocèse de Séez, demeurant à Séez, paroisse Saint-Gervais, lui succéda quelques mois après, en vertu de lettres de provision de la Cour de Rome, visées à l'évêché le 8 juillet 1776, et prit possession, le 11, de sa nouvelle cure, assisté de messire François Barbier, curé de Saint-Jean (8).

Messire Le Boisne était curé de Notre-Dame depuis à peine dix

---

(1) Minutes de M° Delorme ; procès-verbal de prise de possession.
(2) Minutes de M° Delorme ; procès-verbal de prise de possession.
(3) Minutes de M° Delorme.
(4) Pouillé de Séez.
(5) Arch. mun. de Mortagne ; registres paroissiaux.
(6) Pouillé de Séez.
(7) Minutes de M° Delorme ; procès-verbal de prise de possession.
(8) Minutes de M° Delorme ; procès-verbal de prise de possession.

ans qu'il « remettait entre les mains de N. S. P. le Pape, ou tout autre ayant droit, le bénéfice-cure de Notre-Dame, en faveur touttes fois de M. *Jérôme Hommey de la Tour*, prêtre au dit diocèse, l'un des vicaires de l'église Sainte-Croix et l'un des grands-chapelains de la collégiale de cette ville (1) ». Ce dernier fut-il nommé curé de Notre-Dame ? Nous ne le pensons pas. L'acte de démission n'était peut-être pas encore parvenu à la chancellerie romaine, que déjà l'évêque de Séez, d'accord avec le prieur de Nogent-le-Rotrou, avait fait sa nomination.

L'abbé Le Boisne était mort lorsque *Jean-Baptiste Lemonnier*, prêtre du diocèse de Bayeux, vicaire de Saint-Langis, fut appelé à lui succéder, le 26 avril 1786 (2). Il prit possession de sa nouvelle cure le 2 mai suivant, assisté de l'abbé Soyer, curé de Saint-Jean, doyen rural (3). L'abbé Lemonnier fut le dernier curé de Notre-Dame avant la Révolution : comme bien d'autres il dut s'exiler, victime de la persécution. Nous essayerons, dans un chapitre spécial, de donner quelques détails sur sa vie et sur celle des autres prêtres de cette paroisse, pendant les années si mouvementées comprises entre 1789 et 1802.

§ 4. Principaux Bienfaiteurs ou Fondateurs.

Le 6 juin 1499, *Mathurin Chaillou*, prêtre, ratifiait une rente de 15 sols, précédemment constituée par ses parents au profit du Trésor de Notre-Dame sur une maison *sise en cette ville au Fort* (4).

Antoinette Desmoulins, par son testament du 1er septembre 1511, constituait une rente de 3 l., à charge par le Trésor de faire dire chaque année pour le repos de son âme : un obit, une grand'messe et deux messes basses (5).

Le 25 juin 1515, nous voyons un échange fait, entre Mathurin Chaillou, prêtre, et madame la duchesse d'Alençon et autres,

---

(1) Minutes de Me Delorme; acte de résignation.
(2) Pouillé de Séez.
(3) Minutes de Me Delorme; procès-verbal de prise de possession.
(4) Minutes de Me Delorme; inventaire de titres de N.-D., fait le 3 janvier 1775.
(5) Archives de l'évêché de Séez.

d'un plaçage de trois pieds et demi de terrain situé aux environs du Fort contre un jardin désigné dans l'acte. Le possesseur de ce jardin était tenu de faire à ce même Trésor une rente de 3 sols.

Par son testament, passé pardevant Glénant, tabellion à Mortagne, le 30 mai 1525, *Simonne, veuve de Guillaume Gobillon*, constituait, au profit de la cure de N.-D., une rente annuelle et perpétuelle de 10 sols à charge de faire dire chaque année, à son intention, une messe haute suivie d'un *Libera*, le vendredi d'après Pâques (1).

Pardevant Pierre Chany, tabellion à Mortagne, *Madeleine Glemard* fondait, le 1er septembre 1556, moyennant 1 l. 15 s. : un obit, deux grandes messes et cinq messes basses (2).

Messire *Jean Abot*, écuyer, seigneur du Grand-Buat, en Lignerolles, conseiller du roi, lieutenant-général en la vicomté du Perche, et *Marguerite Royer*, son épouse, donnèrent au Trésor de Notre-Dame, par contrat passé devant François Chatel, tabellion à Mortagne, le 23 janvier 1570, une rente perpétuelle de 100 l. tournois pour la fondation d'une messe basse, à dire chaque jour à l'autel de la *chapelle Abot* (aujourd'hui chapelle Saint-Louis), et pour l'entretien de l'horloge. On devait, en outre, faire sonner la grosse cloche, dite *la Sorbonne*, tous les jours à midi pendant une demi-heure et autant de temps chaque soir après neuf heures, pour empêcher les voyageurs de s'égarer dans les forêts voisines.

Dans cette fondation, le fondateur comprit la somme de 14 l. t. de rente, assignées précédemment à la même église par *Anne Le Bailleur*, veuve de messire Pierre Abot, sieur de Biards, la Chaise, etc., lieutenant-général en la vicomté du Perche, père et mère du dit Jean Abot, pour la fondation de deux messes basses, chaque semaine, dans la susdite chapelle, l'une à l'intention de la fondatrice, morte en 1557, et l'autre pour son époux, décédé le 3 décembre 1550.

Le 14 février 1572, les susdits Jean Abot et sa femme, Marguerite Royer, augmentèrent leur fondation d'une somme de 20 l. t. de rente. Ils donnèrent ensuite, par contrat du 24 novembre 1574, au Trésor de la même église, une maison avec jardin et dépendances, située derrière et près le champ des Poulies, joignant une pièce de terre, nommée le Parc-Madame, pour loger le chapelain chargé d'acquitter les messes de leur fondation. Ce chapelain était obligé de recevoir dans sa maison les prédicateurs Cordeliers ou Jacobins, appelés à Mortagne pour les stations de l'Avent et du carême. A leur rente de 20 livres, ils ajoutèrent une autre rente

(1) Inventaire précité.
(2) Archives de l'évêché de Séez.

supplémentaire de 6 écus par an, spécialement destinée à meubler la maison et à l'entretenir en bonnes réparations (1).

Le 2 janvier 1576, *Jacques du Pastiz*, sieur de la Tournière, et dame *Mauduit*, sa femme, constituaient sur une ferme de maison, sise paroisse de Saint-Jean, ruelle de la Vieille-Boucherie, au Pissot, une rente de 35 sols, à charge par le Trésor de faire dire, pour le repos de leur âme, un service composé de vigiles, et une messe haute le jour de la Madeleine et faire les prières et annonces aux prônes ordinaires.

Léonarde Chichou, veuve de Noël Ruffré, constituait le 9 avril 1581, par acte passé devant Deschamps, tabellion à Mortagne, une rente de 10 l. à prendre sur un pré situé paroisse de la Mesnière, « à charge par le Trésor de faire dire à son intention, tous les vendredis, une messe basse sonnée de cinq coups de cloche, en l'honneur des cinq plaies de Nostre-Seigneur ; plus : une messe haulte avec vigiles et leçons au bout de l'an; pendant iceluy un cierge sur la fosse de la donatrice. »

Le 13 avril 1582, *Marguerite Richard*, veuve de Jean Duchemin, faisait don d'une pièce de terre, contenant 2 boisseaux, sise au lieu de Beauvais, paroisse de Loisé.

Le 22 décembre 1584, *Anne Culajon*, veuve de Michel Esconard, donnait, par acte passé devant M° Toutain, tabellion à Mortagne, « sa moitié indivis d'un pré, nommé le pré de Champeaux, contenant 6 arpents, scis paroisse N.-D. de Margon, à la charge de 9 ou 18 deniers de cens à la seigneurie de Nogent; plus de faire dire et célébrer, tous les mardis, une messe haute du Saint-Esprit, et par chascun an deux services solennels aux jours des décès de la donataire et de son mari. Les dits services composés chascun de 3 messes hautes avec vigiles et *Libera*, et enfin de faire dire une *Libera* solennel le jour de la Pentecôte. »

Jeanne Cretot, veuve de Mathieu Romet, lieutenant-général, donne, par son testament du 4 août 1597, 4 l. de rente pour la fondation de 4 grand'messes (2).

Le 27 juillet 1609, moyennant une rente annuelle de 2 l., *Sébastienne de Liancourt* fonde un obit avec une grand'messe à diacre et à sous-diacre (3).

Le 1er avril 1610, *Géronne Montaufrey*, veuve de Bernard Bourdon, ayant déclaré vouloir être enterrée dans l'église de sa paroisse, donna, par testament fait le même jour, en présence de

---

(1) Abbé Fret, *Chron. perch.*, t. III, p. 89 et suiv. — J.-F. Pitard, *Fragments hist. sur le Perche*, p. 310. — Notes ms. de M. l'abbé Bouvier.
(2) Inventaire précité.
(3) Archives de l'évêché de Séez.

François Brault, curé de Lignerolles, et de Jean Le Vacher, sergent royal à Mortagne, la moitié d'une maison et d'un jardin, sis au faubourg Saint-Eloi, à la charge par la Fabrique de la faire recommander aux quatre fêtes solennelles et de faire célébrer chaque année à son intention une messe haute des Trépassés au jour de son décès. A la fin de la messe un *Libera* devait être chanté sur sa fosse (1).

En 1612, la Fabrique avait 16 obits à faire acquitter. Les fondateurs n'ayant pas laissé de leurs biens en quantité suffisante pour qu'elle puisse en assurer l'entretien, l'abbé Caignon, vicaire de Notre-Dame, en demanda la réduction à Mgr l'évêque de Séez, le 25 octobre de cette année.

Le 31 août 1616, *Rodolphe Faguet* donna par testament au Trésor de N.-D. 37 l. 10 s. de rente, pour la célébration de 3 services solennels de chacun 3 messes chantées, avec 3 vigiles, le 1er : le 24 septembre de chaque année, jour du décès de Claire Creste, son épouse; le 2e : le jour anniversaire du jour où il décèdera; et le 3e : dans la semaine de la Quasimodo; ces deux derniers services devaient être célébrés également tous les ans à perpétuité (2).

Le 15 janvier 1646, *Charlotte Darlestain*, épouse de Charles Desjouis, donna, au curé de N.-D. et à ses successeurs, une rente de 20 l. à la charge de la recommander aux fêtes solennelles et de célébrer, chaque année, au jour anniversaire de son décès, un service de 3 messes chantées avec les vigiles et de payer les prêtres qui y assisteraient. Au Trésor elle légua 15 l. de rente pour sonner les cloches et entretenir leur chapelle. Une rente de 25 l. était allouée au chapelain chargé de dire une messe basse chaque semaine à son intention. Après la mort de son mari, elle donna, le 16 avril 1651, une rente annuelle de 50 l. au chapelain chargé de faire le catéchisme.

Charles Desjouis, conseiller du roi, ordonna, par son testament du 15 avril 1650, « qu'après sa mort son corps serait porté à l'église Notre-Dame par quatre prêtres et qu'il serait inhumé en cette église dans sa chapelle Saint-Charles, qu'il serait donné à chacun des quatre prêtres 3 l. et qu'on habillerait 24 pauvres en la ville de Mortagne ».

Il donna au curé 20 l. de rente annuelle et perpétuelle à la charge par lui et ses successeurs de le recommander aux fêtes solennelles et de célébrer tous les ans, au jour de l'anniversaire

---

(1) Archives de la Fabrique de l'église Notre-Dame de Mortagne : Registre sommier.

(2) Communication de M. R. Chorand.

de son décès, un service de 3 messes chantées et précédées des vigiles.

Ainsi que son épouse et aux mêmes charges, il légua au Trésor 15 l. et au chapelain 25 l. (1).

Le 17 août 1652, *Catherine Gouin* fonda l'office de la Visitation ; selon le vœu de la testatrice il devait se composer « d'un office solennel : premières et deuxièmes Vespres, matines, laudes, une messe haute de Requiem à diacre et sous-diacre et *chapiers*, *libera* après les complies du jour, la procession autour de l'église à laquelle on chantera les litanies de la Sainte-Vierge. » Pour l'entretien de cette fondation elle créait une rente annuelle et perpétuelle de 22 livres (2).

Le 10 mars 1665, *Thomas Chrétien*, curé de Saint-Sauveur de Bellême, et ses frères, donnèrent en exécution de la dernière volonté de *Jacqueline Dolivet*, leur mère, au Trésor de N.-D. 60 l. de rente pour faire célébrer chaque année, le 13 juillet, à l'intention de Henri Chartier, sieur de la Couvrie, et de Jacqueline Dolivet, un service de 3 messes hautes précédées des vigiles, la 1re du Saint-Esprit, la 2e de la Sainte-Vierge et la 3e des Défunts, suivies du *Libera* et d'un *De Profundis*. De plus, un salut du Saint-Sacrement tous les jeudis depuis l'octave de la Fête-Dieu jusqu'à la Toussaint, avec procession, et à la fin du dernier salut un *Libera* avec le *De Profundis* (3).

Le 20 novembre 1684, *Simon Rousseau*, marchand, et *Catherine Binet*, sa femme, donnèrent au Trésor de N.-D. une maison, un jardin et un clos, sis à la Gautrie, en Saint-Mard-de-Réno, et un pré d'environ 6 boisseaux, proche l'étang de la Behardière, à charge : de payer chaque année un demi-boisseau et un quart d'avoine et 3 deniers de cens aux seigneurs de la Frette et 4 sous de rente à messieurs du Val-Dieu, ensuite d'accorder aux dits donateurs le droit de faire placer un banc au milieu de la nef, avec droit de sépulture en cet endroit ; en outre de faire inscrire leurs noms au catalogue des bienfaiteurs et de faire célébrer tous les ans, après leur mort, un service solennel de 3 messes hautes et un *Libera* qui devait être chanté à la fin sur leurs fosses. Ce service devait être annoncé le dimanche qui le précédait et être fait le lendemain de la fête de sainte Catherine ou un des jours pendant l'octave de cette fête (4).

Par l'intermédiaire d'un chapelain de N.-D., une personne fon-

---

(1) Archives de la Fabrique de l'église Notre-Dame : Registre sommier. — Notes ms. de M. l'abbé Bouvier.
(2) Archives de l'évêché de Séez.
(3) Notes ms. de M. l'abbé Bouvier.
(4) Notes ms. de M. l'abbé Bouvier.

dait, le 8 juillet 1715, l'office solennel de saint Roch. Un obit devait être célébré le lendemain ou dans l'octave. Pour cette fondation elle assurait une rente annuelle de 12 l.

Le 4 octobre de la même année, *Jean Barroux* et *Jeanne Pinguet*, sa femme, assurent au Trésor une rente de 90 l. pour la célébration d'une messe basse chaque dimanche. Le fondateur, qui était messager, avait reconnu la nécessité d'une messe matinale pour ceux qui, de bonne heure, devaient partir en voyage ; aussi fixe-t-il cette messe à 5 heures en hiver et à 4 heures en été. Le salut du Saint-Sacrement devait être donné tous les premiers dimanches du mois, et la veille on devait chanter Matines et Laudes.

En 1727, *Charlotte du Roulot* fondait, moyennant une rente hypothécaire de 36 l., l'office solennel de saint Charles, avec exposition du Saint-Sacrement pendant la grand'messe et les vêpres. Après le salut, un *Libera* devait être chanté sur la fosse de la fondatrice. Pour la fondation de deux messes basses les mardi et vendredi de chaque semaine, ces deux personnes pieuses avaient légué une rente annuelle et perpétuelle de 300 l. (1).

Pendant le reste du xviiie siècle, nous ne voyons aucune fondation qui mérite d'être citée.

D'après le tableau des fondations présenté au Directoire du district de Mortagne en mars 1791, nous voyons que les vicaires de N.-D. devaient acquitter un certain nombre de fondations qui représentaient un revenu total de 662 l. 17 s. « L'état du revenu et fondations de la paroisse N.-D., » présenté à ce même Directoire par l'abbé Lemonnier, le 2 mai 1791, nous apprend que les fondations qui devaient être acquittées par le curé représentaient un revenu total de 860 l. 9 s. 6 deniers. Dans ce total sont comprises les 393 l. de fondations à la charge de la Fabrique (2).

§ 5. Chapelains.

Comme à St-Jean, des chapelains étaient attachés au service de l'Eglise de Notre-Dame. Un règlement leur fut également donné par Monseigneur de Séez, le dernier jour de janvier 1689. Comme il est le même que celui des chapelains de St-Jean, nous renvoyons le lecteur à l'historique de cette église (p. 47 et suiv.). Le revenu des chapelains s'élevait alors à 200 l. 3 s. dont 94 l., 13 s., pour

---

(1) Archives de l'évêché de Séez.
(2) Arch. de l'Orne ; série L ; Reg. des déclarations des curés.

obits et 105 l. 10 s. pour assistance aux offices paroissiaux; ils avaient chacun 10 s., pour la grand'messe, 5 pour les vespres. Ne se trouvant pas assez rétribués, ils demandèrent des réformes à Mgr de Séez. D'après le pouillé nous voyons qu'un règlement leur fut donné, le 14 octobre 1701 ; un deuxième, mais provisoire, le 15 janvier 1704 ; il concernait l'acquit des messes de Charité, et un troisième le 14 août 1706. Le 7 février 1750, Monseigneur ordonna que les services des fondations devraient être acquittés à 7 heures en été et à 8 heures en hiver, et, qu'en plus, il y aurait chaque jour une messe à onze heures. Cette ordonnance provisoire fut agréée et signée par les chapelains. Les chapelains étaient sous la surveillance du curé : s'ils se rendaient coupables de trois *fautes notoirement considérables, il pouvait assembler les Trésoriers et Charitons et leur en donner avis, ce qu'ayant été fait trois fois, il devait avertir* l'Évêque. Ce dernier avait le droit de nommer à une chapelle de N.-D. sur la présentation des curés, Trésoriers et Charitons (1). Nous connaissons trois chapellenies dont la présentation appartenait à des particuliers : c'étaient celles de Sainte-Marie-Madeleine et de Saint-Christophe, dont les titulaires étaient présentés par les descendants de Robert de Champeaux, leur fondateur (2), et celle de Saint-Louis qui avait les membres de la famille Abot pour présentateurs (3). Les Frères de Charité avaient leur chapelain particulier, ainsi que nous le verrons.

Les chapelains desservaient la chapelle de la prison au moment de la Révolution. A cette époque, ils n'étaient plus que de simples vicaires : ils en remplissaient les fonctions et en portaient le titre.

Les trois derniers chapelains ou vicaires de N.-D. furent les abbés Nicolas-Michel Mare, François Courapied et François-Jean Lemonnier, dont nous aurons occasion de parler plus loin.

§ 6. Confréries à Notre-Dame.

A. Confrérie de la Charité. — *a.* Historique. — Ainsi que nous l'avons dit page 49, les Charités de N.-D. et de Saint-

(1) Archives de l'Evêché de Séez.
(2) Voir page 62.
(3) La présentation appartenait à l'aîné de la famille ; le prêtre choisi devait être agréé par le Curé, les Trésoriers et les Frères de Charité, ces derniers représentés par leur Prévost.
Nous ne connaissons que deux titulaires de cette chapelle: Jean Gislain et Jacques Pelletier, qui lui succéda le 24 juin 1650. *(Minutes de Me Delorme.)*

Jean furent érigées toutes deux le 1er novembre 1474. D'après un mémoire conservé aux archives de l'Evêché de Séez, elles auraient eu les mêmes statuts et n'auraient fait qu'une seule confrérie; mais, soit que celle de N.-D. ait fonctionné la première, toujours est-il qu'il fut décidé qu'elle aurait la préséance sur celle de Saint-Jean. Si leurs règlements primitifs étaient identiques, ceux donnés par l'Evêque de Séez, le 31 janvier 1684, le furent également, sauf « qu'à l'égard des amendes, encourues par les dits Frères, elles seront employées selon l'usage et la coutume ordinaire ; seront tous festins supprimés à l'avenir, et les confrères exortez de prendre garde que dans la promenade et divertissements qu'ils vont prendre au lieu de Beauvais et de la Simonière il ne s'y commette rien d'indécent. » Les Frères faisaient cette promenade avec les Sœurs de la Charité (1) le 2e dimanche d'octobre. Quelques jours avant les Rois, ils allaient, de nouveau, à l'un de ces deux endroits, manger un couple de chapons.

Les Frères de la Charité avaient le droit de choisir leur chapelain; mais, pour que ce dernier puisse exercer ses fonctions, il fallait l'approbation du curé, ce qui n'était pas toujours chose facile à obtenir (2). Curé et Charitons étaient souvent en désaccord, témoin le fait suivant.

C'était le mercredi 24 février 1677, jour de saint Mathias; les Frères de la Charité de N.-D., réunis, dans leur chapelle, pour la nomination d'un chapelain, en remplacement de l'abbé Léonard Langronne, démissionnaire, arrêtèrent leur choix sur l'abbé Rodolphe Lavie. Ils présentèrent ensuite cette nomination à l'agrément de l'abbé Gesbert ; celui-ci ne voulut point le donner, alléguant que « les fonctions de chapelain habitué estant d'administrer les Sacrements soubz l'authorité et l'approbation de Monseigneur de Séez et de son consentement ; comme aussi de chanter, porter chappes et servir à l'autel ; pour lesquelles fonctions faire il est requis d'avoir des subjets capables, qui ayent de la voix et qui sachent chanter, et surtout qui soient approuvés pour l'administration des dits Sacrements, ce qui appartient à mon dit seigneur de Sées, lesquelles qualités ne paraissant point dans la personne dudit sieur Lavie et comme la présentation et agrément des dits chapellains luy appartient, en sa qualité de curé, s'agissant de fonctions purement spirituelles et ecclésiastiques et par consé-

---

(1) Les Sœurs de ces confréries ne faisaient point elles-mêmes leur service, mais le faisaient faire par un homme qu'elles payaient. Leurs noms étaient inscrits sur les registres de la confrérie et, après leur mort, elles avaient droit aux mêmes avantages que les Frères. Cela se fait encore de nos jours; pour 50 à 60 francs on peut acheter un service.

(2) Archives de l'Evêché de Séez.

quent qui ne peuvent convenir à des séculliers et laïques, déclarant qu'il deffend au dit Lavie à ce présent de faire aucunes fonctions en ladite esglise et d'y porter le surplis…. etc. » Nous ne savons pas si les Frères de la Charité écoutèrent le curé ou s'ils s'obstinèrent à garder l'abbé Lavie comme leur chapelain : nous pouvons supposer que l'abbé Gesbert dut céder, car dans l'acte qui mentionne ce refus figurent : Robert Le Bouyer, sieur du Margas, Hugues Chrestien, sieur de la Tousche, trésorier de N.-D ; Pierre Marchand le jeune, Prévôt de la Charité, Jacques du Pastiz écuyer, sieur de la Torinière, Echevin, tous *notables habitants de Mortagne*, dont l'amitié n'était pas à dédaigner. Le 21 août 1678, Pierre Marchand le jeune, greffier au baillage du Perche, receveur de ladite Charité, faisait la reddition des comptes des confrères du mois de septembre 1675 au mois de septembre 1676. Pendant cette année les receptes s'élevèrent à 781 l. 14 s. 6 d., et les dépenses à 783 l. 11 s 9 d.

Le curé contesta l'emploi d'une somme de 30 l., en frais extraordinaires, en disant que la Charité n'avait point le droit de disposer de ses biens temporels sans l'agrément du curé, en vertu du règlement donné par Mgr Camus, évêque de Séez, le 4 juillet 1643, lors de sa visite épiscopale. L'abbé Gesbert défendit encore aux Frères de Charité de discuter à haute voix, parce que leur chapelle se trouvait à l'intérieur de l'église et qu'ils ne manquaient pas de troubler les confessions. Tout s'arrangea pour le mieux, le curé ne s'occupa plus des 30 l. et les Charitons s'engagèrent à délibérer à voix basse. Cet accord ne dura probablement pas longtemps, car, le 6 avril 1679, les Frères de Charité donnèrent pouvoir à Louis Tizon, avocat, « à l'effet des instances qu'ils avaient à l'encontre de Réné-Jean Gesbert, curé de N.-D., pendant devant les seigneurs du Parlement de Paris ». Le motif de ces poursuites n'est point indiqué dans l'acte. Parmi les Frères servants, qui comparurent dans l'acte, citons « Messires Jacques-François du Pastiz, escuier, sieur de la Torinière, conseiller du roy et procureur aux sièges royaux de Mortagne, provost de la dite confrérie ; Simon Guillaume, sieur de la Resnière, Pierre le Tondeur…… ; Gilles Catinat…… etc…… » (1).

De 1698 à 1704 le revenu annuel fut en moyenne de 581 l. 5 s. 8 d. Jusqu'au commencement du xviie siècle, les confréries de Charité de N.-D., de Saint-Jean et de Loisé parurent vivre en bonne harmonie, c'est-à-dire que celle de Loisé venait enterrer à Mortagne et réciproquement. Mais à cette époque de troubles, des discussions survinrent entre les confréries de la ville (N.-D. et Saint-Jean) et celle de Loisé.

(1) Minutes de Me Delorme.

L'abbé d'Antignate, curé de N.-D. et ses confrères de Mortagne, prièrent humblement l'Evêque de Séez de mettre fin à ces discussions continuelles, qui dégénéraient parfois en batailles, en défendant aux Charités circonvoisines de venir enterrer à Mortagne, à moins que ce ne fût pour des Frères-Servants de leurs Charités, établis à Mortagne depuis leur service. Les Frères de Charité de N.-D. et de Saint-Jean demandèrent encore qu'il fût interdit à celle de Loisé d'assister aux inhumations qui se feraient à Mortagne et dans les paroisses de Théval, St-Langis, Loisail, Réveillon et Saint-Sulpice, lorsqu'ils seraient demandés. Le 12 juillet 1723, Monseigneur ordonna de communiquer ces remontrances aux Echevin et Confrères de la Charité de Loisé, afin qu'ils pussent y répondre. Leur réplique n'ayant point été trouvée suffisante, ils furent condamnés. Disons, en passant, que les Frères de Charité acceptèrent, en 1753, le nouveau rituel et, par là, indisposèrent contre eux l'abbé Fromont, leur curé.

Le 18 avril 1777, date à laquelle M. le Boisne, curé de Notre-Dame, demandait à Mgr de Séez de statuer sur l'état des revenus de la Charité, cette confrérie était depuis dix mois dispersée et abolie. En attendant son rétablissement, il sollicita la réunion de ses biens au Trésor de la paroisse (1). Sa demande fut acceptée, et, à partir de cette époque, les trésoriers touchèrent les revenus de la Charité et en firent acquitter les fondations.

Si cette confrérie fut rétablie dans la suite, elle se trouvait abolie de nouveau en 1791. « L'Etat du revenu et fondations de la paroisse de N.-D. », présenté au Directoire le 2 mai de cette année et précédemment cité (p. 91), porte à 180 l. le revenu annuel des fondations de l'*ancienne Charité*.

b. Bienfaiteurs ou Fondateurs de la Charité. — Messire *Guillaume Legendre,* prêtre, donnait à la Charité de N.-D., le 29 novembre 1575, une somme de 70 l. pour diverses fondations composées de grand'messes, messes-basses, vigilies et *Libera* devant le chevalet. Ces fondations, qu'il serait trop long d'énumérer ici, furent acceptées par « Honorables hommes Jean Baron, sieur de Launay, provost; Léonard Bart, greffier des esllection du Perche et chastellenie de Nogent-le-Rotrou, échevin; Mathurin Marchand, greffier; Etienne Baron, échevin futur; etc.... »

Le 11 juin 1576, Léonard Bart, sieur des Boullais, accepte, comme échevin de la Charité, une reconnaissance, faite par les héritiers Chevaline, d'une rente formant moitié de celle de 10 l.

(1) Archives de l'Evêché de Séez.

constituée au profit de cette confrérie par *Jean Posse*, le 22 février 1515 (1).

Le 4 février 1577, *Nicolas de Bossossel*, écuyer, sieur de Courteraye, et *Marguerite Bonnenfant*, sa femme, fondaient une messe basse chaque jour et 4 obits par an, moyennant un capital de 1,100 l.

A une époque que nous ne pouvons pas déterminer, *Jacques Rattier* constitua une rente de 16 l. 14 s. au profit de la même confrérie, pour la fondation de 2 messes basses et de 3 messes hautes avec vigiles (2).

Guillaume de Catinat, sieur du Moulin-Neuf, prévost de la Charité de N.-D., acceptait, en cette qualité, un don de 108 l. fait par Jean Guéret, de Tourouvre.

Marie Lambert, veuve de Jean Bonhomme, donnait à la Charité de N.-D., le 10 mai 1585, une rente annuelle de 46 s. pour diverses fondations pieuses. Ce legs fut accepté par René Le Mère, curé de Saint-Langis, chanoine de Toussaints, échevin, Bonaventure Michel, prieur de Chartrage, prévost, Michel Catinat, etc., tous Frères-Servants.

Les 29 février et 2 juin 1593, les Frères-Servants vendirent plusieurs immeubles qu'ils possédaient au Val, paroisse de Loisé, et dans la commune de Feings. *Pierre Abot du Bouchet*, qui fit quelques dons à la Charité, en était échevin en 1614 (3).

Guillaume Lepage, prêtre-chapelain de la Charité, donnait à cette confrérie, le 13 décembre 1615, une somme de 200 l. pour la fondation d'un obit, comme celui d'un Frère-Servant, célébré à perpétuité pour le repos de son âme.

Bonaventure Lande, curé de N.-D., donna, le 12 mars 1609, à la même confrérie, une rente de 29 l. 16 s. 6 d., à charge de faire célébrer, chaque année, comme pour un Frère-Servant, 2 obits solennels de chacun deux messes chantées et de six messes basses, à son intention et à celle de ses père et mère ; la première était fixée au 14 juillet et la seconde au 16 novembre (4).

Le 24 août 1628, *Léonard Lelièvre*, de Champeaux, donne 12 l. 10 s. de rente.

Innocent Gaillard fonde un obit double, moyennant une rente annuelle de 8 l. 6 s. 6 d., le 17 mai 1652.

Parmi les Frères-Servants de cette époque, nous voyons Jean Piedvache, sieur de Boislieu, et Nicollas Catinat, sieur de la Houlbaudière.

---

(1) Minutes de Me Delorme.
(2) Archives de l'Evêché de Séez.
(3) Minutes de Me Delorme.
(4) Notes mss. de M. l'abbé Bouvier.

Jeanne Tizon, veuve de messire Alexandre Aubin, sieur de Niverville, constituait une rente, au capital de 452 l., le 9 octobre 1701.

Le 11 mars 1678, *Henri Chrestien*, écuyer, sieur de Saint-Vincent, donna une rente de 11 l. 5 s.

En 1689, le 10 juillet, *Léonard Langronne*, prêtre-chapelain de la paroisse de Bourdonné, proche Houdan, amortit une rente au capital de 113 l. précédemment faite à cette confrérie.

Le 14 du même mois, *Thomas Thierry*, chapelain de N.-D., donne 108 s. de rente. Le 18 novembre suivant, *Gilles Le Vignaux*, écuyer, sieur du Tremblay, fait don d'une rente annuelle de 29 l. 7 s., et *Richard de Puisaye*, écuyer et Conseiller du Roy, donne 23 l. 9 s. 7 d. de rente. En cette année 1689, messire Abot du Bouchet, était provost de la confrérie, Charles-Richard de Puisaye, lieutenant civil et criminel au baillage de Mortagne, échevin, et Charles Chapelière, docteur en médecine, greffier.

Le 21 avril 1716, les Frères de la Charité : messire Charles de Rohard, écuyer, sieur de Saint-Hilaire, prévost, Jean Le Barbier, escuyer, sieur de Vauselle, échevin en charge...... acceptent un don de 100 s. de rente fait par *Jean Baron* et *Marguerite Martin*, sa femme.

Le 5 octobre 1749, *madame veuve de Puisaye* amortissait une rente de 32 l. 8 s., constituée par feu son mari au profit de la Charité, le 29 avril 1729. Cet amortissement accepté par Michel Nicolas Poitevin, prévost; Nicolas Legendre, avocat en Parlement, échevin; Urbain Robine, sieur du Bourgis, échevin futur, etc. (1).

B. CONFRÉRIES DIVERSES. — Il y avait autrefois, à N.-D., plusieurs confréries, dont la plupart n'existaient plus dès le commencement du XVIIIe siècle. Telles étaient les confréries de Sainte-Anne, de Saint-Roch et de Saint-Martin, qui, les unes comme les autres, n'avaient point de revenus.

L'abbé Gesbert avait établi une société de femmes pour le secours des pauvres et, pour son entretien, il avait fondé une messe solennelle de Saint Charles-Borrommée que la nouvelle confrérie avait pris pour patron : cette association ne subsista que fort peu de temps (2).

A la fin du XVIIe siècle, il existait à N.-D. une confrérie de Saint-Blaise et de Sainte-Barbe qui, elle, avait des revenus.

Catherine et *Jeanne Turgeon* constituèrent par testament, le

---

(1) Minutes de Me Delorme.
(2) Archives de l'Evêché de Séez. — Procès-verbal de visite de l'Eglise de N.-D. du 15 août 1701 et non du 15 avril ainsi que nous l'avons précédemment indiqué.

7 février 1663, une rente de 11 l. 4 s. 2 d. de rente au profit de cette confrérie qui ne devait plus exister au commencement du XVIII° siècle, car le procès-verbal de visite du 15 août 1701 ne la mentionne pas (1).

§ 7. Cimetière. Limites paroissiales.

Cimetière. — Autrefois, le cimetière de la paroisse N.-D. était contigu à l'église : la sacristie actuelle a été bâtie sur son emplacement. A la fin du XVIII° siècle, les Trésoriers et les habitants le trouvant trop au centre de la ville et craignant pour l'état sanitaire de la population, demandèrent à la municipalité son avis sur l'opportunité qu'il y avait d'éloigner le cimetière. Le Conseil, réuni le 16 octobre 1775, dit « que la situation du cimetière actuel n'est point contagieuse, qu'il n'est point à sa connaissance que depuis 400 ans qu'il existe, il ait occasionné des maladies contagieuses dans la ville, qu'il a toujours été suffisant, que par la connaissance, qu'il s'est fait donner, de la longueur et largeur du dit cimetière, qui est clos de murs de plus 5 pieds de hauteur et fermé de deux portes de fer, ainsi que de sa profondeur sur le roc, si tant est qu'il en existe en cet endroit, sa longueur se trouve être 50 pieds, sa largeur de 30 et sa profondeur de 6 pieds au moins. » Lorsqu'il n'y avait pas de maladie contagieuse, il n'y était pas enterré plus de 10 personnes par an. Le procès-verbal ajoute « que, par sa situation, le cimetière donne le jour au chœur et à la sacristie de N.-D. qui y est attachée et que sa situation par rapport à l'église ne permettrait jamais qu'il rentrast dans le commerce, tant par rapport à sa situation qu'à cause de différents legs pieux qui y sont attachés; qu'il n'est point situé au milieu de la ville, mais bien à une de ses extrémités, puisqu'il est vrai qu'il joint la ruelle qui conduit à l'abreuvoir, qui est hors la ville, et joint : d'un côté, les écuries de la dame L'Hermite, une rue entre deux; de l'autre, les murs de la ville; d'un bout, la dite église qui en tire le jour; de l'autre bout, une des portes du Fort, en laquelle est bastie la maison de M. le lieutenant-général. Qu'un nouveau cimetière, dans le temps présent, ne pourrait que préjudicier aux habitants de la paroisse de N.-D., sur lesquelles se fait actuellement une levée de 8,000 et quelques cents livres pour

---

(1) Minutes de M° Delorme. — Délivrance de ce legs.

les réparations de leur église (1) en vertu d'arrêt du Conseil du mois de septembre 1774. »

Le maire et les échevins, toutes réflexions faites, ne prirent point de décision définitive, se réservant de statuer à ce sujet « si dans la suite et dans une autre circonstance il se trouve quelqu'un qui offre un terrain décent (2). »

Cette délibération ne satisfit point, sans doute, les fabriciens de N.-D., qui voulaient un nouveau cimetière. Malgré cette demi-opposition, ils n'en poursuivirent pas moins leur projet.

Le 9 août 1778, les habitants de la paroisse de N.-D., convoqués en assemblée plénière, « tant par annonces aux prosnes des messes paroissiales de cette église, par trois dimanches consécutifs, qu'au son de la cloche en la manière accoutumée, autorisèrent les Trésoriers à faire la recherche d'un emplacement propre à faire un cimetière. » Le 25 avril suivant, les Trésoriers réunirent de nouveau le *général des habitants* de cette paroisse pour leur rendre compte de leur mission et leur dire « qu'ils n'avaient point trouvé de terrain plus convenable pour faire un cimetière qu'une pièce de terre... située à l'extrémité du faubourg St-Eloy de cette ville, en la paroisse de St-Germain-de-Loizey, district de Ste-Croix, sa succursalle, la dite pièce anciennement nommée l'Ecusson, contenant 2 boisseaux ou environ, joignant d'un costé, un jardin......, d'autre costé et d'un bout, le chemin tendant de la rue des Croix-Chemins à la grand'route d'Alençon ou rue qui conduit à St-Eloy. » Ce terrain appartenait à René-Michel Pitou, carrayeur de pierres, demeurant en cette ville, district de Ste-Croix, qui consentait à le leur céder. « En conséquence, sur l'avis qu'ils en ont donné à M. le Procureur du Roy, il a fait dresser procès-verbal par M. le Lieutenant-Général (23 avril 1779) ..... pourquoy les dits sieurs délibérants, en approuvant la conduite tenue par les dits sieurs Trésoriers, les ont autorisés, par les présentes, à consommer le dit échange........, s'en rapportant à leur prudence et à celle de M. le Curé (3), avec qui ils agiront de concert pour (translation faitte du cimetière et de sa croix) se pourvoir par devant Mgr l'Evêque pour la bénédiction d'iceluy. » Le samedi suivant (1er mai 1779), l'acte d'échange fut « fait et passé... en l'hôtel de M. le Lieutenant-Général au baillage de cette ville. »

(1) Il s'agissait « des réfections et réparations à faire à la nef, clocher et collatéraux de l'église de la paroisse N.-D. de la ville de Mortagne. » (Arrêt du 15 octobre 1774). (*Arch. de l'Orne*, série C, l. 264, f° 42.)
(2) Arch. mun. de Mortagne ; reg. des délib. du Conseil.
(3) Le curé était Charles-François Le Boisne et les trésoriers Noël Provost, marchand ; Pierre Landais, maitre de grammaire latine et Marius-Rodolphe Tessier, marchand, demeurant en cette ville paroisse N.-D.

La Fabrique donnait en échange un autre champ à René Pitou et restait chargée « de faire et continuer annuellement à la Ministrerie de St-Eloy de cette ville 12 s. 6 d. de rente foncière... (1). »

Le terrain fut entouré de murs et lorsqu'il fut bien approprié à sa nouvelle destination, eut lieu la bénédiction, le 26 août 1779.

Comme cela a toujours lieu pour ces imposantes cérémonies, le clergé et les fidèles furent nombreux. On se réunit dans l'église N.-D., d'où une solennelle procession se déroula dans les rues pour se rendre à St-Eloi; là, M. l'abbé Barbier, curé de St-Jean, doyen du Corbonnais, bénit la croix et le nouveau cimetière, en présence du curé de N.-D., des prêtres habitués, trésoriers et habitants de cette paroisse (2).

Le cimetière resta là quelque temps; depuis la Révolution, il fut transféré là où il est aujourd'hui.

A partir de 1779, on n'enterra plus qu'à de rares intervalles dans le cimetière contigu à l'église, mais il fut religieusement conservé jusqu'à ce que des mains sacrilèges vinssent en briser la croix pour en vendre les morceaux à l'encan et mettre en adjudication la dernière demeure de leurs parents. Nous reviendrons plus tard sur ces événements.

LIMITES PAROISSIALES. — Tout d'abord, la paroisse N.-D. ne s'étendit pas au-delà des murs de l'ancien château. Lorsque les fossés en furent comblés et sa démolition partielle commencée, on agrandit peu à peu la circonscription paroissiale qui, en 1789, avait pour limites, du côté de la paroisse St-Jean, au nord: la rue de la Gendarmerie, les murs du Fort de Toussaint et la rue de la Comédie; du côté de Ste-Croix, à l'ouest: la rue d'Alençon, la place d'Armes ou Grande-Place; du côté de Loisé et de Ste-Croix, à l'est et au midi: la Grande-Rue.

Ainsi que nous avons pu le constater par les registres paroissiaux, les habitants de la paroisse de N.-D. ne furent guère, jusqu'en 1789, que des nobles ou de riches bourgeois. C'est surtout pendant les XVIe et XVIIe siècle que nous pouvons constater le mieux ce triage.

Le 20 mars 1792, le Procureur de la commune, en demandant à la municipalité la confirmation de l'église de N.-D., comme paroisse principale avec un curé et huit vicaires, réclama en même temps la suppression des autres cures de la ville. L'assemblée adopta le rapport à l'unanimité et le renvoya au directoire du district de cette ville. Les églises de St-Jean et Loisé furent conservées comme oratoires. Bientôt, des quatre paroisses de

---

(1) Minutes de Me Delorme.
(2) Archives de l'évêché de Séez.

Mortagne il ne resta plus que N.-D. et Loisé, avec leurs limites actuelles que nous indiquerons plus loin (1).

§ 8. Enseignement primaire et secondaire.

Ainsi que nous l'avons vu (p. 10), les curés de St-Malo étaient spécialement chargés de l'instruction de la jeunesse mortagnaise. Après que le château de St-Malo eut été complètement détruit et ses écoles supprimées, ce fut le fort de Toussaint qui abrita les nouveaux établissements « des escolâtres », comme on appelait alors les maîtres d'écoles. Ces derniers furent d'abord des ecclésiastiques, auxquels des laïcs vinrent plus tard se joindre. Soumis à l'autorité ecclésiastique, ils en suivaient la direction religieuse, et, sans négliger l'instruction ou l'enseignement des éléments des sciences humaines, ils attachaient une plus grande importance à la formation morale, à l'éducation de la volonté et de la conscience; ils étaient à la fois les précurseurs et les auxiliaires du clergé.

Dans les paroisses, le maître d'école contribuait avec le curé, dont il n'aurait jamais voulu devenir le rival, à conserver l'union des esprits. Nous voyons cette heureuse influence s'exercer ainsi jusqu'à la Révolution. La religion était l'âme de cette société dont toutes les classes, jusqu'à la Renaissance, acceptaient et reconnaissaient librement l'autorité et l'influence du clergé. Tout, au moyen-âge, semblait organisé dans la culture intellectuelle du pays, avec la même pensée : assurer en toute chose le triomphe de la religion et faire naître et développer la Foi chrétienne dans les âmes (2), mais la découverte et la vulgarisation par l'imprimerie des ouvrages de l'antiquité grecque et latine fit oublier ce grand but de l'enseignement : on négligea le fond pour la forme et on ne proposa plus comme modèles à la jeunesse lettrée que les tristes héros ou les divinités plus immorales et plus ridicules encore du paganisme. Ce système eut pour conséquences logiques les turpitudes du XVIIIe siècle et la sanglante Révolution dont les emblèmes: *bonnet phrygien, faisceaux et haches de licteurs*, et tout le grotesque jargon indiquent assez combien ses chefs entendaient réaliser l'idéal que leur avaient inspiré leurs études classiques.

(1) Arch. mun. de Mortagne; reg. paroissiaux et des délib. du Conseil.
(2) L'abbé Méric, *Le clergé sous l'ancien régime*, p. 128 et 135.

Cette mode fatale n'avait heureusement pas prévalu dans l'éducation du peuple : aussi en 1789 il avait encore la Foi qu'avaient presque entièrement perdue les classes élevées.

Après les guerres de religion, lorsque la paix fut rendue à la France, on s'appliqua de toutes parts à fonder de nouveaux établissements d'instruction primaire, ainsi qu'à relever de leurs ruines les anciennes écoles. A Mortagne, ce relèvement s'imposait ; ce fut le clergé qui s'y employa avec le plus de zèle et de succès.

Il suscita de généreux sentiments chez les riches et fit que, le 30 décembre 1584, messire Jean Abot, grand-bailli du Perche, fonda un collège où les enfants de la ville et lieux circonvoisins purent venir recevoir une éducation solide et en rapport avec le rôle que leur naissance les appelait à jouer dans la société.

Le nouvel établissement fut élevé aux dépens de ce pieux magistrat, peiné sans doute de voir sa ville privée de tout moyen de procurer à la jeunesse le bienfait de l'éducation, depuis la destruction, en 1562, de l'ancienne maison d'école.

Cette maison d'éducation occupait, en 1613, époque où écrivait Bart, les anciens bâtiments, construits par le comte Geoffroy IV, hors l'enceinte de l'hospice, pour loger les religieuses et les administrateurs; ils bordaient, au nord, la Grande-Rue et leur principale façade était sur la rue St-Nicolas ou de la Sous-Préfecture.

Ce collège, tombé totalement en discrédit en 1743, soit par défaut d'administration, soit par l'insouciance des familles pour l'éducation de leurs enfants, ne fut remis en vigueur qu'en 1783. La direction en fut confiée au clergé qui avait mis tout le zèle possible à faire revivre cet établissement. Il fut dans un état prospère jusqu'en 1790.

M. le chanoine Lange en était alors principal et M⁰ Manguin, receveur. Nous dirons plus tard ce que devint le collège pendant et après la Révolution. Suivant Delestang, le collège de Mortagne remontait à une époque bien antérieure à celle que nous lui assignons, d'anciens comptes de l'hospice auquel l'administration du collège était réunie font foi qu'il existait un principal et des régents longtemps avant 1580, mais ces comptes n'ont rapport qu'à l'ancien établissement de St-Malo (1).

De plus, il y avait, dans la paroisse N.-D., un maître d'école qui donnait l'instruction primaire aux enfants dont les parents n'avaient pas les moyens de leur faire faire des études complètes; on cherchait surtout à donner à l'enseignement primaire une por-

(1) Abbé Fret, *Chron. perch.*, t. III, p. 93 et suiv. — J.-F. Pitard, *Fragments hist. sur le Perche*, p. 312.

tée pratique. Généralement, on se contentait d'apprendre aux enfants le catéchisme, la lecture, l'écriture, l'orthographe et le calcul. Ce qui prouve que les enfants allaient alors à l'école aussi régulièrement que de nos jours, c'est qu'on voit, par les registres paroissiaux et les minutes de notaires, que les personnes qui ne savaient pas signer n'étaient pas en plus grand nombre qu'aujourd'hui.

L'abbé Gesbert nous dit qu'en 1701 il y avait dans sa paroisse « un maître d'école marié, âgé de 30 ans, né dans cette commune, nommé Planchet; quoique son instruction fût bornée, il avait beaucoup d'élèves; il était de bonne vie et mœurs et envoyait les enfants aux catéchismes et aux offices. »

Comme les garçons, les jeunes filles avaient eu leurs écoles primaires tenues par des religieuses; mais, à Mortagne, comme ailleurs, l'influence des guerres amenées par le protestantisme s'était fait sentir et l'instruction des femmes en avait souffert comme le reste. Cette situation ne fut point sans attrister de pieuses et doctes personnes et en particulier le célèbre abbé de Rancé, réformateur de la Grande-Trappe (1).

Sous ses auspices, on entreprit de fonder une école gratuite de jeunes filles; par humilité, sans doute, il garda toujours l'anonyme. L'acte de fondation de la nouvelle école fut rédigé par devant les notaires royaux de Mortagne, le « mardy 4º jour de janvier, après midy, l'an 1689. » L'abbé Gesbert vermu entre les mains de « dame Marie de Fontenay, veuve de feu messire Pierre de Pilliers, chevallier, seigneur de Gentilly et autres lieux, demeurant au dit lieu seigneurial de Gentilly, paroisse de Chérencé, » une somme de 1600 livres provenant « d'un dépôt fait entre ses mains, par quelques personnes de piété, pour fonder une école dans la paroisse de Notre-Dame de la dite ville de Mortagne, pour l'instruction des filles de la dite ville et fauxbourgs d'icelle, en considération de la grande nécessité que les dites personnes auraient recognues qu'il y avait de faire un établissement si utile au public, en la manière qui ensuit, et aux charges et conditions

---

(1) Armand-Jean Le Bouthillier de Rancé naquit à Paris, le 19 janvier 1626, d'une ancienne famille de Bretagne, et eut pour parrain le cardinal de Richelieu. Dès son jeune âge il se distingua par sa grande capacité pour les belles-lettres; il fut l'émule et l'ami de Bossuet. Prêtre, il continua de mener une vie dissipée, mais ne tarda pas à revenir de ses égarements, se jeta dans la pénitence, à l'âge de 32 ans, et se retira à la Trappe en 1662. Le relâchement des moines lui donna occasion d'exercer son zèle. Il rétablit dans ce monastère la règle de l'étroite observance de Citeaux. Cette réforme lui valut, avec ses ouvrages, la grande réputation dont il jouit encore aujourd'hui. Il mourut comblé d'années, le 27 octobre 1700, dans la quarantième année de sa dure pénitence.

cy-après apposées, conformément à l'intention des personnes qui ont fait le dit dépost entre les mains du dit sieur Gesbert. »

Marie de Fontenay s'engageait à payer chaque année, « à messire Jean Gesbert, presbtre, curé de Nostre-Dame de cette ville, présent et acceptant, la somme de 80 livres tournois de rente hypothèque, à avoir et prendre, par chacun an, au jour et datte des présentes, sur tous et chacuns les biens, meubles et immeubles, présents et à venir de la dite dame constituante, mesme sur ceux de ses hoirs et ayant cause, qu'elle y a dès à présent chargés et hypothéqués, et spécialement sur les terres et seigneuries de Courboyer et de la Vianderie, circonstances et dépendances, scises en la paroisse de Nocé et autres circonvoisinnes qu'elle y a affectés et hypothéqués. »

Il fallait un règlement, tant pour les maîtresses que pour les élèves de la nouvelle école; il fut sans doute rédigé à l'avance par l'abbé de Rancé qui, s'il ne comparaît point en personne dans l'acte, n'est pas moins, comme nous le disions tout à l'heure, l'instigateur de cette pieuse et utile fondation, avec l'abbé Gesbert qui paraît si bien le seconder en cette circonstance. On n'eut donc qu'à recopier dans l'acte tous les articles de ce règlement qui assurait à la jeunesse une éducation simple et gratuite, mais, en même temps, pratique et solide. On ne s'occupa pas seulement de l'intelligence de l'enfant, mais aussi, et avec plus de sollicitude encore, de sa conscience et de sa volonté.

« Premièrement. Il y aura dans la dite école deux maîtresses qui feront deux classes et deux leçons différentes; les filles y seront receues au nombre de six vingts (120), sous les billets de l'ancienne maîtresse, visés et signés des sieurs curés de Notre-Dame; au nombre de 35 pour sa paroisse, de 35 pour la paroisse St-Jean, 35 de Loisey, 15 en ce qui, dans ladite ville et fauxbourg, dépend de St-Langis; sans qu'on y puisse admettre aucuns garçons, de quelque âge et sous quelques prétextes que ce puissent être, lequel nombre de six vingts (120) sera toujours remply, de sorte que, si le nombre de 15 ne se trouvait dans la dite paroisse de St-Langis, ainsy qu'il est cy-dessus dit, il sera également suppléé des trois autres paroisses.

« 2° Les instructions se feront par les leçons génералles, pour lesquelles établir, les filles ne seront admises que de trois mois en trois mois, et au commencement de chaque quartier, et se serviront de mesmes livres propres à chaque leçon.

« 3° L'ancienne maîtresse, à laquelle la seconde sera subordonnée en tout, aura un registre contenant les noms, surnoms, âges, paroisses des écolières, et les jours ausquels elles seront receues, renvoyées, ou cesseront de venir à l'école.

« 4° Les maîtresses demeureront toujours dans la dite paroisse Notre-Dame et feront leurs leçons dans la maison de leur demeure, qui sera le plus près de l'église que faire se pourra : l'instruction des dites filles sera charitable et gratuite sans que les maîtresses, qui ne pourront enseigner en ville, puissent rien exiger que ce qui leur est attribué par la présente fondation, et ce qui pourroit dans la suite leur estre donné en augmentation d'icelle.

« 5° Les écolières se rendront hyver et été à huit heures du matin aux classes, d'où, après les prières du matin et du lever faites, elles seront conduites à l'église de la dite paroisse Notre-Dame, par les dites maîtresses, pour y entendre la sainte messe et immédiatement reconduites ausdites classes et les leçons commencées pour finir à onze heures par la prière; et finiront à quatre heures par la prière du soir.

« 6° Les dimanches et festes, les écolières s'assembleront ausdites classes, à huit heures du matin, depuis Pasques jusques à la Toussaints, et, à neuf heures, depuis la Toussaints jusques à Pasques, pour estre conduites à la messe de paroisse, et à une heure après midy pour assister aux vespres et catéchismes.

« 7° Les maîtresses donneront vacances le mois d'aoust, pendant lequel, seulement, elles se pourront absenter.

« 8° Le jeudy, après midy, les maîtresses feront une instruction pendant une demye heure entre trois et quatre [heures] et s'il étoit feste ce jour-là, et qu'il n'y eut point de prédication, elles la feroient entre une heure et deux, à laquelle instruction seroient admises les filles et les femmes qui désireroient y assister.

« 9° Le dit sieur Gesbert et ses successeurs, curés de la dite paroisse Notre-Dame, choisiront et nommeront les dites maîtresses, qui seront toujours des filles ou des veuves sans enfans, d'âges et de mœurs graves et d'une piété recognue et seront tenus de les présenter à monseigneur l'abbé Savary, nommé à l'évesché de Séez, et aux seigneurs évesques ses successeurs, pour avoir leur approbation et ratification et ce, dans un mois, pour tout délay, après la vacance de la dite école, soit par mort, retraite volontaire ou destitution des dites maîtresses, pour causes justes et raisonnables et jugées telles par le dit seigneur évesque et ses successeurs sur l'exposition qui leur en auroit été faicte par les dits sieurs curés de Notre-Dame; à faute de quoy, et le dit temps passé, les sieurs marguilliers de Notre-Dame, pouront nommer les dites maîtresses aux conditions cy-dessus et les présenter dans quinze jours, pour tout délay, ausdits seigneurs évesques de Séez qui, au défaut par les dits sieurs curés et marguilliers de Notre-Dame de nommer et de présenter dans le dit temps, nommeront de plein droit les dites maîtresses dont le premier soin sera d'enseigner leurs écolières à bien prier Dieu et bien vivre, puis à lire, écrire, l'orthographe et l'arithmétique, après lesquels exercices, elles prendront une heure chaque jour de classe pour former à quelque sorte de travail celles qui seront recognues y estre propres.

« 10° La prière à la fin des classes se terminera toujours par la recommandation de l'âme du fondateur et de celles des bienfaiteurs et par la prière pour monseigneur l'évesque de Séez.

« 11° Les maîtresses donneront congé le samedy tout le jour.

« 12° Le revenu de la présente fondation sera receu par la maîtresse plus ancienne, tant pour sa subsistance que pour celle de la seconde, sous le certificat de leur service actif à l'instruction des dites filles qui leur sera donné par le sieur curé et l'un des sieurs marguilliers de la dite paroisse Notre-Dame ; comme aussy elle recevra en la mesme manière et aux mesmes conditions tout ce qui pourroit estre donné ou acquis, dans la suite, pour la subsistance des dites maîtresses qui ne pourront s'approprier les meubles qui pourroient leur estre donnés en cette qualité, soit pour les vendre, échanger ou autrement, que du consentement du dit sieur curé de Notre-Dame et ses successeurs ; encore bien moins pourront-elles les emporter, soit qu'elles se retirâssent de leur bon gré ou qu'elles fussent destituées, mais resteront à l'usage de la dite école, pourquoy les dites maîtresses s'en chargeront par inventaire qui sera mis entre les mains du dit sieur curé de Notre-Dame.

« 13° Les fonds et revenus de la présente fondation ne pourront estre divertis à autres usages, ny réunis à aucun hospital ou communauté pour quelques causes, raisons ou prétextes que ce puissent estre ; mais, sera toujours la dite école régie selon les règlements cy-dessus, sans qu'il s'y puisse faire aucun changement, si ce n'étoit du consentement du dit seigneur évesque de Séez et sans que tel changement puisse tomber sur l'employ des dits fonds et revenus ; auquel cas, l'intention du fondateur est que le dit fonds soit réunis à ceux de l'hospital-général de Paris comme à luy propre, à l'effet de quoy il sera délivré une copie colationnée de la présente fondation aux sieurs administrateurs du dit hospital-général de Paris.

« 14° Sera très humblement supplié mon dit seigneur l'abbé Savary, nommé à l'évesché de Séez, de vouloir bien approuver et ratifier la présente fondation dans tout son contenu et à cet effet luy sera présenté acte du contract d'icelle, suivant l'intention du fondateur qui l'a ainsy désiré ; à l'effet de quoy, le dit sieur Gesbert a, par ces présentes volontairement donné, comme ayant charge des personnes qui ont fait le dit dépost entre ses mains, par donation pure et simple et irrévocable, entre vifs et en la meilleure forme et manière que ce puisse estre, à titre de fondation perpétuelle de la dite école, aux clauses et conditions cy-dessus exprimées, à la dite paroisse Notre-Dame du dit Mortagne ; le dit messire Jean Gesbert, en qualité de curé, Etienne Thibault, sieur du Lutrel, escuier, ancien garde de Monsieur frère unique du Roy aussy en qualité de marguillier d'icelle paroisse, tous deux y demeurant à ce présents et acceptants pour icelle paroisse de Notre-Dame, c'est à scavoir : la dite rente de 80 livres et capital d'icelle, de la propriété de laquelle, en temps que besoin est ou seroit, le dit sieur Gesbert, en sa dite qualité de dépositaire, s'est dès à présent devestu et désaisy et en a vestu et saisy la dite paroisse Notre-Dame à la stipulation que dessus, pour quoy faire elle demeure subrogée en son lieu et place, droit et actions aux charges et conditions cy-devant déclarées ; et ne pourra estre fait le dit amortissement qu'en y appelant par les dits sieur curé et l'un des marguilliers de la dite église Notre-Dame, entre les mains desquels il se fera, messieurs les gens du Roy, ou l'un d'iceux pour l'absence de l'autre, des juridictions ordinaires de la dite ville de Mortagne ; et pour faire insinuer ces présentes et en requérir acte, les dites parties se sont constituées l'une l'autre ou le porteur d'icelle procureur, auquel ils ont donné pouvoir de ce faire, qui ont esté faites de Nicholas L'Hermitte, écuier, seigneur de St-Denis, conseiller du Roy et son advocat aus dites juridictions et y demeurant en la dite paroisse Notre-Dame, qui a signé avec les dites parties et notaires.

« [Signé :] GESBERT. — Marie DE FONTENAY.— N. L'HERMITTE. — THIBAUT. — LEROUX et BOUILLIE (notaires). »

Le lendemain, 5 janvier 1689, cette pieuse dame de Fontenay faisait don, aux mêmes conditions, à la nouvelle école, d'une rente annuelle et perpétuelle de 25 livres tournois. Elle demandait de plus un souvenir dans les prières des enfants pour elle et pour son mari (1).

Le 18 décembre 1697, Mᵉ Charles Maisne, « sécrétaire du Révérend Père de Rancé, abbé ancien de la Trappe, demeurant en la dite abbaye, paroisse de Soligny, » versait une somme de 1,000 livres entre les mains de dame Gabrielle Petitgars, veuve de Charles d'Escorches, escuier, sieur des Tinnières, demeurante au lieu des Barres, paroisses des Genettes, province de Normandie, qui s'engageait à lui faire, en retour, 55 l. 10 s. de rente, constituée au denier dix-huit, payable le 19 août de chaque année.

(1) Minutes de Mᵉ Delorme.

« Laquelle rente de 55 l. 11 s., le dit sieur Maisne a donné et donne par ces présentes, par donation pure et simple et irrévocable, ... à l'escole gratuite et charitable érigée et fondée en la paroisse Nostre-Dame de la ville de Mortagne pour l'instruction et l'éducation chrestienne des filles de la dite ville et fauxbourgs d'icelle pour, par Charlotte Dagron, Marguerite Portier et Marie-Renée Guede, filles de la Doctrine chrestienne et maîtresses de la dite escolle, et par celles qui leur succèderont, jouir de la dite rente conformément à la dite fondation........, approuvée par monseigneur l'évesque de Séez, par acte du 4 febvrier de la même année, le tout insinué au vicomté du dit Mortagne, le 5 mars ensuivant, et au baillage de Bellesme, ainsi que messire Jean Gesbert, prestre, curé de la dite paroisse Nostre-Dame, à ce présent, stipullant et acceptant pour la dite paroisse et escolle, nous l'a desclaré. »

Comme les précédentes, cette rente devait revenir à l'hospital général de Paris dans le cas où l'école viendrait à être supprimée. L'acte fut passé en la maison abbatiale de la Trappe (1).

Cette rente fut amortie en 1700 entre les mains de l'abbé Gesbert et, l'année suivante, l'école n'existait plus. Le procès-verbal du 15 août 1701, que nous avons déjà cité plusieurs fois, nous dit, en effet, « qu'il n'y avait plus de maîtresses d'école depuis la destruction des écoles chrestiennes dont la charité de feu M. l'abbé de la Trappe avait jeté les premiers fondements et dans lesquelles il y avait 200 filles divisées en 3 classes et instruites par 6 maîtresses depuis laquelle destruction il est mort la moitié de ces 200 filles..... »

Le rédacteur ajoute qu'une fois ces écoles chrétiennes fermées, « la jeunesse recommença à danser les dimanches et jours de fêtes (2). »

Autrefois, comme de nos jours, on pouvait constater que, là où l'esprit religieux est banni de l'enseignement, la licence s'empare vite du cœur des jeunes gens.

(1) Archives particulières; copie de l'acte de donation passé « pardevant Jean Goyer, gardenottes héréditaire en la chastellenie de Mortagne. »
(2) Arch. de l'évêché de Séez.

B. PENDANT LA RÉVOLUTION. 1789-1802

§ 1. *Prêtres attachés au service de l'Eglise Notre-Dame.* — § 2. *Dépouillement de l'Eglise Notre-Dame.* — § 3. *Réunions à Notre-Dame et fêtes patriotiques ayant un caractère religieux.* — § 4. *Enseignement primaire et secondaire pendant la Révolution.*

§ 1. Prêtres attachés au service de l'Eglise Notre-Dame.

Lemonnier. — L'abbé Lemonnier, ainsi que nous venons de le voir, était curé de N.-D. en 1789. Le 1er mars de cette année, il paraît *dans l'ordre ecclésiastique*, réuni à la noblesse et au Tiers-Etat, pour protester contre les agissements des habitants de Bellême qui « avaient envoyé en Cour, pour solliciter que toutes les assemblées, qui doivent avoir lieu pour la nomination des députés aux Etats-Généraux, se tiennent à Bellême, pour la totalité de la province, par préférence à Mortagne, lieu désigné par le règlement du 24 janvier dernier ; et, que messieurs de Nogent se sont réunis à ceux de Bellesme pour former les mêmes vœux... (1) » Cette protestation, avec d'autres, n'empêcha point la réunion d'avoir lieu à Bellême.

Sans doute il assista aux fêtes dites patriotiques qui se célébrèrent à N.-D. : église que les agitateurs mortagnais avaient choisie pour le lieu de leurs réunions civiles et religieuses. Jamais il ne se fit remarquer ni par ses discours ni par ses paroles. Nous n'entendons plus parler de l'abbé Lemonnier jusqu'au 21 janvier 1791, jour où il déclara, par écrit, à la municipalité, qu'il était dans l'intention de prêter le serment requis par l'Assemblée nationale. Une indisposition le retenant au lit depuis cinq semaines, il demanda à prêter son serment par écrit : ce qui lui fut accordé.

Le 23 janvier 1791, jour fixé pour la prestation du *serment civique*, l'abbé Lemonnier, se trouvant dans l'impossibilité de se rendre à N.-D., chargea l'abbé Nicolas Marre, un de ses vicaires,

---

(1) Arch. mun. de Mortagne; reg. des délib. du Conseil.

de remettre son serment écrit entre les mains du procureur de la commune. Celui-ci l'accepta en ordonnant toutefois « que mention en soit faitte, que sa transcription soit à la suitte du procès-verbal et sa déposition ès archives de l'Hôtel commun (1). » Cette formalité ne suffit pas aux membres du gouvernement qui n'admettaient aucun détour : en effet, communication ayant été donnée, au Directoire du district de Mortagne, de la lettre contenant le *serment civique* de l'abbé Lemonnier, ces messieurs « voulant que le serment fût prêté en personne devant le Conseil-général et le peuple, un dimanche, et que, d'autant plus, la loi n'admettait aucun préambule : le district considère ce serment comme provisoire seulement. » Quel était donc ce préambule, qui faisait ainsi annuler le serment de l'abbé Lemonnier ? Il était simplement conçu en ces termes : « que sa maladie ne lui avait nullement permis de s'instruire sur la nature du serment dont était question, mais qu'il avait longtemps consulté sa conscience et qu'elle ne lui avait pas encore dit que ce serment attaquât le spirituel; qu'ainsi il jurait d'être fidèle à la nation, etc., etc. »

S'ils acceptèrent, pour le moment, un serment écrit, ils se promirent bien de le faire prêter de vive voix par le curé de N.-D., afin de régulariser sa situation. L'abbé Lemonnier se trouva mieux et put sortir un peu. Dans la crainte sans doute que sa maladie ne revînt, la municipalité s'empressa de s'assembler « en l'église N.-D. et, devant de nombreux fidèles, le procureur de la commune requit que, conformément à l'arrêté du Directoire du département, M. le Curé prêtât serment de veiller sur le troupeau qui lui était confié, d'être fidèle à la Nation, à la Loi, au Roi, de maintenir de tout son pouvoir la Constitution, sans qu'aucun ecclésiastique pût se permettre de préambule, d'explication ou de restriction. » Ensuite le curé Lemonnier prêta serment. C'était le 29 février 1791 ; il put à grande peine se rendre à N.-D., mais ses ennemis aimèrent mieux le porter presque sur leurs épaules que de manquer semblable occasion.

Le 22 mai 1791, ainsi que son confrère de St-Jean, il lut, au prône de la messe paroissiale, la lettre pastorale de l'évêque de l'Orne; MM. Muteau et Desgrouas qui assistaient à la messe en firent la constatation. Le 14 juillet 1792, jour de la grande fête commémorative, l'abbé Lemonnier présida l'office du soir (2).

Le triomphe des révolutionnaires devait être de courte durée :

---

(1) Arch. mun. de Mortagne; reg. des délib. du bureau de la municipalité.

(2) Arch. mun. de Mortagne; reg. des délib. du Conseil et du bureau de la municipalité. — Le docteur Jousset, *La Révolution au Perche*, troisième partie, p. 186 et suiv.

l'abbé Lemonnier qui était un bon prêtre reconnut bientôt la faute qu'il avait commise et rétracta son serment.

« Je le rencontrai, dit l'abbé Marre, peu de jours avant la prestation du serment.

« — Dites donc, l'ami, on dit qu'il faut jurer.

« — On dit qu'il ne faut pas jurer.

« Il jura ce bon curé; oui, ce bon curé, il me le prouva, comme je le dirai bientôt. Dans une circonstance critique il me le prouva encore bien mieux, à genoux au bas de son église, la corde au cou, il fit une rétractation publique qui fit couler bien des larmes. » M. l'abbé Bouvier (1), qui a recueilli de la bouche des contemporains de plus amples détails sur cette rétractation, qui eut lieu deux ou trois mois après la prestation du serment civique, dit que « pendant trois dimanches de suite on le vit revêtu seulement de sa soutane, sans surplis, assister à la messe paroissiale qu'il fit célébrer par un prêtre demeuré fidèle. Le premier dimanche, il se tint à genoux au bas de l'église et près le bénitier comme un pénitent public, le second dimanche, il demeura pendant la messe au milieu de la nef, et le troisième, il se tint à la porte du chœur. Ce même dimanche, il monta en chaire entre Vêpres et Complies, fit sa rétractation publiquement et demanda à ses paroissiens pardon du scandale et du mauvais exemple qu'il leur avait donné en prêtant le serment ».

Après sa prestation de serment, et avant sa rétractation, l'abbé Lemonnier se montra toujours aimable avec ses confrères non jureurs.

Nous en donnerons un exemple. Après la pose des scellés à Ste-Croix, l'abbé Marre et son confrère l'abbé Blanche, ne pouvant plus dire de messe dans leur église, l'abbé Marre alla trouver le curé de N.-D. « Je lui demandai, dit-il dans ses mémoires, la permission de dire la messe dans son église, il m'embrassa affectueusement et me conduisit dans la sacristie. Il ouvre un buffet et y arrange ce qu'il faut pour monter à l'autel et le ferme à clef; il me la donne et me dit : toute votre affaire est là-dedans; en sortant de l'église, il me montre une des cordes: vous sonnerez, me dit-il, votre messe avec cette corde et ceux de votre opinion le sauront bientôt. Excellent prêtre, je regrettai de ne pas me trouver à portée de lui donner des témoignages de mon amitié et de ma reconnaissance. »

« M. Lemonnier, continue M. l'abbé Bouvier, était estimé de tous les honnêtes gens: c'était un prêtre fort charitable. Après sa rétractation, on lui fit subir bien des avanies; jusqu'à lui faire

(1) Notes manuscrites.

monter la garde à la porte de la mairie et, dans ces circonstances, que d'affronts et d'injures n'eut-il pas à subir ? Mais il souffrait avec une patience admirable et, en supportant tous ces mauvais traitements, il voulait, disait-il, réparer la faute qu'il avait commise. »

Les prêtres fidèles vinrent à être inquiétés : on les chassa de leurs églises et de leurs presbytères ; leur vie fut menacée, les uns se sauvèrent, les autres se cachèrent. Ces moyens ne furent malheureusement pas suffisants pour beaucoup, qui, de la route d'exil ou de la cachette, furent conduits à l'échafaud.

L'abbé Lemonnier, grâce à l'esprit relativement calme pour l'époque des habitants de Mortagne et des environs, put rester caché dans quelques maisons hospitalières de la contrée. Il rendit de grands services par les secours religieux qu'il porta au péril de sa vie (1). Beaucoup, en effet, ne voulaient pour les assister à leur moment suprême que des prêtres restés fidèles à Jésus-Christ et à son vicaire. Ainsi que le digne doyen de Toussaints, M. l'abbé de Bouvoust, il renonçait, le 11 ventôse an II (1er mars 1794), à ses fonctions sacerdotales et à tout exercice du culte catholique : il remettait en même temps ses lettres de prêtrise (2).

Cette démarche certainement nécessitée par les circonstances ne peut, croyons-nous, être reprochée à l'abbé Lemonnier. Après la Révolution, il ne resta point dans le diocèse de Séez et en l'an XII fut nommé curé de St-Cyr-sous-Dourdan, au diocèse de Versailles. Le premier acte signé par lui est du 10 mai 1804. Il est probable qu'il était d'une fort mauvaise santé, car une bonne partie des actes sont rédigés par deux curés voisins ; le dernier qu'il ait signé est un acte de baptême du 18 novembre 1804. Dès le 16 décembre suivant, l'abbé Vigne, son remplaçant, signait au registre.

Malade et sentant peut-être sa fin prochaine, il se réfugia à l'hospice civil de Dourdan, où il mourut, le 23 ventôse an XIII (14 mars 1805), à l'âge de 62 ans ; il était né le 29 août 1742 (3).

Jacques-Nicolas-Michel Marre, né à Mortagne, paroisse N.-D., le 24 mars 1757, était vicaire de N.-D. en 1789. Au premier jour de la tourmente, les révolutionnaires purent compter l'abbé Marre au nombre de leurs partisans. Il prêta le serment civique le

---

(1) Notes ms. de M. l'abbé Bouvier.
(2) Reg. du Directoire du district de Mortagne. Archives de l'Orne, série L.
(3) Ces renseignements nous ont été fournis avec bienveillance par M. le chanoine Gallet, archiviste du diocèse de Versailles, et par M. l'abbé Duquesnois, curé de St-Cyr-sous-Dourdan.

27 janvier 1791. Il était alors premier vicaire de N.-D.; ce fut lui qui se trouva chargé de présenter au procureur de la commune le serment de M. Lemonnier, son curé, alors malade. De vicaire de N.-D. il devint curé constitutionnel de St-Mard-de-Réno. Le 7 octobre 1792, le maire et les officiers municipaux de cette commune certifient que le citoyen Marre, leur curé, « a prêté le serment d'être fidèle à la Nation et de maintenir de tout son pouvoir la liberté et l'égalité, ou de mourir en les défendant. » Le 24 fructidor, an VI (10 septembre 1798), il déclare n'avoir point rétracté le serment d'égalité, de liberté et de soumission aux lois de la République et particulièrement le serment prescrit par la loi du 4 août 1792 et déclare en outre qu'il ne jouit d'aucune autre pension ni traitement sur l'Etat. Dans son certificat de civisme et de résidence, enregistré le lendemain (28 fructidor, an VI), nous voyons « qu'il n'est point détenu pour cause de suspicion d'incivisme ou contre-révolution et n'a point émigré. » Nous serions curieux de savoir la cause de cette détention que nous trouvons mentionnée brièvement : « Son signalement, toujours d'après le même certificat, porte : taille de 5 pieds 1 pouce, cheveux, sourcils châtains, yeux roux, nez épaté, bouche moyenne, menton rond, front découvert, visage plein marqué de petite vérole (1). » Nous n'avons point recherché ce qu'il devint dans la suite.

François Courapied, également vicaire de N.-D., suivit l'exemple de son confrère, il accepta avec enthousiasme les doctrines nouvelles et se montra toujours fougueux révolutionnaire.

C'est à l'occasion de la plantation de l'arbre de la liberté (le 26 juillet 1789) qu'il se fit remarquer pour la première fois. L'abbé Marre nous dit : que « le plus grand, le plus élégant des vicaires de N.-D. fut choisi pour sanctifier la liberté; grand abbé fluet, sa large ceinture tricolore, sa large cocarde idem, relevaient la pâleur de son visage. Encore célibataire, il ne le sera plus dans deux ou trois ans et dira à qui voudra l'entendre que, dans le temps qu'il disait la Messe, il faisait voir des marionnettes par dessus la tête. »

La fête du pacte fédératif, qui se célébra le 14 juillet 1790, fournit encore à l'abbé Courapied l'occasion de faire l'éloge de la Révolution.

Le discours qu'il prononça du haut de la chaire de l'église est un document fort précieux sur l'esprit et l'éloquence des ecclésiastiques qui avaient adopté les nouvelles idées (2).

---

(1) Reg. des délib. du Directoire du district de Mortagne. Archives de l'Orne, série L.

(2) Discours de l'abbé Courapied : « Discours prononcé en la chaire de

C'était une éloquence qui convenait mieux à un clubiste qu'à un orateur sacré, mais ce style emphatique plaisait au peuple et l'église de Notre-Dame, par Courapied, vicaire, le jour de la prestation du serment fédératif civique.

« Un des spectacles les plus touchans et les plus dignes d'attirer les regards de l'Eternel est sans doute celui d'un peuple nombreux assemblé pour lui rendre grâce de ses bienfaits : et tandis que la France retentit des cris de joie des vainqueurs et que la nation entière célèbre son triomphe et sa gloire, le ministre des autels ne peut remplir de fonction plus honorable que celle d'être auprès du Tout-Puissant l'organe de la reconnaissance publique.

« Les prodiges qu'il opéra autrefois pour le salut du peuple qu'il chérissoit se sont renouvelés en notre faveur, et nous ne pouvons, sans ingratitude et sans impiété, méconnaître que l'événement qui a frappé d'étonnement nos ennemis et renversé leurs projets est l'ouvrage du Dieu protecteur de notre liberté.

« Ah ! quel autre que lui pouvoit combiner avec autant de sagesse toutes les circonstances qui ont amené ce succès ! N'avons-nous pas vu nos ennemis pénétrer jusqu'aux lieux qui devoient être les témoins de leur disgrâce, lieux qu'ils cherchoient avec autant d'avidité que s'ils eussent dû être les témoins de leur triomphe !

« Aveugles qu'ils étoient, ils alloient s'enfermer dans une nouvelle Jéricho dont les murs devoient tomber devant un autre Josué. Le Seigneur commande aux vents, à la mer, aux saisons, c'est lui qui a remis au même jour, à la même heure une armée redoutable venant du midi à une autre armée non moins redoutable accourant du septentrion avec la vitesse d'un torrent qui se précipite du haut des montagnes.

« Quel spectacle pour la liberté d'avoir vu paroître tout-à-coup, sur cette terre de servitude, un million d'hommes armés pour la défendre ! Qui n'a pas été saisi d'admiration en voyant le réveil de tout un peuple, qui dans un seul jour a brisé les fers qu'il avoit portés depuis tant de siècles ? Quel autre que celui qui porte en ses mains le cœur des nations a su inspirer à tous les Français cette tendresse vraiment fraternelle ; comment des provinces autrefois divisées, ennemies, jalouses, nourries dans des préjugés réciproques, sont-elles devenues aussi étroitement unies que si elles n'eussent formé qu'une seule famille !

« C'est un grand intérêt national, vous diront les mondains, qui a opéré ce prodige. Ils vous diront que c'est à une force majeure qu'il faut attribuer ces succès éclatans. Plaignons-les de ne pas voir que cette réunion porte évidemment l'empreinte de la majesté de Dieu.

« De combien d'autres faveurs n'avons-nous pas à lui rendre grâces dans le cours de cette Révolution ! L'union des François, qui n'avoit dans son origine d'autre appui que la justice, s'est consolidée par leur courage ; et le lien qui les unit va devenir indissoluble par l'accession de tous les confédérés. Déjà ils offrent à l'univers étonné le beau spectacle d'une société qui, fondée sur des principes d'égalité et de justice, peut assurer aux individus qui la composent tout le bonheur dont les établissemens humains sont susceptibles. Cet avantage que tant d'autres nations n'ont pu se procurer, même après des siècles d'épreuve et de misère, la Providence l'accorde aux François et ses décrets adorables avoient marqué l'époque présente pour l'accomplissement de la Révolution heureuse et mémorable qui vient de s'opérer dans ce vaste royaume.

on l'employait pour gagner les masses à la cause révolutionnaire.

« Ils ne sont plus ces tems désastreux d'un régime oppresseur ; nous ne verrons plus une classe privilégiée tirer une ligne de démarcation humiliante entre elle et la nation; nous ne verrons plus un homme enorgueilli du hasard de la naissance, sans autre privilège que ses titres et sa fortune, prétendre au droit exclusif de posséder les premières places. Nos vrais tuteurs ne seront plus ceux que leur noblesse et leur or auront placé sur les fleurs de lys, mais ceux que vous aurez choisis librement dans vos assemblées sans distinction d'ordre et de classes. Alors l'homme, dans quelque classe qu'il soit né, recevra de vos mains impartiales la récompense de ses talens et le prix de ses vertus.

« Réintégrés dans tous leurs droits, les François vont reprendre la place que leur avoit assigné la nature. Egaux devant la loi, on ne verra plus les puissants l'enfreindre avec impunité, et le faible être seul sa victime. Elles sont présentes (sic) ces distinctions humiliantes qui condamnoient si souvent à l'obscurité le mérite et la vertu. Il ne suffira plus, pour être considéré, de naître le fils ou le petit-fils d'un grand homme; il faudra le devenir soi-même. Tous sont appelés aux dignités, aux honneurs.

« La nation françoise, aussi brave qu'éclairée, s'est ressaisie de ses anciens droits; son contrat social, égaré depuis des siècles, vient de se retrouver sous les débris de l'édifice féodal; on ne lui reprochera plus une énergie sans effet, un enthousiasme passager, une mobilité de principes, d'intérêts et de goûts qui servoient autrefois à varier les attitudes d'une nation esclave. Les démarches des François sont profondément méditées; ils ont prévu les obstacles ; leur constance sera inébranlable et malgré les efforts de leurs ennemis, ils arriveront d'un pas ferme à la perfection.

« Ce sera désormais sur la loi que reposeront les fondemens de la liberté publique; ce sera sous elle que Louis XVI commandera et qu'il aura pour collaborateurs vingt-quatre millions d'hommes le chérissant comme le meilleur, le plus sage et le plus grand monarque de l'univers.

« Grâces en soient rendues au Ciel dont la main bienfaisante nous a si visiblement protégés, aux généreux défenseurs si longtems opprimés, à l'activité des troupes nationales qui partout ont rétabli ou maintenu l'ordre et la tranquillité. C'est par les soins des uns et des autres que la France délivrée pour toujours de la crainte du despotisme, gouvernée par des loix sages sous l'autorité du plus juste des rois va devenir la plus respectable et la plus heureuse monarchie; c'est à leurs pénibles travaux, c'est à leurs lumières bienfaisantes que l'empire françois est redevable de son salut.

« Que tout bon citoyen s'empresse donc de se rallier à cette auguste Assemblée; qu'il repousse avec cette énergie naturelle aux hommes libres les nouveaux efforts du despotisme aristocratique; que les ennemis du bien public sentent enfin que, s'il est malheureusement facile de prolonger l'esclavage d'un peuple, il est impossible de l'enchaîner de nouveau lorsqu'une fois il a brisé ses fers et qu'il s'est placé courageusement au rang des nations libres; qu'ils sachent que l'homme qui s'est placé à la hauteur de la liberté périra plutôt que d'en descendre.

« O Révolution à jamais mémorable, qui d'une multitude séparée d'intérêts sous l'ancien régime, avilie par l'esclavage, tremblant sous mille tyrans subalternes, as fait une seule famille de frères unis et liés ensemble par les liens sacrés du patriotisme et de la liberté !

« Non, tout ce qu'offrent de plus beau, de plus sage, séparément et dans leur ensemble, les lois de Crète et de Sparte, d'Athènes et de Rome

Le 23 janvier 1792, l'abbé Courapied prêta le serment « de remplir ses fonctions avec exactitude, d'estre fidèle à la Nation, à la

n'a rien de comparable à ce qu'offriront, elles seules, les lois que la Providence destine aux François.

« En effet, qu'on apprécie beaucoup plus qu'elles ne valent toutes les distinctions soit honorables, soit pécuniaires, frappées de proscription, qu'on y ajoute la réduction des pensions immodérées, la suppression des bénéfices inutiles; qu'on y additionne *la diminution du quart des revenus* qu'on ne néglige pas même d'évaluer et de faire entrer le prix de tant de jouissances imaginaires enlevées à l'amour-propre et à l'orgueil; que pèseroit tout cela mis dans la balance avec les chaînes de la servitude brisées, la dignité de l'homme et du citoyen rétablie dans son intégrité, l'admissibilité à tous les emplois prononcée en faveur de tous, en raison seule de tous les talents et de toutes les vertus, la vénalité de la justice abolie, les droits recouvrés de faire les lois et de consentir les impôts, les ordres arbitraires anéantis, tous les pouvoirs, enfin, circonscrits pour jamais dans de justes limites?

« Tels sont, François, les grands avantages que vous promet votre nouvelle Constitution; et déjà vous jouissez de plusieurs d'entre eux. Ne croyez pas cependant être parvenus à un point où vous puissiez goûter les douceurs du repos. Veillez dans un silence imposant; veillez jusqu'à ce que le tems et l'opinion aient consolidé ce grand ouvrage; veillez jusqu'à ce que les ennemis de la patrie, disparus de la terre, aient fait place à de meilleurs citoyens; veillez, c'est le seul parti que vous indiquent la prudence et la raison; veillez, si vous ne voulez pas reprendre *des fers plus pesans que ceux que vous portiez;* veillez, car si la nation s'endort, son sommeil sera celui de la mort.

« Vous le savez, François, ceux qui avoient, pour ainsi dire, envahi l'autorité du trône par les différentes branches du pouvoir exécutif sont nombreux et puissans, ils n'osent, en ce moment, faire entendre leurs voix. Le patriotisme de l'Assemblée nationale, celui de tous les bons François leur en impose. Mais ne vous flattez pas que cette hydre soit entièrement vaincue. A peine seriez-vous endormis qu'elle reparaîtrait avec la fureur d'avoir été captive pendant quelque tems. Vous n'auriez rien gagné, et nous retomberions dans un esclavage pire que le premier.

« Il existe, n'en doutez pas, il existe encore des esclaves façonnés au joug, qui, au lieu de se réjouir avec les gens de bien, préfèrent s'associer à la honte et à l'ignominie des lâches qui ont trahi leur patrie, qui ne répondent que par des blasphèmes aux cris d'allégresse et d'admiration qui retentissent de toutes parts. Quel est le coin du royaume que les ennemis du bien public n'aient tenté de bouleverser ou d'asservir? En est-il un seul qui n'ait été couvert de leurs libelles ou agité par leur manœuvres? Ah! qu'ils reviennent de leurs égaremens, ceux de nos concitoyens qui auroient ce malheur, ceux auxquels un respect humain auroit tenu lieu de patriotisme dans cette auguste cérémonie; qu'ils s'arrachent à la honte et à l'infamie, ceux qui, sous des prétextes frivoles, se seroient dispensés d'y assister.

« Ces drapeaux déployés pour le salut de la patrie les attendent, nos cœurs, attendris sur le repentir qui nous les rendra, les dédommageront amplement des sacrifices qu'ils auront faits de leurs préjugés.

« Les voilà ces signes de l'honneur et de la véritable gloire! Jamais ils ne deviendront un instrument d'oppression; *jamais ils ne seront souillés par l'effusion du sang innocent.* Leur ombre protectrice est destinée à couvrir le bon, le paisible citoyen; mais malheur à qui oseroit trahir la patrie!

Loi et au Roi, et de maintenir de tout son pouvoir la constitution décrétée par l'Assemblée nationale et acceptée par le Roi (1). »

Ce serment, il ne l'accomplit que trop à la lettre, il suivit le torrent qui l'entraînait et qui le perdit. Il fut nommé curé constitutionnel de Courgeoust. Sur les registres de cette paroisse son nom est cité, pour la première fois, dans un acte d'octobre 1792 et, pour la dernière fois, dans un acte du 25 novembre 1793 (2). C'est sans doute vers 1794 qu'il alla habiter la ville d'Alençon en compagnie de son épouse, car l'abbé Marre nous dit qu'il se maria. En l'an VII, nous le voyons figurer sur la liste des prêtres qui recevaient une indemnité de la nation. Son nom est suivi de cette mention : « Né le 22 janvier 1755, curé à Courgeoust, domicilié à Alençon. » Sa pension était de 800 livres. Afin de pouvoir la toucher, il produisit les pièces suivantes : « Son extrait de naissance ; son serment à la liberté, à l'égalité ; son serment de haine à la royauté ; un certificat de non-rétractation, un certificat constatant qu'il n'avait recueilli aucune succession, et enfin un certificat de non-résidence ». A défaut de plus amples renseignements, cette simple énumération confirme ce que nous venons de dire relativement à la soumission du sieur Courapied aux lois révolutionnaires. Dans la suite, il abandonna complètement ses fonctions ecclésiastiques et son entrée dans la vie civile nous dispense d'en dire plus long sur ce prêtre apostat (3).

« C'est à l'ombre de ces drapeaux guerriers, patriotes, c'est en présence du Dieu des armées, c'est en face de son autel, qui fait pâlir le parjure, que vous allez jurer par l'honneur, par la patrie, dont tous les yeux sont fixés sur vous, d'être fidèles à la Nation, à la Loi, au Roi ; à ce bon Roi que le Ciel nous a donné dans sa clémence ; vous allez jurer de maintenir envers et contre tous *notre admirable Constitution.*

« Pour nous, ministres d'un Dieu de paix, dans ce moment où l'égoïsme, toujours occupé de lui-même va, pour se défendre, chercher dans la religion des moyens qu'elle désavoue, dans ce moment où les mécontens se troublent, s'agitent pour éluder le sacrifice que demande l'expiation des erreurs de nos pères, la dignité du sacerdoce dont nous sommes revêtus, la confiance des peuples dont nous sommes honorés, le bien public, la religion même nous ordonnent de prouver notre patriotisme et de déclarer solennellement que, citoyens et ministres des autels, nous tiendrons d'une main l'Evangile et de l'autre la Constitution ; et qu'en puisant tour à tour dans ces deux sources les vrais principes des mœurs chrétiennes et civiques, nous apprendrons aux peuples à rendre à Dieu ce qu'ils doivent à Dieu, et à la Patrie ce qu'ils doivent à la Patrie.

« Contents de tout ce que l'Assemblée nationale a statué sur notre sort, nous imiterons le désintéressement de nos généreux représentans ; et si, comme vous, braves citoyens, nous ne savons pas combattre, du moins nous saurons mourir, fidèles à la Nation, à la Loi, au Roi. »

(1) Arch. mun. de Mortagne ; reg. des délib. du Conseil.
(2) Communication de M. le Vte de Romanet.
(3) Reg. des délib. du Directoire du district de Mortagne et autres pièces ; archives de l'Orne, série L.

Jacques-François-Jean Lemeunier. — Cet ecclésiastique était vicaire à N.-D. au moment de la Révolution. Il répudia les idées nouvelles et lorsque l'on exigea de lui le serment civique, il eut soin d'ajouter à la formule légale « *en tout ce qui ne sera pas contraire à la religion catholique, apostolique et romaine que je professe* (1). » L'Eglise condamna bientôt ce serment imposé au clergé par l'Assemblée nationale. L'abbé Lemeunier se soumit à la décision du Souverain-Pontife : cet acte d'obéissance allait lui valoir l'insigne honneur de verser son sang pour la confession de la Foi. Dans ses « Martyrs de la Révolution dans le diocèse de Séez (2), » ouvrage auquel nous emprunterons les détails suivants, M. l'abbé Blin nous dit que : « M. Jacques-Jean Lemeunier, le sixième prêtre de ce diocèse immolé aux Carmes, naquit à Mortagne, le 2 octobre 1747 (3). Ses parents, qui exerçaient la profession de marchands, jouissaient de l'estime publique pour leur piété, leur bienfaisance envers les pauvres et leur exacte probité. Ils s'appliquèrent à inspirer de bonne heure à leur fils une sainte ardeur de la vertu. Dès sa jeunesse, il se fit remarquer par son amour pour la prière, sa douceur angélique et son ardente piété envers le très saint Sacrement. Ses délices étaient d'être aux pieds de Jésus-Christ, caché sous les voiles eucharistiques. Notre-Seigneur, voulant dès ce monde récompenser sa charité, lui fit l'insigne honneur de l'appeler au sacerdoce (1771). Après avoir exercé quelque temps le saint ministère à la Chapelle-Montligeon et à Dancé, il fut nommé vicaire de N.-D. de Mortagne. Sa piété profonde, qui parut alors avec plus d'éclat, lui fit donner le nom de *Petit-Jésus*. Il avait un talent particulier pour instruire la jeunesse et savait l'attirer à lui pour la donner à Dieu. Il possédait aussi la confiance d'un grand nombre de personnes âgées ; les âmes pieuses surtout s'adressaient à lui pour la direction de leur conscience.

« Lorsqu'on voulut exiger de tous les prêtres employés au saint ministère le serment d'observer la *constitution civile* du clergé, M. Lemeunier n'hésita pas un instant sur le parti qu'il devait prendre, et, seul de tous les prêtres de la paroisse de N.-D. de Mortagne, il refusa ce serment schismatique. Il fut, à cette occasion, insulté publiquement dans l'église, et menacé des plus indignes traitements par les ennemis de la Religion, mais rien ne put l'ébranler.

« Quelques jours après, pendant qu'il faisait le catéchisme, l'église fut envahie par la populace, qui insulta de nouveau le saint prêtre.

(1) Arch. mun. de Mortagne ; reg. des délib. du Conseil.
(2) P. 65 et suiv.
(3) Arch. mun. de Mortagne ; reg. paroissiaux.

Les enfants se dispersèrent en pleurant, et M. Lemeunier fut forcé de s'évader par la porte de la sacristie pour échapper à la mort. A partir de ce moment, il crut devoir se cacher pour épargner un crime aux ennemis de l'Eglise.

« Après avoir passé environ six mois chez différentes personnes de Mortagne, restées fidèles au catholicisme, voyant qu'on ne cessait de le poursuivre, et qu'il lui était impossible de faire le bien dans sa ville natale, il quitta Mortagne pour se rendre à Paris. Ce ne fut pas sans une vive douleur qu'il dit adieu à sa famille et aux fidèles d'une paroisse pour laquelle il eut volontiers donné sa vie. Mais, confiant dans la miséricorde de Dieu, à qui il les recommanda, il partit avec l'intention de revenir aussitôt que des circonstances plus heureuses le lui permettraient.

« Vers la fin de janvier 1792, il fut rejoint à Paris par MM. Blanche et Marre, vicaires-desservants de Sainte-Croix de Mortagne, qui fuyaient à leur tour la persécution. Après six mois de résidence à Paris, ces deux ecclésiastiques, ne s'y trouvant plus en sûreté, résolurent d'aller chercher un refuge en Angleterre et, par l'entremise d'une personne dévouée, ils parvinrent, le 3 août 1792, à se procurer des passe-ports pour eux et pour M. Lemeunier. M. l'abbé Marre alla aussitôt trouver le saint prêtre, lui présenta le passe-port qu'il lui avait obtenu et l'engagea fortement à passer en Angleterre. Mais M. Lemeunier ne voulut pas profiter de cette occasion et, tout en remerciant ses amis de leur bienveillance, il les laissa partir seuls. Il lui était trop pénible de quitter sa patrie, où il ne désespérait pas de voir la paix se rétablir. Il se croyait du reste en sûreté chez d'honnêtes bourgeois qui lui donnaient asile, et lui témoignaient le plus entier dévouement.

« Cependant, quelques jours seulement après le départ de ses amis, M. l'abbé Lemeunier fut découvert par les ennemis de la Religion et conduit devant le comité de la section du Luxembourg. Dans ses réponses à l'interrogatoire qu'on lui fit subir, il déclara avec une noble fermeté qu'il était prêtre catholique, qu'il n'avait point fait le serment constitutionnel et qu'il aimerait mieux mourir que de manquer de fidélité au Chef de l'Eglise. Quelques jours après il versait courageusement son sang pour la défense de cette religion sainte qui avait fait le bonheur de sa vie. En tombant sous les coups des ennemis de Dieu, il ne formula aucune plainte, ne poussa aucun cri de douleur. Comme ses nobles compagnons de souffrance, il mourut avec sérénité et avec l'espérance d'une meilleure vie (1).

(1) Tiré des *Mémoires* manuscrits de M. l'abbé Marre; — des *Martyrs de la Foi*, par M. l'abbé Guillin; — et de plusieurs *notices* remises à

« Les corps des martyrs, dépouillés pour la plupart de leurs vêtements par les égorgeurs, restèrent pendant toute la nuit gisants à l'endroit où ils avaient consommé leur sacrifice. Le lendemain, au point du jour, les persécuteurs en firent jeter une partie dans un puits très profond, creusé près de l'église des Carmes. C'est un fait qui ne peut être contesté aujourd'hui, après la découverte des procès-verbaux de la section du Luxembourg, publiés par M. Alexandre Sorel (1). On lit dans l'ouvrage de cet écrivain intitulé: *Le couvent des Carmes pendant la Terreur :*

« Daubanel, secrétaire de la section du Luxembourg, se rendit,
« le 3 septembre, dès le matin, au couvent des Carmes, fit rassem-
« bler tous les corps sous un if (situé près de l'escalier au bas
« duquel avait eu lieu le massacre) et chargea plusieurs individus
« de procéder à l'enlèvement des vêtements dont ils étaient encore
« couverts... Quelque temps après, deux grands charriots furent
« amenés dans le jardin du couvent, et, après les avoir remplis de
« cadavres, on les dirigea vers le cimetière de Vaugirard. Là, en
« face de la petite porte du milieu, se trouvait une large fosse qu'on
« avait fait creuser d'avance. Les corps y furent jetés pêle-mêle,
« on les recouvrit d'un peu de chaux, et tout fut dit ! »

Louis-Charles Marchand. — Parmi les prêtres insermentés tenus de se présenter au bureau municipal pour être enregistrés, nous voyons figurer : « Louis-Charles Marchand, prêtre de N.-D., originaire de cette ville, y demeurant, paroisse N.-D., âgé de 29 ans, taille 5 pieds 1 pouce environ, cheveux, sourcils châtains, les yeux bleus, le front couvert, le nez bien fait, bouche moyenne, menton rond et marqué de petite vérole, véhémentement soupçonné par le procureur de présider les conciliabules et cérémonies religieuses occultes; prévenu de s'être réjoui de l'affaire malheureuse de Tournai, il n'assiste à aucuns offices. »

Bayard. — M. l'abbé Bayard, vicaire de N.-D., renonçait à ses fonctions sacerdotales le 13 pluviose an II et déposait ses lettres de prêtrise sur le bureau du Directoire du district de Mortagne (2). Ce renoncement à des fonctions qui n'étaient plus possibles pour

---

l'auteur par M. l'abbé Bouvier, ancien chapelain de l'hospice de Mortagne. *(Note de M. l'abbé Blin.)*

(1) Extrait des procès-verbaux de la section du Luxembourg, du 3 septembre 1792 : « M. Daubanel, secrétaire, nommé pour procéder à l'inhumation des personnes qui ont subi hier la juste vengeance du peuple, a fait rapport de sa mission et annoncé que *cent vingt* personnes avaient été enterrées ce matin dans le cimetière de Vaugirard. » *(Note de M. l'abbé Blin.)*

(2) Arch. mun. de Mortagne; reg. des délib. du Conseil. — Le docteur Jousset, *La Révolution au Perche*, troisième partie, p. 328 et 389.

des insermentés, engageait-il la conscience ? Nous ne le croyons pas, puisque de vénérables ecclésiastiques le firent, alors qu'au prix de leur vie ils avaient refusé de prêter un serment condamné. Nous ignorons ce qu'était l'abbé Bayard et ce qu'il devint dans la suite.

§ 2. Dépouillement de l'Église Notre-Dame.

A cause de sa position au centre de la ville, la conservation de l'église N.-D. fut décidée et on la choisit pour y faire toutes les cérémonies religieuses et patriotiques. Malgré sa destination, qui devait la rendre, dirons-nous, inviolable, elle ne put échapper entièrement au marteau des démolisseurs de 93. Suivons les pas-à-pas dans leur marche destructive en passant sous silence la vente des biens dépendant de la Cure et du Trésor qui fut faite en exécution du monstrueux décret de l'Assemblée dite Nationale.

Tout d'abord, on sembla accorder des faveurs à N.-D. Le 4 décembre 1791, les habitants de cette paroisse déposèrent sur le bureau du Directoire du District une pétition pour demander que, vu le mauvais état des leurs, il leur fut délivré des linges et ornements des églises supprimées. Le Directoire décida qu'il leur serait donné « un ornement blanc de Chartrage, les aubes, linges et livres de Toussaints, l'ornement violet complet de la dite église, l'ornement blanc de St-Eloi et linge de la dite église, trois chasubles et une douzaine d'aubes du Val-Dieu, le dais de Toussaints ensemble le tableau de la Vierge, dépendant du Val-Dieu, encadré sous verre, qui ne semble pas avoir une valeur considérable, à moins que le Département ne préfère fixer un prix modique qu'ils se chargeraient d'acquitter. » Cette générosité, pratiquée avec le bien d'autrui, nous paraît peu méritoire, si on donnait d'un côté, on enlevait de l'autre.

Messieurs les administrateurs du département ayant décidé qu'il n'y aurait plus que deux paroisses : N.-D. et St-Jean qui serait considérée comme une cure de campagne, Loisé devant être succursale de N.-D., le Directoire du district, dans sa séance du 25 décembre 1791, dit que les bancs de N.-D., qui occupaient un grand emplacement, devraient être enlevés, si l'on voulait que tous les citoyens puissent prendre place à N.-D., sinon que cette église serait insuffisante par suite de la réduction des paroisses (1).

(1) Registres du Directoire du district de Mortagne. Archives de l'Orne, série L. — Archives mun. de Mortagne ; reg. des dél. du Conseil.

Le jeudi suivant (29 décembre), le Conseil de la commune assemblé conclut à leur enlèvement et à leur remplacement par des chaises qui seraient prises dans les églises et couvents supprimés. Le procès-verbal ajoute « que tous les fiefs des chapelles et tous droits privilégiés cesseraient au premier janvier prochain (1792). Les bancs seront vendus au profit de la dite Fabrique de N.-D. et l'acquisition des chaises faite à ses frais. »

Les bancs des particuliers vendus, restait encore celui du Trésor. Le laisser seul, au milieu de l'église, serait certainement lui accorder un privilège qui ne manquerait pas de choquer les principes égalitaires de beaucoup. Et puis la délibération de la municipalité, du 23 septembre 1792, ne nous apprend-elle pas « que les Fabriques et les marguilliers sont supprimés; que les bancs ci-devant du Trésor continuant d'être une place distinctive, il convient qu'ils soient à l'instar des autres bancs; en conséquent, réquérons qu'ils soient comme les autres enlevés et vendus: ceux-ci cependant au bénéfice de la commune..... » Une délibération ne fut point trouvée suffisante, pour la même cause on se réunit de nouveau le surlendemain et, « considérant que les bancs des particuliers qui étaient dans l'église Notre-Dame venaient d'être enlevés conformément à l'arrêté du Conseil, il conviendrait de faire enlever le Banc d'Œuvre afin de procurer aux citoyens un plus grand emplacement pour leurs chaises, le Conseil a arrêté que les citoyens marguilliers de Notre-Dame seraient autorisés à faire vendre ces bancs ainsi qu'une armoire de la sacristie....., »

Les bancs furent donc remplacés par des chaises, beaucoup de fidèles en apportèrent de chez eux, ce qui ne les empêcha pas de payer 3 deniers pour les messes basses, 6 deniers pour les messes hautes, 3 deniers pour les vêpres et 8 deniers pour le salut.

Pendant tout le temps que dura le changement et les réparations qu'il nécessita, les offices paroissiaux se firent à Toussaints.

Craignant que dans tout ce remue-ménage il ne se fît des détournements, le Conseil de la Commune arrête dans sa séance du 14 novembre 1792 « qu'il va, à l'instant, être nommé quatre commissaires pris dans le sein du Conseil à l'effet de procéder, dans le jour de demain, à l'inventaire exact et détaillé, de tous les meubles, effets et ustensiles en or ou en argent, qui se trouvent dans les églises de Notre-Dame, de St-Jean et de St-Germain de Loisé, situées dans l'étendue de la commune, pour, cet inventaire fait, être ces effets envoyés, dans le jour suivant, au Directoire du district; comme ainsi que les soleils, ciboires, calices et autres vases sacrés seulement seront laissés dans lesdites églises pour être employés au service du culte. » Les citoyens Magné, Brad, Dupont et Got furent nommés commissaires pour faire cet inventaire.

Le 27 décembre, on résolut de procéder à l'adjudication de la location des chaises des églises; elle se fit le 31 du même mois, le citoyen Peau et la veuve Robert Letertre furent déclarés adjudicataires, moyennant la somme de 600 livres. Le 2 janvier 1792, le citoyen Souvré fut nommé administrateur des revenus de Notre-Dame; le 18, les citoyens Souvré et Peau furent chargés de faire l'inventaire des chaises (1).

L'église N.-D. qui s'enrichit des ornements de celle de Ste-Croix, ne devait malheureusement pas profiter longtemps de toutes ces largesses. Le Procureur-Syndic, en exécution de la loi du 27 mars 1791, « a requis l'envoi de l'argenterie dépendante de... l'église N.-Dame et autres, à l'Hôtel de la Monnaie à Paris. »

Le Directoire du district de Mortagne arrête « qu'il sera procédé, aujourd'hui (31 décembre 1792), à la pesée, en présence du sieur Le Mesnager, directeur des messageries, par Lemaire, orfèvre Le poids total en fut de 90 marcs, 5 onces, 2 gros. »

Le 9 décembre 1792, le Conseil-Général du département désigna l'église N.-D. comme principale église de Mortagne (2).

On croyait l'affaire des bancs et des chaises réglée, quand on vint dire à la municipalité que le sieur Beaufils, sacriste, ne voulait plus se charger du balayage de l'église depuis que les bancs avaient été enlevés. Il fallait clore l'incident en trouvant un autre balayeur ou donner au sacristain un supplément de traitement. Le 25 mars 1793, le conseil alloua 35 livres de plus par an au sieur Beaufils, « à charge par lui de balayer l'église, les chapelles collatérales et le devant des portes, et de nettoyer les chandeliers et l'aigle (3). »

L'église ne fut point seule à se ressentir de cette haine pour tout ce qui touchait à la Religion qu'ils voulaient abolir; le clocher se vit bientôt privé d'une grande partie de ses cloches. Ainsi que nous l'avons vu (p. 55), « le citoyen Lemoulle-Desmalle, commissaire, député auprès de la Convention pour porter l'acceptation de l'acte de la Constitution, dit être chargé par les membres du Directoire du district de presser l'opération de la descente des cloches des paroisses; en conséquence il requiert que le Conseil-Général de la commune prenne à ce sujet le parti qui leur peut être le plus convenable pour presser cette opération. Sur quoi, le Conseil, délibérant, arrête que le citoyen Dutertre-Charpentier sera requis de faire la descente des dites cloches, savoir : dans la paroisse de .... Notre-Dame, les trois de la tour et le petit

---

(1) Archives mun. de Mortagne; reg. des dél. du Conseil.
(2) Registres du Directoire du district de Mortagne. Archives de l'Orne, série L.
(3) Archives mun. de Mortagne; registres des délib. du Conseil.

clocher; .... et que la grosse cloche de Saint-Jean sera replacée dans la tour de Notre-Dame pour servir à l'horloge de la ville, que lesdites cloches descendues seront conduites au district, au désir de la loi. »

Les cloches prirent le chemin de Paris, le 4 nivôse an II (3 janvier 1794). Les trois de N.-D. et les deux de Loisé pesaient 6,252 livres, sans compter celle du petit clocher de N.-D., dont le poids était d'environ 120 livres. Le citoyen Legros, voiturier à Mortagne, fut chargé de leur transport; une lettre de voiture adressée au ministre de l'Intérieur et constatant le poids lui fut remise comme au citoyen Laverduire.

Vu le décret du 13 brumaire dernier, déclarant propriété nationale tout l'actif affecté, à quelque titre que ce soit, aux Fabriques des cathédrales, des églises paroissiales et succursales, ainsi qu'à l'acquit des fondations, le Directoire arrête dans sa séance du 29 nivôse an XI (18 janvier 1794), que :

I

« Chacune des municipalités du ressort enverra, dans la décade de la réception du présent, l'état détaillé des meubles et immeubles attachés aux Fabriques de leurs églises ainsi qu'à l'acquit des fondations.

II

« Les vases d'or et d'argent, les ustensiles de même métal, autres en cuivre et bronze, ainsi que les *memento* tissés ou brodés en or ou argent, ceux galonnés en or et argent, seront envoyés dans trois jours au chef-lieu du district, qui ensuite les adressera où il appartiendra.

III

« Les municipalités en retard de transmettre leurs cloches au district sont tenues, sous peine d'être considérées comme receleurs d'effets publics, d'en faire passer, pareillement dans trois jours de la réception, celles qu'elles peuvent envoyer, conformément à la loi du 23 juillet dernier. »

Les vases et les ornements sacrés furent convertis en monnaie. C'était le deuxième envoi que l'on faisait; c'était le nécessaire dont on dépouillait les églises. Notre-Dame et Ste-Croix fournirent :

1 soleil d'argent	pesant	10	marcs	7	onces	6	grosses.	
1 ciboire	id.	6	id.	1	id.	2	id.	
2 calices et patènes	id.	5	id.	6	id.	2	id.	
2 ciboires	id.	2	id.	7	id.	2	id.	
5 calices et patènes	id.	11	id.	5	id.	6	id.	

Les galons de Notre-Dame furent joints à ceux de St-Jean (voir p. 54) (1).

Le 15 frimaire an II (5 décembre 1793), la municipalité ordonne que : « Les quatre candélabres et l'aigle en cuivre seront enlevés du chœur de l'église et envoyés à la Convention pour être convertis en canons ;

« Qu'un drapeau tricolore surmonté d'un bonnet de la liberté sera substitué à la croix et au coq de l'église de cette ville. »

Plus de prêtres à persécuter, plus d'ornements ni de mobilier à vendre, plus de cloches à descendre : les dévastateurs s'attaquèrent au monument lui-même. Ils commencèrent par faire disparaitre les *restes du fanatisme*, tels que la croix de la tour de N.-D., ainsi que tous les *signes du royalisme*, tels que les fleurs de lys qui étaient sur l'aiguille du cadran. Sur la délibération du comité de surveillance, l'agent national Muteau fils, « considérant que c'était l'instant de prendre des mesures pour faire disparaître tous ces signes, requiert le Conseil-Général de la commune de procéder sur le champ, par adjudication au rabais, à la dite suppression. » La municipalité se réunit une seconde fois, le 29 ventôse an II (19 mars 1793), afin de hâter les travaux que nécessitaient ces différentes suppressions. Enfin, le 4 germinal an II (24 mars 1793), le Conseil-Général de la commune assemblé, « il a été fait lecture de la délibération relative à la suppression des croix et fleurs de lys qui se trouvaient encore sur les tours de la commune et à la destruction totale du petit clocher existant sur le *temple de la Raison* et, de suite, il a été procédé à l'adjudication, au rabais, pour la suppression et destruction tant des dites croix et fleurs de lys que du clocher ; à la charge par l'adjudicataire : 1° de supprimer la croix, coq et boule de la tour du temple de la Raison, couper la pièce de bois qui supporte la boule, pour y placer une tige de fer de sept à huit pieds de hauteur, surmontée d'un drapeau tricolore en forte taule, de trois pieds de longueur sur deux de hauteur, et d'un *bonnet de liberté* pareillement en taule, de réparer tous les dégâts occasionnés par ces travaux, de pratiquer une charpente ou des pièces de bois dans la lanterne, au-dessous du drapeau, pour y placer deux timbres avec des fils de fer qui partiront de l'horloge..... ;

« 2° Le dit adjudicataire détruira totalement les susdits petits clochers des ci-devant églises de Notre-Dame (et de St-François), à la charge par lui de faire placer les chevrons nécessaires pour recouvrir l'emplacement en ardoise et en faîte et en plomb de

---

(1) Registres du Directoire du district de Mortagne. Archives de l'Orne, série L.

même échantillon que celui qui enfaîte le temple ; les matéraux *(sic)* de tous ces objets resteront à l'adjudicataire ;

« 3° La fleur de lys existant actuellement sur l'aiguille du cadran de la tour ci-devant Notre-Dame sera convertie en flèche ;

« A charge, en outre, par l'adjudicataire, de donner bonne et suffisante caution et de rendre ses ouvrages parfait dans trois mois du dit jour. »

Comme nous l'avons dit (p. 54), le citoyen Gasteclou se rendit adjudicataire de ces travaux moyennant 600 livres. La mise à prix avait été 1,200 livres.

Après l'église, on s'attaqua aux croix des cimetières et à celles qui se trouvaient plantées en différents endroits de la ville.

Reprenant la délibération ci-dessus, nous voyons « qu'il a été fait pareillement une adjudication des pierres des croix,..... savoir : les pierres de la croix ci-devant Notre-Dame ont été adjugées au citoyen Bourgeois fils pour la somme de 120 livres.....; les pierres de la croix dite de St-Jacques ont été adjugées au citoyen Leveillé jeune pour la somme de 32 livres.....; une tombe et ses supports, se trouvant dans le petit cimetière ci-devant Notre-Dame, au citoyen Lacroix pour la somme de 10 livres, à la charge par les dits adjudicataires de payer sur le champ et de faire enlever les décombres (1). »

L'église ainsi dépouillée, sa location fut mise en adjudication, le 11 floréal an III (30 avril 1795), aux conditions indiquées par le cahier des charges (2). Les orgues, dont la vente devait avoir lieu incessamment, furent réservés.

---

(1) Archives mun. de Mortagne ; reg. des dél. du Conseil. — Le docteur Jousset, *La Révolution au Perche*, 3e partie, p. 393 et suiv.

(2) Cahier des charges :

« L'an III de la République française une et indivisible, le 11 floréal, neuf heures du matin vieux stile ou *trois heures soixante-quinze minutes nouveau stile*, nous, administrateurs du Directoire du district de Mortagne, département de l'Orne, en exécution de l'arrêté du Directoire du 1er de ce mois, nous nous sommes transportés dans la salle ordinaire des séances du Directoire, à l'effet de procéder à la location et affermement des édifices nationaux, connus ci-devant sous le nom d'églises, situés dans les cantons de Mortagne, Mauves et Coulimer. En conséquence, des annonces et proclamations faites tant dans les lieux de la situation qu'aux endroits ordinaires et accoutumés de cette commune et des affiches mises et apposées à cet effet. La dite location va être faite, en la forme usitée, comme pour la vente des biens nationaux, au plus offrant et dernier enchérisseur, à l'extinction des feux dont un sans enchères, aux charges clauses et conditions suivantes :

« L'adjudication n'aura lieu que pour un an. Les adjudicataires seront tenus de faire toutes les réparations menues et locatives aux couvertures et aux murs des cimetières et rendront les dites églises en bon état à la fin de leur jouissance, ne pourront rien prétendre dans les herbes des

« Proclamation faite...... Enchère par les citoyennes Moulin et Romet à 7 l. 15 s., après l'extinction de deux feux ; un troisième feu s'est éteint sans enchères.

« Nous avons adjugé définitivement la dite église Notre-Dame à Judith Jeanne Agnès Marguerite Moulin, fille majeure, et Emerencienne Romet, aussi fille majeure, demeurantes en cette commune, adjudicataires solidaires, moyennant 7 l. 15 s., et ont à l'instant présenté pour caution le citoyen René Letertre, charpentier et marchand de bois, demeurant en cette commune, qui s'est solidairement obligé avec elles, tant au payement de la dite somme qu'aux autres charges, clauses et conditions ci-dessus ; et ont signé. » [Signé :] Moullin, Emerencienne Romet, Letertre, Delestang et illisiblement (1).

Il n'est pas douteux que c'était en vue de conserver l'église N.-D. et d'empêcher bien des sacrilèges que ces demoiselles louèrent cet immeuble, qui ne pouvait pas leur être d'une bien grande utilité. Nous ignorons si le bail fut renouvelé les années suivantes. En l'an VII, on résolut de construire un *autel de la Patrie* sur la place d'Armes. La municipalité, dans sa séance du 19 germinal, décida « que les moëllons à fournir seraient pris entre les collatéreaux des anciennes chapelles du *temple décadaire* et dans la tour. » C'est à cette époque qu'il faut placer la démolition du fronton du portail nord, une des parties les plus belles et les plus intéressantes de l'église. Ces actes de vandalisme ne furent point sans révolter les paisibles habitants de Mortagne, qui de tout temps se sont montrés fiers de leur vieille église ; y en eut-il parmi eux qui portèrent plainte ? toujours est-il

cimetières, dont l'affermement a dû avoir lieu par les municipalités, conformément à l'arrêté du Directoire du 8 germinal dernier ; de fournir bonne et suffisante caution ; la jouissance commencera de ce jour, sauf les réserves et changements qui pourront être fait à chaque article dont les adjudicataires seront tenus de s'y conformer. Les adjudicataires de chacune des dits édifices nationaux seront tenus d'en laisser le libre usage aux municipalités des lieux pour y faire la lecture des loix, la réunion des citoyens pour les assemblées politiques aux jours indiqués par les loix et aux heures fixées par la police.

« La loi du 3 ventôse dernier ayant déterminé les règles à suivre pour l'exercice des Cultes, tous les citoyens sont astreints à en suivre littéralement les dispositions, comme et aussi celles contenues en une lettre du comité de législation en date du 8 de ce mois, adressé au procureur sindic de ce district et qui consistent à ne laisser exister apposer aucuns signes extérieurs d'aucuns cultes aux dits édifices et même de détruire les anciens ; enfin, de laisser aux municipalités le libre usage de la sonnerie et de l'horloge des dits édifices ; de toutes lesquelles charges, clauses et conditions, etc..... »

(1) Archives particulières.

que le 2 termidor an VII (20 juillet 1799), à une séance du Conseil, où étaient les citoyens Erambert, président, Dupont, Aubert, Cochard, Gislain, administrateurs, et Rathier, commissaire du Directoire exécutif près cette administration, « la dite administration municipale, dont le civisme, la moralité et la probité est à l'abry de toute prévention de dilapidation, désirant éclairer les autorités supérieures sur les motifs qui l'auroient dirigée dans la démolition de plusieurs objets dépendant des deux églises de cette commune (N.-D. et Loisé) pour les appliquer à l'érection d'un autel de la Patrie, en pierre, sur la place de la Liberté....., déclare que les pierres enlevées tant à l'intérieur qu'à l'extérieur du Temple de Notre-Dame, pour la confection de cet autel, étoit le motif d'épargner d'autant les frais à ses concitoyens......; quant à la démolition de la tête du portail de Notre-Dame, du côté de la maison d'arrêt, le travail gothique, ruiné par la vétusté, nécessitait pour la sûreté du bâtiment, dont quelques pierres, par leur chute, avoient déjà occasionné du dégast, et pour celle des citoyens passant dans la rue, qu'il fut abattu : l'effet de la gelée pouvant faire écarter les pierres d'un instant à l'autre et occasionner beaucoup de mal..... (1) » Ces excuses ne nous semblent guère plausibles et nous aimons mieux croire M. Delestang, contemporain de ces faits, qui nous dit dans sa « *chorographie de l'arrondissement de Mortagne,* » en l'an XI (1803), « qu'il a été détruit sans nécessité apparente. »

Non contents de dépouiller et de mutiler l'église N.-D., les farouches sectaires allèrent jusqu'à violer les sépultures qu'elle renfermait ; nous ne parlerons ici que du caveau de la famille Abot, parce que la tradition nous a conservé des détails sur ce monstrueux attentat et parce qu'il en existe encore de nos jours un témoin qui, malgré son mutisme, nous dira beaucoup.

Autrefois étaient adossées aux murs de N.-D. des échoppes dont les habitants furent les tristes héros de l'histoire mortagnaise pendant la Terreur. L'un d'eux, dont la cabane était appuyée au caveau des Abot (la rue étant en contrebas avec le parvis de l'église), trouva le moyen de s'y introduire en perçant le mur.

Après que les cercueils eurent été ouverts et les cendres dispersées, il emporta le plomb pour le convertir en balles. C'est sans doute ce même individu qui vendit à vil prix, à quelque menuisier ou ébéniste peu scrupuleux, les plaques mortuaires dont l'une servit de dessus à une commode de style Louis XVI.

C'est chez un marchand de bric-à-brac de la Grande-Rue, à Mortagne, que nous avons retrouvé ce précieux souvenir. L'épitaphe, gravée sur une belle plaque de marbre blanc, retrace à

(1) Archives mun. de Mortagne ; reg. des dél. du Conseil.

grands traits la vie de Catherine du Hardaz, épouse de messire Louis Abot du Bouchet, morte le 13 avril 1700. Quelques mots ont été rognés, mais si peu que le texte se rétablit de lui-même (1).

(1) Cette plaque, qui a environ 0ᵐ 027 d'épaisseur, pouvait avoir avant sa mutilation 1ᵐ 20 de longueur sur 0ᵐ 80 de largeur.
L'épitaphe en caractères latins est ainsi conçue :

Icy repose
Catherine DV HARDAZ, dame des terres et seigneuries
de Linte et de la Rochelle,
épouze
de messire Jean Louis Abot DV BOVCHET, chevalier,
seigneur de Surmont et de Milan, patron honoraire de Courtoulain,
ancien juge du Point d'Honneur,
Grand bailly et chef de la noblesse et justice du Perche,
Gouverneur de la ville et chateau de Mortagne,
fils de l'illustre Jean ABOT,
Si distingué dans la province par ses grands emplois
et par ses grandes qualités.

Elle naquit d'une riche et ancienne maison de la province du Maine,
une noble et sainte éducation segonda en elle un naturel heureux,
un esprit droit, un jugement solide, un cœur docile et sincère,
une âme élevée.
Par ses manieres honnestes et engageantes,
elle sceut, sans changer d'esprit, diversifier sa conduite
à l'égard de ses proches, de ses amis et de son domestique,
également habile à allier les devoirs de la vie civile avec ceux
de la vie chrétienne,
exacte et assidue à tous les exercices de piété,
charitable pour les pauvres et pour les malades,
douce et affable pour les autres, sévère et dure pour elle seule,
unissant l'esprit de pénitence avec l'innocence
de ses mœurs.
La maladie aigüe qui l'enleva servit moins à éprouver, qu'à faire éclater
sa vertu.
Jamais elle n'eut plus de foy, plus d'égalité d'esprit,
plus de fermeté courageuse qu'aux aproches de la mort.
D'un œil serain et content, elle consolait sa famille affligée ;
au témoignage intérieur que l'esprit de Dieu
rendoit en elle,
elle parloit de son bonheur prochain avec une incroyable confiance,
prête à s'y disposer par l'application des mérites de IESVS CHRIST
dans lusage des derniers sacrements de la prière,
ordonnant que les livrées qu'elle portoit de la Sainte-Vierge
passassent avec elle jusque dans le tombeau.
Remplie d'amour pour Dieu
et de joie d'avoir à paroistre sitost devant luy,
cette femme forte passa dans l'Eternité,
l'an de grace 1700, le 13ᵉ jour d'avril.
Priez Dieu pour son âme.

« Il serait vraiment à désirer, dit le *Bonhomme Percheron* (1), que ce marbre reprît sa place d'autrefois, afin de perpétuer et le souvenir d'une famille qui s'illustra par ses vertus et celui des hommes qui se signalèrent par leurs sacrilèges. »

Nous croyons savoir que ce vœu, qui est en réalité celui de toute la population chrétienne de Mortagne, sera réalisé à bref délai par les soins de la fabrique de Notre-Dame. Nous ne pouvons que féliciter messieurs les fabriciens de leur généreuse initiative.

§ 3. Réunions à Notre-Dame et fêtes patriotiques ayant un caractère religieux.

Nous comprendrons sous ce titre : non-seulement l'historique des réunions qui eurent lieu à Notre-Dame, mais encore tous les faits se rapportant à l'histoire religieuse des paroisses en général de la ville de Mortagne.

A la fin du XVIIIe siècle, une réforme générale semblait nécessaire : on commença par de tapageuses réclamations, souvent suivies de crimes atroces et on assaisonna le tout de bruyantes et ridicules cérémonies. Le clergé, sans méfiance aucune, prêta d'abord son concours à ces fêtes qui n'étaient qu'un étalage brillant, mais sans valeur, destiné à éblouir le peuple.

La prise de la Bastille venait d'ouvrir une ère nouvelle; les prétendus patriotes virent là un fait d'armes : l'histoire impartiale n'y constate que le lâche assassinat, par une foule en délire, de quelques invalides et d'une poignée de soldats que les services rendus par eux à la France auraient dû suffire à faire respecter ; ce crime resté impuni fut le signal d'un désordre général qui ne

Hoc amantissimæ conjugi monumentum
tristis mariti pietas
æternam defunctæ memoriam luctusque sui solatium posuit,
futurum expectans sub eodem cum illa tumulo
sepulturæ resurrectionisque consortium

※

Junxit amor sed mors disjunxit; junget eosdem
mors; eadem sociis urna duobus erit.
Requiescat in pace. Amen.

※

(1) Numéro du 24 juillet 1892, dans lequel est également reproduite l'épitaphe ci-dessus.

tarda point à engendrer les attentats les plus affreux. La famine se mit de la partie; la misère régnait partout : au lieu de la combattre par le travail, on négligea l'agriculture pour ne plus s'occuper que de politique. La politique, combien de malheurs n'a-t-elle point attirés sur notre pays ! Et pourtant, combien est grand le nombre de ses esclaves !

La misère n'empêcha point les fêtes d'avoir lieu : on les prodigua même, pour faire croire à une prospérité qui était loin d'exister.

Le 19 juillet 1789, le maire de Mortagne rend compte à la municipalité de ce qui s'est passé à la séance tenue par le Roi, le 15 juillet, et de la cessation des troubles. L'assemblée considérant que de l'accord naît le bien-être général, fit chanter solennellement un *Te Deum* en actions de grâces d'une union si désirée et du rétablissement de la paix dans le royaume.

Le clergé de toutes les paroisses et communautés, la noblesse et tous les corps de la ville s'assemblèrent dans l'église collégiale de Toussaints sur les quatre heures de l'après-midi. Tous arborèrent une cocarde uniforme en signe d'union et chantèrent à l'unisson le cantique d'actions de grâces. Les dames firent une quête pour les pauvres, les habitants illuminèrent leurs maisons, firent des feux de joie et ne cessèrent de crier : « *Vive le Roi, vive le Père de la Nation !* »

Cette joie devait être de courte durée. Le 23 du même mois, M. le maire recevait une lettre très alarmante de M. le Curé du Pin et une seconde de M. de Savary, capitaine de la Milice Bourgeoise de Bellême, qui annonçait une invasion de brigands : la panique s'empare des habitants de Mortagne ; on sonne le tocsin, des vedettes sont envoyées dans toutes les directions, la Milice Bourgeoise est sous les armes, la ville est barricadée (1). Ce fut peine perdue, car les brigands, n'ayant jamais existé, n'arrivèrent point et il fut avéré que cette échauffourée était l'œuvre de quelques émissaires venus tout exprès de Paris.

Les têtes étaient montées; l'instinct de conservation fit bientôt place à la soif du pillage. La foule fit irruption dans les bureaux de l'octroi, du receveur des droits de coutumes, etc..., enleva les registres, les porta, les entassa sur la place publique et y mit le feu. Les cendres s'élevèrent en tourbillons dans les airs et obscurcirent l'atmosphère. Les acclamations qui se contrecarraient ressemblaient assez aux aboiements d'une meute qui va forcer sa proie.

Le lendemain, 24, le Conseil délibérant sur les moyens à

---

(1) Arch. mun. de Mortagne; reg. des délib. du Conseil. — Le docteur Jousset, *La Révolution au Perche*, troisième partie, p. 75 et suiv.

prendre pour qu'à l'avenir de tels faits ne pussent se renouveler, fait tout particulièrement défense « aux sacristes des paroisses de sonner le tocsin, sous peine de punition (1), » et ordonna un désarmement général. Des perquisitions furent faites, même chez les prêtres.

Un capitaine, suivi de ses soldats, entre dans la chambre de l'abbé Marre et lui demande ses armes. « Je n'en ai pas, » répond le prêtre. Cette réponse ne leur suffit point, ils s'assurent par eux-mêmes de son exactitude; leur inventaire fini, ils se retirent, furieux de ne rien trouver. En signe d'adieu, le capitaine pose sa main sur l'épaule de l'ecclésiastique et lui dit : « Petit abbé, ta tête ne tient pas à grand chose, » et lui de répondre : « Prenez-la tout de suite et emportez-la (2). » Quelques mois plus tard, on l'eût pris au mot.

La misère, venons-nous de le dire, régnait partout. Pour la combattre, on fit appel à la charité de toutes les classes de la société. Le clergé fut principalement chargé de calmer les esprits afin que la souffrance n'engendrât point le crime. La municipalité de Mortagne, profondément affligée de l'insurrection de jeudi dernier (23 juillet 1789), arrête entre autres choses, dans sa séance du 26 juillet, « Que tous les bons citoyens, et les curés principalement, seront sollicités d'interposer leur ministère pour faire entendre au peuple que le bienfait ineffable de la liberté, que le meilleur des Rois vient de lui concéder, serait le plus grand des maux s'il dégénérait en licence et en insubordination ; que la liberté, pour être ferme et durable, doit reposer sur les bases de la *raison* et de la *justice*, que les principes sacrés de la *Religion*, ainsi que les sentiments d'humanité qui ont toujours dirigé le peuple français ne lui permettent pas de souiller ses mains dans le sang.. .. ; » le procès-verbal de cette délibération, dont nous ne donnons qu'un extrait, fut envoyé aux curés, avec invitation de le lire au prône.

Les religieux du Val-Dieu firent remettre au maire la somme de 300 livres pour le soulagement des pauvres de la ville. Sur l'initiative des curés de Mortagne et de plusieurs notables, des quêtes furent faites et le produit, joint à l'argent disponible de la ville et de l'hôpital, servit à secourir la misère qui s'étalait partout. Nous arrivons au mois d'avril 1790 sans avoir rien autre chose à signaler que des plaintes et des gémissements poussés par un peuple affamé et surexcité.

(1) Arch. mun. de Mortagne ; reg. des délib. du Conseil. — Notes mss. de M. l'abbé Marre. — Le docteur Jousset, *La Révolution au Perche*, troisième partie, p. 80 et suiv.

(2) Notes mss. de M. l'abbé Marre.

Le 19, la municipalité, considérant que « *MM. de la Milice Citoyenne* ont dès avant ce jour exprimé leur empressement et le désir qu'ils avaient de donner des preuves de leur zèle par les sollicitations qu'ils ont faites pour être admis à faire le serment requis, a arrêté, ce requérant le procureur de la commune, que le corps de la Milice Nationale de cette ville prêtera mercredi prochain, à quatre heures de relevée fixes, sur la grande place, en présence de la commune assemblée, le serment, dans la forme prescrite par le décret du 7 janvier dernier.

« Arrête aussi : 1º Que le jour indiqué sera annoncé la veille par le son des instruments et tambours; 2º Que, pour donner à cette cérémonie la solennité la plus auguste, il sera élevé sur la place à ce destinée un *autel de la Patrie*, sur lequel sera prêté le serment; 3º Que M. le commandant des chasseurs de Picardie, en garnison dans cette ville, et M. le brigadier de maréchaussée seront invités et requis de se rendre avec leurs troupes mercredi prochain, à quatre heures de relevée fixe, sur la Grande-Place, pour maintenir le bon ordre, assurer la paix et la tranquillité; qu'il sera établi également une garde de la Milice Citoyenne composée de cinquante hommes, aux mêmes fins; en conséquence, etc. »

Le 15 avril eut lieu la cérémonie de prestation de serment. Le maire prononça un long et pathétique discours :

« Messieurs, a-t-il dit, heureuse la cité dont tous les habitans, se considérant comme frères, et comme enfans d'une même famille, se réunissent pour abjurer des abus, des opinions et des préjugés accrédités par une suite de siècles... » Il fait l'éloge de la Révolution qui vient d'abolir tous les privilèges et commencer l'édification « *sur les ruines du despotisme abattu pour jamais, du temple auguste de la liberté...* » « Félicitons-nous, continue-t-il, mes concitoyens, de n'avoir point eu jusqu'ici dans nos murs de ces hommes haineux, injustes et pervers qui ne calculent que d'après leurs idées, qu'ils ont la présomption de croire les seules justes, frondant tout ce qui ne vient pas d'eux et s'opposant continuellement au bien qu'ils n'ont pas imaginé; et, si le Ciel dans sa colère vous infligeait un jour de ce fléau, que votre prudence, que votre modération les rappelle sans cesse à la vertu ou les force du moins à en respecter l'image... » Après avoir assuré ses concitoyens de son dévouement à leur cause et à celle de leur ville, il engage les officiers et les soldats à prêter serment en ces termes : « Venez rendre hommage à ce nom sacré; venez aux pieds de l'Eternel qui pèse nos destinées, qui tient nos cœurs dans sa main, qui en pénètre les replis les plus cachés pour en confondre le parjure, venez jurer d'être fidèles à la Nation, dont vous êtes membres, à la Loi, qui vous protège contre le désordre et les horreurs de l'anarchie, et au Roi, le Restaurateur de votre liberté, et de maintenir de tout votre pouvoir la Constitution de l'Etat.

« Ministre du Seigneur qui nous annoncez sa morale sublime, qui la pratiquez et nous la persuadez par l'exemple, soyez notre médiateur, élevez vos prières pures vers le Ciel et demandez-lui pour nous la conservation des jours précieux du Roi, de ce bon et digne Prince, qui nous assure qu'il s'est uni à nous, de la manière la plus franche et la plus intime, qu'il veut payer nos sacrifices par la reconnaissance et son affection, qu'il proteste n'avoir avec nous qu'une opinion, qu'un seul intérêt, qu'une seule volonté : l'attachement à la Constitution, la prospérité de la France. »

Nous verrons quels actes suivirent ces belles paroles qui, nous n'en doutons pas, étaient sincères. Si les honnêtes gens pensaient ainsi, les perturbateurs interprétèrent autrement ces discours patriotiques.

La suppression des couvents et communautés venait d'être décidée par l'Assemblée Nationale. Les moines de l'ancienne et célèbre abbaye de la Trappe espérèrent échapper à cet odieux et tyrannique décret : la municipalité de Mortagne, appelée à donner son avis sur la suppression de ce monastère, dont la charité envers les malheureux était connue de tous, prit une délibération en sa faveur. Tout fut inutile; les religieux durent quitter leur asile de paix. Les pauvres les pleurèrent parce que beaucoup perdirent en eux leur soutien.

Les libéraux s'enhardirent et développèrent plus ouvertement leurs nouvelles idées. Arriva le mois de juillet et avec lui la fête du Pacte Fédératif. Elle eut lieu dans toute la France le 14 juillet 1790.

« Elle a été annoncée, à six heures du soir, pour le lendemain, à tous les citoyens, par une échange de trois boëtes, qui fut en même temps le signal pour faire sonner les cloches des églises paroissiales et autres, et indiquer aux tambours et musiciens le moment de partir de la place d'Armes pour faire le tour de ville.

« Le lendemain, 14 juillet, il fut fait, à huit heures du matin, pareille décharge de trois boëtes pour indiquer de sonner les cloches et aux tambours de battre la générale.

« A neuf heures, les tambours battirent la générale, puis l'état-major fit l'inspection des armes. A neuf heures et demie les compagnies de N.-D. et de St-Jean se réunirent sur la place au blé, où déjà était celle de Ste-Croix.

« Prohibition des coups de fusils.

« A neuf heures trois quarts, les notables réunis au corps municipal, le maire a dit à l'assemblée que ce jour à jamais mémorable devait faire époque dans les annales de l'histoire, et que chacun voudra être animé de l'amour du patriotisme le plus épuré et de la liberté, que les augustes représentans à l'Assemblée avaient, par la sagesse de leurs décrets, procuré à tous les citoyens de cet empire; il se persuadait qu'il n'était aucun membre qui ne ratifiât sur l'autel de la Patrie le serment d'être à jamais fidèle à la Nation, à la Loi, au Roi, de maintenir de tout son pouvoir la Constitution du royaume decrettée par l'Assemblée Nationale et acceptée par le Roi. »

A dix heures, la Garde Nationale, traversée par la pluie, invite la municipalité de se hâter vers l'église. Elle-même se rendit de la place d'Armes à N.-D. dans le plus grand ordre et le plus profond silence. Les Gardes Nationaux se placèrent sur trois rangs dans les nefs principale et collatérales.

A dix heures et demie, un détachement de la Garde alla chercher les autorités civiles et militaires, le Conseil Général, qui se placèrent dans les stalles du chœur. Les tambours firent un roulement et la messe commença, dite par M. Soyer, curé de St-Jean, officier municipal, aumônier de la Garde.

« Durant l'office, la musique et les orgues jouèrent différentes marches et ne laissèrent d'intervalle qu'au moment de l'Elévation pour laisser battre les tambours; le mouvement des armes fut commandé, ainsi qu'il est d'usage aux messes militaires; après la messe on ordonna le repos des armes. »

L'abbé Courapied prononça, à ce moment, le discours que nous avons reproduit (pages 113 et suivantes). La pluie ayant cessé, on se rendit de nouveau sur la place d'Armes. La Garde se rangea en bataillon carré, les tambours se placèrent du côté droit et les musiciens du côté gauche, puis le maire adressa à l'assistance ces paroles:

« Citoyens,

« C'est sous les auspices de la Religion que les Français vont offrir leurs vœux à l'Eternel pour qu'il lui plaise jeter un coup d'œil favorable sur notre nouvelle Constitution. C'est aujourd'huy qu'il faut lui rendre grâces d'avoir permis que les liens du despotisme soient brisés et que ce présent jour à jamais mémorable soit la fête de la liberté. La liberté ! Non, mes concitoyens, vous ne la laisserez pas profaner; vous êtes trop sages et éclairés pour vous laisser séduire par un mot dont l'abus vous auroit conduit aux horreurs de l'Anarchie, etc., etc. »

A midi précis, une dernière décharge de boîtes fut le signal de sonner toutes les cloches ; les drapeaux distribués, le serment prêté, on retourna au galop à l'église, car la pluie recommençait à tomber. Le *Te Deum*, entonné par l'aumônier de la Garde, fut suivi du *Salvum fac Regem* et de l'oraison pour le Roi. Pendant tout ce temps, les cloches de la ville sonnèrent à toute volée.

Bientôt les églises ne servirent plus uniquement aux offices divins : on en fit des lieux de réunions profanes dans lesquelles on traita souvent des choses les plus antreligieuses. Le 22 octobre 1790, le Procureur de la Commune dit que les membres de la municipalité sont invités à convoquer l'Assemblée Primaire pour l'élection du Juge de Paix et des Assesseurs, afin de se conformer au décret de l'Assemblée Nationale. On désigna les dates et heures des réunions qui furent annoncées aux prônes des messes paroissiales et au son de la caisse. Elles eurent lieu dans les églises de N.-D., de Ste-Croix et des Capucins.

Le 13 novembre 1791, à l'issue des vêpres, célébrés en l'église N.-D., devait avoir lieu la première réunion primaire. Le citoyen Jean Hérode, administrateur du département de l'Orne, s'était présenté dans le chœur, préparé à cet effet, et n'y trouva que quatre électeurs seulement. Après une heure d'attente et après avoir fait sonner une seconde fois, il se décida à se retirer, ne voyant venir personne. La séance fut remise au lendemain. Le lundi on désigna les scrutateurs : 101 citoyens prirent part au vote.

Le 15, le citoyen Rathier reçut la majorité au deuxième tour de scrutin, soit 88 voix sur 120 votants. Le même jour et le lendemain, il fut procédé à la nomination de 4 assesseurs : les citoyens Dupont, Berthe, Brad la Roze et Bouilly furent élus.

Le mardi 16, on fit l'élection d'un Procureur de la Commune, en remplacement du citoyen Delestang, passé à l'administration du District. Le citoyen Desgrouas obtint 71 voix, sur 90 votants, et fut élu. Le 18 eut lieu la nomination de neuf Notables.

Pour donner quelque caractère religieux à ces réunions, on fit dire à N.-D. une messe du Saint-Esprit, le mardi 16 novembre, à dix heures du matin. M. le Procureur de la Commune y assista, ainsi que MM. Berthereau, Le Gendre, Dehail, etc. Introduits ensuite dans l'intérieur du *Parquet*, ils prêtèrent, en présence de toute l'assemblée, le serment « de maintenir de tout leur pouvoir la Constitution du royaume, décrétée par l'Assemblée Nationale et acceptée par le Roi, d'être fidèles à la Nation, à la Loi et au Roi, et de remplir avec exactitude et impartialité les fonctions de leur office. »

L'assemblée descendue sur le *Parquet* et les juges montés sur leurs sièges ont été, par elle, installés dans leurs fonctions. « L'assemblée, au nom du peuple, a prononcé pour lui l'engagement de porter au tribunal et à ses jugemens le respect et l'obéissance... (1) »

Environ deux mois après, de nouvelles réunions devaient se faire dans les églises et un serment y être prêté, mais il s'agissait cette fois du clergé. Cette prestation eut lieu, à Mortagne, le dimanche 23 janvier 1791 : elle avait été annoncée la veille au son des cloches, des tambours et des quelques instruments criards qui formaient la musique municipale.

Le cortège se forma à la mairie et se rendit, de la manière indiquée à la page 34, vers l'église N.-D. Ce fut elle qui reçut la première cette horde tumultueuse : « les cris, les chants, les tambours, les flûtes, etc., retentirent dans le lieu saint sur des airs et des paroles du plus chaud patriotisme (2). » Après avoir pris séance, le Procureur de la Commune prononça le discours suivant :

« Messieurs,

« Obéir aux lois, les respecter, donner à ses compatriotes l'exemple de la soumission et du respect, telle doit être la conduite de tout patriote françois ; à bien plus forte raison doit-elle être celle des ecclésiastiques, fonctionnaires publics, des ministres du Dieu de paix et conciliation ; de ces ministres dignes de remplir les premières places du sacerdoce et de veiller sur le troupeau qui leur est confié, sur le troupeau dont l'Eternel a daigné exaucer la voix. Plongé dans l'abîme de toutes les misères, cet infortuné troupeau gémissoit sans cesse, élevoit en tremblant ses mains vers le Très-Haut et lui demandoit des pasteurs selon son cœur. Il désiroit ardemment connoître la vérité, et la vérité fuyoit toujours devant lui. L'Etre Suprême ne fait acception de personne ; il reçoit la prière des humbles et rejette celle des grands, qu'il renverse de leurs trônes. Il a prononcé dans sa justice l'arrêt de proscription contre les pasteurs qui suçoient le sang de leurs ouailles, qu'ils avoient soustraites à leurs pasteurs légitimes ; et il a, ce Dieu plein de bonté, regardé, dans sa clémence, les vrais dispensateurs de sa parole.

« Approchez donc, pasteurs vénérables, venez remplir les formalités que les lois exigent de vous ; elles doivent vous être douces à remplir, ces formalités, vous dont le cœur tendre et sensible n'a jamais abandonné les brebis confiées à votre sollicitude paternelle. Rassurez ces âmes timides et timorées que des pasteurs parasites ont effrayées dans leur croyance, et versez dans leurs âmes ce baume salutaire et divin qui, les guérissant

---

(1) Arch. mun. de Mortagne ; reg. des délib. du Conseil. — Le docteur Jousset, *La Révolution au Perche*, 3º partie, page 174 et suiv.

(2) Mémoires mss. de M. l'abbé Marre.

de leurs maladies, les attachera au vertueux pasteur qu'elles ont à leur tête.

« Et vous, brebis égarées, brebis que des pasteurs mercenaires ont écartées du véritable sentier, accourez et reconnoissez la voix de vos véritables pasteurs, de ces pasteurs que le Très-Haut vous a donnés dans sa miséricorde et selon son cœur. Leurs lumières vous sont garantes de la solidité des conseils dont vous avez besoin ; et la pureté de leur patriotisme vous préservera des embûches que vous tend l'ennemi du genre humain, et dictera à chacun de vous ce qu'il doit à Dieu et à la Loi.

« Pénétrés de cette importante vérité, que le Souverain Législateur a lui-même professée, *qu'on doit rendre à César ce qui appartient à César*, nous requérons que la loi du 26 décembre dernier soit exécutée suivant sa forme et teneur ; en conséquence, que M. le Curé de cette paroisse, conformément à l'article premier de cette loi, prête à l'instant, en présence du Conseil Général de la Commune et des fidèles, le serment de veiller avec soin sur le troupeau qui lui est confié, d'être fidèle à la Nation, à la Loi, au Roi, de maintenir de tout son pouvoir la Constitution décrétée par l'Assemblée nationale et acceptée par le Roi ; que les sieurs vicaires et autres ecclésiastiques, fonctionnaires publics résidant en cette paroisse prêtent, aux termes de l'article 2, le serment de remplir leurs fonctions avec exactitude ; d'être fidèles à la Nation, à la Loi, au Roi ; de maintenir de tout leur pouvoir la Constitution décrétée par l'Assemblée Nationale et acceptée par le Roi ; nous requérons pareillement qu'il soit donné acte de comparution à tous les ecclésiastiques (1). »

Après la lecture de la loi, les prêtres de la paroisse astreints au serment furent invités à le prêter : les trois vicaires seuls se présentèrent à la porte du chœur, M. le Curé étant alité. L'un des vicaires, M. le Meunier, refusa de prêter le serment, il fut hué et indignement apostrophé, les deux autres, MM. Marre et Courapier, ainsi que le curé, par la bouche de M. Marre, son premier vicaire, le prêtèrent au milieu d'une multitude en délire. « Sur le soir qui succéda à la cérémonie du serment, dit l'abbé Marre (2), nous ne tenions plus qu'un faible compte des menaces, des huées, des apostrophes grossières, des outrages auxquels nous avions été en butte, chacun de nous pouvait dire : enfin je respire. Il y avait, comme à l'ordinaire, salon chez M. l'abbé Coupard ; nous en faisions partie ; sur les neuf heures du soir, la société allait se retirer : la gent patriotique l'avait prévu, elle se

---

(1) Arch. mun. de Mortagne ; reg. des délib. du Conseil. — Le docteur Jousset, *La Révolution au Perche*, troisième partie, p. 182 et suiv.

(2) Mémoires mss.

trouva à temps sous les fenêtres de l'hôtel ; alors se fit entendre un carillon des plus effrayants : c'étaient des poêles, des poêlons et je ne sais quels autres instruments ronflants accompagnés de cris, de jurements, de brutalités, de menaces, ils beuglaient, ils hurlaient; carillon horrible ! mélodie enragée !... Qu'on se figure une bande d'écervelés furieux qui menacent, qui chantent: *A la lanterne !* qui tambourinnent et qui font de la musique en sons aigres et rauques et auxquels il ne manque qu'un hardi scélérat pour en faire des assassins. Encore un peu de temps et des hommes de trempe ne feront pas défaut. » Peu après, l'évêque constitutionnel se décide à venir à Mortagne.

Le roi étant tombé malade, la majorité du peuple, qui aimait encore son Roi, s'émut et pria pour le rétablissement de sa santé. Il fut exaucé ; aussi, lorsqu'il apprit que Dieu lui avait accordé cette faveur, de solennelles actions de grâces furent rendues dans tout le royaume. A Mortagne, la municipalité s'assembla, le 28 mars 1791, et arrêta qu'un *Te Deum* serait chanté le dimanche suivant après vêpres, en action de grâces du rétablissement de la santé du Roi. Le *Te Deum* fut précédé de motets et autres chants en musique ; le soir on alluma un feu de joie sur la place d'armes ; il y eut illumination générale. Les membres du Directoire, du Conseil Général, du tribunal et le collège furent invités à la cérémonie et y assistèrent ainsi que les gendarmes et les gardes nationaux.

Le 7 avril, le Bureau de la municipalité, informé que M. Le Fessier, nouvel évêque de ce département, passerait par Mortagne, le lendemain matin, sur les neuf heures, arrêta, sur la proposition du Procureur de la Commune, que le Conseil Municipal irait le complimenter à son arrivée accompagné de toute la garde nationale et qu'il serait reçu au son de toutes les cloches et au bruit de toute l'artillerie. Pour le recevoir dignement, les habitants furent invités à pavoiser leurs habitations (1). Le Fessier, acompagné de ses deux Grands Vicaires, Cucu et Malassis, fit son entrée en ville au milieu d'une foule de curieux et se dirigea vers le *club*, où la réception eut lieu. Après les embrassades et les serrements de main en signe de fraternité, l'Evêque intrus se mit à débiter un sermon, ou plutôt un discours, sur le *civisme* et le *serment civique :* les aristocrates et les prêtres non jureurs n'y furent point épargnés et la populace, que ce discours impressionna quelque peu, quitta la salle en chantant le *Ça ira* et s'en fut donner des aubades sous les fenêtres (2).

Aux préoccupations politiques vint se joindre à Mortagne une question de drapeau : une partie des Gardes Municipaux voulaient

(1) Archives mun. de Mortagne; reg. des délib. du Conseil.
(2) Mémoires mss. de M. l'abbé Marre.

le nouveau, les autres ne voulaient point se séparer de l'ancien. Un conflit en résulta. Nous les laisserons discuter leurs revendications réciproques pour ne nous occuper que de N.-D. et voir comment il en fut question dans cette affaire. Le 10 avril 1791, les commandants, officiers et gardes municipaux demandèrent au corps municipal que les drapeaux fussent appendus à la voûte de l'église principale, en vertu du décret du 10 juin 1790. Le 25 du même mois, le bureau de la municipalité recevait une seconde lettre du directoire de Mortagne qui fixait la réunion des citoyens actifs dans l'église de Toussaints, « le mardi suivant, sur les trois heures de l'après-midi, pour délibérer sur la contestation relative aux drapeaux et pour décider lesquels seroient appendus aux voûtes de N.-D. » Le dimanche 8 mai, conformément à l'arrêté du directoire du département, du 2 de ce mois, et à celui du bureau de la municipalité du 5, « les anciens drapeaux de la ville furent appendus à la voûte de l'église Notre-Dame en présence des officiers municipaux, des commandans, officiers et gardes-nationaux et d'une multitude considérable de citoyens et citoyennes. » Comme nous l'avons déjà constaté, le serment civique avait jeté la division parmi les prêtres et les fidèles. A Mortagne comme ailleurs, le désaccord régnait et menaçait de dégénérer en querelle, peut-être même en une guerre civile. La municipalité s'en émut et se réunit le 1ᵉʳ juin 1791 pour prendre des mesures afin « d'arrêter dans son présage une fermentation d'autant plus dangereuse qu'elle pouvoit finir par armer les citoyens les uns contre les autres sous le prétexte toujours spécieux de la religion ; suivant la rumeur publique, quelques particuliers des deux sexes se seroient permis de menacer du fouet les personnes du sexe qui alloient dans une église plutôt que dans une autre. » Le mercredi 29 juin, elle approuvait une proclamation portant qu'il était défendu « de troubler les citoyens sous prétexte de diversité d'opinions, de s'opposer à ce qu'aucun citoyen n'assiste aux offices qu'il aura intention de préférer, d'inquiéter, en quelque manière que ce soit, les ecclésiastiques non assermentés, les personnes que leur inclination a porté de vivre en commun, aussi que celles qui se sont dévouées au service des pauvres malades..... » Cette proclamation dont nous ne citons qu'un extrait fut signée de Le Bouyer de Saint-Gervais, maire; Soyer, curé de Saint-Jean ; Frette, Muteau, Desgrouas, Magné, Souvain, Coru-Fornival, Cheelin père, officiers municipaux; Delestang, procureur de la commune ; et Dozé, secrétaire greffier (1).

Voyant que son autorité n'était plus qu'un vain mot, Louis XVI

---

(1) Arch. mun. de Mortagne; reg. des délib. du Conseil.

résolut de prendre la fuite et d'aller demander asile aux princes voisins. Il quitta les Tuileries dans la nuit du 20 juin 1791. Un gendarme avec une cocarde blanche vint annoncer cette nouvelle à Mortagne. Ce fut le signal d'une nouvelle persécution contre les prêtres non assermentés. Le 23 juin 1791 devait être célébrée la fête du Saint-Sacrement. Ce jour-là toutes les paroisses de la ville se rendaient à N.-D. pour la procession. Les officiers municipaux adressèrent une lettre aux vicaires de Ste-Croix les priant d'assister à la cérémonie. Ils y consentirent à cette seule condition posée par M. l'abbé Blanche, « que le clergé de N.-D. et de St-Jean qui est séparé de l'Eglise y rentre et nous allons nous réunir à lui. — Comment y rentrer ? dit le président du Conseil. — En se rétractant : nous ne pouvons pas communiquer *in spiritualibus* avec des schismatiques. Nous nous retirâmes et nous fîmes la procession *intra muros*. Les assermentés ne sortirent point non plus de leurs églises. On fit courir le bruit que les aristocrates conspiraient. »

Le long martyr que les prêtres restés fidèles au Vicaire de Jésus-Christ eurent à subir dans la suite commença pour eux : le soir de ce jour, on voulut attenter à leur vie. Le Roi venait d'être arrêté à Varennes; ce fut un cavalier arrivé à franc-étrier qui annonça cette nouvelle, qu'un coup de canon confirma à la population mortagnaise. Les patriotes relevèrent aussitôt la tête, s'agitèrent et délibérèrent sur place (1). Le procureur de la commune proposa au bureau de la municipalité, assemblé en toute hâte, de faire sonner les cloches « pour annoncer aux citoyens cette heureuse nouvelle. » La proposition fut acceptée à l'unanimité (2). Présumant que les choses allaient mal se passer et ne se trouvant plus en sûreté, les vicaires de Ste-Croix quittèrent Mortagne. Le calme s'étant quelque peu rétabli, ils revinrent huit jours après, le 3 juillet; ils rentrèrent à Mortagne en redingote : les uns les reconnurent, les autres doutèrent : pas trop de cris (3). Arriva l'anniversaire de la prise de la Bastille. Le 14 juillet 1791, dès six heures du matin, des salves d'artillerie se firent entendre; à dix heures les autorités se réunirent à la mairie; la garde nationale vint les chercher, tambours et musique en tête, à dix heures et demie, pour se rendre sur la place d'Armes au bruit de l'artillerie et au son des cloches. Là, un magnifique autel était dressé. L'abbé Soyer célébra le Saint-Sacrifice au milieu d'un silence souvent interrompu et prononça le discours que nous avons reproduit (p. 38 et suiv.). Le maire monta ensuite sur les

---

(1) Mémoires mss. de M. l'abbé Marre.
(2) Archives mun. de Mortagne; reg. des dél. du Conseil.
(3) Mémoires mss. de M. l'abbé Marre.

degrés de l'autel : « Citoyens, dit-il, nous allons renouveler avec tous les françois le serment d'être fidèles à la Nation, à la Loi, au Roi, » il rappelle ensuite que chacun doit se considérer comme enfant d'une même famille, que le salut de l'Etat dépend de la soumission aux lois et que l'on devient coupable en les enfreignant et en leur donnant, par un excès de zèle, une extension préjudiciable ; que la loi constitutionnelle de l'Etat, en reconnaissant et en déclarant que la personne du chef de l'Etat est sacrée, répond à un sentiment inné dans le cœur des François, qui doivent verser jusqu'à la dernière goutte de leur sang pour la liberté.

Ces dernières paroles étaient à peine prononcées que les 12 coups de midi tintèrent lentement dans la tour de N.-D. Aussitôt le canon gronda et les cloches sonnèrent à toute volée, tandis que la musique jouait quelque morceau patriotique. Pendant ce concert si varié, on prêta le serment que l'on fit suivre du *Te Deum,* chanté par tous les assistants. Sur les six heures du soir, les corps administratifs se réunirent à la Maison Commune et s'en furent sur la place publique, puis à l'église N.-D., pour chercher le clergé et le St-Sacrement, qu'ils accompagnèrent jusqu'à l'autel de la Patrie, où un salut solennel fut célébré par M. le Curé de N.-D. A cette cérémonie assistèrent plusieurs prêtres et curés des environs. Ensuite le clergé, précédé de la musique et des mêmes corps judiciaires et administratifs, retourna à N.-D. où une nouvelle bénédiction du St-Sacrement fut donnée. M. le Président du Directoire clôtura la fête par un discours de circonstance. Pendant la marche du St-Sacrement la musique joua des airs joyeux et animés et les canons alternèrent avec les cloches lancées à toutes volées.

Nous ne parlerons point ici de l'odieuse et brutale expulsion des religieuses de l'Hospice, nous réservant d'en donner les détails dans un chapitre postérieur. Le 15 août, tous les fonctionnaires et le corps municipal assistèrent dans l'église N.-D. à la procession du vœu de Louis XIII qui fut suivie du *Te Deum*. Le 9 septembre, la municipalité accorda des certificats de civisme à treize ecclésiastiques, reconnaissance faite qu'ils n'avaient aucune intention de troubler la tranquillité publique (1). Le dimanche 18, issue de Vêpres, un *Te Deum* fut chanté à N.-D. en action de grâces de l'établissement de la Constitution et de l'acquiescement du monarque. Inutile de dire que pendant la cérémonie les cloches carillonnèrent et que la musique et les tambours se firent entendre. Les fêtes sans grand tapage n'auraient point été jugées dignes de leurs instigateurs. Arriva à la mairie l'abbé Soyer, curé de St-Jean ; sa courte administration fut calme et son énergie empêcha bien des excès de se produire.

Le dimanche 9 octobre 1793, la municipalité et les fonctionnaires se rendirent, sur les quatre heures du soir, de l'hôtel commun à l'église N.-D. pour y entendre la publication de la loi constitutionnelle de l'Etat. Un *Te Deum* précédé de prières pour la Nation et le Roi suivit cette lecture; le tout fut entremêlé de symphonies par la musique de la garde nationale. On se rendit ensuite sur la place d'Armes où un feu de joie avait été préparé. Il fut présenté aux Présidents du Directoire du district, et du tribunal, ainsi qu'au commandant de la garde nationale, un flambeau « pour allumer un feu en signe de réjouissance. » Les cris de *Vive la Nation, le Roi et la Loi*, s'élevèrent dans les airs en même temps que les premières bouffées de fumée.

La persécution ne faisait qu'augmenter, les ecclésiastiques non jureurs, qui n'avaient point encore émigré, se voyaient perpétuellement inquiétés. L'assemblée législative décréta, le 29 novembre 1791, que les prêtres non assermentés seraient privés de leurs traitements, pensions et indemnités qui leur avaient été alloués par les lois précédentes. On alla même jusqu'à leur interdire de porter l'habit ecclésiastique et d'exercer publiquement toute fonction du culte, témoin le fait suivant. Le 7 janvier 1792, le procureur de la commune présenta au Conseil une requête dans laquelle il signala que, d'après la rumeur publique, un curé d'une des paroisses de Mortagne aurait permis à un prêtre non assermenté de faire un mariage dans son église. M. le Procureur protesta et demanda au Conseil de prendre des mesures pour que pareil fait ne se reproduise pas. En conséquence, la municipalité ordonna « qu'une affiche portant défence à tout prêtre de célébrer dans aucune des églises de son ressort aucun office, [sans] au préalable, avoir exhibité un certificat de serment civique, soit posée dans chaque paroisse. »

Avec l'année 1792 commencèrent ces désordres, prélude de crimes qui entachèrent à jamais l'histoire de notre malheureuse patrie. Si, jusqu'à ce jour, on s'était tenu aux paroles, on en vint bientôt aux actes; les femmes se mirent de la partie, laissant de côté les soins du ménage pour ne s'occuper que de politique.

Les enfants, dont on n'avait plus le temps de surveiller l'éducation, suivirent les tristes exemples de leurs parents. Le 30 janvier, des enfants de la ville et des environs s'attroupèrent, insultèrent les passants et allèrent jusqu'à leur jeter des pierres et leur donner des coups de bâton.

On ne se contenta plus de manifester au grand jour ses antipathies contre telle ou telle personne : on s'efforça de lui faire le plus de mal possible en la dénonçant. Cette action déloyale devint à l'ordre du jour, et fréquemment on conduisait en prison des gens qui étaient loin de soupçonner le motif de leur arrestation. Heureux encore ceux qui pouvaient se défendre et se justifier ! Si les personnages dont il est question dans le curieux procès-verbal que nous allons citer n'appartiennent point à notre ville, nous n'avons pas cru devoir le passer sous silence, puisqu'il se trouve consigné sur les registres de la municipalité de Mortagne.

« MM. Doucet et Pierre Rotrou, le 1ᵉʳ officier municipal et l'autre procureur de la commune de Tourouvre, nous ont dit qu'ils avoient accompagné la garde nationale du lieu pour empêcher tout désordre qui pourroit se commettre dans la conduite qu'ils ont faite jusqu'à cette ville du sieur Roger, ci-devant curé de Bresolette et y continuant ses fonctions jusqu'à son remplacement.

« A l'instant ont comparu Boivin, capitaine, Laliset, sous-lieutenant, Duret, Verger, Gautier, caporaux, Brunel, Grenard, etc., gardes-nationaux de Tourouvre, lesquels nous ont requis de recevoir leur déclaration, que ce jour un peuple innombrable se seroit assemblé à Tourouvre pour chasser le curé de Bresolette ; que les dits gardes-nationaux, voyant dans les esprits la plus grande fermentation, se seroient décidés, pour éviter le désordre et empêcher tous accidents, d'amener en cette ville le curé de Bresolette, et, en effet, ils l'ont conduit sur un âne ainsi qu'on l'a exigé d'eux. Lequel curé, ils déclarent remettre à Mortagne sous sauvegarde de la Loi.

« Et, à l'instant, est comparu Jean-Nicolas Bunel, domicilié à Tourouvre, lequel nous a prié de recevoir les dires suivants : Que le curé de Bresolette venoit souvent chez son père et que la sœur du curé fréquentoit la dame Nourry, sa belle-mère ; que ladite Nourry, depuis ses fréquentations, avoit montré quelque fois une aliénation d'esprit ; qu'elle, qui ne sortoit jamais et qui étoit exacte à l'office de sa paroisse, alloit ailleurs à la messe ; qu'il auroit appris, par une domestique du père du curé, qu'il publioit que ceux qui alloient à la messe des prêtres assermentés n'y alloient point ; que les enfants qu'ils baptisoient n'étoient point baptisés ; que les mariages n'étaient point des mariages, mais des concubinages.

« Est aussi comparu le sieur Durand, fendeur de bois, lequel nous a requis de recevoir sa déclaration : Que le voiturier de Bresolette lui avoit dit que le curé de Bresolette lui avoit dit que ceux qui alloient à la messe n'y alloient point, pas plus que des chiens.

« Est aussi comparu Jean-Pierre Plisson, de Tourouvre, lequel nous a requis de recevoir sa déclaration : Que, la semaine passée, les nommés Reauleux, du Bois et plusieurs habitants de Bresolette lui ont dit que le curé de Bresolette avoit fait acheter trois livres de poudre à canon au lieu de Crulai, et qu'il avoit dit que c'étoit pour recevoir la garde nationale de Tourouvre.

« Et aussi, a comparu Jean-Antoine Duret, de Tourouvre, lequel a dit : Que le nommé Bigot, de Bresolette, lui a dit qu'il désiroit de tout son cœur qu'on éloignât le curé de sa paroisse, attendu que sa femme, qui a toujours bien vécu avec lui, est toute renversée depuis qu'elle a été à confesse à lui ; qu'il a donné un catéchisme à l'enfant Bigot qui est inconstitutionnel, lequel a fait lire chez lui par ledit enfant, sa femme présente ; ce qu'il a signé.

« Est comparu : Robert Durant, qui a dit : Que Jean-Jacques Leroux lui a dit que le curé lui a dit qu'il n'avoit qu'à le soutenir et qu'il achèteroit l'église et qu'il leur diroit la messe. »

Le cas fut jugé grave par le conseil municipal, aussi dénonçat-il le curé de Bresolette à l'accusateur public afin qu'il soit poursuivi selon toute la rigueur des lois (1).

Ces faits aussi absurdes que révoltants seront regardés comme tels par tout esprit sensé : ils n'en étaient pas moins la conséquence logique et forcée de la Constitution Civile du clergé par laquelle l'Etat prétendait se substituer au Souverain-Pontife dans la direction des âmes et le gouvernement de l'Eglise.

La guerre déclarée aux puissances étrangères rendit les révolutionnaires de plus en plus exaltés : ceux qui avaient eu ou avaient encore quelques relations avec les émigrés furent traqués et leurs conversations épiées. C'est ainsi qu'est comparu, le 8 février 1792, devant le conseil municipal assemblé, le citoyen Pierre Yves, « lequel a dit qu'il avoit rencontré un ancien domestique qu'il n'avoit pas vu depuis douze ans, et dont il n'a jamais su le nom que par celuy de St-Louis ; qu'après un premier entretien, il lui a dit qu'il venait de Coblentz, il y a trois semaines, et que, sur différentes conversations sur les nobles et les prêtres, il assura que les choses ne pouvoient durer ce qu'elles sont ; que les princes, ne pouvant obtenir des puissances étrangères de faire la guerre tant que le Roi seroit en France, leur projet étoit d'avoir le Roi, de gré ou de force, et que, actuellement il y a une compagnie d'hommes en France, dévoués aux plus grands périls de la vie ; que si elles ne peuvent parvenir à l'enlever, après les plus grandes précautions, le poignarderont ou l'emprisonneront, parce que dans ce dernier cas, on en rejettera l'odieux sur les Jacobins et l'Assemblée Nationale ; ce qui sera d'autant plus aisé que, depuis plus de six mois, on accrédite dans les nations étrangères

(1) Archives mun. de Mortagne ; reg. des délib. du Conseil.

que tel est le plan des Jacobins, et que, par là, ce seroit une légitimité de se liguer et faire la guerre et mettre la France sous le régime ancien ; que, dans l'autre cas où on l'enlèveroit, il se tiendroit une assemblée chez les puissances étrangères où seroit le Roi, pour décider si le Roi étoit en état de régner ou non, et, s'il ne l'étoit pas, on le feroit enfermer et on nommeroit, à sa place, Monsieur, régent du royaume, et, Monsieur d'Artois, lieutenant général ; qu'il faut absolument que ces projets s'exécutent promptement, parce que les gens de ce pays-là sont ennuyés : qu'au reste, un des deux projets ne peut manquer ; ce que ledit Yves a signé (1). » Ce fait nous en dit assez sur la manière dont on se renseignait à cette époque, pour que nous ayons besoin de nous y arrêter plus longtemps. Toujours d'après des reportages, des domestiques (2) et plusieurs autres personnes furent inquiétés, parce que le Procureur de la commune a su, par la rumeur publique, qu'ils « avilissoient la Constitution ou faisoient des démarches tendant à l'avilir, et se permettoient, contre elle, les propos les plus injurieux, en fanatisant les têtes et en se permettant les sorties les plus anticiviques contre les prêtres assermentés. » Le conseil municipal, dans sa séance du 24 février 1792, autorisa le Procureur de la commune « à faire informer, à ses poursuites et diligences, contre les susdits. » Cette municipalité devint si méfiante que, le 14 février 1792, elle prit la délibération suivante : « Considérant que si les Jours Gras sont un temps de délassement pour les bons citoyens ils le sont aussi de débauche pour les perturbateurs du repos public, en conséquence, ouï le Procureur de la commune, nous, officiers municipaux, exhortons *les honnêtes gens*, véritablement amis du bon ordre et de la liberté, de rendre tous et chacun témoins de leurs innocents plaisirs et faisons à *tous autres* défense de s'attrouper et de se déguiser pendant le carnaval. Réquérons, à cet effet, la force publique d'empêcher tout attroupement et déguisement, et de constituer à la maison d'arrêt ceux ou celles qu'elle rencontrera masqués, de quelque rang qu'ils puissent être.

« Ordonnons que le présent arrêté sera lu et publié partout où besoin sera et dans les carrefours de cette ville, à ce que personne n'en ignore.... »

Cet arrêté, que la moralité semble avoir motivé, n'avait été pris en réalité que pour empêcher toute manifestation politique. Dans l'un comme dans l'autre cas, nous applaudissons à cette mesure

---

(1) Archives mun. de Mortagne ; reg. des délib. du Conseil.
(2) Ces domestiques étaient les nommés Julien, domestique-jardinier, demeurant chez M. Descorches, de Loisé ; Plumet, de Loisé ; Launai, commis chez M. Guerout, juge de paix à Mortagne.

qui, avec beaucoup d'autres, contribua à donner à Mortagne cette tranquillité que nous sommes heureux de constater dans les jours si troublés de la Révolution Française.

Le blé ne se vendit plus, chacun garda ce qu'il avait ou le céda à qui bon lui semblait ; il fallut l'énergique intervention des autorités pour décider les propriétaires à apporter leur blé à la halle. Le 5 mars, un détachement de la garde nationale se rendit à Laigle pour prêter main-forte aux officiers municipaux de cette ville, sans doute parce que le bruit courait que des brigands envahissaient les campagnes ; comme en juillet 1789, la terreur s'empara des esprits. Puis, on constata, non sans émoi, que les détenus, dont regorgeaient les prisons de Mortagne, étaient dans un esprit d'effervescence tel qu'il fallait parfois l'intervention de la force armée pour les empêcher de s'évader. Ces tentatives de révolte ne nous étonnent point, car « depuis dix-huit mois, plus ou moins, on détenait ces prisonniers sans se prononcer sur leur sort, malgré les prières quotidiennes qu'ils faisoient aux juges..... » Ce fait, qui appartient plutôt à l'histoire civile qu'à l'histoire religieuse, ne nous a pas paru cependant devoir être passé sous silence, car nous ne serions pas étonnés d'apprendre, un jour ou l'autre, que parmi ces détenus se trouvaient quelques prêtres ou religieux.

Les soldats de Château-Vieux, condamnés aux galères par le Gouvernement (1), obtinrent leur grâce sur les instances de la municipalité de Paris. En se rendant de Brest à la capitale, ils passèrent par Mortagne. Leur arrivée fut annoncée par une lettre de M. Vignon, député extraordinaire de Brest ; la municipalité mortagnaise, réunie le 31 mars 1792, décida que tous les honneurs leur seraient rendus, et, le 2 avril suivant, « a arrêté qu'il seroit consigné sur le registre la manière confraternelle dont nos concitoyens ont accueilli les respectables frères cy-devant de Château-Vieux, victimes infortunées du despotisme et du plus cruel arbitre.

« A cet effet, et conformément à notre arrêté du 31 dernier, continue le procès-verbal, les commissaires nommés se sont transportés en écharpe, accompagnés de la garde nationale, suivis

---

(1) A la suite de l'insurrection de Nancy (août 1790). Voici comment Thiers, dans son Histoire de la Révolution française (t. I, p. 131), pour laquelle il n'est cependant pas suspect de sévérité, s'exprime sur cet événement : « Bientôt après, une révolte semblable [à celle de Metz] se manifesta à Nancy. Des régiments suisses y prirent part et on eut lieu de craindre, si cet exemple était suivi, que bientôt tout le royaume ne se trouvât livré aux excès réunis de la soldatesque et de la populace. L'assemblée elle-même en trembla. » Voilà les intéressants personnages que la municipalité de Mortagne traita de *frères* et que les dames fêtèrent d'une façon si sentimentale.

d'un peuple innombrable de la ville et des campagnes et ont reçu nos frères de Château-Vieux à trois quarts de lieue, où les gardes nationaux-canonniers ont témoigné leur joye par le bruit du canon, et les ont précédés lorsqu'ils ont été au milieu de nos autres frères des différentes compagnies qui composent notre garde nationale. Les tambours, la musique, les cris de *vive la Nation* et l'ivresse patriotique les ont accompagnés jusques sur la place d'Armes, où les coups de canons réitérés ont clairement démontré aux chers frères, cy-devant de Château-Vieux, combien nous étions pénétrés de sensibilité pour nos dignes représentans de la justice qu'ils ont rendus à leur innocence.

« Arrivés à la Maison Commune, le discours énergique prononcé par Monsieur Vignon, député de nos frères de Brest, est digne de l'honorable mission qu'ils luy ont confiée. Le mouvement d'enthousiasme et le cri universel de : *Vivre libre ou mourir !* prononcé par nos frères de Château-Vieux, nous ont tellement attendris, que le peuple et nous, n'avons pu retenir nos larmes, et, par un mouvement naturel, avons prononcé comme eux le même serment. Quel attendrissant spectacle ! Les dames citoyennes qui attendoient nos mêmes frères, depuis plusieurs heures, se les sont partagés, et celles qui n'ont pas eu le bonheur d'en avoir n'ont pu s'empêcher d'en témoigner hautement leurs regrets.

« Hier, premier avril, les dames, voulant donner à leurs frères de Château-Vieux la preuve de leur attachement à la Nation et à la Constitution, se rendirent à dix heures du matin à la Maison Commune où étoient assemblés, avec leurs frères gardes-nationaux, lesdits camarades de Château-Vieux, y demandèrent quarante et une piques qui leur furent délivrées, y attachèrent à chacune une cocarde tricolore, les leur présentèrent elles-mêmes, dans leurs rangs, avec un drapeau ou simbole de la liberté ; dans la devise est en lettre de sang : *Vivre libre ou mourir !* Nos chers frères de Château-Vieux, par l'organe du cher frère Vignon, leur témoignèrent les plus vifs remercimens et les conduisirent, avec eux et nous, corps municipal, à la messe militaire de nos frères gardes nationaux où se fit la bénédiction dudit drapeau et d'un *bonnet de la liberté* présenté par notre maire. Le tout aux cris de : *Vive la nation ! Vivent les soldats de Château-Vieux ! Vivent nos frères de la ville de Brest !* Un *Te Deum* en action de grâce à l'Eternel, termina la cérémonie. De retour ensuite à la Maison Commune et dans le même ordre que nous en étions partis, nos dames citoyennes se retirèrent et la fête finit par un banquet donné par les amis de la Constitution et où nous avons célébré avec toute l'effusion de nos cœurs les éloges de la Nation, de la Constitution et de nos dignes législateurs.

« Arrête le corps municipal que copie du présent sera envoyée à nos chers frères de Château-Vieux et à nos chers frères les Amis de la Constitution de Brest, ce que nous avons signé. [Signé :] Rathier, maire ; Coru-Fornival ; Bernier ; Berthe ; Bouilli ; Dupont ; Brad, jeune ; Marre ; Lanos, officiers municipaux ; Desgrouas, procureur de la commune.... (1) »

On avait interdit le carnaval pour éviter des scandales : cette réception le remplaça avantageusement. Ces ridicules démonstrations, surtout de la part des femmes, font rire et nous montrent le rôle qu'elles jouèrent pendant la Révolution. A Paris, comme en Province, nous les voyons figurer dans toutes les fêtes patriotiques et partout se distinguer par un patriotisme outré. Une affaire de drapeau vient encore jeter une note triste et gaie dans notre récit ; le religieux s'y mêlant au civil, nous n'avons pas hésité à la reproduire.

La garde nationale mortagnaise venait d'achever son organisation et, dans son patriotisme, demanda un drapeau constitutionnel : l'administration départementale le lui refusa. Nos gardes nationaux ne se tinrent pas pour battus : ils firent réunir le conseil municipal le 25 mars (1792), pour être autorisés à se procurer « un drapeau dans la proportion des drapeaux de leurs frères gardes nationaux de Paris, le prix duquel sera passé en compte et payé sur les dépenses du bureau municipal. » Leur demande fut octroyée et nos fougueux soldats purent, quelque temps après, dans les nombreuses cérémonies patriotiques, déployer un drapeau tricolore sur lequel on lisait ces mots : « LE PEUPLE FRANÇAIS » puis cette engageante sentence : « LA LIBERTÉ OU LA MORT ». Le 4 avril suivant, le Procureur de la Commune après avoir lu et médité une requête remise au bureau de la municipalité par ces messieurs de la garde nationale et souscrite par les dames de la ville, tendant à conserver de l'ancien drapeau ce qui pouvait servir à composer le nouveau, crut qu'on pouvait leur accorder cette faveur. Toutefois, les parcelles inconstitutionnelles de l'ancien drapeau devaient être remises en leur entier au corps municipal après avoir été décomposé en sa présence, à l'effet « d'éviter les schismes que pourroit occasionner l'emblème, si les mal intentionnés avoient formé les perfides projets de s'en servir pour signe de ralliement dans un cas de trouble, tel qu'il paraît que la malveillance en suscite aujourd'hui dans presque tous nos départemens en égarant les bons. »

Le corps municipal assemblé, prenant en considération ce

---

(1) Archives mun. de Mortagne ; reg. des délib. du Conseil. — Le docteur Jousset, *La Révolution au Perche*, 3e partie, p. 277 et suiv.

réquisitoire de Desgrouas, arrêta : « Que le drapeau actuel seroit apporté à l'instant à la Maison Commune pour y être dépecé par le sieur Lamiraux, tapissier, chargé par ces dames et demoiselles de la confection du drapeau par elles offert, à l'effet, par le dit sieur Lamiraux, d'employer au nouveau drapeau ce qui peut servir de l'ancien, et, du surplus, faire un devant d'autel dont les dites dames et demoiselles se proposent de faire l'offrande à l'église Notre-Dame. »

Précédemment, il avait été décidé que le drapeau délaissé serait appendu à la voûte de l'église au moment de la bénédiction du nouveau drapeau.

Le 28, le commandant de la garde nationale demanda à ce que son drapeau reçoive une bénédiction solennelle. Elle eut lieu le 13 mai suivant ; comme nous venons de le dire, le nouveau drapeau avait été offert par les dames et demoiselles de la ville ; ce don fut une réelle économie pour la caisse municipale déjà si pauvre. Après la messe solennelle, dite sur un autel élevé au milieu de la Grande-Place, l'abbé Poitevin, prêtre-chapelain de la garde nationale, prononça un discours (1). On bénit le nouveau drapeau et chacun, y compris les dames et demoiselles, renouvela le

---

(1) « Discours prononcé, le 13 may 1792, à l'occasion de la bénédiction du drapeau offert, par les dames et demoiselles de la ville de Mortagne, à la garde nationalle, par M Poitevin, aumônier de la ditte garde nationalle, sur l'hostel (sic) de la Patrie, en présence de la municipalité, corps administratifs et des citoyens, ainsy qu'il suit :

« La Vérité est donc enfin connue et le Temps, qui ne fait qu'avec lenteur son ouvrage, a donc enfin amené cette époque heureuse où tout le monde doit sentir que le mépris pour le peuple étoit une ingratitude. Dans des temps peu éloignés, des hommes puissants, pesant sur la multitude, lui imposoient le joug de leurs préjugés ; cette portion, la plus intéressante de l'humanité, étoit avilie et, pour comble de maux, elle croyoit mériter de l'être.

« Sans songer aux vertus qui ne luy coustaient rien à exercer, le peuple y attachoit si peu de gloire, qu'il ne se doutoit point de toutes celles qu'il méritoit ; et, tandis que le sacrifice généreux, mais facile, que pouvoit faire l'homme riche d'une partie de sa fortune, leur attiroit l'admiration de ses semblables en péril, cet homme ne tiroit aucun avantage de sa noble action et croyoit avoir fait ce qu'il devoit faire.

« Que de siècles n'a-t-il pas fallu pour secouer le joug et pour effacer le préjugé ! Les lumières qui sont répandues partout ont insensiblement écarté le rideau qui empeschoit d'apercevoir l'homme véritablement utile, ses vertus paisibles, sa constance dans les plus rudes épreuves et cette disposition continuelle a fait tout pour la société qui sembloit faire si peu pour luy. Les droits du peuple ont été enfin discutés et on a vu que la classe la plus essencielle de la société ne pouvoit en estre méprisée et, quand, enfin, on s'est élevé à l'étude des constitutions sociales, quand on a observé cette réunion d'hommes et de forces qui servent à composer un Etat, on est parvenu à comprendre que la classe la plus nombreuse étoit celle qui méritoit le plus de considération.

serment civique tel qu'il a été décrété par la Constitution. Les fêtes se continuèrent le lendemain ; le surlendemain on commit des excès dont eurent à se plaindre de paisibles citoyens : « au mépris de toutes les lois leur asile avait été violé, leur personne insultée et mise en danger. » Le 26, il fut décidé qu'un arbre de la liberté surmonté d'un bonnet phrygien serait planté au milieu de la place d'Armes, afin de rappeler à tous leur égalité devant la Loi. La cérémonie, dont les frais devaient être prélevés sur l'impôt de 1793, fut fixée au 10 juin. On en arrêta le cérémonial le 30 mai, sur la proposition de Desgrouas.

Le samedi, veille de la fête, il fut publié au son du tambour et

« Enfin l'Egalité est prononcée par une voix générale et on lui a donné pour compagne la Liberté.

« C'est à vous maintenant, mes chers concitoyens, à trouver dans la bienfaisance, la générosité, le courage et la sensibilité, dont vous avez donné si souvent l'exemple, des motifs à les répéter. Dussiez-vous n'avoir pas toujours des tesmoins d'une action vertueuse, souvenez-vous que l'œil mesme d'un Dieu souverainement bon, juste et puissant, plane sur vos testes et sur vos plus secrettes pensées.

« N'avez-vous pas, dès le moment que vous méditiez une belle action, cette joye vive et pure dans le cœur, à quoy l'on ne peut comparer aucune volupté terrestre; ne perdez jamais surtout de vue qu'il n'est et ne peut estre aucune situation dans la vie où votre bonheur puisse naître de vos fautes, que le bonheur des méchans est nécessairement corrompu par le poison des remords et que ce n'est enfin que par l'accomplissement des devoirs sacrés de vostre estat et de vostre soumission aux lois, que vous pouvez espérer de jouir dans vos murs d'une durable tranquillité.

« Elle y est garantie, cette tranquillité, par la sagesse, le zèle et le patriotisme écléré *(sic)* de vos administrateurs, nous y jouissons, par eux et sous l'authorité de la loy, de la paix et de la liberté.

« Ah ! si tous les corps administratifs étoient animez du mesme esprit que les nostres, les secousses qui se font sentir dans différents endroits n'existeroient pas, la principalle cause de ces funestes divisions c'est que les uns sont en-deçà et les autres au-delà de la Constitution. Les uns ne veulent pas tout ce qu'elle prescrit, les autres veulent plus qu'elle n'ordonne, ce n'est cependant que dans son exécution pure et simple, sans rien y adjouter, sans en oster, que consiste le vray patriotisme, ce patriotisme qui doit estre l'unique règle de la conduitte de tous administrateurs publics.

« Elle nous est garantie, cette tranquillité, par le service exact et soutenu d'une milice courageuse qui veille constamment à la conservation de vos personnes et de vos propriétés. Par sa valeur, elle a plus d'une fois rendu redoutable aux infracteurs de la loy, par le choix judicieux et applaudi qu'elle a fait de ses officiers et de ses chefs, par sa soumission d'autant plus honorable qu'elle laisse dans le cœur du vray citoyen le sentiment noble et fini de sa volonté qui se soumet et de sa force qui se modère.

« Elle scait, cette généreuse milice, ce que désiroit la Patrie est une obligation réelle, elle est convaincue que rien ne peut exempter de ce que l'on doit à la Patrie tant que celle-cy a besoin de nous et que nous sommes en estat de luy estre utile, aussy chaque individu qui la compose des instruments militaires, par l'huissier de service, que les citoyens et citoyennes étaient invités à se trouver, le lendemain dimanche, « à l'église Notre-Dame pour assister au salut de trois heures qui s'y dira pour la prospérité de nos frères qui sont aux frontières pour défendre la Patrie. »

Messieurs les curés et les autres prêtres assermentés reçurent une invitation qu'ils publièrent au prône de la messe paroissiale.

Le salut *pour nos frères* fini, le cortège partit de l'église, précédé du clergé qui chantait le chant de la Révolution (le *Magnificat*); le célébrant était l'aumônier en chef de la garde nationale, M. Soyer, curé de St-Jean.

Au chant du *Magnificat* et au son de la musique militaire on se rendit à l'arbre de la liberté et, lorsque la garde nationale fut rangée en bataillon carré, le célébrant « donna la bénédiction au dit arbre », puis on chanta le *Te Deum* et le *Domine salvam fac gentem*. Ces prières finies, on battit un ban pour le silence et ceux qui eurent des discours à faire au peuple les prononcèrent.

se réjouit des devoirs auxquels il s'est lié et passera des jours dans la plus noble occupation dont la nature humaine soit capable. Quoy de plus sublime et de plus glorieux pour un mortel que d'estre pendant le cours de sa vie l'appui des bons, le fléau des mauvais et le gardien de la liberté publique.

« Enfin, elle nous est garantie, cette tranquillité, par l'alliance solennelle qui vient de se former sous nos yeux entre un sexe paisible et celuy qui, tenant le salpaltre *(sic)* entre ses mains, ne s'en sert que pour protéger le faible.

« Il sera dans cette bannière, offerte par les vertus et les grâces dessentes *(sic)* que le citoyen soldat cueillera désormais le laurier dû à sa valleur.

« Braves citoyens ! c'est dans cette enceinte que vous avez promis de combattre et de vaincre sous ces enseignes flotantes. Que ce lieu, devenu auguste depuis que vous l'avez consacré à recevoir vos sermens ne soit jamais souillé par le feu de la discorde ny par le poison de la deffiance. Manifestons-y tous, au contraire, nostre attachement irrévocable pour la loy et nostre respect profond pour les principes sacrés de moralité et de justice.

« Si l'égoïste de la Patrie est *moy*, c'est aux patriottes à dire et à prouver, au besoin, qu'il appartient à la Patrie, et s'il s'en trouvoit parmy vous (ce que je suis loin de penser) qui ne voulussent voir la Patrie que dans leur parti, cherchez à leur persuader que le meilleur des partis est de ne voir que sa Patrie.

« Et moy aussy, j'aime la Liberté et la Patrie. L'hommage que je rends à la première est de la respecter chez les autres et ce serment que je vais renouveler à la seconde, de luy estre fidelle n'est pas, vous le savez, une dette que j'acquitte aujourd'hui pour la première fois.

« Je jure donc d'estre fidelle à la Nation, à la Loy et au Roy, de maintenir de tout mon pouvoir la Constitution décrétée par l'Assemblée Nationalle en 1789, 1790 et 1791 et sanctionnée par le Roy (1). »

(1) Arch. mun. de Mortagne; reg. des délib. du Conseil.

L'abbé Soyer prit la parole et adressa à la foule cette longue harangue que nous avons reproduite (page 40 et suiv.). Le citoyen Desgrouas pérora ensuite pendant plus d'un quart d'heure et ne clôtura pas, pensons-nous, la série des discours. Ensuite, le peuple fut libre de chanter et de danser autour de l'arbre sacré, les bons citoyens devaient même lui en donner l'exemple en se mêlant avec lui. Les canons furent placés de manière à ne gêner personne et firent trois décharges (1).

Les Girondins, en quittant le pouvoir pour faire place aux Feuillants (constitutionnels), vouèrent à Louis XVI une haine mortelle et se firent les plus implacables ennemis de la royauté. Le Roi, en ne voulant point sanctionner ni le décret contre les prêtres, ni celui de la formation d'un camp sous Paris, fit que les Girondins s'unirent aux Jacobins et voulurent le contraindre, par les menaces les plus violentes, à accéder à leurs désirs. Leurs démonstrations bruyantes et leurs cris sanguinaires n'intimidèrent point le monarque : il persista dans son refus, même après la journée du 20 juin 1792.

Les Prussiens (dont le roi lança, le 26 juin, un manifeste contre la Révolution) menaçaient nos frontières au nombre de 80,000. Le 8 juillet, une loi fixa les mesures à prendre lorsque la Patrie serait en danger ; le 12, un acte du Corps Législatif déclara qu'elle y était. Le 16, Desgrouas requérait le Corps municipal « de procéder de suite à la publication du décret du 12 qui déclare la Patrie en danger et de le faire afficher aux lieux accoutumés et que, conformément à la loi du 8 et à l'article 2, le Conseil général de la commune soit convoqué et prévenu de demeurer, avec le Corps municipal, en état de surveillance permanente, avec défense de rester éloigné ou de s'éloigner de son poste ». Ce réquisitoire du Procureur de la commune, approuvé par le Conseil municipal, fut suivi de deux autres, qui furent également approuvés. Le premier est du 18 et porte qu'il sera lu « pendant trois jours, aux prônes des trois paroisses, que la Patrie était en danger, à l'effet que chaque citoyen vienne déclarer le nombre d'armes qu'il a chez lui, les munitions dont il est pourvu..... » ; le deuxième, en date du 23 du même mois, « invite les bons citoyens de lui dénoncer et même d'arrêter ceux qui n'auroient pas de cocarde nationale aux trois couleurs..... (2) ».

Cet esprit de méfiance qui régnait partout fit tomber nos soi-disant patriotes dans un curieux état de crédulité superstitieuse ;

---

(1) Arch. mun. de Mortagne ; reg. des délib. du Conseil.

(2) Article XVI de la Loi du 23 juin 1792 : « Tout homme résidant ou voyageant en France est tenu de porter la cocarde nationale. — Toute personne revêtue d'un signe de rebellion sera poursuivie devant les tribu-

nous reproduirons, comme une note gaie, ces dépositions faites contre le vicaire de Ste-Céronne, convaincu de sorcellerie ; les faits relatés sont tellement absurdes qu'il est d'autant plus utile de remarquer qu'ils se passent en 1792, époque qui se croyait naïvement fort éclairée et prétendait réformer tous les abus et abolir tous les anciens préjugés.

« Sur des bruits répandus que des mal intentionnés publioient être ensorcelés et que des prêtres réfractaires leur avoient insinué une doctrine anticonstitutionnelle qui opéroit les actions contre nature dont leur enfant étoit affecté ; sur la demande de plusieurs citoyens de découvrir ces différents êtres, nous leur avons accordé un réquisitoire, et après réquisitions ils ont amené devant nous le nommé Jacques Leduc, de la paroisse de St-Hilaire, tailleur d'habits, qui interrogé sur ce qu'étoit une petite fille amenée avec luy, nous a dit qu'elle étoit sa fille, âgée d'environ 14 ans et demy, nommée Marie-Jeanne Leduc ; interrogé si la ditte nommée Marie-Jeanne Leduc étoit malade, nous a dit que dès l'instant qu'elle se lève jusqu'au soir qu'elle se couche, elle est attaquée d'un accident où tout ce qu'elle a dans ses poches, soit argent, soit étui, soit autre chose, saute et sort naturellement et tombe par terre, qu'ainsi des bagues qu'elle auroit aux doigts, et ce tous les jours ; que quelque fois ses doigts en saignent et que cela arrive devant tous ceux qui veulent le voir. Interrogé d'où ce mal provient, il a répondu ne le savoir par luy-même, mais par la bouche de son enfant.

« Interrogé sur ce que l'enfant luy a dit, il rapporta qu'il y a un an, à la Quasimodo, elle fut à confesse à M. l'abbé Torel, vicaire de Ste-Céronne et de St-Hilaire, et que, la dernière à confesse, le vicaire luy a demandé si elle savoit lire, qu'elle auroit dit que non : il luy a répliqué qu'elle tardât un moment, et de suitte il alla chercher un livre pour la confesser, et, qu'étant à confesse, son dit enfant avoit confessé que le temps étoit noir, et qu'à cela le dit vicaire luy a répondu qu'elle étoit damnée et qu'il falloit qu'elle fît une pénitence, d'aller à la Croix-Morel, de mettre sur elle une chemise trempée dans l'eau, de se garnir de trois bouchées de pain blanc, de se présenter à la dite croix, à deux minuttes après minuit ; que l'enfant luy répondit qu'elle auroit peur, que le vicaire luy dit « n'aye pas peur, à l'heure que tu verras une petite lumière qui file comme une étoile, jette les trois bouchées de pain, n'aye pas peur, je serai derrière toi, ne te détourne pas ». Sur ce que l'enfant luy observa qu'elle n'avoit point d'horloge pour être à heure fixe, il luy dit : « Un peu plus tôt, un peu plus tard, n'importe pas. » Si bien que l'enfant, n'acceptant pas cette pénitence, il luy dit que quand le tems seroit noir, elle recevroit trois claques; elle luy dit : « Ça me fera-t-il mourir ? » il dit que non, mais qu'il y aura une de ces claques plus forte l'une que l'autre; l'enfant répondit : « Je le ferai promptement pour en être bien vite quitte. » Et, alors, il répliqua : « Quand tu recevras les claques, jette un ancien sol, non celuy de la Nation, par dessus ton épaule gauche et ne songe pas à moy en le faisant : sans quoy il faudrait recommencer. » Et nous a dit que c'étoit là sa déposition.

« Sur ce, nous luy avons proposé de signer, il nous a dit ne le savoir.

« Et à l'instant est comparue Jeanne Brisbard, femme de Jacques Leduc, qui, interrogée sur les faits, nous a dit être mère de la susdite petite fille; qu'elle auroit mis sa fille chez son père, après avoir fait sa première communion, que le vendredy suivant son père la luy auroit ramenée à raison de ce qu'elle étoit malade, qu'il ne savoit que faire d'elle; que ça luy avoit saqué son pain de la main, qu'il l'avoit fait rentrer pour manger la soupe, que ça luy avoit plié sa cuiller en double, qu'étant arrivée chez elle, elle luy avoit fait voir un sol que sa grand mère luy avoit donné, qui n'étoit pas de la Nation (ce sol) pour qu'il luy servit quand le temps seroit noir, puisqu'elle ne vouloit pas faire ce qu'il luy disoit. Interrogée sur ce qui luy avoit dit de jeter ce gros sol pardessus son épaule et à qui elle avoit refusé de faire ce qu'il luy disoit, a répondu que c'étoit M. l'abbé Thorel à qui elle avoit été à confesse le jour de la Quasimodo, qu'il luy avoit dit de prendre une chemise trempée dans l'eau (déposition à peu près identique à la précédente), qu'elle a vu ouvrir la porte de sa cave seule à ce moment-là; que cherchant un gros sol elle a trouvé un *cheton*. Après cela, elle a apprêté une salade pour son père et un nommé Lavigne, son voisin, que pendant que les susdits mangeoient, il est tombé une pierre grosse comme le poing sur la table, à côté de leur plat, lesquels se sont enfuis de peur chez le nommé Lavigne. Elle a vu tomber par la cheminée, dans la place, trois poignées de pain émié dont une bouchée a rejailli sur la table. Qu'ayant eu à faire d'une chandelle, le même soir, n'ayant pas d'argent, le gros sol dont on a parlé s'est trouvé à côté d'elle et qu'elle a vu rouler des pierres entre ses jambes; que, dans la nuit, la ditte petite a bien dormi et qu'elle l'a menée le lendemain chez le curé de S¹-Hilaire, où elle a vu avec la domestique du dit curé une pierre rouler entre ses jambes jusque contre la table ; que le dit curé, après avoir mis plusieurs fois le dit gros sol dans la poche de la petite fille, elle l'avoit vu tomber à terre et se changer en cheton ; que samedi dernier venant pour visiter le curé de S¹-Jean de cette ville, elle a trouvé une bouchée de pain dans le chemin et puis plus loin une autre bouchée de pain ; que le curé de S¹-Hilaire, qui étoit avec eux, a entendu trois soufflets qu'on donnoit à la petite fille ; qu'après cela, une bouteille d'eau bénite qu'elle avoit attachée à son tablier est tombée par terre avec le tablier, ainsi qu'un couteau qu'elle avoit dans sa poche, de même qu'une coiffe que sa mère luy avoit donnée.

« Arrivée auprès de la maison à Bigot, la petite fille a reçu un coup de pierre et un soufflet en entrant dans la maison du curé de S¹-Jean, devant lequel son argent qui étoit dans sa poche a encore tombé une fois.

« Interrogée sur ce que c'est que cet abbé Torel, elle a dit qu'il étoit ci-devant desservant de S¹-Hilaire et S¹ᵉ-Céronne et insermenté. Interpellée de signer son interrogatoire, elle a déclaré ne le savoir.

« Et à l'instant est comparue Marie Leduc, âgée de 14 ans, laquelle nous a dit qu'il y a aujourd'huy huit jours qu'elle alloit se promener aux Herbiers avec une petite fille, qu'elle y vit dans un arbre une grande chose noire qui descendit, la prit par la main, lui donna un soufflet et lui dit : « Avance donc » ; qu'elle répondit : « Monsieu, j'nai qu'faire à vous » et qu'à l'instant ça disparut, observant qu'elle avoit tombé des coups. Que sur le soir, elle avoit vu l'abbé Torel en surplis, qu'elle a reçu de luy plus de cent soufflets ; elle se figure seulement que c'est de luy qu'elle les recevoit parce qu'elle le voyait chaque fois que le soufflet luy venoit. Interrogée sur les différentes choses qu'elle mettoit dans sa poche, qui sont supposées en sortir d'elles-mêmes, elle a dit qu'elle ne voyait rien sortir de ses poches, mais qu'elle entendoit bien cela tomber par terre ; et plus n'a été interrogée parce que nous avons aperçu que cet enfant étoit ou aliénée ou incitée.

« Sur quoy le corps municipal délibérant, le procureur de la commune entendu, a arrêté que Marie Leduc sera confiée à M. Muteau, chirurgien de cette ville, qui rendra compte de sa situation tous les jours en attendant plus ample information (1). »

Ces absurdités n'étaient écoutées que parce qu'elles mettaient en cause les prêtres non assermentés ; il fallait à tout prix les perdre, pour y arriver tous les moyens furent trouvés bons.

(1) Arch. mun. de Mortagne ; reg. des délib. du Conseil. — Le docteur Jousset, *La Révolution au Perche*, 3ᵉ partie, page 311 et suiv.

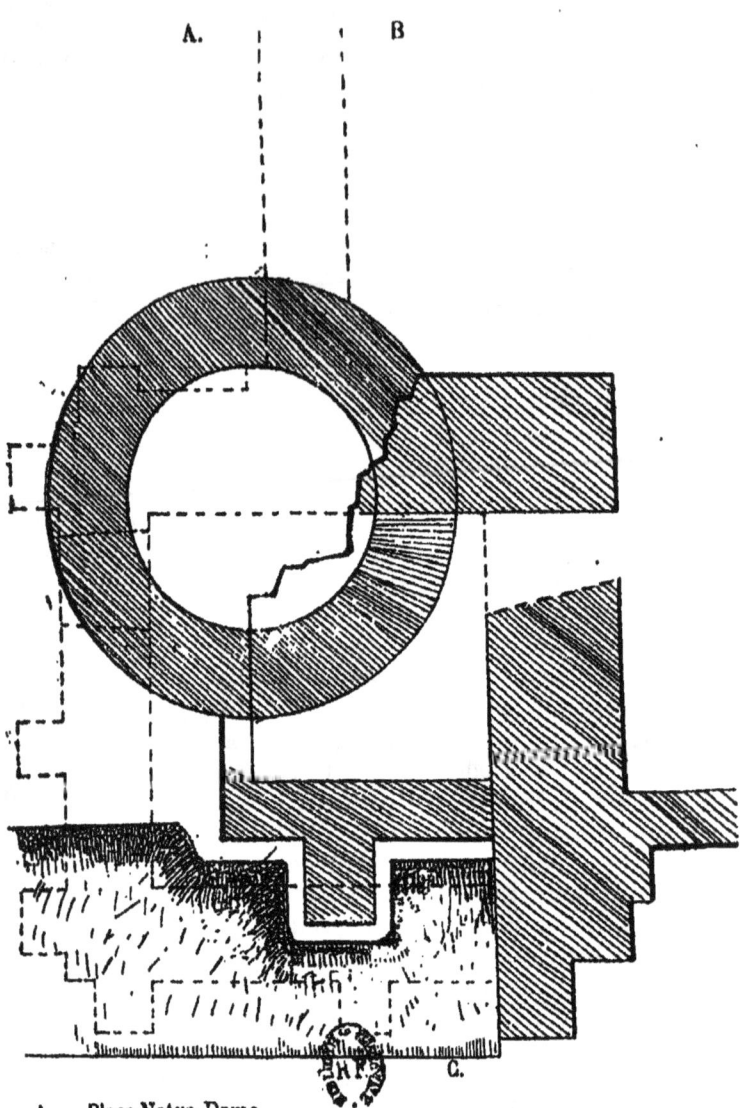

A. Place Notre-Dame.
B. Intérieur de l'Église Notre-Dame.
C. Rue des Chapelles.

Les anciennes fortifications de Mortagne dont la base a été retrouvée après l'écroulement de 1890, sont indiquées par les hachures.

Les murs de la façade de l'Église, de la Tour du XVI⁰ siècle écroulée en 1890, et de la Tour actuelle sont compris entre les lignes pointillées.

L'ancien fossé de la ville comblé au XVI⁰ siècle est indiqué par les traits noirs irréguliers.

Plan de la Tour Notre-Dame
Et d'une partie des anciennes fortifications de Mortagne

On en était venu jusqu'à porter atteinte à la personne auguste du Roi. Les troubles survenus dans la nuit du 9 au 10 août amenèrent des attentats plus odieux encore et l'internement de la famille royale dans la prison du Temple. Le 11, on connut à Mortagne les événements de la veille : le procureur de la commune réunit les notables sur les six heures du soir « pour qu'en conséquence il en demeure quatre avec deux officiers municipaux pendant cette nuit et qu'ils veillent au maintien de l'ordre ».

Il demandait en outre que « M. le commandant-général soit requis de doubler la garde et de nommer au moins un des membres de son état-major pour, de concert avec l'officier de la garde, veiller à ce que la sûreté des citoyens fût assurée.

« Et attendu que les circonstances sont graves, continue le procureur, et qu'il paroît que nos ennemis attentent au renversement de la Constitution et de notre liberté, requérons messieurs composant le conseil-général de la commune que les armes qui appartiennent à nos ennemis, désarmés lors de l'évasion du roy, l'année passée, et conservées jusqu'à ce jour au corps-de-garde, soient distribuées par le capitaine de chaque compagnie... »

Le 12, on proclama la loi du 10 par toutes les rues de la ville, avec accompagnement de tambours et de musique, « pour prouver au peuple la joie particulière qu'il ressent de le voir, pour le moment, délivré d'un fléau qui a causé jusqu'ici tous les maux dont il a été accablé depuis plus de trois ans sans interruption ». En même temps, des perquisitions furent faites chez les personnes suspectes : « Chez M. de Bonvoust, cy-devant doyen de la collégiale de Toussaints, *on trouva* une vieille épée très rouillée, garnie de son fourreau ». C'était se donner beaucoup de mal pour peu de chose ; on n'en redoubla pas moins de précautions.

On voit que les révolutionnaires ont toujours été les mêmes et qu'il serait difficile de savoir si leur stupidité en paroles et en actions l'emporte sur leur méchanceté, ou réciproquement. Le 13, le conseil municipal, attribuant « à des papiers incendiaires et à des journaux aristocratiques » la cause de la division qui existait entre les citoyens, arrête, sur l'avis de Desgrouas, « qu'il sera nommé deux commissaires pris dans le corps municipal pour, avec lui et quelques gardes, à ce requis, se transporter à l'arrivée de chaque courrier chez M. Manguin, directeur de la poste aux lettres, y assister à l'ouverture des paquets et s'y faire remettre toutes les gazettes et journaux... connus par leurs principes anticonstitutionnels ». Tous devaient être saisis et apportés à la maison commune, où on délibérerait sur l'emploi qu'il conviendrait d'en faire. Le clergé attira bientôt de nouveau l'attention de nos soi-disant patriotes, devenus on ne peut plus ombrageux.

Le 16 du même mois d'août, le procureur de la commune, en exécution de l'ordonnance du département de l'Orne, en date du 3, requérait « le conseil général de la commune de faire parvenir au conseil général dudit département la liste exacte des prêtres insermentés résidans dans l'étendue de notre municipalité, avec leurs noms, surnoms, âge, anciennes qualités et demeures, le lieu de leur naissance et en outre l'observation de leur conduitte actuelle et passée, ainsi que les noms des malintentionnés qui les recellent, les recueillent ou même les auroient recelés et ce sous peine de la responsabilité de messieurs composant le conseil général de cette commune.

« Le même jour, le conseil général permanent de la commune, vu l'arrêté du département de l'Orne du 3 de ce mois, et le réquisitoire du procureur de la commune de ce jour, arrête qu'il sera dans le jour de demain fait une liste exacte des prêtres insermentés...... à l'effet de quoi arrête pareillement que lesdits prêtres insermentés seront mandés par le bureau municipal à se rendre à la maison commune demain, à neuf heures du matin, pour, leur signalement fait, être, avec la liste, adressé sur le champ au Directoire du district qui, ensuite, fera parvenir le tout au département de l'Orne (1). » Ces mesures prises au lendemain des massacres que tout le monde connaît intimidèrent les plus hardis.

Les prêtres visés par la loi ne manquèrent point de se rendre à l'hôtel commun. Nous croyons intéressant de donner ici copie du registre de la municipalité; nous y lisons que, le 17 août 1792 :

« Est comparu Charles-Nicolas Lange, prêtre, cy-devant chanoine de la collégiale de Toussaints de cette ville, âgé de 47 ans, originaire de cette ville, y demeurant, taille : 5 pieds 2 pouces et demy, chaussé, cheveux et sourcils châtains-foncés, les yeux bruns, le nez long et pointu, bouche moyenne, menton rond, pâle en couleurs et front découvert; n'assiste pas aux offices des prêtres assermentés.

« Comparaît aussi Noël-François Brad, cy-devant curé de Champs, originaire de cette ville, y demeurant paroisse St-Jean, âgé de 73 ans environ, taille de 5 pieds 4 pouces environ, portant perruque, les sourcils et la barbe grise, les yeux bruns, le nez long, bouche moyenne, menton rond et visage plein : n'a jamais assisté à aucun office de prêtre assermenté.

« Nicolas-Robert-Denis Duchâtel, prêtre, cy-devant prévost de la collégiale de Toussaints, originaire de cette ville, y demeurant, paroisse St-Jean, âgé d'environ 43 ans, taille 5 pieds environ,

---

(1) Ont signé cette délibération : Poitevin, Dupont, Brad jeune, Got, Rathier, Soyer, curé de Saint-Jean, Berte, Bouillie, Muteau, Magné, Erambert, Coru-Fornival, *Illisible* et Dozé, secrétaire.

cheveux, sourcils et barbe noirs clairs, les yeux roux, le nez gros, front couvert, bouche moyenne et menton pointu, marqué de petite vérole ; soupçonné d'avoir entretenu dans l'erreur beaucoup de citoyens par ses opinions religieuses et n'assiste à aucun office.

« Louis-Charles Marchand, prêtre de Notre-Dame, originaire de cette ville, y demeurant, paroisse Notre-Dame, âgé de 29 ans, taille : 5 pieds 1 pouce environ, cheveux et sourcils châtains, les yeux bleus, le front couvert, le nez bien fait, bouche moyenne, menton rond et marqué de petite vérole, véhémentement soupçonné par le procureur de présider des conciliabules et cérémonies religieuses occultes ; *prévenu de s'être réjoui* de l'affaire malheureuse de Tournai, n'assiste à aucun office.

« Alexandre Duret, curé d'Occaigne, âgé de 76 ans, originaire de....., demeurant à Mortagne, depuis 3 mois.

« François Savary, curé de Courgeon, originaire de la Ferrière-Béchet, près Séez, modéré, assistant aux offices.

« Julien Tison, curé de Feings, originaire de cette ville, de la paroisse de Loisé, demeurant en cette ville, paroisse de St-Jean ; 73 ans environ, cheveux, sourcils et barbe gris, les yeux bleus, nez long, bouche moyenne, menton pointu, visage ridé.

« Balthasar Casiliet, cy-devant moine de la Trappe, 71 ans, non conformiste, n'assiste à aucun office, originaire de Metz.

« Jean-Baptiste Lenfant, ex-religieux de St-François, originaire de Servin, diocèse d'Arras, demeurant en cette ville, au couvent St-François, âgé de 57 ans et demy, taille 5 pieds 5 pouces, cheveux et sourcils gris, les yeux bleus-clairs, front découvert, nez long, bouche moyenne, menton fourchu, religieux, chapelain non conformiste dudit St-François, ayant quitté le costume.

« Etienne-Pierre-Michel Guérin, cy-devant curé de Courgeoût, originaire de cette ville....., manifestant l'espoir de rentrer dans sa cure.

« François Lancelin, cy-devant chapelain de St-Jean, originaire de la paroisse de St-Aubin-de-Courtheraye, demeurant en cette ville, paroisse St-Jean, âgé de 56 ans, taille 5 pieds 5 pouces, sourcils noirs, portant perruque, les yeux roux, le nez long, bouche moyenne, barbe noire, menton pointu, visage maigre ; tranquille, mais s'abstenant des offices.

« Mathieu Poitevin, chanoine de la collégiale de Toussaints, originaire de cette ville, y demeurant, paroisse de Loisé ; taille 5 pieds 4 pouces, cheveux et sourcils gris, les yeux bleus, le nez gros et long, bouche moyenne, menton rond, 76 ans ; modéré, n'assiste pas aux offices à cause de ses infirmités et de son grand âge.

« Louis-Robert Duchastel, chanoine de la collégiale de Toussaints, originaire de cette ville, demeurant paroisse St-Jean, âgé de 41 ans, taille 5 pieds, cheveux et sourcils châtains, les yeux gris, nez long, bouche petite, menton rond, soupçonné d'avoir entretenu dans l'erreur boucoup de citoyens par ses opinions religieuses, n'assistant à aucune messe.

« Charles Bonvoust, ex-doyen de la collégiale de Toussaints, âgé de 55 ans, taille 5 pieds 4 pouces, front grand, marqué d'une lentille au côté droit, sourcils châtains-bruns, les yeux bleus, nez long, bouche moyenne, menton rond et portant perruqe, demeurant paroisse N.-D., mais vivant à la campagne, où il est soupçonné de retirer des Sœurs hospitalières, non conformiste et n'allant point aux offices. »

Il est assez curieux de remarquer que les révolutionnaires faisaient un crime de ne pas assister aux offices des prêtres apostats, tandis qu'on ne pourra jamais prouver que les rois, soit sous l'Ancien Régime, soit sous la Restauration, aient forcé leurs sujets à aller à la messe, quoique ce soit là un cliché trop souvent employé contre la Royauté.

Ce fut tout pour ce jour-là, en fait de comparutions d'ecclésiastiques, car l'attention de ces messieurs avait été attirée d'un autre côté. Les journaux ayant appris que l'Assemblée Nationale avait décrété de faire sortir de gré ou de force les religieux et religieuses de leurs communautés, puis de confisquer la presque totalité de leurs biens, en ne leur laissant que le strict nécessaire, les religieuses de Ste-Claire résolurent d'enlever ce que la Nation voulait accaparer comme superflu. Le procureur en eut vent, et quoique le décret ne lui fût pas officiellement parvenu, il prit des mesures hâtives pour empêcher ces pauvres religieuses de sauver une partie de leurs biens. Nous reviendrons plus tard sur ces faits.

Le 20, on s'occupa des prêtres absents et de l'enregistrement des dénonciations dont ils étaient l'objet. Voici ce que nous apprend le procès-verbal dressé à ce sujet:

« M. Manguin, prêtre, est absent de Mortagne depuis trois mois et pendant son séjour à Mortagne il n'a point assisté aux offices.

« Bonval, cy-devant chanoine de Toussaints, est absent depuis trois mois; il a dit lors de la prestation du serment d'un prêtre « que c'étoit un foutre gueux et un scélérat », et il n'a pas assisté aux offices.

« Romet, cy-devant chanoine de Toussaints et principal au collège cy-devant Louis-Legrand, est absent depuis huit jours, il n'assiste point aux offices, ne s'est point trouvé à l'inhumation de ses père et mère, n'a point requis le curé de les administrer et a refusé les honoraires de la messe de leurs inhumations.

« Masnier, cy-devant curé de St-Ouen, soupçonné d'avoir empêché sa famille d'assister aux offices.

« Fromentin, cy-devant chanoine, est absent depuis trois mois, il est soupçonné d'avoir propagé l'erreur religieuse.

« M. Le Meunier est absent depuis six semaines et n'assistoit point aux offices. »

L'Assemblée Nationale donne un libre cours à sa haine contre les prêtres en bannissant du territoire français, sous quinze jours, tous les ecclésiastiques qui, assujettis au serment, ne l'avaient point prêté; elle leur accordait, jusqu'à la frontière, une indemnité de six sous par lieue. Quiconque ne tiendrait pas compte de ces avertissements serait déporté à la Guyane. Quant aux ecclésiastiques non assujettis au serment, elle donnait à l'autorité civile le droit de les bannir ou de les déporter sur la demande de six personnes !

La panique fut bientôt à son comble; aussi voyons-nous la plupart des prêtres ci-dessus désignés accourir à la maison commune et jurer « d'être fidèles à la Nation, à la Loi, de maintenir la Liberté et l'Égalité et de mourir s'il le faut en les défendant ».

Ce serment, prescrit par la loi du 10 août, fut prêté le 23 du même mois, par : Vallée, prêtre, ci-devant religieux de la ci-devant abbaye de Perseigne ; Le Monnier, curé de N.-D.; Muteau, curé de Loisé; Bayard, vicaire de N.-D., etc....

En se succédant les uns aux autres, les événements n'en devenaient que plus terribles : on emprisonnait les prêtres sur lesquels pesait le moindre soupçon. A Paris ils ne sortirent de prison que pour monter à l'échafaud ; à Mortagne, heureusement, l'historien n'a pas à relater de pareils crimes.

Nous passerons sous silence l'emprisonnement et le relaxement de l'abbé Coupard, nous réservant d'en parler en son lieu et place. Nous avons vu (1) comment le pauvre abbé Le Meunier fut traité à Paris ; disons en passant comment il fut jugé à Mortagne, car ces détails sont assez importants pour n'être pas passés sous silence.

Le 3 septembre, « sur la réquisition faite par le sieur Le Meunier près le conseil général, d'un certificat de bonne vie et mœurs en faveur du dit Le Meunier, prêtre, son frère, maintenant détenu aux Carmes, à Paris, où il s'était rendu sur un rapport de la municipalité. Le conseil général, ouï le procureur de la commune substitué, considérant qu'en exécution de l'arrêté du département de l'Orne du 3 août dernier, il a été fourny au département la notte de la conduitte du dit Le Meunier, prêtre, non

(1) Page 118 et suiv.

assermenté, et qu'il ne peut aujourd'huy être pris d'autre détermination, arrête qu'il y a lieu à délibérer sur la réquisition du dit sieur Le Meunier, sauf à lui à prendre expédition du conseil général sur la conduitte du dit sieur Le Meunier, prêtre..... » Quel qu'il fût, l'avis du conseil général ne put rendre la vie au saint prêtre, massacré la veille par une troupe d'assassins à la solde de la *Commune de Paris*.

Le 6 septembre, nous voyons venir prêter serment : Lenfant, ex-religieux, confesseur à S¹-François; Lange, ex-chanoine à la collégiale de Toussaints; Jacques-Charles de Bonvoust, ex-doyen de Toussaints; Coupart, sorti de prison; Lancelin, ex-chapelain de Toussaints, etc.; des chevaliers de S¹-Louis en firent autant.

Le lendemain, ce sont trois religieux de la Trappe qui viennent jurer : Claude-Alexandre Gros, Pierre Cagnet et Balthazar Cabilleu. On supprime les *fabriques* et les marguilliers, on enlève les bancs des églises et mille autres choses semblables que nous avons mentionnées ou que nous mentionnerons en leur lieu et place.

Le 21 septembre, la Convention nationale décréta que la royauté était abolie en France et que tous les actes publics porteraient dorénavant la date de l'an 1ᵉʳ de la République; la proclamation en fut faite à Mortagne le 25 du même mois par quatre membres de la municipalité, accompagnés de la musique, des tambours et d'un détachement de la garde nationale. Aux approches comme au moment de la mort de Louis XVI, un calme relatif semble avoir dû régner en province, et tout particulièrement dans notre ville. Les registres se taisent sur ce crime qui entacha à jamais notre histoire nationale. Après le régicide du 21 janvier 1793, les fêtes civiques recommencèrent, mais l'esprit qui y présida fut bien différent de celui des réunions précédentes. Le 10 mars 1793, on inaugure un *arbre de la liberté* comme « un témoignage à jamais mémorable de la *fraternité*, de la *paix*, de l'*union* qui *doit* régner entre citoyens ».

Ce *doit* n'est-il pas bien trouvé ? En effet, la *fraternité*, la *paix* et l'*union* qui n'avaient pas toujours régné sous l'ancienne monarchie, semblent, comme la *liberté* définitivement disparues depuis l'avènement de la Révolution, qui s'attaque à Dieu même, source de toute autorité légitime, sans l'égide de laquelle ces bienfaits de la paix ne peuvent exister : après plus d'un siècle entier d'attente, nous paraissons aujourd'hui plus loin que jamais de les voir renaître, aussi le cyprès funéraire était le seul arbre qui convint à la ridicule plantation du 10 mars 1793.

Le 11 mai, le conseil général de la commune arrête que les citoyens seront réunis le dimanche suivant dans l'église de N.-D., à trois heures du soir, pour entendre lecture du projet de transfert de l'Hôtel-Dieu dans le couvent de S^{te}. Claire. Nous arrivons au 31 et nous lisons, à cette date, la délibération suivante : « Dès le 9 mars dernier il fut planté, par les soins de la garde nationale, un arbre vivant, signe de ralliement... de la fraternité, de la liberté et de l'égalité. Le même jour, tous les corps administratifs et judiciaires furent invités à assister à son inauguration ; mais le mauvais tems fut la cause que cette cérémonie fut remise à un autre tems. Différentes fois on a eu le projet de solemniser cette fête civique et toujours le mauvais tems s'y est opposé.

« Le dit jour dimanche dernier 26 may, sur l'invitation des citoyens Mesnager et Soyer, chef de la légion de ce district et commandant du bataillon de cette commune, tous les corps administratifs et judiciaires de cette ville se sont réunis en la maison commune pour de là se transporter sur la place publique pour assister à la cérémonie. A neuf heures du matin, le citoyen commandant est venu prévenir que la garde nationale étoit assemblée et qu'un détachement les attendoit avec le drapeau pour les accompagner ; étant descendus les membres de la municipalité sans ordre de préséance en signe d'union et de fraternité, se sont rangés au devant de la façade de la maison commune, à l'endroit où est élevé l'arbre, la garde nationale rangée en bataille et un concours prodigieux d'autres citoyens de tous sexes et de tous âges, il a été attaché à ce signe de ralliement une inscription en ces termes :

>   Que cet arbre par nous soit toujours respecté ;
>   Réunissons-nous tous sous son paisible ombrage ;
>   Ses rameaux sont unis, soyons-le davantage,
>   De là dépend notre félicité.
>   Et pour en établir plus sûrement le gage,
>   A toujours, faisons un éternel hommage
>   A la fraternité.

« Le citoyen maire a prononcé le discours suivant :

« Lorsque vous élevâtes la liberté décorée de son bonnet au milieu de cette place, les moments étaient difficiles : vous ne désespérâtes pas cependant de la chose publique et votre espoir fut réalisé.

« Aujourd'huy, c'est au milieu des mêmes orages, s'ils ne sont pas plus grands, que la fraternité s'élève au milieu de nous. Sa destinée sera la même, j'en atteste à votre courage, notre gloire, nos succès et notre union. Elle vient aujourd'huy resserrer les liens qui nous unissent. A l'ombre de son emblème vivant, adjurons pour toujours, toute haine, toute dissension, tout esprit de parti ; sous les auspices de l'Etre Suprême, de la liberté qui nous sourit, de la Patrie qui nous contemple, cimentons à jamais notre union, n'ayons plus d'autres passions, d'autres habitudes que le saint amour de la Patrie. Allons au-devant des nouveaux efforts qu'elle attend de nous tous. Alors croyez-en le sublime élan de nos âmes, notre dévouement, nos sacrifices. La Patrie est sauvée : Vive la République, une et indivisible. »

« Ensuite la messe a été célébrée par le citoyen aumônier de la garde sur la place publique, où tous les corps ont assisté.

« Il a été chanté un *Te Deum* en actions de grâces de l'union cimentée dans cette cérémonie.

« De l'union cimentée dans cette cérémonie il a été attaché à l'arbre de la liberté l'inscription suivante :

> Passant, lève les yeux et vois à mon sommet
> Comment la liberté par ce signe s'explique :
> Ou le tyran soumis portera mon bonnet,
> Ou le tyran vaincu tombera sous ma pique.

« Et enfin l'armorial de la cy-devant noblesse, les anciens drapeaux et le drapeau rouge ont été brûlés.

« Et a été arrêté le présent procès-verbal dirigé pour conserver à jamais la mémoire de cette cérémonie qui constate l'amour des cytoyens pour l'union, la paix, la fraternité. »

La Montagne exerçait un pouvoir dictatorial et tandis que Mortagne assistait à des fêtes officielles, Danton, Robespierre, Marat s'apprêtaient à couvrir la France de ruines et de sang. La Vendée avait pris les armes pour défendre ses autels, ses foyers et son Roi, car la Révolution triomphant, la persécution redoublait. Il n'y eut point de moyens que l'on n'employât pour découvrir les prétendues conspirations de ceux dont on voulait la perte, soit pour s'emparer de leurs biens, soit par pure méchanceté; le 18 juin, on procéda à la nomination de deux commissaires chargés de se transporter, tous les jours de départ du courrier, chez le directeur des postes pour vérifier s'il n'existait point de lettres à l'adresse des personnes portées sur la liste des émigrés, arrêter ces lettres et y prendre note de tout ce qui pouvait servir à étayer une délation contre eux ou leurs familles : ces procédés, nouveaux, alors, devaient étonner ceux qui n'avaient jamais vu le gouvernement royal agir de la sorte et qui ne s'étaient pas rendu compte que les révolutionnaires, tout en prônant la *liberté*, n'avaient d'autre désir que d'en faire disparaître tout vestige.

Le hideux Marat poignardé, le 14 juillet, la France était débarrassée d'un monstre, mais non, hélas ! du dernier, et la terreur se répandit dans toute la France. On n'en continua pas moins les fêtes dites patriotiques : c'était en quelque sorte insulter à la misère noire qui régnait partout. Reprenant le registre des délibérations de la municipalité de notre ville, nous voyons que, le 11 août 1793, « sur l'invitation du conseil général, les administrateurs du district, les membres du tribunal, le juge de paix et ses assesseurs, le bureau de paix, les membres du comité de surveillance se sont réunis à la maison commune sur l'heure de midi. La garde nationale s'est rangée en bataillon carré sur la place d'Armes, autour d'un autel dressé au milieu. A une heure, les cytoyens commandant et chefs de légion sont entrés à la municipalité et ont annoncé que tout était disposé pour la cérémonie et qu'un détachement de grenadiers et la musique attendoient les différens corps pour les accompagner. Sur cet avertissement, les corps, sans ordre de préséance en signe d'union et de fraternité, se sont rendus autour de l'autel, où la messe a été célébrée par le cytoyen aumônier de la garde nationale. Les vœux de tous les religieux ont été adressés à l'Etre Suprême par un *Te Deum* chanté après la messe. Le citoyen Got, monté sur le gradin le plus élevé de l'autel, a dit :

« Citoyens,

« Nous sommes arrivés à ce beau jour où l'égalité bien reconnue, la liberté bien assurée [!], nos droits invariablement fixés, vous êtes à jamais cimentés par la volonté générale, par la réunion fraternelle de tous les citoyens, par le concours majestueux d'une solennité civique et religieuse.

« La Constitution que nous venons d'accepter, que les Français ont acceptée comme nous, va dorénavant faire la base immuable de leur conduite; ils se pénétreront de ses dispositions, ils l'observeront avec respect, il les suivront religieusement, ils ne permettront pas qu'elle soit jamais enfreinte.

« C'est là, citoyens, ce que l'on doit attendre de la loyauté française : c'est la soumission à la loi, le premier, le plus sacré des devoirs. Dans elle réside la vertu civique et sociale; sans elle, il n'existe point de liberté, point d'égalité.

« Gardons-nous donc, citoyens, de cette agitation sans mesure qui, bouleversant l'ordre établi par la loi, nous conduirait à l'anarchie et appellerait parmi nous la guerre civile et ses fureurs.

« Que la tyrannie et l'oppression, que l'arbitraire et la vexation soient bannis pour toujours du territoire français; que les haines privées, que les querelles particulières disparaissent. Ayons tous l'amour ardent de la liberté, qu'il soit toujours dirigé par un patriotisme prudent et éclairé, montrant dans toutes les occasions ce grand caractère, cette fraternité tranquille, cet amour de l'ordre qui en imposerait aux malveillans s'il s'en présentait parmi nous. Déployons dans notre conduite cette élévation d'âme qui caractérise la nation française. Que les personnes, que les propriétés trouvent près de nous sûreté et protection et ayons toujours présent à l'esprit cette maxime sainte consacrée par notre constitution : « Ne pas faire à autruy ce que nous ne voudrions pas qui nous fût fait. »

« N'oublions jamais que ce monument de nos droits et de notre bonheur est remis sous la garde des vertus. Citoyens, soyons les gardiens fidèles de ce dépôt sacré. Prenons avec cette énergie républicaine l'engagement solennel de mourir pour le défendre et le faire respecter.

« Resserrons aussi dans cette fête nationale les liens indissolubles d'une douce et sainte fraternité, d'une union sincère de de l'attachement cordial. Formons pour toujours ce pacte de famille qui assure le bonheur de tous, qui sera l'éternel garant de la félicité publique.

« Jurons enfin sur l'autel de la Patrie cette union civique et fraternelle, ce respect inviolable à la loi, le maintien de la République indivisible. « Je le jure », crièrent d'une seule voix tous les assistants dans un mouvement de patriotisme.

« Il a été de suite brûlé une quantité considérable de titres concernant la féodalité. Tous les citoyens ont témoigné leur joie à la vue de ce sacrifice fait à la justice, à la raison, à l'humanité.

« La musique a exécuté différens morceaux analogues à la cérémonie pendant laquelle les citoyens ont montré par leur maintien grave et tranquille qu'ils sont vraiment républicains et qu'ils sentent la dignité de leur nouvel état. La cérémonie a été terminée par une salve d'artillerie. »

Tandis que la municipalité mortagnaise multipliait les fêtes et exprimait d'une façon prudhommesque ses sentiments pacifique et ses naïves illusions sur le caractère de la Révolution dont elle ne voyait pas le but satanique et antisocial, les Jacobins multipliaient leurs crimes et continuaient leur œuvre de destruction. Tout ce qui rappelait ou la royauté ou la religion fut proscrit. On déchira les tableaux, on brisa les statues, on descendit les croix et les coqs qui surmontaient les églises, on anéantit stupidement et sans profit pour personne les richesses artistiques conservées précieusement depuis des siècles dans les églises et les monastères ; les objets d'art qui échappèrent par hasard à la destruction furent volés ou vendus à l'encan ; leurs précieux débris : reliquaires finement ciselés, majestueuses croix de procession, calices vénérables ornés d'émaux antiques, dont la vue faisait la joie et l'orgueil des paroissiens, des pauvres comme des riches, sont maintenant presque tous enfuis dans les collections de la juiverie cosmopolite ; ce qui en fut exhibé au Trocadéro en 1889 suffit pour donner une idée de la beauté merveilleuse du mobilier de nos églises avant la Révolution et fait encore plus maudire cette dernière et les écrivains sans conscience dont la plume mercenaire ose encore en écrire l'éloge.

On changea les noms des rues et ceux des localités qui portaient un nom de saint : pour prouver leur républicanisme et leur liberté beaucoup de gens remplacèrent leur nom de baptême par celui de quelqu'un de ces orgueilleux et cruels citoyens de Rome ou d'Athènes qui possédaient en toute propriété, comme des animaux domestiques, des centaines et des milliers d'esclaves et les faisaient tuer quand ils ne pouvaient plus travailler.

L'église schismatique organisée par la Révolution cessa bientôt de lui plaire : la Convention décréta qu'*un culte raisonnable* serait substitué à la religion chrétienne. Nous arrivons à l'époque de la *Terreur* proprement dite.

Le 10 nivôse an II, la garde nationale après s'être rangée sous les armes et le drapeau déployé, prit sa route par la rue du District et se rendit à N.-D., où il fut prononcé un discours patriotique et chanté des hymnes à la liberté. Puis la foule fit le tour de la ville en chantant des chansons républicaines et se réunit sur la place de la liberté où eut lieu un auto-dafé de papiers se rapportant *à l'esclavage et à la féodalité*. Les membres du district, sur l'invitation de la municipalité, assistèrent à cette cérémonie, spécialement organisée pour célébrer la prise de Toulon (1).

Le lendemain, l'abbé Lemonnier, soit effrayé, soit écœuré enfin de ces profanations sacrilèges, renonçait à ses fonctions sacerdotales et à tout exercice du ministère religieux et déposait ses lettres de prêtrise ; d'autres prêtres suivirent son exemple. Des laïcs déposaient leurs croix de Saint-Louis. La peur était à son comble et les révolutionnaires en profitèrent pour donner un libre cours à leur haine pour tout ce qui rappelait l'ancien régime ; il n'est point jusqu'aux tombeaux qu'ils ne violèrent.

Les révolutionnaires de Mortagne, conduits par le régicide Desgrouas, vont sortir de leur calme que nous aimions à constater et entrer dans la plus étrange politique. Desgrouas fait accepter à la population les bustes de Marat et de Lepeltier comme les effigies des véritables martyrs de la liberté et décider qu'ils seraient placés dans la salle des séances de la municipalité. Le conseil

(1) La veille le Directoire s'était rendu en corps à la maison commune et de là au temple de l'Etre Suprême pour célébrer la prise de Toulon par des discours et des chants patriotiques et ensuite se transporter sur la place de la Liberté pour y brûler de nouveau les restes odieux de la féodalité. *(Registres du Directoire du district de Mortagne; archives de l'Orne, série L.)*

général, dans son enthousiasme, va même jusqu'à désigner deux de ses membres pour aller témoigner à Desgrouas toute sa reconnaissance et l'inviter à assister à la fête civique qui sera célébrée à l'occasion de leur inauguration. Nous résumerons le programme de cette fête qui eut lieu le décadi qui suivit le 12 germinal an II.

Les corps constitués se réunirent à neuf heures du matin à la maison commune ainsi que la société populaire; les citoyennes furent également invitées d'assister à la fête parées de rubans tricolores. De la maison commune on se rendit chez Desgrouas pour y prendre les bustes. Puis le cortège se dirigea vers le ci-devant fort de Toussaint où il fit une pause annoncée par une salve d'artillerie. Pendant cet arrêt on chanta quelques couplets patriotiques. De là, on gagna la porte d'Alençon par la Corne-de-Cerf et la rue d'Alençon, où on s'arrêta de nouveau pour chanter. Une troisième halte fut faite sur la place de la Liberté et enfin une quatrième sur la place ci-devant de Notre-Dame. Ensuite le cortège composé des tambours et de la musique; des corps constitués avec leurs décorations nationales mêlées ensemble et environnés du *Populaire*, d'un groupe de citoyennes ornées de rubans tricolores et d'une autre portion de gardes nationaux de service, entrèrent immédiatement dans cet ordre, dans le temple de la Raison où les bustes *de nos martyrs* furent placés sur un autel à ce destiné. On prononça des discours et on chanta des airs patriotiques analogues à la fête. La cérémonie terminée, le cortège, toujours dans le même ordre et composé de la même manière, se rendit à la maison commune pour y déposer les bustes placés pendant la marche, au milieu de la société populaire. Inutile d'ajouter que les cris de vive la République, vive la Convention et le chant du *Ça ira* se firent entendre.

Bien que la misère fut à son comble, au point que l'hôpital se déclara trop pauvre pour venir en aide à tous ceux qui souffraient, on n'en prodigua pas moins les réjouissances. Lorsque Robespierre eut envoyé à l'échafaud Camille Desmoulins, Danton et plusieurs autres qui s'opposaient à la réalisation de ses projets ambitieux, il put dans son satanique orgueil se croire enfin maître des destinées de la France. Avec son avènement au pouvoir la Terreur atteignit son apogée et s'y maintint jusqu'au jour où la tête de Robespierre tomba, à son tour, sous le couperet de la guillotine. Ce tyran, si farouche qu'il fût, était moins avancé que nos libre-penseurs d'aujourd'hui : il n'admettait pas qu'un gouvernement fut athée, aussi le voyons-nous supprimer le culte de la Raison et décréter que « le peuple Français reconnaît l'existence de l'Etre Suprême et l'immortalité de l'âme ». A Paris, il présida lui-même la fête de l'Etre Suprême fixée au 8 juin, et à

Intérieur de l'Eglise Notre-Dame

laquelle on avait donné la plus grande solennité possible. Voyons comment elle fut célébrée à Mortagne par le programme qui en fut rédigé le 16 prairial an II.

« A cinq heures du matin, la musique partira de la place de la Liberté, parcourra les rues de la commune en jouant des airs divers ; lorsque la musique sera revenue sur la place, les citoyens canonniers qui auront été invités à placer leurs canons aux quatre points de notre horison, les tireront après en avoir été averti par un roulement général que feront tous les tambours. Ce après quoi, les canons reviendront à leur poste et aussitôt les tambours battront le premier ban dans toutes les rues.

« Tous les citoyens et citoyennes seront avertis par ce ban d'avoir à décorer à l'instant leur maison de couleurs chéries de la liberté et de les parer de guirlandes, de fleurs et de verdure.

« A neuf heures, les tambours annonceront par le bat de caisse l'assemblée ; aussitôt les citoyens et les citoyennes, les pères suivis de leurs fils âgés de moins de douze ans, les mères suivies de leurs filles, se rendront devant les maisons des capitaines de chaque compagnie encore en activité pour se préparer au départ.

« Les tambours réunis sur la place de la Liberté feront un roulement général et chaque tambour se rendra au quartier de sa compagnie en battant le rappel pour la conduire de suite dans la rue des Sans-Culottes dans l'ordre et dans l'endroit qui sera indiqué par les commissaires nommés à cet effet.

« Tous les hommes seront sans armes, les adolescents de 14 à 17 ans seront armés de sabres. Les hommes se placeront sur trois rangs et par grandeur, les femmes seront placées de même : les hommes à droite et les femmes à gauche ; les citoyens porteront un bouquet à la main et les citoyennes une branche de chêne.

« Tous les jeunes garçons depuis douze ans jusqu'à dix-sept ans se rendront dans la cour du dit Erambert, avec leurs armes, pour y être formés en bataillon carré sous les ordres d'un commissaire ; au milieu de ce bataillon seront placés les flammes et le drapeau de la force armée portés par ceux qui en sont chargés.

« Le rassemblement fait et disposé pour la marche, les commissaires avertiront le bataillon des adolescents qui, de suite, iront chercher le drapeau sous les ordres du commendant de la garde nationale, précédés de la musique et des tambours ; reviendront avec le drapeau, prendront les membres des autorités constituées à la maison commune, où tous assemblés se rendront au rassemblement général dans le lieu qui leur est réservé.

« Le rassemblement général étant fait, la marche sera rangée dans l'ordre suivant : Tous les tambours marcheront devant, en suite les quatre premières compagnies, derrière sera placée la musique, de suite le bataillon carré des adolescents avec le drapeau et les flammes, la moitié de la compagnie des vieillards, les membres des autorités constituées seront placés à droite et à gauche. Au centre des autorités constituées marchera [*sic*] une charrue, sur laquelle sera posé un trophée composé des instruments des arts et métiers et les productions de notre territoire. La charrue sera traînée par quatre taureaux couverts de festons et enguirlandés. L'autre moitié de la compagnie des vieillards fermera cette marche ; ensuite marcheront les autres compagnies toujours dans l'ordre prescrit.

« Un roulement de tambour indiquera le moment du départ, aussitôt la tête de la colonne formera une file à droite, marchera en avant, tournera à gauche en montant la rue de Paris, ensuite passera sur la place de la Frugalité pour se rendre au temple de la Raison, le roulement de tambour annonçant l'ordre et le silence sera suivi d'un cri unanime de : « Vive la République française, une et indivisible ! » Les divers discours seront prononcés ; ils auront pour but de faire sentir au peuple les motifs qui ont déterminé cette fête solennelle en l'invitant à honorer l'Auteur de la nature.

« Après les discours, la musique jouera des airs patriotiques, après quoi, un second roulement de tambours annoncera la sortie du temple après avoir fait, de nouveau, un cri de : « Vive la République ». Le premier ordre de marche sera observé pour se rendre à la place de la Liberté en sortant par la porte du Nord.

« Les corps constitués occuperont la partie la plus élevée de la montagne. Lorsque tous les discours auront été prononcés, ainsi que les chants d'allégresse, les hommes et les femmes feront le tour de la montagne au son des instruments et y déposeront les fleurs et les branches de chêne que chacun pourra avoir. Toutefois avant ce départ, les corps constitués recevront les serments des vieillards qui jureront : de mourir plutôt que de porter de nouveaux fers, de concourir à l'avancement de l'esprit public par l'exemple et l'amour de la vertu. Suivront les adolescents : ils tireront leurs sabres et jureront de verser jusqu'à la dernière goutte de leur sang pour terrasser les ennemis de la liberté et de l'égalité et anéantir les despotes.

« Les enfants au-dessous de douze ans viendront témoigner leur impatience de ce que la faiblesse les empêche de porter les armes, ils jureront d'employer leurs premières forces à exterminer les tyrans. Enfin, tous les citoyens en général jureront donc de ne déposer les armes qu'après avoir anéanti les ennemis de la liberté et de l'égalité. Après quoi les corps constitués feront retentir tous ensemble les airs d'un seul couplet patriotique et des cris mille fois répétés de : vive la République, vive la montagne, honneur à l'Etre Suprême (1). »

Le 28 messidor an II (16 juin 1794), à la suite d'une adjudication définitive de biens d'émigrés, il a été, en présence du public, procédé à *la lacération* et *au brûlement,* au milieu des cris de *Vive la République,* de tous les *sacrés papiers de prêtres* déposés au district depuis la dernière brûlure du 3 floréal (2). Avançons avec le temps et nous verrons bientôt ce que peut faire un peuple en démence conduit par des assassins. Même les prêtres qui, par crainte ou par manque de scrupules, avaient engagé leurs consciences pour plaire à nos patriotes, commencèrent à ne plus sortir en public. Du reste, leur ministère devint inutile avec l'institution du Culte de la Raison.

Le 14 pluviôse (2 février), l'agent national ayant fait observer qu'il n'y avait plus de prêtres pour faire les inhumations et voulant donner toute la décence qui convenait en pareille circonstance, le Conseil Général de la Commune a arrêté le mode d'enterrement suivant :

Les officiers qui, au terme de la loi, avaient été constater la mort et l'identité des citoyens, fixaient l'heure de l'enterrement. A l'heure indiquée, un détachement de la Garde Nationale, composé de deux ou quatre hommes armés, se rendait à la Maison Commune, sur l'ordre du commandant qui, lui-même, le recevait des officiers civils. Là devaient également se trouver quatre porteurs et un cinquième citoyen qui voulait bien porter le jalon de sa section orné de cette inscription : *L'homme juste ne meurt jamais et vit dans le cœur de ses concitoyens.* Un officier municipal donnait le signal du départ et le cortège se mettait en marche dans l'ordre suivant : deux tambours battant des marches funèbres, le porte-jalon, deux ou quatre gardes, les quatre porteurs, deux ou quatre gardes, l'officier municipal fermait la marche. Arrivés à la maison mortuaire, les *quatre citoyens porteurs honorables* levaient le corps, couvert d'un drap aux trois couleurs, et on se rendait au lieu de l'inhumation dans le même ordre que celui que nous venons d'indiquer. La famille, les amis suivaient immédiatement. Quatre citoyens signaient l'acte de

(1) Arch. mun. de Mortagne; reg. des délibérations du Conseil. — Le docteur Jousset, *La Révolution au Perche,* 3ᵉ partie.
Quels cris d'indignation pousseraient les admirateurs de la Révolution si quelque gouvernement catholique, imitant la manière de gouverner de 1793, s'avisait d'embrigader ainsi une population pour la conduire à la messe ! Et ces farceurs prétendent que la liberté date de la Révolution !

(2) Reg. des délib. du Directoire du district de Mortagne; arch. de l'Orne, série L.

décès avec l'officier municipal. Ce cérémonial rappelant « *en quelque sorte le fanatisme de l'ancien régime* », fut supprimé par le conseil, le 18 thermidor. Les parents et amis du défunt devaient lui donner eux-mêmes la sépulture, après en avoir averti l'officier public, auquel appartenait le droit de fixer l'heure de l'inhumation. Pouvait-on imaginer quelque chose de plus triste ! Non contents de faire subir aux vivants leur joug odieux et tyrannique, nos monstres révolutionnaires semblent vouloir en imposer jusqu'aux morts. Nous mentionnerons, ici, une anecdote qui nous a été plusieurs fois racontée et dont l'authenticité ne peut être contestée. Nos lecteurs nous permettront de taire les noms, ce fait appartenant au domaine privé. Ce récit nous montrera dans sa simplicité comment les prétendus inventeurs de la liberté la comprenaient pour les autres. Un membre de la famille D... mourait pendant la Terreur; pas plus sur le lit que sur le cercueil, les parents, qui étaient profondément religieux, n'osèrent mettre un Christ d'une manière ostensible, tant était grande la crainte, même chez les petits. Leur prudence fut bientôt justifiée : on avait déposé le cercueil sur deux chaises, en attendant l'heure de l'inhumation, quand entra, dans la maison, un nommé C..., connu partout comme un révolutionnaire accompli ; il jeta un regard furtif sur le cercueil et dans l'appartement, puis, frappant sur l'épaule du maître de la maison, il lui dit d'un air satisfait : « C'est bien, citoyen ! Ici, au moins, on n'est pas fanatique. »

Nous arrivons à la *fête des récompenses*, qui eut lieu le *quintidi* qui suivit le 2ᵉ jour des *sans-culottides* de l'an II. Nous en reproduirons le cérémonial puisqu'elle se passa en partie dans le *Temple de la Raison*. « Les enfants se réuniront en armes, s'il est possible, avec six hommes par compagnie, sur la place de la Liberté, et l'état-major de la garde nationale qui commendera ou prendra parmi ces six hommes des caporaux *ad hoc* pour commander aux enfants. Le drapeau sera porté par un de nos frères blessé au service de la défense de la Patrie et les autres également blessés marcheront au milieu de la petite garde nationale et des six hommes par compagnie, précédés des canonniers. Les corps constitués seront invités par le dit conseil à se rendre à neuf heures du matin à la Maison Commune et dans cet ordre. La garde nationale viendra les prendre et le dit conseil pour se rendre au Temple de la Raison avec tout le cortège assemblé sur la place. Les officiers municipaux, à la rencontre de nos frères blessés, présenteront à chacun une branche de laurier. » Les citoyennes devaient venir ensuite ainsi que la société populaire avec ses maîtres de cérémonies. « Enfin tous les citoyens rendus au

Temple de la Raison, là on donnera lecture des décrets et discours analogues aux circonstances et d'où l'on ira chercher les bustes de Marat, Châlier (1) et Lepelletier qu'on apportera au Temple de la Raison et d'où l'on repartira avec les bustes de ces martyrs avec le même ordre, à la société populaire pour y déposer les bustes et y entendre quelques discours que quelques citoyens pourront donner. » On dut reconduire les corps constitués à la Maison Commune et y déposer le drapeau. On revint ensuite à l'arbre de la liberté pour y chanter des chants d'allégresse et se souhaiter une bonne année; le soir il y eut un grand bal républicain. N'oublions point que le programme de cette fête avait été dressé par le citoyen Desgrouas.

Pendant que les crimes les plus affreux se commettaient à Paris et dans quelques villes de province, nos troupes faisaient des prodiges de bravoure et remportaient de nombreuses victoires. Le pays ne resta point insensible à ces triomphes militaires. A Mortagne, on fêta dignement ces hauts faits d'armes, si on en juge par le *Plan des cérémonies pour la fête des victoires remportées par les armes de la République française*, rédigé le 29 vendémiaire an III.

« Dans le temple dédié à l'Etre Suprême on placera sur un brancard un faisceau d'armes sur lequel sera cette inscription : *Liberté des peuples*. Sur un autre brancard une urne recouverte d'un voile aux trois couleurs avec l'inscription : *Vive la République démocratique*. Le faisceau d'armes aura douze longs rubans aux couleurs tricolores représentant nos douze armées, ils seront attachés à sa cime et assez longs pour que douze citoyens en marchant puissent en tenir chacun un à la main.

« La municipalité fera annoncer la fête au son des tambours et de la musique militaire et y invitera les corps constitués, les citoyens blessés au service de la Patrie, la société populaire, la gendarmerie et tous les autres citoyens et citoyennes. Elle requerra le commandant en chef de la garde nationale de rassembler tous les gardes nationaux en armes pour le décadi à neuf heures du matin.

« A neuf heures, l'état-major fera mettre en rang les compagnies respectives, les vétérans auront le pas; la seule compagnie des canonniers marchera en avant. La compagnie des vétérans ira chercher le drapeau et le plus ancien ou tel choisi le portera. La

---

(1) Châlier (Marie-Joseph) naquit à Suze en 1747. Il se distingua d'abord à Lyon par une exaltation mystique et impitoyable qu'il employa pour faire triompher le jacobinisme. Enfin vaincu le 29 mai, alors qu'il était à la tête de la Commune révolutionnaire, il fut condamné à mort et exécuté le 16 juillet.

garde nationale partira dans l'ordre suivant : les canonniers, la musique et les tambours, douze blessés au service de la République, les plus anciens, les autres blessés après le drapeau et les vétérans, la compagnie des enfants, puis les autres compagnies selon leur rang ; on se rendra à l'Hôtel Commun pour y prendre les corps constitués qui marcheront en avant du drapeau, après les blessés, ainsi que les enfants composant la petite garde.

« Douze municipaux ou notables remettront des couronnes de chêne aux citoyens blessés. On se rendra dans l'ordre au Temple de la Raison, on y lira les lois, les discours analogues à la fête, l'adresse de la Convention aux Français, puis on chantera des hymnes patriotiques. Quatre gardes nationaux blessés porteront le faisceau d'armes, douze des plus anciens prendront chacun un des rubans et marcheront en tête. Après ceux-ci suivra l'urne funéraire portée par quatre petits gardes nationaux, le reste de la compagnie restera en rang. Le peuple suivra pêle-mêle après les fonctionnaires, corps constitués, etc... »

Des discours devaient être prononcés au pied de l'arbre de la liberté, afin d'échauffer l'âme des citoyens par les récits héroïques des soldats de la République, après quoi on devait chanter des chansons guerrières. Nous doutons fort que toutes ces excitations aient rendu nos bons mortagnais bien belliqueux. La municipalité conseilla ensuite, la cérémonie faite, de se confondre fraternellement, de s'embrasser, de danser aux cris de : « *Vive la République, vivent nos frères d'arme*, etc. » On laissa aux citoyens la liberté d'organiser un bal, le soir, s'ils le jugeaient à propos.

Nous arrivons à une véritable réaction appelée *réaction thermidorienne*. Les événements du 9 thermidor produisirent la meilleure impression à Paris et dans les départements : chacun se sentait débarrassé d'un grand poids dans la personne des Robespierre, Joseph Lebon, Carrier, etc. On allait respirer, du moins pendant quelque temps ; les suspects furent moins traqués, les prisons même se rouvrirent pour ceux qui y étaient enfermés. On ne vit plus sur les monuments publics, ajoutée aux trois mots : *Liberté, Égalité, Fraternité*, cette terrible sentence : *ou la mort;* la vente des biens des hospices et des autres établissements charitables fut suspendue ; les monuments en forme de montagne furent détruits et le drapeau devait être sans emblème, avec ces deux inscriptions : *République française* et *Liberté, Égalité, Fraternité*. Ce que nous ferons surtout remarquer c'est que, sur le rapport de Lanjuinais, la Convention permit la célébration des cultes dans les édifices qui y étaient originairement destinés et qu'on cessa de mutiler les monuments sous prétexte d'effacer les vestiges de la royauté ou de la religion. Nous laisserons de côté les événements dont le reste de la France fut témoin pour ne nous occuper que de l'impression produite à Mortagne par ce mouvement de pacification.

Le 30 pluviôse (18 février 1795), le Conseil Général de la commune enlève, en exécution de la loi du 20 du même mois, les bustes de Marat et de Lepelletier, placés dans la principale salle des séances et les fait enfermer dans un cabinet avec les armes de la commune. Deux bustes semblables décoraient l'autel de la liberté dans le temple : deux commissaires les firent vite disparaître et placer, ainsi que les deux inscriptions, dans les armoires de la ci-devant sacristie (1).

Les prêtres réfractaires cachés dans la ville ou aux environs commencèrent à se montrer en plein jour; les plus hardis s'aventurèrent jusqu'à venir déclarer à la municipalité qu'ils étaient « dans l'intention de dire la messe chacun dans la maison qu'ils habitaient ». Ce furent les abbés Gilles Denis, Bouvier-Desnos, demeurant chez son frère tanneur, François Brad, demeurant chez son frère filotier, et Daupeley-Bonval, habitant rue des Tailles. Cette déclaration, qui eut lieu le 7 germinal an III (27 mars 1795), fut accueillie avec bienveillance; aussi commença-t-on à avoir moins peur. Le 18 du même mois, le Conseil s'occupe de l'arrêté de l'administration de l'Orne portant que délivrance soit faite aux ci-devant Sœurs hospitalières de Mortagne de chacune de leurs chambres garnies, etc., et prend en considération la pétition que ces religieuses avaient adressée au Conseil Général de la commune. On s'éloignait de plus en plus du régime odieux de la Terreur. Ce n'est plus chez eux que les prêtres non assermentés purent offrir le saint sacrifice de la messe, mais bien dans les églises, témoin le procès-verbal suivant : « En présence du Conseil, sont comparus (23 floréal an III, 12 mai 1795), les citoyens Bouvier, Brad, Daupeley et Lange, lesquels nous ont tous quatre requis acte de leur déclaration : Qu'ils sont tous ministres non assermentés de la religion catholique, qu'ils exerceront le dit culte dans l'église Notre-Dame, que les dimanches et fêtes Daupeley exercera à Loisé, que tous sont soumis aux lois de la République. En présence d'un tel revirement, quelques membres des ci-devant sociétés populaires viennent déclarer qu'ils signaient bien souvent sans les lire les pétitions de ces sociétés; nous en avons des exemples à Mortagne.

Ce calme qui avait réjoui tous les cœurs fut bientôt suivi d'un nouvel orage qui se déchaîna contre les prêtres; la chouannerie et le débarquement des émigrés et soldats anglais en furent probablement l'occasion.

(1) Arch. mun. de Mortagne; reg. des délib. du Conseil.

Ouvrant le registre des délibérations du Conseil municipal à la date du 8 brumaire an IV (30 octobre 1795), nous voyons que « le corps municipal, assemblé, vu l'article 10 de la loi du 3 de ce mois, qui porte que les lois de 1792 et 1793 contre les prêtres sujets à la déportation ou à la réclusion seront exécutées dans les 24 heures de la promulgation du présent décret, et les fonctionnaires publics qui seront convaincus d'en avoir négligé l'exécution seront condamnés à deux années de détention.

« Et l'avis du Procureur-Syndic de ce district de ne négliger aucune des mesures qui nous sont prescrites, la promulgation de cette loi ayant été faite aujourd'hui par lui.

« Arrête, conformément aux conclusions du Procureur de la commune, qu'un réquisitoire sera, sur-le-champ, donné au commandant de la gendarmerie, en résidence en cette commune, à l'effet de mettre en exécution, aussitôt, la loi cy-dessus datée, envers ceux qui en sont frappés en cette commune qui sont : Brad, ex-curé de Champs; Lemonnier, ex-curé de Notre-Dame; Dubois; La Bigne; Guérin, ex-curé de Courgeoût, et autres qui pourraient se trouver en cette commune, et les traduire dans la maison-d'arrêt. »

Si nous ne voyons point figurer parmi les noms des prêtres frappés par la loi ceux de Charles-Nicolas Lange et de Pierre-Jacques Daupeley-Bonval, également réfugiés à Mortagne, c'est que, la veille de cette délibération, chacun d'eux avait fait la déclaration suivante : « *Je reconnais que l'universalité des citoyens français est le souverain et je promets soumission et obéissance aux lois.* »

Que devinrent leurs confrères ? Ils furent sans doute tous emprisonnés. Nous sommes toujours certain que l'abbé Lemonnier le fut, puisque, le 6 frimaire suivant, il faisait parvenir au Directoire du district de Mortagne une pétition dans laquelle il demandait sa mise en liberté, vu qu'il avait prêté les serments prescrits par les lois du 26 décembre 1790 et 15 août 1792 et n'avait aucun reproche à se faire sur l'obéissance qu'il devait aux lois et aux autorités constituées. « La loi du 3 frimaire dernier, ajoutait-il, veut que les lois de 1792 et 1793 contre les prêtres sujets à la déportation soient exécutées dans les 24 heures, ce n'est pas le cas de l'exposant qui n'a pas rétracté ses serments et qui ignore les motifs de sa détention. »

Le Directoire arrête que la pétition du susdit sera déférée à l'administration municipale de Mortagne pour qu'elle indique les motifs de la réclusion du pétitionnaire et qu'il soit ensuite statué (1).

(1) Reg. des dél. du Directoire du district de Mortagne; arch. de l'Orne, série L.

On l'accusait probablement de rétracter ses serments parce qu'il exerçait le saint ministère dans des réunions privées. Les républicains s'en étant aperçus, le mirent au nombre des *suspects*. Effrayé, l'abbé Lemonnier prêta tous les serments; il alla même jusqu'à déposer ses lettres de prêtrise : autant de lâchetés, sinon d'apostasies, dont il fit solennellement amende honorable et qu'il racheta, dans la suite, par une conduite irréprochable (1).

A partir de ce moment, tout se tait sur ce qui se passa dans notre ville; les esprits, captivés par les événements glorieux qui s'accomplissaient sur nos frontières, semblent oublier la haine, aux récits des victoires des Bonaparte, Marceau, Hoche et de tant d'autres, égaux en bravoure.

Ce répit ne fut pas long : le 17 brumaire an V (7 novembre 1796), le commissaire du Directoire exécutif déposait sur le bureau de la municipalité une lettre émanant du commissaire près l'administration départementale et ordonnant la plus stricte surveillance, tant par la troupe de ligne que par la garde nationale et par la gendarmerie, des étrangers qui passeraient par Mortagne ou dans le canton. « Vous êtes essentiellement, dit le commissaire d'Alençon à son confrère de Mortagne, le surveillant de la surveillance même, nous ne pouvons ignorer que le désespoir d'une multitude d'émigrés, rejettés bientôt de tous les coins de l'Europe, les reporte vers le sol qu'ils ont abandonné, pour y verser de nouveau la méfiance et le crime. Le salut de nos administrés ne nous laisse aucun moment de repos jusqu'à ce que nous ayons découvert leur retraite et les scélérats qui leur donnent azile.....

« Enfin, comme de la stricte exécution de la loi dépend le soin de la chose publique et le bonheur des français, vous demeurez encore chargé de me dénoncer tout abus, malversation et violation de la loi. Je suis instruit que dans plusieurs communes les agents tolèrent le son de la cloche pour indiquer la célébration du culte ou pour annoncer l'heure ou le moment de quelques prières, vous voudrez bien me faire incontinemment passer le nom des localités qui, au mépris de l'article 7 de la loi du 3 ventoso an III et de celle du 22 germinal, se permettent l'usage des cloches pour autres motifs que ceux des assemblées convoquées au désir de la loi. Vous me désignerez aussi, citoyen, les lieux où il existe à l'extérieur des signes particuliers du culte catholique; mais je vous observe que les contraventions que vous me dénoncerez sur ces deux objets *seront l'aveu de votre faiblesse et de celle des agents*, s'il n'est constant, par les réquisitions et

---

(1) Voyez ci-dessus p. 109 et suivantes.

des procès-verbaux en forme, que l'autorité constituée n'a pu vaincre le fanatisme en rébellion contre la loi précitée. Vous ne devez pas moins jeter vos regards inquiets sur le repaire des prêtres réfractaires que l'on énonce se répandre ainsi que les émigrés, dans tous les cantons du département, lorsque malgré toutes mes combinaisons et mes recherches il n'en est encore aucuns à découvert..... » Cette lettre nous montre bien que les prêtres jouissaient dans notre contrée d'une assez grande tranquillité. Jamais la municipalité de Mortagne ne prit d'elle-même des mesures violentes ni même vexatoires contre eux. Ce n'était que sur le coup des plus violentes menaces qu'elle appliquait les *lois existantes*. Nous voilà donc revenus au temps de cette Terreur que l'on croyait finie : ces prêtres que l'on traque, cette prohibition de signes extérieurs du culte catholique rappellent les plus mauvais jours de 93. Comme nous l'avons déjà constaté, les quelques jours de paix que la France avait eus avaient enhardi les catholiques, ceux de Mortagne en particulier ; aussi, ne laissèrent-ils point exécuter les nouvelles lois sans protestation. En ouvrant le registre des délibérations de notre municipalité, nous lisons, à la date du 23 nivôse an V (14 janvier 1797), qu'en « la séance publique présidée par le citoyen Dupont, où étaient les citoyens Aubert, Rathier fils, Roussel jeune, Cochard, administrateur, et Lange, commissaire du Directoire exécutif, lecture a été donnée de la lettre dont la teneur suit.

« Aux citoyens administrateurs du département de l'Orne, les citoyens de la commune de Mortagne.

« Citoyens, l'expérience de tous les siècles a démontré que l'intolérance, en fait de religion, est un des deux grands fléaux de la société ; les maux que cette intolérance a produits dans notre Révolution ont confirmé cette vérité. C'est sans contredit pour y remédier que les auteurs de notre immortelle Révolution se sont empressés d'y consacrer d'une manière authentique le libre exercice des cultes en se conformant aux lois. Notre commune, bien loin d'avoir jamais enfreint ces lois protectrices, y a montré la plus scrupuleuse soumission ; pendant une année entière nous avons joui de l'édifice que la loi nous accordait, mais le fanatisme anti-religieux ne pouvant trouver d'autre moyen de nous ravir cet avantage qui causoit son désespoir, est parvenu à faire incarcérer les deux seuls ministres que nous possédions. La justice des tribunaux a consacré leur innocence ; mais la crainte d'une nouvelle persécution, s'ils exerçoient dans l'intérieur des maisons, où l'on pourroit leur supposer des menées criminelles, nous prive des avantages que la Constitution nous accorde. Indépendamment des vues religieuses qui nous portent à réclamer la liberté du culte que nous avons perdue, il doit en résulter un autre avantage pour la commune. Les jours consacrés au culte catholique sont pour nous comme des jours de marché auxquels les habitans des campagnes viennent faire des emplettes qui vivifient le médiocre commerce de cette ville, et, depuis que ce culte est interrompu, cette ressource est absolument anéantie. Nous espérons donc, citoyens, que sous le double rapport de la liberté du culte, et l'intérêt commercial de notre cité, vous vous empresserez de nous faire jouir du bienfait de la loi, en nous accordant l'édifice qui n'auroit pas dû nous être ravi. D'ailleurs, nous ne réclamons rien qui n'ait été accordé presqu'à toutes les communes des environs. » (Suivent les signatures.)

« La présente renvoyée à l'administration municipale de Mortagne *intra muros* pour faire jouir les pétitionnaires des effets des lois des 11 prairial an III et 7 vendémiaire an IV, concernant le libre exercice des cultes et des édifices à mettre à la disposition des citoyens pour cet exercice. A Alençon, le 19 nivôse, 5ᵉ année républicaine. »

(Signé : Buguet, Bourdon et Joselle.)

« Vu le renvoi du département de l'Orne de la pétition d'environ deux cent quarante citoyens de cette commune pour faire jouir ses citoyens des effets des lois des 11 prairial an III et 7 vendémiaire an IV concernant le libre exercice des cultes et l'édifice à mettre à leur disposition pour y satisfaire.

« Vu la loi du 11 prairial qui dit que les administrateurs désigneront de préférence parmi les anciennes églises non aliénées celles qu'ils jugeront les plus convenables, eu égard à la centralité, à l'étendue ou au meilleur état de conservation et dont les communes étoient en possession au 1ᵉʳ jour de l'an II de la République, pour s'en servir tant pour les assemblées ordonnées par la loi que pour l'exercice des cultes.

« Vu la loi du 7 vendémiaire an IV, dont les titres 2, 3, 4 et 5 établissent une police extérieure sur l'exercice des cultes envers les ministres et les citoyens qui exercent un culte quelconque.

« Vu ces dispositions, prévues pour arrêter ou réprimer les délits ou abus qui tendroient à rendre un culte exclusif ou dominant ou persécuteur.

« L'administration, après avoir observé que les expressions tendantes à présenter l'affermeturé *(sic)* du temple et la cessation subite des fonctions des ministres du culte y exerçant, comme une mesure dictée par un fanatisme anti-religieux, sont fausses, le temple s'étant trouvé fermé par la contravention des ministres aux lois sur la police des cultes, à celles sur la police générale et la sureté de la République et à celle qui prescrit le respect dû aux magistrats.

« Arrête, ouï le commissaire du Directoire exécutif, les articles suivants :

« Art. Ier. — Le temple connu sous le nom d'église Notre-Dame étant le plus convenable, eu égard à la centralité, à l'étendue et au meilleur état de conservation, est affecté à l'exercice des cultes dans l'état où il se trouve, à la charge par les dits citoyens de l'entretenir et réparer ainsi qu'ils verront, sans aucune contribution forcée.

« Art. II. — L'exercice des cultes, dans cet édifice, sera subordonné aux besoins de la commune pour les assemblées ordonnées par la loi.

« Art. III. — Les clefs demeureront déposées chez le chargé de la surveillance des chaises de la commune à qui les trois clefs ont été remises dans le présent jour.

« Art. IV. — L'administration déterminera avec les ministres les jours et heures à fixer pour le culte à l'effet de pouvoir surveiller les rassemblemens dans les mesures de police et de sûreté.

« Art. V. — Les citoyens exerçant un culte quelconque sont invités au nom de la loi qui protège et garantit la liberté des cultes, de se conformer aux dispositions des titres 2 et 4 de la loi du 7 vendémiaire an IV. En conséquence, de ne contraindre par voie de fait, menaces ou injures, aucun individu de célébrer certaines fêtes religieuses, d'observer tel ou tel jour de repos, de faire contribuer aux frais de ce culte, d'élever, fixer ou attacher extérieurement aucun signe particulier à un culte, il est ensuite deffendu de sonner ou faire sonner pour provoquer ou convoyer les citoyens à l'exercice des cultes.

« Les ministres du culte qui voudront exercer dans l'édifice y affecté, passeront la déclaration voulue par le titre 3 de la loi... qu'ils feront enregistrer et dont ils feront afficher deux copies écrites en gros caractères, signées d'eux et du secrétaire de l'administration, dans les parties les plus apparentes et les plus à portée d'être lues, dans l'intérieur du temple. Ces ministres se conformeront au titre 4 de la dite loi qui interdit les cérémonies de tout culte hors l'enceinte de l'édifice choisy pour cet objet. En conséquence, en tiendront les portes fermées, ne pourront exercer leurs fonctions dans un temple qu'après avoir fait enregistrer à l'administration, la déclaration qu'ils sont dans l'intention d'y exercer leurs fonctions, dont expédition sera envoyée au greffe de la police correctionnelle, il leur est aussi deffendu de paraître hors l'enceinte du temple avec leurs habits, ornemens ou costumes affectés à leurs cérémonies ou à leur ministère ; de se conformer aussi au titre 5 de la loi qui leur deffend, hors l'enceinte de l'édifice où ils exerceront, de lire ou faire lire, ou afficher ou faire afficher, distribuer ou faire distribuer des écrits émanés d'un ministre du culte non résidant en France ou y résidant mais se disant délégué d'un autre non résidant.

« L'administration se repose sur le patriotisme des pétitionnaires pour prévenir ou dénoncer tout délit qui pourroit se commettre par un ministre du culte qui provoqueroit à la Royauté, à l'anéantissement de la République, à la dissolution de la représentation nationale, au meurtre, à la désertion, à la destruction des arbres de la liberté, à l'avilissement des signes et couleurs nationales *(sic)*, à la trahison ou à la rébellion, par ses discours, exortation, prédication, invocations ou prières, ou qui rétracteroit ou modifieroit sa déclaration par laquelle il reconnoît que l'universalité des citoyens François est le souverain et promet soumission et obéissance aux lois de la République. »

(Suivent les signatures.)

Ce procès-verbal que nous avons tenu à reproduire *in-extenso* n'a besoin d'aucun commentaire. Aussi laisserons-nous le lecteur juger par lui-même, d'après cet intéressant document, de la liberté de conscience qui existait alors. Le 2 pluviôse (21 janvier 1797) eut lieu la fête anniversaire « de la juste punition du dernier Roy des Français ». Le cérémonial de cette fête odieuse n'offrant rien de bien intéressant, nous ne nous y arrêterons pas.

Le 12 du même mois, les citoyens Pierre-Jacques Daupeley-Bonval et Charles-Nicolas Lange, prêtres, sont autorisés par l'administration, sur leur demande, à exercer les fonctions de leur culte dans l'intérieur du temple, mais sous la surveillance de la police. Ils pouvaient exercer leurs fonctions « tous les jours, à l'exception des jours cy-devant connus sous le nom de dimanches et fêtes, entre huit et neuf heures du matin, et dans les jours d'exception, entre dix et onze heures du matin et trois heures de relevée, et dans le cas où des circonstances nécessiteroient de déroger aux heures indiquées pour autres causes, les dits déclarants seront tenus d'en faire prévenir le commissaire de police ».

Nous arrivons au samedi 25 mars 1797 (5 germinal an V) date à laquelle l'église de N.-D. fut le théâtre d'une lutte déplorable. L'abbé Fret (1) qui, sans doute, a emprunté à des témoins la plupart des détails qu'il donne, s'exprime en ces termes : « Convoqués dans ce temple (Notre-Dame), le seul qui restât debout, les électeurs devaient y procéder à la nomination de

---

(1) *Chroniques Percheronnes*, t. III, p. 137.

certains fonctionnaires destinés à remplir différents emplois dans la ville, entre autres celui de juge de paix. Ennuyés de la basse tyrannie de certains démagogues, chez lesquels l'impudeur se joignait à une grossièreté révoltante, tous ceux des électeurs qui avaient un cœur d'homme et une âme française, décidèrent, unanimement, qu'il fallait remplacer les vils suppôts de la Montagne, ces hommes de boue, de désordre et de sang, par des citoyens dignes de toute leur confiance. Le grand nombre de ceux qui avaient ce louable projet, ne laissait aucun doute que leur but serait atteint.

« Instruit de cette résolution, le parti du désordre et de l'anarchie jeta aussitôt le cri d'alarme et résolut de conserver à tout prix le pouvoir qu'on voulait lui ravir. Voyant donc l'immense majorité en faveur des honnêtes gens, la tourbe féroce crie, trépigne de rage et engage aussitôt la lutte en se ruant sur les conservateurs. Ceux-ci se disposent à repousser l'attaque, bien résolus à vendre chèrement leur vie. A défaut d'armes à feu, de sabres ou d'épées, on saisit tout ce qui se trouve sous la main ; chaque chaise de l'église devient une arme défensive ou offensive ; l'acharnement est au comble ; mais bientôt la victoire met un terme à la lutte, en couronnant les efforts des bons citoyens, qui comptèrent heureusement peu de blessés dans leurs rangs. Le parti des sans-culottes ou *enragés*, ainsi qu'on appelait les terroristes, perdit deux de ses champions les plus déterminés. François Lamberdière, fils aîné du premier chef de sédition (1), écorcheur comme lui et digne rejeton d'un tel père, fut tué dans la mêlée ; un huissier de Moulins-la-Marche, nommé Gâtines, démagogue outré, venu exprès à l'assemblée pour y exterminer, disait-il, plus de vingt-cinq aristocrates à lui seul, partagea le sort de son digne collègue (1). » Nous donnerons maintenant le procès-verbal

(1) C'est le 23 juillet 1789 que François Lamberdière (le père), voulant mettre en pratique les doctrines du *Contrat Social* et essayer des *Droits de l'Homme*, avait organisé l'insurrection à Mortagne. A sa voix la populace ameutée se rua sur l'hôtel de M. Turpin de Boiscertain, alors directeur des Aides, enleva les registres de la régie, les transporta sur la place du Marché-aux-Chevaux et y mit le feu. Le même bûcher consuma en même temps tous les registres des portes. Privée de forces militaires capables de tenir tête aux insurgés, la ville ne put que gémir des excès de ces criminels forcenés. Enhardi par l'impunité, alléché par l'appât d'un riche butin, le chef, armé d'un fusil et toujours escorté de ses séides, envahit une seconde fois, dans l'après-midi, la maison de M. Boiscertain pour y procéder au pillage du mobilier. Installé dans l'hôtel, Lamberdière ordonne impérieusement de servir à ses troupes à boire et à manger : ses ordres sont remplis, les rafraîchissements exigés sont apportés. Au sortir de l'Hôtel des Aides, il conduit sa bande chez MM. Chartier, receveur du grenier à sel, et Aubert, entreposeur du tabac, en leur enjoignant, sous

de cette fameuse séance que nous avons été heureux de retrouver dans des archives particulières.

« Le dit jour 3 germinal au dit an (V), six heures et demie du soir, au bureau municipal, où étoient les citoyens Aubert, Roussel jeune et Cochard, administrateurs, les citoyens Le Roux, Desoises, président d'âge de l'assemblée primaire du canton de Mortagne *intra muros*, département de l'Orne, âgé de quatre-vingt-...... ans ; Pierre Chesnon-Champmorin, âgé de 75 ans ; Jacques Dutertre, âgé de 71 ans ; Pierre Quéru, âgé de 72 ans, scrutateurs ; et Dominique-Hippolyte Bidry, âgé de 21 ans, secrétaire, tous proclamés pour former le bureau provisoire, confor-

des peines terribles, de fixer le prix du sel à six sous et celui du tabac à quarante sous la livre. Comme toute résistance eut été funeste à ces deux employés, ils promirent tout à la populace.

« Fier de ces succès, notre tribun ne craignit point de se présenter le lendemain matin à l'Hôtel de Ville et de déclarer hautement aux officiers municipaux que, fidèle mandataire de 1,200 citoyens, il leur enjoignait au nom de ses commettants d'avoir à substituer de suite aux employés préposés à la taxe du bled les individus qu'il leur désignerait et promit, en cas de non exécution, la plus terrible vengeance. La terreur produisit son effet, les préposés à la taxe des grains furent destitués.

« Le lendemain, jour de St-Jacques, où tombait la foire de Chartrage, le prétendu *sauveur du peuple* n'eut rien de plus pressé que de venir en personne installer les nouveaux taxateurs (1) du bled, dont il fixa le taux lui-même et s'attribua sans façon la police de la foire. [L'un d'eux, fit même la taxe du pain (2).]

« Le triomphe de ce perturbateur fut de bien courte durée ; la ville une fois en mesure de rendre force à la loi, remit le farouche tribun entre les mains de l'autorité judiciaire. Un jugement rendu par la cour prévôtale d'Alençon, composée de MM. Dumellenger, Marescot, Montfort, Le Conte de Betz, Dufriche-Desgenettes, Olivier-de-St-Vast et Morel, prononça, le 2 octobre de cette année, la peine suivante contre le premier moteur et principal auteur des troubles de Mortagne : « Pour punition et réparation de quoi, avons condamné et condamnons le dit François Lamberdière à être pendu et étranglé jusqu'à ce que mort s'en suive, avec écriteau portant ces mots : *Chef de sédition*, par l'exécuteur des sentences criminelles, à une potence qui sera plantée à cet effet, sur la nouvelle place publique où il sera conduit par le dit exécuteur, et son corps mort, après y avoir resté vingt-quatre heures, être porté par le dit exécuteur, aux fourches patibulaires de la ville de Mortagne, où se font ordinairement semblables expositions, pour y rester jusqu'à consomption. »

L'abbé Fret, qui avait entre les mains un exemplaire de ce jugement, ajoute que le cadavre de Lamberdière resta peu de temps exposé aux fourches patibulaires placées hors la ville, sur la route de Paris, car il fut enlevé la nuit suivante et enterré on ne sait où par sa famille et ses partisans. Ce chef de sédition n'était autre qu'un écorcheur. *Chroniques Percheronnes.* III, 134 et suiv.

(1) MM. Bouvier-Desnos, de la ruelle Saint-Jean, Soyer et Dufresnoy.
(2) M. Dufresnoy.

mément au paragraphe Ier du chapitre II de la loy du 5 ventôse, se sont rendus à l'effet de dresser le procès-verbal des faits ci-après.

« A l'ouverture de la séance de ce jour, trois heures de relevée, il a été donné lecture du procès-verbal de la séance du matin et de suitte procédé à la continuation du dépouillement des scrutins. Le dépouillement fait, lorsqu'il s'est agi de vérifier ceux des citoyens qui avaient réuni le plus de suffrages pour composer le bureau définitif et qu'il a été reconnu que le citoyen Legros avait réuni 247 suffrages, le citoyen Delangle 250, le citoyen Barbey 252, le citoyen Belin fils 233, le citoyen Souvré 250, Basil Mathias 188, le citoyen Gohier 173, le citoyen Dupont 176, le citoyen Roussel jeune 185, le citoyen Aubert 158, et qu'il en résultait que les citoyens Legros, Delangle, Barbey, Belin fils et Souvré formoient, chacun suivant le nombre des suffrages, le bureau définitif, le citoyen Gohier, commissaire du directoire exécutif du canton de Mortagne *extra muros*, a dit que la nomination du bureau définitif étoit frappée de nullité par le seul fait que le citoyen Le Roux-Desosses, président d'âge, n'étoit point imposé aux rolles des contributions foncières et personnelles de cette commune et qu'il n'avoit point été porté sur la liste de la municipalité; Il a été répondu par le citoyen Delangle, après avoir demandé la parolle au Président, que le paragraphe 3 de la loy du 5 ventôse, chap. II, porte que ce ne sera qu'après l'installation du bureau définitif que se placeront naturellement, dans les assemblées communalles et primaires, les discutions relatives aux droits de leurs membres, que par suitte de cet article, si le droit du citoyen Président étoit contesté, la discution ne pouroit en estre ouverte qu'après la formation du bureau définitif; plusieurs citoyens ont parlé sur cette question, entre autre le citoyen Lange, commissaire du directoire exécutif, lequel, pour ramener l'ordre, a donné une seconde lecture du mesme paragraphe et du paragraphe Ier du mesme chapitre, ainsi conçu: « A l'ouverture de la première séance, ceux des citoyens présens qui sont âgés de 60 ans et qui savent écrire se réunissent au bureau et reconnaissent les quatre plus âgés d'entre eux. » Il a été répondu par le citoyen Creveux, commissaire du directoire exécutif près le tribunal correctionnel, qu'il respectait *dans son cœur* l'instruction sur la tenue des assemblées primaires, mais qu'il ne pouvoit la regarder comme loy, n'en étant pas une, qu'en conséquence tout ce qui avoit été fait par le bureau pour la présidence du citoyen Le Roux-Desosses devoit être regardée comme nulle par les raisons ci-devant expliquées.

« Il s'est alors élevé une agitation qui a semblé devoir présager des troubles, il a été observé que le citoyen Roussel petit-fils du président, que son ayeul étoit propriétaire d'une maison, que cette maison se trouve dans le milieu de deux autres appartenantes à sa fille, quelles ont été imposées par erreur sous la même cotte, que cette maison vaut plus de 300 fr. de revenu, que c'est par cette considération que, dans la séance du 2, il a déposé son scrutin comme ayant droit de voter et qu'il seroit porté sur la liste lors de la formation du bureau définitif; que le citoyen Gohier a si bien reconnu son droit qu'il ne l'a pas contesté lors du dépouillement auquel il a concouru avec les citoyens Roussel et Delangle comme adjoint aux scrutateurs, d'après le vœu de l'assemblée, que ce n'est que lorsqu'il en a connu le résultat qu'il a élevé cette difficulté.

« Alors il s'est élevé des huées sans nombre. Le citoyen Gohier a dit que les délibérations n'étoient pas libres parce que l'officier de gendarmerie y étoit contre le vœu de la loy; il a été répondu qu'il y étoit sans armes, que d'ailleurs il pouvoit ignorer si la loy qui empesche la gendarmerie de voter aux assemblées primaires étoit arrivée et aussitôt il s'est retiré. Le bureau voyant qu'il étoit impossible de rétablir l'ordre dans l'assemblée a déclaré qu'attendu qu'il étoit six heures un quart *la séance étoit levée*. Alors beaucoup de personnes se sont portées sur le bureau; le citoyen Gohier, l'un d'eux *(sic)*, a demandé la continuation de la séance. Le Président a répondu que vu le désordre qui régnoit et qu'il n'y avoit ni appel, ni dépouillement à continuer, la loy du 5 ventôse ordonnoit impérativement de lever la séance à six heures, qu'elle étoit levée et renvoyée à demain neuf heures du matin.

« L'assemblée s'est de nouveau agitée, le citoyen Gohier s'est avancé de rechef sur le bureau et s'est jetté sur une liste des dépouillements en disant qu'il alloit l'emporter et dresser procès-verbal par lequel il prouveroit la nullité des opérations de l'assemblée. Plusieurs citoyens se sont opposés à l'enlèvement de ce dépouillement et l'ont remis avec les deux autres ès-mains du secrétaire, alors le citoyen Delangle a été pris par les cheveux, renversé du bureau, le président a été également renversé du bureau et jetté dans les bras du secrétaire qui a failly être assommé d'un coup de chaise, lequel a porté sur le citoyen Verger, que le citoyen Souvré a reçu également plusieurs coups de montant de chaises que ceux qui s'étoient jettés sur le bureau s'empressoient de casser et beaucoup d'autres citoyens ont été frappés, alors tous les citoyens se sont jettés sur le restant des chaises pour deffendre le bureau et se deffendirent; un citoyen, dont le bureau ignore le nom, a levé un bâton et en a lâché un coup sur le citoyen président qui a été paré par le citoyen Roussel, son petit-fils, qui voloit au secours de son père; les choses étant dans cet état, le trouble ayant duré plus d'un quart d'heure, on a entendu de toute part crier au secours et à la garde. La majorité de l'assemblée a cru prudent de se retirer à l'administration municipale, pour dresser procès-verbal des faits et voyes de fait arrivées en laditte assemblée et a invité les membres du bureau de s'y rendre, ce qui s'est exécuté.

« De l'exposé ci-dessus, de tout ce que nous avons vu et entendu, de ce qui nous a été rapporté par nombre de citoyens il résulte que le citoyen Gohier, commissaire du pouvoir exécutif, est l'auteur et le provocateur des troubles qui ont eu lieu dans cette séance; qu'il les a si bien prévus et prémédités qu'il a refusé de continuer l'opération d'inscription de dépouillement qui lui avoit été confiée par l'assemblée, en disant, lorsqu'il a été requis de les reprendre, qu'il venoit de dire qu'il étoit fatigué, ce qui a déterminé l'assemblée à le remplacer par le citoyen Hérode, que par la proposition qu'il a jettée en avant de déclarer nulle tout ce qui avoit été fait par l'assemblée sous les motifs ci-devant rapportés, il a fomenté et soutenu le désordre qui a fait bouleverser le bureau et blessé nombre de citoyens; que le citoyen Creveux(1), commissaire du Directoire près le tribunal criminel, par la déclaration qu'il a faite qu'il ne connoissoit point pour loy l'instruction du corps législatif a également contribué au désordre, que le citoyen Lamberdière, écarisseur, y a également contribué en se portant à des voies de fait..... »

Le registre de la municipalité qui mentionne également ces faits constate « une discussion tumultueuse dont le résultat est que plusieurs de ses membres ont été frappés de coups de couteau et autres instruments qui ont fait couler le sang..... »

Le lendemain 4, « l'administration municipale profondément affectée des troubles qui avaient eu lieu la veille, à la suite de l'assemblée primaire, avait cru, par prudence, devoir en suspendre les séances. Ayant entendu sonner la cloche, à neuf heures du matin, pour la continuation du scrutin, elle crut qu'il était de son devoir de faire de nouvelles représentations au bureau afin que les séances soient suspendues jusqu'à l'arrivée du gendarme envoyé à l'administration centrale pour lui communiquer le procès-verbal de protestation et en rapporter son avis. L'administration s'engagea à rétablir le calme s'il la laissait agir avec prudence, mais elle déclara qu'elle ne pourroit être respon-

(1) Voyez sur cet individu et sur Gohier une lettre de Lavot à Barras, publiée dans la *Chronique et Correspondance du Perche*, n° 2, p. 21. Nous en donnerons des extraits aux pièces justificatives.

sable de ce qui pourroit arriver au moindre incident, les esprits n'étant pas suffisamment rassis. »

Le bureau de l'assemblée primaire, tout en prenant note de ces justes observations, répondit : « Qu'à la vérité son premier mouvement étoit de suspendre, mais que, lorsque la séance avoit été levée, à Notre-Dame, on avoit proclamé qu'elle seroit continuée ce jour neuf heures du matin, que ce vœu ayant été émis par la majorité, le bureau ne pouvoit prendre sur lui d'en suspendre l'effet sans l'avis de l'assemblée. A l'instant sont arrivés à la municipalité des députés de nombre de citoyens réunis au lieu des séances qui ont dit que leur vœu étoit que les papiers (1) qui y étoient relatifs fussent remis aux membres du bureau pour la continuation des opérations, à quoi la municipalité a adhéré en disant toutefois qu'elle alloit y joindre sa délibération. Alors les paquets ont été remis aux membres du bureau qui de suite se sont rendus à l'assemblée. Un membre de la municipalité a remis au Président un paquet cacheté qu'il a dit contenir l'arrêté pris par l'administration municipale. Aussitôt que les membres du bureau ont été assis, lecture du procès-verbal de la séance d'hier soir a été demandée, alors la minorité réunie d'un costé a dit qu'il ne pouvoit être lu sans, au préalable, que lecture de la délibération de la municipalité fut donnée. Un membre a observé qu'une assemblée n'étoit ouverte qu'après la lecture du procès-verbal de la séance précédente, ainsi qu'avec justice il avoit été avancé dans une séance précédente par un des membres de la municipalité. Ce principe ayant été reconnu, lecture du procès-verbal de la dernière séance a été commencée. Le quart du procès-verbal a été entendu avec calme. Il s'est élevé des réclamations ; le citoyen Gohier a dit : « Laissons lire le procès-verbal et après « la lecture ceux qui y sont inculpés auront le droit de se « deffendre. » Différents individus ont demandé que le secrétaire montât à la tribune, un membre a observé que le secrétaire ne pouvait et ne devoit quitter le bureau, que le procès-verbal devoit y être lu suivant l'usage ; le citoyen Rathier, officier municipal, est convenu du principe et a demandé qu'une voix plus forte en donnât lecture. Alors le citoyen Muteau, d'un fort organe, s'est présenté pour le lire et, à cet effet, s'est approché du bureau et, monté sur la table, le procès-verbal lui a été remis et il a commencé la lecture ; mais il n'a pu être entendu parce que les

(1) Les listes contenant le dépouillement des scrutins pour la nomination du bureau central avaient été enfermées dans une enveloppe de papier, cachetée de quatre cachets et déposée avec le paquet, également cacheté, contenant le nom des votants, dans une armoire de l'administration municipale sur laquelle les scellés furent apposés.

individus qui avoient demandé qu'il fut lu dans la tribune y ont persisté et fait éclater un trouble épouvantable. La majorité craignant avec raison que le procès-verbal ne fut enlevé et lacéré dans le trajet, a persisté qu'il fut lu sur le bureau; alors le citoyen Chapelain fils, marchand, s'est avancé sur le citoyen Muteau et a voulu lui enlever le procès-verbal, différents citoyens s'y sont opposés, c'est alors que le parti qui vouloit que le procès-verbal de la ville ne parût pas et que le scrutin dont le résultat ne lui étoit pas favorable fut anéanti, s'est armé de chaises comme la veille et à l'aide des éclats qu'il en ont fait voler de toutes parts et d'une grelle de pierres qui lui ont été fournies par des femmes et des enfans qui s'étoient emparés des portes de l'extérieur, où il n'y avoit point de garde, sont venus fondre sur le parti opposé qui occupoit la partie supérieure du Temple et dans ce premier choc l'ont repoussé jusqu'à son extrémité. C'est alors que se voyant dans la nécessité d'opposer la force à la force, tant pour la sûreté de leur vie que pour le maintien de la loy, les citoyens opprimés se sont armés à leur tour des bareaux des chaises à l'aide desquels ils sont demeurés maîtres du champ de bataille. Plusieurs citoyens ont été blessés grièvement : il est à craindre que la mort de quelques-uns ne s'en soit suivie ; les citoyens qui vouloient l'exécution de la loy se sont réunis pour maintenir le bon ordre, ont juré fidélité à la République, à la Constitution de l'an III, de soutenir la liberté des suffrages dans les assemblées, la tranquillité de la cité. Ce serment a été prêté par tous les amis de l'ordre et de la loy sur la place de la liberté..... »

Nous continuerons, toujours d'après les textes officiels, le récit de cette malheureuse affaire. L'administration municipale se réunit extraordinairement à quatre heures de relevée et arrêta « que l'administration centrale seroit invitée de se concerter avec le général Dumesnil à l'effet d'en solliciter une force suffisante qui puisse permettre d'assurer l'ordre et la tranquillité dans cette commune ». Elle se réservait « de luy faire passer les détails sur cette malheureuse affaire qui fit couler le sang de plusieurs citoyens et les suites qui en pourroient résulter..... » Le 7, l'administration, craignant que le gouvernement ne soit prévenu défavorablement des événements qui avaient eu lieu et voulant lui faire connaître sa conduite, chargea le citoyen Dupont, un de ses membres, de se rendre sans délai auprès de lui et lui adjoignit le citoyen Gohier, commissaire près l'administration *extra muros*, pour lui rendre compte de tout (1).

Vraiment la municipalité choisissait bien ses délégués. Il est peu probable que le citoyen Gohier, l'un des principaux auteurs

---

(1) Arch. mun. de Mortagne ; reg. des dél. du Conseil.

de cette petite révolution, ait parlé contre lui et ses partisans. Ceci est tellement vrai qu'une loi en date du 21 germinal an V (10 avril 1797) déclara nulles les opérations de l'assemblée primaire de la commune de Mortagne *intra muros*. Les nouveaux élus donnèrent leur démission à la municipalité, le 2 floréal (21 avril), par l'organe du citoyen Saint-Gervais, « en regrettant de ne pouvoir se dévouer au service de leurs concitoyens ».

Le citoyen Péron, lieutenant de gendarmerie, fut, lui aussi, destitué de ses fonctions. Le 19 floréal, il adressa une protestation aux administrateurs du département de l'Orne pour être réintégré dans ses fonctions, ayant été injustement frappé. Le registre de la municipalité ajoute « qu'il a toujours fait preuve de civisme envers la République », ce qu'ont attesté l'administration centrale, le juge de paix et le juge au tribunal criminel de l'Orne. Nous ignorons s'il fut réintégré dans ses fonctions.

La loi du 19 fructidor an V (5 septembre 1797), en modifiant celle du 7 vendémiaire an IV sur la police des cultes, amena la prestation d'un nouveau serment. Ce qui fait que nous voyons, le 5ᵉ jour complémentaire de l'an V (21 septembre 1797), les citoyens P.-J. Daupeley-Bonval, L.-C. Marchand et C.-N. Lange, tous trois ministres du culte catholique venir prêter, devant la municipalité, le serment prescrit par l'article 25 de la nouvelle loi. « Le citoyen Daupeley-Bonval et le citoyen Lange ont été invités, comme plus anciens d'âge, à le prêter à haute voix et dans les termes voulus par la loi : *Je jure haine à la royauté et à l'anarchie, je jure attachement et fidélité à la République et à la Constitution de l'an III*. Ce qu'ils ont signé. Le citoyen Marchand prête le même serment et le signe. »

On saisit avec empressement « *la fête de la célébration de la République* » pour faire oublier les tristes évènements que nous venons de raconter. C'est sans doute dans ce but qu'on lui donna tant d'entrain. Elle eut lieu dans le temple le 1ᵉʳ vendémiaire an VI. En voici le récit d'après le procès-verbal qui en fut dressé le même jour par l'administration municipale.

« Quatre sections de la garde nationale et le détachement de la troupe de ligne, en station dans cette place, avoient été commandés afin de venir prendre à la commune, accompagnés de la musique, les fonctionnaires publics et les deffenseurs de la Patrie blessés, auxquels l'administration, par l'organe de son président, devoit décerner des couronnes de laurier en signe de reconnaissance et au nom de toutes les armées de la République.

« L'heure indiquée sonnée, l'administration et les fonctionnaires publics accompagnés des deffenseurs de la Patrie blessés, dont deux citoyens de la commune..... furent reçus au milieu des deux détachemens de la garde nationale et de la troupe de ligne et se rendirent aussi, au bruit des boëtes, de la musique et des tambours, au temple où le citoyen Aubert donna la lecture de la proclamation du Directoire exécutif aux François, du 23 fructidor (9 sept.), et fit un discours commémoratif de l'anniversaire de la fondation de la République dans lequel il rappela la glorieuse journée du 18 fructidor, les glorieux exploits des armées de la République, versa le baume de la consolation sur les plaies des deffenseurs de la Patrie blessés que le citoyen Dupont, président, couronna au milieu des cris de : « Vive la République ! Haine à la Royauté ! » et auxquels il donna le baiser fraternel. Cette cérémonie fut suivie d'une chanson en l'honneur du *18 fructidor, des armées, des législateurs, du Directoire*, auxquelles on vota avec enthousiasme des *vivats* mille fois répétés. Une promenade civique autour de la ville, au bruit des tambours, de la musique et des boëtes, termina cette fête, dans laquelle la joie et le contentement présidoient et en faisoient tout l'ornement..... »

Ces fêtes ne firent point disparaître des esprits la haine contre les prêtres et les nobles. Le 6 brumaire an VI (27 octobre 1798), le commissaire du pouvoir exécutif près l'administration centrale envoyait à son collègue près l'administration municipale de Mortagne une lettre dont nous extrayons les passages suivants (1) :

« Citoyen, vous trouverez, à la suitte de la présente, copie

---

(1) Ce n'était point la première lettre de ce genre que recevaient les notabilités mortagnaises. Le 20 floréal an III (9 mai 1795), Desprez (*a*) écrivait à Fourmy (*b*) : « ..... Faites exécuter les lois sur les prêtres car ils font bien du mal..... », puis le 16 prairial (4 juin) suivant « ..... tout le monde est satisfait de votre décret qui rend les églizes aux communes et oblige les prêtres au serment de fidélité, mais j'aurois désiré que vous en eussiez rédigé la formule, que vous l'eussiez adressé à tous les districts et que vous eussiez fixé un jour à tous les prêtres de s'y rendre pour l'y prêter individuellement et dont seroit dressé procès-verbal par cette administration. J'aurois voulu que, par des ordres secrets, on eût fait arrêter, par la force armée, tous ceux qui s'y refuseroient, et que de suite on les déportât. En effet, il seroit juste de chasser du sein de la République tous ceux qui refuseroient de la reconnoître et de vouloir respecter les per-

(*a*) Desprez (Emmanuel-Marie-Guillaume), naquit à Alençon, le 29 mars 1769. De professeur au collège de sa ville natale (1791) il devint volontaire, puis adjudant général. Député aux Cinq-Cents en l'an VI, au Corps législatif de l'an VIII à 1807, et à la Chambre des Cents-Jours, il remplit ensuite les fonctions de conseiller à la Cour de Caen. Il fit de nouveau partie de la Chambre des députés de 1831 à 1834. Il est auteur de plusieurs publications (discours et autres) sans importance. Nous ignorons la date de sa mort. *(Notes communiquées par M. de la Sicotière.)*

(*b*) Fourmy (Jean-Denis), né à Mortagne, le 4 décembre 1741, était avocat. Nous le trouvons au nombre des conventionnels; des Cinq-Cents, de l'an IV à l'an VI ; des Anciens, de l'an VI à l'an VIII. Il représenta le département de l'Orne au Corps législatif de l'an VIII à l'an XI et devint juge au tribunal de Mortagne. Nous ignorons la date de sa mort. *(Notes communiquées par M. de la Sicotière.)*

d'une lettre du ministre de la police générale dont l'objet est de la plus grande importance et mérite la surveillance la plus scrupuleuse..... »

Cette lettre du ministre de la police générale datée de Paris du 4 brumaire ordonne de déployer « la plus grande sévérité contre les prêtres soumis aux lois de 1792 et 1793..... » et il ajoute : « Ceux qui ne sont pas sortis dans les délais déterminés par la loi du 19 fructidor soient à l'instant arrêtés et conduits sous bonne et sûre escorte à Rochefort, afin d'y être embarqués sur le lieu qui sera fixé sur le territoire de leur déportation. » Exception devait être faite des sexagénaires et des infirmes.

Ce décret tyrannique ne tarda pas à être mis à exécution dans le département de l'Orne. Le 20 du même mois, la municipalité nomme quatre de ses membres (1) pour accompagner les officiers militaires chargés de désarmer « les ci-devant chouans, les parens des émigrés et tous les individus ayant des doctrines suspectes ». Nous n'avons pu savoir si, à Mortagne, ces visites domiciliaires ont amené l'arrestation de prêtres ou de personnes suspectes mais dans plusieurs communes de l'Orne on a vu, et non seulement des prêtres et des nobles, mais de simples citoyens, hommes et femmes, suspects d'incivisme pour leur attachement à la religion de leurs pères ou pour leurs opinions politiques, arrêtés comme *otages* et gardés à vue par des soldats républicains, comme une victime sous la main du bourreau. On retrouve, en effet, des lettres émanées du Directoire exécutif dans lesquelles il ordonne de *fusiller les otages*, s'ils essaient de s'enfuir. Il veut même « qu'au premier soupçon de fuite, ils soient frappés de mort ; c'est la lettre et l'esprit de la loi ; un bon républicain doit s'y soumettre aveuglément (2) ».

C'était une nouvelle ère de persécution qui commençait. Les prêtres fidèles à Jésus-Christ durent, encore une fois, regagner leurs cachettes, mais combien furent dénoncés, pris et conduits

---

sonnes et les propriétés. Si vous ne dressez pas les formules, les fourbes le feront en double sens ou avec restriction si vous ne les obligez qu'à le prêter devant les municipalités ; vous n'auriez pas un témoignage constant de la vérité. Il faut un serment uniforme devant une administration éclairée, impartiale et qui ait la force nécessaire..... (c) »

Ces lettres que nous n'avons pu mentionner en temps et lieu motivèrent sans aucun doute les délibérations prises quelques jours après par la municipalité de Mortagne, délibérations que nous avons rapportées à la page 176.

(1) Les citoyens Aubert, Dupont, Cochard et Rathier.

(2) Abbé Blin, *Les martyrs de la Révolution dans le diocèse de Séez*, t. Ier, introduction, p. LXXXV.

(c) Notes communiquées par M. de la Sicotière.

en exil, où ils endurèrent les plus grandes souffrances et où beaucoup moururent. Ouvrons n'importe quelle histoire et nous y verrons combien était affreuse la position de ces vénérables confesseurs de la foi.

> Tout ce qui porte un nom, ou génie ou vertu,
> Sous le niveau du crime est soudain abattu ;
> Le doigt du délateur au bourreau fait un signe :
> La seule loi du peuple est la mort au plus digne (1).

Le 12 frimaire (2 décembre), le commissaire du Directoire de Mortagne recevait de celui du Directoire exécutif de l'Orne une lettre lui enjoignant de surveiller strictement l'apparition des feuilles contenant des paroles antipatriotiques : « ces journaux qui portoient avec eux le poison contre-révolutionnaire ». Le 2 pluviôse (21 janvier), on célébra, avec beaucoup de fatras, la ratification du traité de paix signé, à Campo-Formio, entre la République et le roi de Hongrie. La fête avait été annoncée la veille à son de tambour « par les membres de l'administration.... accompagnés d'une force armée et de la musique qui n'a cessé de jouer les airs chéris des vrais patriotes ». Les administrations *intra* et *extra muros*, les fonctionnaires *salariés* et la force armée se rendirent, sur les neuf heures du matin, au Temple où un discours de circonstance fut prononcé, précédé et suivi, naturellement, de chants patriotiques. On célébra, en même temps, « l'anniversaire de la juste punition du dernier roy des Français » et on se sépara après avoir juré *haine à la royauté et à l'anarchie*, etc.

L'année 1798 s'écoula à Mortagne dans le plus grand calme, tandis que de nouvelles persécutions éclataient sur plusieurs points de notre département. Remercions Dieu d'avoir préservé notre ville de tels excès et voyons ce qui se passa jusqu'en 1802, date à laquelle nous clôturerons ce chapitre.

Un arrêté de l'administration centrale du département de l'Orne, en date du 12 pluviôse an VII (31 janvier 1799), nous apprend que l'administration municipale de la commune de Mortagne lui a demandé « la délivrance de quelques objets de parquèterie et de boiserie provenant de la maison du Val-Dieu, étant encore entre les mains de la République, pour être employés à la construction d'un autel de la Patrie, d'une enceinte pour les fonctionnaires publics et autres, d'une tribune et d'un orchestre pour servir à la célébration des fêtes décadaires..... » Deux experts (2) furent

---

(1) Lamartine, *Jocelyn*.
(2) Le citoyen Desgrouas, receveur des domaines, nomma, pour son expert, le citoyen François Lacroix et la municipalité le citoyen Astruc, ingénieur des ponts et chaussées.

nommés, l'un par le receveur des domaines, l'autre par la municipalité qui s'engagea à verser entre les mains du premier une somme d'argent égale à la valeur du mobilier qu'elle réclamait.

Après s'être préoccupé de la construction d'un autel de la Patrie, le Conseil municipal décida de planter un *arbre vivace* dont l'inauguration eut lieu le 10 germinal (30 mars). « Il y avait bien, dit le procès-verbal, un arbre de la liberté, mais non vivace et pouvait, par une chute accidentelle, priver la commune de cet emblème précieux. » Et puis, un arbre vivace « par la végétation, l'accroissement et la durée de cet emblème précieux de la liberté offre un monument qui éternise l'époque mémorable de la régénération des Français et en transmet, d'âge en âge, le glorieux souvenir ». Le même jour 23 ventôse (13 mars), et, dans la même séance, l'administration arrêta que le citoyen Lanoë « sera invité de faire passer à la commune le plan qu'il s'est offert de lui faire afin de pouvoir disposer, le plus promptement possible, du temple décadaire sur la place indiquée et avec les matériaux obtenus du Val-Dieu ». On décida encore de construire un autel de la Patrie sur la place d'Armes pour les cérémonies dans les beaux jours. Il devait être construit en pierre et entouré de manière à le mettre à l'abri de toute dégradation ou violation.

Le 19 germinal (8 avril), l'adjudicataire de l'autel de la Patrie vient déclarer « que parmi les matériaux existant dans le temple décadaire il en étoit plusieurs qui ne pourroient supporter les effets de la gelée ; étant des pierres gélives, qu'il y en avoit d'autres au hameau de Loisé, devant la cy-devant église, qui servaient de marches, la plupart dégradées et même enlevées et en dedans d'une qualité éprouvée, que cet édifice était sur le point d'être aliéné et qu'il convenait mieux de les employer pour un monument publique *(sic)* que de les voir tomber entre les mains d'un acquéreur qui n'en ferait usage qu'à son profit ». L'administration décida l'affectation de ces pierres à la construction de l'autel de la Patrie en même temps qu'il ordonnait de prendre les moëllons nécessaires entre les collatéraux des anciennes chapelles du temple décadaire et dans la tour. Le 11 floréal (30 avril), sur l'avis du commissaire du Directoire exécutif, un nouvel arrêté est pris par la municipalité pour l'enlèvement de l'arbre de la liberté mort et la construction, d'après les plans et devis du citoyen Gosse, sculpteur, de l'autel de la Patrie dont nous venons de parler. Il devait être en pierre avec un socle sur lequel la déesse devait être placée. « C'est, dit le procès-verbal, un monument qui frappe tous les sens, agrandie *(sic)* la pensée et rappelle des souvenirs glorieux et sublimes. » Dans la même séance on décida l'enlèvement de l'arbre de la liberté mort, ce qui pouvait se faire sans inconvénient et sans dérogation à la loi du 3 pluviôse an II (22 janvier 1794), puisqu'un arbre vivace avait été planté peu de temps auparavant, en prévision de son remplacement qui s'imposait. L'arbre mort « menaçant, en effet, d'un moment à l'autre la vie des citoyens par sa vétusté et la force des vents ne retrace, aux yeux du contemplateur, que des idées faibles et sinistres ». Pareille réflexion qui, aujourd'hui, ferait sourire, semble, à cette époque, avoir été prise au sérieux par ces gens ignorants ou fanatisés qui se firent les suppôts des monstres révolutionnaires.

Le lendemain 20, la distribution des prix aux jeunes gens qui avaient subi *l'examen sur la morale, les déclarations des droits et des devoirs du citoyen, etc.*, eut lieu à Notre-Dame. Nous verrons plus loin les détails de cette cérémonie, en même temps que le programme suivi à cette époque dans les classes primaires. Le reste de l'année 1799 se passa dans le plus grand calme. Le coup d'Etat du 18 brumaire (9 novembre) en étonna sans doute beaucoup, mais la proclamation du 28 décembre les rassura tous. Napoléon rendait enfin la liberté de conscience, cette liberté si chère au cœur de l'homme et pourtant si souvent violée. Les consuls avaient compris que la pacification ne pouvait s'accomplir que par l'annulation de ces décrets iniques dont nous avons parlé, ils n'hésitèrent point à le faire.

« Des lois injustes ont été promulguées et exécutées; est-il dit dans la proclamation, des actes arbitraires ont alarmé la sécurité des citoyens et la liberté des consciences..... C'est pour réparer ces injustices et ces erreurs qu'un gouvernement fondé sur les bases sacrées de la liberté, de l'égalité, du système représentatif, a été proclamé et reconnu par la Nation. La volonté constante comme l'intérêt et la gloire des premiers magistrats qu'elle s'est donnés, sera de fermer toutes les plaies de la France..... Les consuls déclarent que la liberté des cultes est garantie par la Constitution, qu'aucun magistrat ne peut y porter atteinte, qu'aucun homme ne peut dire à un autre homme: *Tu exerceras un tel culte; tu ne l'exerceras que tel jour!*.....

« Si malgré toutes les mesures que vient de prendre le gouvernement, il était encore des hommes qui osassent provoquer la guerre civile, il ne resterait aux premiers magistrats qu'un devoir triste, mais nécessaire à remplir, celui de les subjuguer par la force. Mais non, tous ne connaîtront plus qu'un sentiment: l'amour de la Patrie. Les ministres d'un Dieu de paix seront les premiers moteurs de la réconciliation et de la concorde; *qu'ils parlent au cœur le langage qu'ils apprirent à l'école de leur Maître;* qu'ils aillent dans les temples, qui se rouvrent pour eux, offrir avec leurs concitoyens le sacrifice qui expiera les crimes de la guerre et le sang qu'elle a fait verser. »

Ces paroles produisirent tout l'effet que l'on en attendait : un cri de joie s'échappa de tous les cœurs. Quels beaux jours que ceux où il fut donné aux prêtres exilés ou déportés pour la foi de rentrer dans leurs paroisses et de travailler à guérir les plaies de leur troupeau (1) ! Quels beaux jours pour les fidèles que ceux où ils virent leurs églises se rouvrir et les saints mystères se célébrer avec la solennité des anciens temps !

§ 4. Enseignement primaire et secondaire pendant la Révolution.

Les auteurs des prétendues réformes de 1789 s'aperçurent dès le premier jour que leur œuvre ne serait durable que lorsqu'il y aurait une transformation analogue dans les esprits. Cette transformation, l'éducation seule était capable de la faire.

Dès le mois de septembre 1791, Talleyrand crie du haut de la tribune que l'ancien régime dégradait l'espèce humaine et que la déclaration des droits de l'homme, c'est-à-dire tout ce qu'il y a de plus antireligieux et de plus antisocial, doit composer à l'avenir un nouveau catéchisme pour l'enfance (2). A Talleyrand succède Condorcet, qui nous livre le secret de la Révolution en déclarant que l'instruction primaire, objet de toute sa sollicitude, a pour but de rendre le peuple raisonneur afin de le soustraire à l'empire des prêtres. « L'instruction, dit-il, est nécessaire pour garantir le peuple des pièges du sacerdoce; ce serait le trahir que de ne pas lui donner une instruction morale indépendante de toute religion particulière (3). »

On revint à l'éducation des Grecs et des Romains et c'est d'après les règles des écoles de Rome et de Sparte que fut rédigé le nouveau programme scolaire. Le théâtre, les chants, les danses, les marches et la musique guerrière devinrent les récréations obligatoires des jeunes républicains. La Révolution voulait des corps robustes, aussi se préoccupa-t-elle peu des âmes. Elle désirait des soldats, ce qui fait que dès leur adolescence les

---

(1) Malheureusement les prêtres déportés ne furent pas tous mis en liberté de suite, et la cruelle détention sur les pontons de Rochefort se prolongea longtemps encore pour beaucoup d'entre eux.

(2) Rapport sur l'instruction publique, p. 2.

(3) Rapport sur l'instruction, 21 avril 1792.

hommes étaient habitués au maniement des armes ; à défaut des véritables, trop lourdes pour leurs membres encore débiles, on leur en donna en bois. A partir de douze ans, les garçons avaient une place réservée dans certaines fêtes patriotiques, ainsi que nous pouvons le voir, pages 169 et 174. La jeune fille, elle aussi, avait une éducation toute physique : l'aiguille et la quenouille devaient lui être familières ; le chant, l'équitation, la natation, la gymnastique, la danse, etc., furent des exercices d'agrément proposés à nos futures grandes citoyennes. Les femmes et les jeunes filles prenaient part, comme les hommes et les garçons, à certaines manifestations politiques. L'émulation devait être la même dans les deux sexes. Tous les deux étaient sans cesse sous les yeux de la Patrie et tous les deux, en suivant les routes différentes que leur traçait la nature, devaient arriver également au temple de la gloire.

Il fallait des maîtres vraiment dévoués à la cause républicaine pour faire appliquer le nouveau règlement. C'est alors qu'on institua les écoles normales où l'éducation primaire devait s'élever à un degré qui ne fut jamais atteint par les plus fameuses républiques de l'univers (1). Les instituteurs et les institutrices furent astreints au serment civique. Parmi les personnes qui enseignaient avant la Révolution il s'en trouva quelques-unes qui refusèrent de le prêter. A Mortagne, nous voyons comparaître devant la municipalité, le 11 février 1792, « la demoiselle Létard, l'aînée, maîtresse d'école, laquelle a dit : qu'après avoir réfléchi sur la demande que le dit corps municipal lui auroit faite, au commencement de cette semaine, de prêter le serment civique, décretté par l'assemblée nationale, elle ne pouvoit absolument se résoudre à le prêter et, qu'en conséquence, elle renonçoit de ce jour à montrer les écoles à qui que ce soit dans cette ville ». D'autres sont moins scrupuleux, et en particulier Jacques-Gérard Esnault « enseignant dans cette ville les petites écoles et y demeurant paroisse de Sainte-Croix », qui vient prêter serment, le 10 juin 1793, entre les mains du conseil permanent.

Quels étaient les appointements des instituteurs ? Une délibération de la municipalité, du 10 pluviôse an II (29 janvier 1894), nous en donnera une idée. Nous y lisons « que vu la médiocrité de la somme que reçoit l'instituteur, dans ce moment-ci, et que la place qu'il occupe comme agent de la commune, lui empêche de pouvoir avoir des écoliers en la ville, il sera augmenté de 200 livres et que ses appointemens seront portés à 800 livres ». La Révolution, il serait facile de nous en rendre compte, s'efforçait

(1) Mgr Gaume, *La Révolution française*, 4e partie. Nous avons emprunté à cet ouvrage les renseignements précédents.

de grandir l'instituteur par le traitement et par le rang distingué qu'elle lui a toujours assigné. Elle savait qu'en lui elle avait son plus puissant auxiliaire et qu'en le choyant elle pourrait compter davantage sur son zèle.

Le 2 fructidor an II (19 août 1794), le Conseil municipal, pensant que les classes de la ville pouvaient être divisées en trois cours, désigne : 1° Le citoyen Fizet pour perfectionner les enfants dans la connaissance de leur langue et leur enseigner l'arithmétique et la géographie; 2° Les citoyennes Léveillé, mère et fille, et le citoyen Jacques Gérard Esnault pour donner les principes de la lecture, de l'écriture et de l'arithmétique; 3° Les citoyens Billotte, Geffroy, Poirier, Lefèvre et la citoyenne Desbouleaux pour enseigner les premiers principes de la lecture.

Les lois républicaines devenant de plus en plus sévères, la conscience de plusieurs institutrices se révolte et les fait renoncer à l'enseignement.

Le 12 frimaire an VI (2 décembre 1797), « la citoyenne Honorine Vaubezon, faisant jusqu'à ce jour les fonctions d'institutrice », vient déclarer à la municipalité « ne pouvoir remplir les conditions exigées par l'arrêt du département du 26 brumaire dernier sur l'éducation, qu'en conséquence, elle rapportoit l'exemplaire qu'elle avoit reçu et cessoit, de ce jour, à instruire les enfans ». Elle déclare, en outre, qu'elle a l'intention d'avoir chez elle une douzaine d'enfants que les parents veulent lui confier et elle prend l'engagement de ne leur apprendre « que le métier de l'aiguille et du tricot, ne voulant pas s'immiscer en rien dans leur instruction; elle ne vouloit pas leur apprendre à lire, ni à leur faire des lectures morales religieuses..... » Pour remplir les vides, faits par ces démissions, il fallait bien que de moins scrupuleux viennent offrir leurs services aux municipalités. C'est dans ces circonstances, sans doute, et mû par un sentiment patriotique, que le 12 thermidor an VI (30 juillet 1798), « se présente, devant la municipalité, le citoyen Etienne-Germain Lamarre, natif de la commune d'Aunou, canton rural de Séez, domicilié à Essay, et déclare être dans l'intention de se fixer en cette commune et de s'y livrer à l'instruction de concert avec le citoyen Le Geay, instituteur privé ». Il présente des certificats de résidence et de bonne vie et mœurs délivré par l'administration d'Essay; deux extraits de certificats de serments : le premier, d'égalité et de liberté qu'il a prêté à Crouts, canton de Vimoutiers, où il était curé, conformément à la loi du 14 août 1792; le deuxième, de haine à la Royauté, etc..... Ce dernier il l'a renouvelé devant la municipalité de Mortagne, ainsi que celui de la Constitution de l'an III.

Nous terminerons ce court chapitre par le programme d'une

distribution de prix. « Du dit jour, 19 germinal an VII (29 mars 1799), un membre a demandé que les jeunes citoyens qui ont subi l'examen sur la morale, les déclarations des droits et des devoirs du citoyen, sur la Constitution, les usages, l'annuaire et les mesures républicaines, sur la grammaire et la géographie, le 10 germinal, à la fête de la jeunesse, reçussent, par forme d'encouragement, un exemplaire de la Constitution de l'imprimerie de Malassis jeune, sur le frontispice duquel il seroit imprimé : « *Fête de la jeunesse. Prix d'émulation, donné par* « *l'administration municipale de la commune, le 20 germinal* « *an 7* », et signé du Président qui en feroit la distribution demain au temple décadaire. Et que pour développer davantage le goût pour l'instruction et encourager les instituteurs les noms des élèves qui ont mérité cette faveur fussent mentionnés au présent arrêt.

« Arrête, ouï le commissaire du Directoire exécutif que les citoyens Baudouin, Guillaume; Maillard, Charles; Poislay, Alexandre; Marge, François; Marc, Charles; Monanteuil jeune; Clair Maillard et Agathe Fizet, élèves du citoyen Fizet, instituteur primaire.

« Les citoyens Louis Play, Julien Lemiraux, René Margery, Alexandre Pantoûe, Flore-Pierre Gil et Marie Lugan, élèves du citoyen Bellenger, instituteur privé.

« Et Auguste Bourgeois, élève du citoyen Le Geay, qui a déclamé de mémoire un discours plein d'idées républicaines et analogue à la fête rédigée par le citoyen Lamarre, recevront chacun des mains du Président un exemplaire de la Constitution dont le frontispice contiendroit : *Fête de la jeunesse*..... »

Nous n'ajouterons aucun commentaire à ce programme qui démontre assez que nos réformateurs avaient atteint leur but et s'efforçaient de conserver leurs conquêtes sur les esprits, sinon de les étendre davantage, par la promesse de récompenses publiques. Encore quelques années et ce républicanisme outré dont on imprégnait l'âme des enfants disparaîtra bientôt par l'ordre d'un Bonaparte : ceux qui avaient le plus mis en avant leur amour de la République seront les plus ardents à mendier les faveurs du despote qui mérita mieux le nom de tyran que ne l'avait jamais fait aucun de nos rois.

C. NOTRE-DAME APRÈS LA RÉVOLUTION

§ 1. *Le Concordat et le Clergé mortagnais. La petite Eglise ou Eglise anticoncordataire.* — § 2. *Les curés de N.-D. Fondations, etc.* — § 3. *Incendie et reconstruction de la Tour N.-D.* — § 4. *Ecroulement de la Tour N.-D. Restauration de l'Eglise.* — § 5. *Enseignement primaire et secondaire.*

§ 1. Le Concordat et le Clergé mortagnais. La petite Eglise ou Eglise anticoncordataire.

Bonaparte continua son œuvre de pacification religieuse et donna, à la France éperdue, le gage d'une paix durable. Cet acte qui réconcilia notre Patrie avec le successeur de saint Pierre, commence une nouvelle Ère dans l'histoire de l'Eglise de France. La première ouverture du Concordat en fut faite au cardinal Martinana, le 19 juin 1800. Les négociations, longues et pénibles, furent conduites par Cacault, ministre plénipotentiaire de Bonaparte, qui eut pour sécretaire de Légation le chevalier Artaud, historien du pape Pie VI. Sa Sainteté choisit le cardinal Consalvi et lui adjoignit monseigneur Spina. Le traité définitif converti en articles français, sur lesquels le père Caselli composa le texte latin, fut signé à Paris le 16 juillet 1801.

L'article premier du Concordat est ainsi conçu : « La religion catholique, apostolique, romaine, sera *librement* exercée en France. *Son culte sera public,* en se conformant aux règlements de police que le gouvernement jugera nécessaires pour la tranquillité publique. » L'art. 12 le complète : « Toutes les églises métropolitaines, cathédrales, paroissiales et autres, non aliénées, nécessaires au culte seront mises à la disposition des évêques. » En échange de ce minimum de liberté (qui était du reste de droit naturel) accordé aux catholiques qui formaient cependant « la grande majorité des citoyens français », de l'aveu même du gouvernement consulaire, le Pape consentit à l'art. 13 ainsi conçu : « Sa Sainteté, pour le bien de la paix et l'heureux rétablissement de la religion catholique, déclare que ni Elle ni ses successeurs ne troubleront en aucune manière les acquéreurs des biens ecclésiastiques aliénés et qu'en conséquence la propriété de ces mêmes biens, les droits et revenus y attachés demeureront incommutables entre leurs mains ou celles de leurs ayants cause. » Cette concession consacrait irrévocablement et sans aucune indemnité ni compensation la spoliation de tous les ordres religieux, de toutes les institutions charitables, de toutes les associations de prévoyance et d'assistance mutuelles, dont l'ensemble formait, sous l'Ancien Régime, un trésor inépuisable pour le soulagement de toutes les misères ; de plus comme la dîme avait été et restait supprimée et que les biens des Fabriques avaient presque tous été confisqués et vendus à l'encan, l'impossibilité matérielle de vivre dans laquelle se serait trouvé le clergé séculier, eût changé l'art. 1er en une mauvaise plaisanterie ; de là les deux articles suivants : « Art. 14. Le gouvernement assurera un traitement convenable aux évêques et aux curés dont les diocèses et les cures seront compris dans la circonscription nouvelle. — Art. 15. Le gouvernement prendra également des mesures pour que les catholiques français puissent s'ils le veulent faire en faveur des églises des fondations. » Le gouvernement oublie trop, depuis quelques années, que ces deux articles sont toujours obligatoires pour lui et qu'en les violant il viole en même temps la justice et la foi jurée.

Plusieurs des évêques qui avaient supporté l'exil et toutes les persécutions plutôt que d'accepter la Constitution Civile du Clergé et se souvenaient du serment de fidélité qu'ils avaient prêté à Louis XVI et à ses successeurs, ne crurent pas pouvoir prêter le nouveau serment qu'exigeaient les consuls de la République, car le parjure n'était pas alors considéré comme légitimé par la politique ; ceux qui refusèrent de donner leur démission furent néanmoins remplacés par de nouveaux titulaires acceptant le Concordat. Mgr du Plessis d'Argentré, évêque de Séez, réfugié à Munster, fut du nombre de ceux qui ne donnèrent pas leur démission : Mgr de Chévigné de Boischollet fut néanmoins pourvu du siège épiscopal de Séez.

Comme au moment du serment civique, un schisme naquit de ces dissensions. Les évêques qui n'approuvèrent point le Concordat eurent des imitateurs parmi le clergé inférieur et parmi les fidèles et formèrent la Petite Eglise.

L'arrondissement de Mortagne fournit des partisans nombreux et tenaces à la nouvelle secte.

« Au moment du Concordat, nous dit M. de la Sicotière (1),

(1) Notes sur la Petite Eglise au diocèse de Séez. — *Revue catholique de Normandie*, no 15, mars 1894.

il y avait beaucoup de tiédeur dans la ville chef-lieu (Mortagne) : 1,200 communiants seulement avaient rempli leur devoir en 1803, quelques-uns de plus en 1804 ; mais dès cette époque la Petite Eglise y comptait 200 adhérents. Trois prêtres devaient diriger et soutenir leur résistance : l'abbé Martin et les frères Duchâtel.

« L'abbé Martin (Nicolas-Jérôme-Aubert) était né à Bures, en 1760, d'une famille de cultivateurs. La Révolution le trouva simple vicaire de la Mesnière (Orne), double circonstance qui explique les relations et l'influence qu'il garda dans cette contrée. Il refusa le serment. Caché à Paris, puis à Mortagne, il y devint le chef attitré de la Petite Eglise. On l'appelait le Pape. Il était doux, obligeant, toujours souriant (1). Il se prodiguait en exhortations, en conférences, en visites parfois lointaines, et par tous les temps, à son petit troupeau réduit, à la fin, à une vingtaine de têtes : femmes du peuple en majorité.

« La bonté surtout de M. l'abbé Martin est restée proverbiale dans le pays. Nous avons encore pu entendre des vieillards dire jusqu'à quel point il poussait la charité chrétienne. « Jamais, affirmaient-ils, nos prêtres n'auront cette abnégation du curé de la Petite Eglise : il n'avait rien à lui ! Avec quelle sollicitude il visitait les malades ! Même ceux qui n'appartenaient point à sa secte avaient part à ses aumônes.

« Je me rappellerai toujours, nous disait, il y a quelques années, un septuagénaire, la gravité avec laquelle il célébrait la messe. J'étais pourtant bien petit alors et cependant l'air grave et recueilli de l'abbé Martin me frappait. Chaque dimanche mes parents me conduisaient par la main aux offices de la Petite Eglise, qui se célébraient dans une maison située dans la Grande-Rue, tout à côté de l'école communale actuelle. L'abbé me caressait parfois et son franc sourire me le rendit vite sympathique. Il savait si bien faire partager ses sentiments que ses fidèles se dépouillaient de leurs biens pour les donner aux pauvres, et ce, sans ostentation. »

« A diverses reprises, sous l'Empire et même sous la Restauration, continue M. de la Sicotière, on avait redouté son intervention dans la question de la conscription. Les préfets et les sous-préfets l'avaient mandé dans leur cabinet pour lui demander des explications qu'il donna sans doute satisfaisantes puisqu'on le laissa libre.

« Les deux frères Duchâtel (Nicolas-Robert-Denis et Louis-Robert) s'étaient fixés à Mortagne, leur lieu de naissance, chez

---

(1) Le P. Drochon, p. 323, d'après les communications de M. le curé Beaumont. Registre de l'abbé Le Gallois, 1804, aux archives de l'évêché. *(Note de M. de la Sicotière.)*

leur sœur, Mlle Duchâtel-Desparceaux, après avoir déclaré à la mairie, le 20 nivôse an IX (9 janvier 1801), « qu'ils n'étoient point fonctionnaires publics, qu'ils ne demandoient point à exercer de culte et qu'ils n'avoient aucun traitement de la République (1) ».

La Révolution les avait trouvés chanoines de la collégiale de Toussaint de Mortagne. Nicolas en était même Prévôt. Lorsque les prêtres insermentés furent tenus de se présenter au bureau municipal pour être enregistrés, nous voyons comparaître :

« Nicolas-Robert-Denis Duchâtel, prêtre, cy-devant prévôt de la collégiale de Toussaint, originaire de cette ville, y demeurant, paroisse Saint-Jean, âgé d'environ 43 ans ; taille cinq pieds environ, cheveux, sourcils et barbe noirs clairs, les yeux roux, le nez gros, le front couvert, bouche moyenne et menton pointu, marqué de petite vérole, soupçonné d'avoir entretenu dans l'erreur beaucoup de citoyens par ses opinions religieuses et n'assiste à aucuns offices.

« Louis-Robert Duchâtel, chanoine de la collégiale de Toussaint, originaire de cette ville, demeurant paroisse Saint-Jean, âgé de 41 ans, taille cinq pieds, cheveux et sourcils châtains, les yeux gris, nez long, bouche petite, menton rond, soupçonné d'avoir entretenu dans l'erreur beaucoup de citoyens par ses opinions religieuses, n'assistant à aucunes messes (2). »

Ces quelques lignes nous ont assez fait connaître ces deux prêtres pour qu'il soit besoin d'interrompre plus longtemps le cours de notre récit. Lorsque le schisme éclata, ils étaient déjà âgés tous les deux. « Ils menèrent une vie assez ignorée, continue M. de la Sicotière, et ne réunirent que peu d'adhérents autour d'eux. L'aîné passait pour plus enfoncé dans le schisme, mais le jeune, de santé d'ailleurs très mauvaise, ne paraissait non plus dans aucune église et l'on ne savait même où il disait sa messe. L'aîné existait encore en 1818, retiré chez Mlle Bellanger, et toujours dissident. La police de l'Empire, tout en le faisant surveiller (1813), n'avait pu rien découvrir de délictueux à sa charge (3). Il faisait quelques pointes dans l'arrondissement d'Alençon.

« Parmi les adeptes de ces prêtres, on signalait particulièrement les familles Bouillis, Duchesnay et Bellanger, fort respectables d'ailleurs.

« Leur influence s'étendait hors de la ville ; ils comptaient des partisans dans le canton même, à Saint-Langis, à Saint-Hilaire-

---

(1) Pièces chez M. de la Sicotière. *(Note de M. de la Sicotière.)*
(2) Archives mun. Reg. des délibérations du Conseil.
(3) Archives de l'Orne.

lez-Mortagne et à Saint-Sulpice-de-Nully (familles Sicot et Lainé), à Réveillon et à Feings..... »

Nous avons encore connu la propriétaire de la maison où se célébraient les offices de la Petite-Eglise. Elle s'était réconciliée avec Rome, mais n'en conservait pas moins cette simplicité qui, jointe à une bonté et à une piété sincères, caractérisait les dissidents. Quoique fort jeune, nous nous rappelons toujours combien elle était heureuse de nous satisfaire par l'offrande d'un fruit ; si elle n'en avait point, une caresse en tenait lieu. Nos parents qui l'aimaient nous apprenaient à la respecter, et, toujours, ils ajoutaient : « Elle appartenait autrefois à la Petite-Eglise et ceux qui en faisaient partie continuent à nous donner l'exemple de la charité. »

Nous ne pensons pas que les souvenirs de notre prime enfance nous trompent sur les mœurs et la piété des anticoncordataires, dont M. de la Sicotière nous a donné le portrait suivant, fait par un de ses amis :

« Très sincèrement pieux, observant scrupuleusement les prescriptions de l'Eglise relatives aux jeûnes, aux abstinences, à l'interdiction, à certains jours, des œuvres serviles ; chômant les fêtes supprimées.

« S'imposant, à l'occasion, les plus rudes fatigues pour remplir leurs devoirs, vieillards de Bellême faisant tous les dimanches huit lieues à pied pour assister à l'office divin ; femmes faisant, chaque année, le voyage de Toulouse pour aller y recevoir la Pâque.

« Se communiant eux-mêmes (mais le fait est-il certain ?) avec des hosties précédemment consacrées par leurs prêtres (1).

« Probité rigide.

« Laborieux, rangés, s'abstenant du cabaret et des fêtes mondaines ; sévères et même négligés dans leur costume et dans la tenue de leur maison.

« Allures sérieuses et même moroses, inspirant à leurs voisins plus d'estime que d'affection, n'ouvrant leur maison aux étrangers qu'avec une extrême réserve ; leur parlant volontiers du seuil, la porte entre-baillée et par monosyllabes.

« Aumôniers, surtout pour leurs coreligionnaires. Il y avait

(1) Dans quelques paroisses du diocèse du Mans, voisines de celui de Séez, Fresnay et environs, s'était introduit un usage assez bizarre ; certains partisans de la Petite-Eglise faisaient célébrer de leur vivant leur messe d'enterrement. Pour soustraire leur dépouille aux prières et aux rites de l'Eglise orthodoxe, ils faisaient célébrer à l'avance leur service funèbre et et quand arrivait la mort, le corps était transporté directement au cimetière sans passer par l'église. (Le Guicheux, p. 195-330.) Nous ne savons s'ils auraient eu chez nous des imitateurs.

telle maison, à Saint-Ouen-de-Sécherouvre, où les pauvres, les estropiés, les vagabonds affluaient de dix lieues à la ronde, sûrs de trouver la soupe et le gîte; charité sans doute, mais aussi, chez quelques-uns, désir secret de s'acquitter envers la vieille Eglise de France, injustement dépouillée de ses biens.

« Conservant précieusement certaines reliques de l'ancien ou de leur nouveau culte, mais ne les montrant pas aux profanes; ici, une sonnette qui avait servi aux messes du curé Martin; là un bénitier, un tableau de la Vierge Noire, une croix de tabernacle provenant d'une église dépouillée pendant la Révolution.

« Gardant comme un trésor et se transmettant religieusement la dernière fiole d'eau bénite par le Pape.

« Représentés aux inhumations de leurs frères, et peut-être dans d'autres circonstances, par un ancien ou patriarche choisi à cet effet; similitude avec certaines Eglises protestantes, ce qui les aurait sans doute fort embarrassés s'ils l'avaient connue.

« Affectant de n'appeler les prêtres orthodoxes que Monsieur et non Monsieur le Curé; de ne pas leur tendre la main.

« Les femmes beaucoup plus intolérantes et plus obstinées que leurs maris; certaines vieilles servantes ou gouvernantes plus obstinées elles-mêmes que leurs maîtresses; type curieux d'ignorance et parfois de rudesse, mais aussi de dévouement et de fidélité.

« Tout ce monde évitant systématiquement la controverse, même les femmes, sur la recommandation extrême du Pape de Mortagne. Pour toutes réponse à la menace de l'extinction fatale et prochaine de leur culte : Dieu y pourvoira. — *Dominus providebit.*

« Entêtement extraordinaire et souvent invincible. »

Plus d'un trait de ressemblance dans les manifestations extérieures de leur foi comme on voit et sauf les incompatibilités de fonds avec ces Puritains d'Ecosse dont W. Scott a tracé un si curieux et si vivant tableau.

L'abbé Fret n'a pas manqué de ridiculiser, par deux causeries en patois percheron, la Petite-Eglise et son Pape (1).

Le premier article est un dialogue entre catholiques unis et catholiques dissidents. Inutile de dire que les arguments des premiers prévalent sur ceux des seconds et font connaître le schisme en même temps qu'ils le condamnent.

Le second article n'est que le récit, peu charitable de la part d'un confrère, d'une farce jouée à l'abbé Martin, lors de ses visites, je dirai pastorales, à travers les campagnes.

L'abbé Martin mourut à Mortagne le 23 décembre 1843 sans

---

(1) *Le Diseur de Vérité* pour 1841. Glaçon, in-32, p. 44.

s'être réconcilié avec l'Eglise. Il avait 83 ans. Ses fidèles l'accompagnèrent à sa dernière demeure et désignèrent pour le remplacer un laïque : le père Sicot, de Burcs, sous le nom d'*Ancien*.

La Petite-Eglise disparut peu à peu : ses membres étant morts ou rentrés dans le giron de la véritable Eglise. Cependant il en est resté un vestige que le temps n'a pas encore pu faire disparaître : c'est le chômage le jour de la Fête-Dieu. Parcourez les campagnes « le jeudi de la petite Fête-Dieu » et vous rencontrerez endimanchés comme aux jours solennels, de ces paysans qui ne vont à la messe qu'une ou deux fois par an. Interrogez-les et ils vous répondront : « C'est aujourd'hui la fête de Dieu et nous ne comprenons pas que les hommes l'aient supprimée alors qu'ils ont laissé la Mi-Août comme fête d'obligation. Les curés préfèrent les saints au bon Dieu, et bien, moi, je pense le contraire et je fête comme on fêtait autrefois. »

N'allez pas leur parler de Concordat, ils s'exaspéreront et vous répondront tout naïvement, dans un langage plus ou moins académique, « que toutes ces raisons ne font que les refroidir et qu'ils servent Dieu à leur façon et en cela ne font qu'imiter le Pape..... »

C'est là, il nous semble, un reste trop frappant de l'Eglise anticoncordataire pour que nous passions sous silence la protestation, muette il est vrai, de ces paysans percherons. Dans les environs de Mortagne l'homme du peuple n'a jamais pardonné au Pape d'avoir cédé à Bonaparte en ce qui concerne le transfert de la solennité de la Fête-Dieu au dimanche suivant — le bon Dieu devant avoir toujours la préférence — et ils continuent de chômer le jeudi de la petite Fête-Dieu. Puisse Notre-Seigneur leur tenir compte de cet acte de foi envers lui.

§ 2. Les curés de N.-D. — Fondations, etc.

A part le schisme de la Petite-Eglise, l'histoire de la paroisse de Notre-Dame n'offre rien de bien particulier de 1802 à 1887, date de l'incendie de la Tour Notre-Dame.

Vu leur petit nombre, nous mentionnerons dans ce chapitre tous les faits qui méritent de l'être, ainsi que les principales fondations faites à la Fabrique.

BEAUDOIRE. — L'abbé Jacques-Toussaint Beaudoire fut le premier curé de Notre-Dame après la Révolution.

« Le jour de son installation, dit M. l'abbé Gallais (1), qui fut

(1) A l'occasion de la bénédiction des cloches de Mortagne, le 28 janvier 1866. *Echo de l'Orne*, 1er février 1866.

un jour de fête pour toute la ville, la cloche, l'unique cloche sonna à toute volée. Elle sonna tant et peut-être elle fut si mal lancée qu'elle se cassa. Le besoin était pressant, il fallut y pourvoir de suite..... »

La nouvelle législation conférait au curé la nomination d'un Conseil de Fabrique pour l'administration des revenus de son église. Le constituer au plus tôt devenait nécessaire en présence de la pénurie complète dans laquelle se trouvait Notre-Dame. Plus de cloche et plus d'objets nécessaires au service du culte. Les dix années de la Révolution avaient tout fait disparaître. Ce que les vandales n'avaient pu détruire ou emporter était gravement endommagé.

MM. J.-L.-Anselme Allard, Marie Lanos et Chesnon de Champmorin-Beaupré furent choisis comme marguilliers. Le Préfet de l'Orne confirma cette nomination et leur installation eut lieu le 19 frimaire an XII (9 décembre 1804).

Le personnel administratif une fois au complet on se mit à l'œuvre. On commença par faire fondre la cloche cassée, mais on voulait en avoir plus d'une. « On y ajouta, ce qui paraît plus que probable, une certaine quantité de métal; on eut trois cloches dont la plus grosse pesait 1,800 à 2,000 livres environ. Elles furent fondues à Alençon en cette même année 1802 et bénites par M. l'abbé Beaudoire (1). »

Pour parler de la sorte M. l'abbé Gallais devait ignorer que cette cloche de 1,800 livres provenait de l'église de Loisé. Nous nous étendrons plus longuement sur cet enlèvement dans la monographie de cette paroisse. Notre-Dame s'enrichit quelque peu, à cette époque, au détriment de sa succursale. Elle promit bien une compensation, mais les promesses ne furent jamais remplies, ainsi que nous le verrons.

Le 21 frimaire (11 décembre), le Conseil de Fabrique, sous la présidence du maire, décida la réparation des grandes orgues, M. Monnigny, facteur, demeurant à Paris, 31, boulevard Montmartre, fut chargé des travaux moyennant une somme de 600 livres. Les fournitures et le souffleur restèrent à la charge de la Fabrique.

Le 24 (14), on arrêta le tarif de la sonnerie, puis on vota l'achat de « quatorze réverbères à chandelles pour placer à l'église soit pendant la messe de minuit soit pendant les autres offices du soir ». Le vitrier Julien fut chargé de réparer les vitraux de la nef moyennant la somme de 36 francs. Notre-Dame, nous l'avons vu (2), renfermait de splendides vitraux; rien d'étonnant à ce

(1) Abbé Gallais.
(2) Pages 58 et suiv.

qu'ils aient été si mutilés. Ce que les pillards avaient commencé, il n'est pas douteux que l'inhabileté de l'ouvrier l'ait continué. Trente-six francs, un simple vitrier, est-il étonnant de voir parmi tous ces chefs-d'œuvre tant de verres blancs posés sans goût ni aucun respect. Au commencement du siècle surtout, l'art paraît refuser à nos bons Mortagnais jusqu'à son moindre souffle.

Le 3 floréal an XII (24 avril 1805), « la Fabrique eut à délibérer sur une lettre du maire qui observe que le cimetière N.-D. est trop petit pour les habitans de la ville, qu'il se trouve déjà rempli, de sorte qu'on ouvre des fosses dont les corps ne sont pas entièrement consommés et qui demande en conséquence que la Fabrique rétablisse la porte de la clôture du cimetière Sainte-Croix (1) ».

La Fabrique reconnut la justesse des observations de M. le Maire, ainsi que l'utilité des réparations, « mais vu son état de pauvreté propose d'en déférer au Conseil d'Administration de l'Hospice pour demander son aide. Cette demande de secours était basée sur « l'acte d'échange passé devant Lange fils, le 8 octobre 1785, par lequel l'Administration de l'Hôpital *abandonnait* à l'église Sainte-Croix la moitié du terrain formant le cimetière à prendre par le bout d'en haut ». Nous ignorons qu'elle fut la réponse de l'Hôtel-Dieu.

Outre le cimetière de Sainte-Croix, Notre-Dame possédait encore celui de Saint-Eloi. Une délibération du Conseil de Fabrique du 2 avril 1806 dit « que les inhumations se feront simultanément à Saint-Eloi et à Sainte-Croix et qu'en conséquence il y avait lieu de louer les herbes ». Le premier se trouvant plein on commença par lui pour la location.

En 1806, deux des cloches bénites en 1802 se cassèrent successivement : la plus petite d'abord. Il fut nécessaire de recommencer l'opération de la fonte qui eut lieu, cette fois, à l'hospice Saint-François ; la bénédiction se fit à Notre-Dame.

Depuis la réouverture des églises, les habitants de Mortagne n'avaient cessé de seconder de leurs aumônes leur digne pasteur, M. Beaudoire, qui voulait procurer à sa paroisse une sonnerie au moins décente. Elle fut même très convenable, eu égard aux circonstances où l'on se trouvait. Comme nous l'avons dit, tout manquait pour le service du culte. M. Beaudoire s'est dépensé lui-même, et aidé toujours de ses ouailles, il a fait tout ce qui était en son pouvoir (2).

(1) Nous parlerons de l'origine de ce cimetière dans la monographie de l'église Sainte-Croix.
(2) Abbé Gallais.

A quelques kilomètres de Mortagne mourait, en cette même année, au château de Champaillaume, paroisse de Loisail, M. de Bonvoust, dernier doyen de la collégiale de Toussaint; de sa retraite il avait vu les monuments religieux de sa ville natale disparaître les uns après les autres sous le marteau des révolutionnaires.

Il connaissait le peu de ressources des églises qui avaient survécu au désastre, aussi par son testament en date du 3 vendémiaire an XIV, donnait-il à l'église de N.-D. de Mortagne son plus bel ornement blanc et léguait au Trésor une rente annuelle de 80 livres pour le rétablissement des Quarante-Heures. « En conséquence, dit-il, je veux et entends qu'il soit dit et célébré, chacun des trois jours gras qui précèdent le mercredi des Cendres, c'est-à-dire le dimanche, le lundi et le mardi, grand' messe, vespres, sermon et salut, avec exposition du Saint-Sacrement. »

Le 23 avril 1807, les marguilliers réunis sous la présidence de M. le Curé : « Considérant que des trois cloches qui ont été fondues depuis le rétablissement du culte deux sont cassées, il y a lieu d'en faire la refonte. » Ils décident le 30, « que la cloche de Théval, demeurée inutile par suite de la suppression de cette paroisse, sera descendue et transportée à Notre-Dame ».

Le procès-verbal du Conseil de Fabrique du 13 août 1807 nous apprend : 1° Que les trois cloches livrées à M. Roziers, fondeur, pour la refonte pesaient : la petite 481 kilogr., la moyenne 611 et la grosse 903; 2° Que celles nouvellement fondues pesaient : la petite 490 kilogr , la moyenne 701 et la grosse 964. Le prix de cette refonte s'élevait à la somme de 1,075 francs.

Rien à remarquer jusqu'au 27 avril 1809, date à laquelle les marguilliers adressèrent une supplique à l'Empereur pour obtenir la réunion de l'église de Théval au Trésor de N.-D. « Vu l'état de délabrement de l'édifice, ils prièrent l'Empereur d'en ordonner la vente dans le plus bref délai.

Dans le cas où il ne se trouverait point d'acquéreur, ils sollicitèrent l'autorisation de le démolir et d'en vendre les matériaux au profit de l'église N.-D.

« La mise à prix serait fixée à 900 francs, prix d'estimation de M. Pottier, architecte. »

Le 6 juin, les marguilliers délibèrent sur les réparations à faire à la tour de l'église qu'une trombe avait considérablement endommagée la veille.

Les sieurs Letertre père, Charpentier et Margerie, couvreurs, furent commis pour le devis estimatif des réparations à faire. Le devis s'éleva à la somme de 4,670 francs.

L'autorisation de vendre l'église de Théval ayant été obtenue de l'Empereur, on apposa les affiches annonçant cette vente le 16 décembre. L'adjudication eut lieu le 8 janvier 1810. Pas un acquéreur ne se présenta. La vente fut remise à une date ultérieure.

Le 29 avril 1811, une nouvelle expertise de l'église fut décidée. Au dire des experts les frais de démolition s'élèveraient à la somme de 400 francs, tandis que l'on retirerait à peine 300 francs de la vente des matériaux. En présence de ce résultat, une nouvelle supplique fut adressée à Napoléon. Les marguilliers sollicitaient « un nouveau décret les autorisant à vendre sans fixation de première mise à prix l'église et le cimetière de Théval. Ce dernier, qui n'avait pas servi depuis 1793, se trouvait alors disponible.

Les affaires traînèrent en longueur si bien que l'abbé Beaudoire ne vit point le résultat de ces démarches. Il mourut le 6 décembre 1812. L'abbé Mercier lui succéda le 15 du même mois.

Abbé MERCIER. — L'abbé Mercier était desservant de Colombiers avant sa nomination à l'archiprêtré de Mortagne. A l'exemple de son prédécesseur, il poursuivit la restauration de l'église de Notre-Dame. C'est sous son ministère qu'arriva le nouveau décret qui permettait de vendre l'église et le cimetière de Théval. Il fut signé par Napoléon au quartier général de Dresde, le 15 mai 1813.

L'adjudication eut lieu le 9 août suivant. Le sieur René Creste se rendit adjudicataire de cet immeuble après cinq feux pour la somme de 1,150 francs.

Napoléon venait de prendre le chemin de l'exil et Louis XVIII l'avait remplacé sur le trône. Les membres du Conseil de Fabrique de l'église N.-D. de Mortagne, pour perpétuer le souvenir du retour du Roi, qui avait été le dernier comte du Perche, « ont fait peindre par M. Lair, auteur du tableau correspondant de N.-D. de Pitié, un tableau du Sacré-Cœur adoré par N.-S.-P. le Pape Pie VII et par notre Roi Louis XVIII ; la lenteur du travail de ce tableau et l'exposition au Salon, que l'auteur avait désirée et obtenue, en ont privé la Fabrique jusqu'à l'époque où l'invasion de l'usurpateur, en mars 1815, n'a pas permis de placer dans l'église un monument qui se serait trouvé exposé à la rage des factieux ».

Cette intéressante délibération qui nous fait connaître les opinions de MM. les Fabriciens est du 20 avril 1815. Napoléon avait repris une seconde fois la route de l'exil mais sans danger de retour : les Anglais dont il était le prisonnier lui ayant assigné pour prison la très lointaine île de Sainte-Hélène et ce qui restait d'habitants à la France put enfin respirer.

Le tableau dont ils ne craignaient plus la lacération fut placé dans la chapelle de saint Joseph, où l'on peut encore le voir ; la peinture en est correcte sans avoir rien de remarquable : le Christ est debout au milieu, la poitrine et les bras découverts, et montrant la plaie de son côté, le Pape et le Roi sont agenouillés de chaque côté et les anges forment au-dessus d'eux une voûte aérienne.

Ils ne s'en tinrent pas là ; ils voulaient un souvenir plus digne de leur Foi et de leurs croyances politiques, aussi fondèrent-ils « à perpétuité aux frais de la Fabrique, le 8 juillet de chaque année, une messe solennelle d'action de grâces au Sacré-Cœur de Jésus pour le second retour de S. M. le Roi Louis XVIII (1). »

Le 6 septembre 1821, le sieur Pierre-François Lemiraux, marchand tapissier, et Anne-Jeanne Besnier, sa femme, vendaient à la Fabrique de Notre-Dame deux ares ou environ de terre en jardin, ayant autrefois servi de cimetière, joignant la rue Portail-Saint-Denis, celle tendant derrière les chapelles et d'autre part l'église et en partie M. Grancher. Cette vente fut faite moyennant le prix de 1,200 livres. Ce terrain vendu comme bien national était passé en la possession des particuliers. Heureuses encore les paroisses qui purent, après la tourmente révolutionnaire, rentrer en possession du lieu où reposaient les restes de leurs anciens habitants (2).

Le 10 septembre 1826, Notre-Dame perdit son vénéré pasteur, appelé qu'il était à l'archiprêtré d'Alençon.

Cette nomination, récompense de son zèle, n'en fut pas moins un deuil général pour ses paroissiens. Son départ fit craindre

(1) Cette délibération si conforme au sentiment unanime de tous les Français qui envoyèrent en 1814 siéger à Paris la Chambre *Introuvable*, plus royaliste que le roi, est signée par MM. Pierre Mercier, curé ; René-Antoine de Chazot, chevalier de saint Louis, ancien capitaine de cavalerie, président du Conseil et du Bureau ; René-Nicolas-Louis Vavasseur-Desperriers, trésorier ; Jacques-Philippe-Etienne Guéau, marquis de Reverseaux, chevalier de saint Louis, lieutenant de Vaisseau, secrétaire du Bureau ; Pierre-François-Alexis de Vieillard, chevalier de saint Louis, Maréchal-des-Logis des Gardes du Corps de S. M., major de cavalerie, membre du Conseil ; Aimé-Philippe-Pierre Chesnon de Champmorin, secrétaire du Conseil.

Ces quelques noms suffisent pour nous faire connaître que la vieille noblesse mortagnaise, malgré l'échafaud, la guerre et les longues années d'exil, avait encore quelques représentants qui s'étaient empressés de revenir dans la patrie dès que les portes leur en avaient été ouvertes.

On ne peut s'empêcher de se demander ce qui serait advenu si la scène représentée sur cette toile s'était passée en réalité et si le roi eût posé, en 1815, la première pierre du monument demandé par N. S. Jésus-Christ dès 1693 et qui s'élève depuis 1870 sur la colline de Montmartre.

(2) Archives de la Fabrique de N.-D.

l'abandon de pieux projets formés d'après ses conseils. « On sait, nous dit M. l'abbé Gallais, ce qui s'est fait pendant que ce digne prêtre a exercé son ministère à Mortagne. »

C'est de son temps et par ses soins qu'a été construite la sacristie dont le besoin était des plus pressants. De son temps l'église était nue ; il commença à travailler à son ornementation en faisant placer ou restaurer les autels des chapelles. A lui encore l'honneur d'avoir obtenu qu'on donnât à l'église les magnifiques boiseries qu'elle possède, boiseries qui sont une vraie richesse et que tout le monde admire (1).

Abbé DELAUNAY. — M. l'abbé Delaunay était desservant de Monsort d'Alençon lorsqu'il fut nommé à l'archiprêtré de Mortagne Il n'arriva point en inconnu dans cette ville où il avait autrefois rempli les fonctions de vicaire. Par ce motif il connaissait mieux les besoins de sa nouvelle paroisse et était plus apte à continuer l'œuvre de restauration et d'embellissement si bien commencée par ses prédécesseurs.

La Révolution n'ayant laissé debout que l'église N.-D., elle se trouvait trop petite pour contenir tous les fidèles des paroisses supprimées. Le manque de ressources força les administrateurs de la Fabrique à abandonner pour un temps le projet qu'ils avaient formé de l'agrandir.

Après de longues démarches pour arriver à leur but, leurs vœux virent enfin un terme. Les travaux à faire pour l'agrandissement de l'église N.-D. furent mis en adjudication le lundi 23 mai 1836 (2). Romain Léger, maître-maçon, demeurant à Mortagne, sur le Tertre-du-Pissot, s'en rendit adjudicataire conjointement et solidairement avec Alexandre-Victor Roussel, menuisier, demeurant rue Sainte-Croix, moyennant la somme de 14,275 francs sur une mise à prix de 15,000 francs. L'architecte du département qui présidait à ces travaux était M. P. Declaux (3).

« Le 5 juin suivant, dit l'abbé Fret (4), on jeta les fondements du nouveau sanctuaire et des deux chapelles qui terminent les nefs latérales. L'abside polygone ou rond-point, formant le chevet actuel de l'église donne un coup d'œil autrement imposant que l'ancien pignon rectangulaire qu'il remplace.

(1) Nous en avons donné la description aux pages 62 et 66.
(2) Nous avons commis une erreur (page 59) en indiquant l'année 1835 comme étant celle de la réfection du chœur de N.-D. L'abbé Fret dans les *Chroniques Percheronnes*, t. III, et F. Pitard dans ses *Fragments historiques sur le Perche*, donnent à tort le 12 mai comme date de cette adjudication.
(3) Archives de la Fabrique de N.-D. — Registre des délibérations du Conseil.
(4) *Chroniques Percheronnes*, t. III, p. 90.

« On fixa à l'entrepreneur le terme de la Toussaint 1839 pour l'achèvement des travaux. Ils furent en effet terminés à cette époque, mais comme la charpente, les arceaux et les cintres de la voûte ne s'harmonisaient point avec l'architecture de la nef et du chœur, suivant la teneur du devis, on obligea l'entrepreneur à remplir ses engagements. Les travaux furent repris en mars 1840. Pour établir dans ce temple une régularité parfaite, on fit maçonner, en 1839, les sept fenêtres percées dans le mur du midi, au-dessus de la nef collatérale : ce qui choquait l'harmonie, la partie nord n'offrant aucune ouverture. »

Nous ne nous arrêterons point à décrire N.-D. avant et après ces différents travaux, l'ayant déjà fait (pages 58 et suiv.). Nous nous en tiendrons à l'historique.

M. l'abbé Delaunay qui avait été l'initiateur de ces travaux n'en fut point le continuateur. Il fut nommé à l'archiprêtré d'Alençon, le 11 juin 1837.

M. l'abbé Gallais (1) nous fait son éloge en ces termes : « Que ne nous est-il donné de pouvoir rendre à la mémoire de cet excellent homme, de ce prêtre si dévoué, l'hommage de tout le respect et de toute la reconnaissance dont nous nous sentons animés, nous qui avons été un de ses enfants ! Estimé et aimé de de tout le monde, comme il le méritait assurément, il a compté, lui aussi, sur la générosité de ses paroissiens.....

« Nous ne croyons pas nous tromper en avançant que M. Delaunay dût regretter de quitter Mortagne..... »

M. l'abbé Chartier, curé de la Ferté-Fresnel, lui succéda le 27 juin 1837. A lui incomba la tâche de donner ses soins à l'achèvement de la construction commencée. Lui aussi, plein de dévouement et de confiance dans les habitants de Mortagne, n'a pas voulu se laisser effrayer par les difficultés. Aussitôt après son arrivée, il a pris à cœur l'achèvement de l'abside, l'ornementation et l'embellissement de son église.

Nous l'avons déjà dit un magnifique autel en marbre blanc qui fait aujourd'hui l'admiration de tous, fut placé dans la nouvelle abside. Divers dons furent faits en vue de son achat; nous n'avons pu retrouver mention que des deux suivantes : Les héritiers de M. de Vieillard versèrent une somme de 300 francs et demandaient en retour la célébration de 3 messes annuelles à leurs intentions. Mme veuve Bailly offrit 500 francs et demanda 12 messes chaque année.

M. l'abbé Gallais, que nous consultons à nouveau, nous fournit à ce sujet les détails suivants : « C'est M. l'abbé Chartier qui a conçu

---

(1) *Echo de l'Orne*, 1er février 1866.

le projet de la construction d'un autel dont le besoin se faisait impérieusement sentir. Déjà il avait recueilli une somme assez importante, mais parce que le temps lui a manqué il n'a pu parfaire son œuvre et il a laissé la somme réunie par lui entre les mains de M. Ruel, son successeur.

Les fondations pieuses commençaient à être faites à la Fabrique. Après celle de Mme Jeanne de Vanssay, de Mortagne, veuve de M. Henri-Félicité de Vassay qui se composait d'une rente annuelle de 225 francs, à charge de célébrer 150 messes chaque année à ses intentions (1), nous citerons la fondation de M. Nicolas Théodore Biétry. Il léguait le tiers de sa ferme de la Haie, demandant en retour un certain nombre de messes.

Revenons à M. l'abbé Chartier qui dût abandonner Mortagne pour aller remplir les fonctions de Grand-Vicaire auprès de Mgr d'Evreux.

M. l'abbé Prevost, un de ses successeurs à l'archiprêtré de Mortagne, nous a retracé sa vie en ces termes jusqu'à son départ de notre ville (2) :

« M. Jean-Gédéon Chartier naquit à Laigle le 30 octobre 1799, d'une honorable famille de commerçants. Né aux extrêmes limites d'un siècle qui avait tout ébranlé, avant de tout renverser et de glisser enfin dans le sang, il avait vu le jour au milieu des ruines. Elles ne faisaient guère que se relever péniblement quand il put commencer à comprendre ce qui se passait autour de lui. Sa vocation s'en inspira et, dès ses premières années, il se sentit appelé à donner son concours, si faible qu'il lui parut, à l'œuvre commune, à repeupler le sanctuaire et à en rassembler les pierres dispersées. Il eut le zèle vif et ardent des époques militantes ; soldat actif de la vérité, il mit à son service la verve fine et piquante d'un esprit distingué, et, ce qui vaut mieux encore, les ressources d'un cœur noble et généreux.

« Il fit ses premières études au collège de sa ville natale, sous les abbés Pichon et Desgenettes, qui se succédèrent dans la direction de cet établissement. De là il passa au collège d'Argentan où il fit sa troisième et sa seconde ; mais, fidèle à ses premiers maîtres, il vint retrouver à Séez M. Desgenettes et fit sa rhétorique dans la pension qu'avait ouverte à Séez ce prêtre appelé à un si grand avenir. Après avoir achevé, au Grand-Séminaire, son cours de philosophie, très jeune encore, il alla à Paris, recommencer sa rhétorique au collège Stanislas, alors dirigé par le

(1) Testament du 17 août 1758. Cette fondation a dû être renouvelée par les héritiers de Mme de Vanssay après la Révolution pour en conserver la validité et surtout la continuité.

(2) *Echo de l'Orne*, jeudi 30 décembre 1875.

célèbre abbé Liautard. C'est là qu'il eut pour professeur un homme à qui la loyauté chevaleresque de son caractère et l'inébranlable fidélité de son dévouement ont mérité le respect et la sympathie de ceux-là même qui ont le plus persévéramment combattu ses opinions, le vénérable M. Laurentie, rédacteur de l'*Union* et doyen de la presse périodique de Paris. Puis, avec les autres élèves de l'établissement, il suivit, pendant un an, le cours de théologie du Séminaire du Saint-Esprit qui venait d'être fondé. Mais l'ardeur avec laquelle il s'était livré à ces différentes études avait peu à peu affaibli sa santé et, pour la rétablir, il fut obligé d'aller prendre quelque temps de repos chez un de ses oncles, curé dans le diocèse de Coutances. Ce temps ne fut point perdu pour lui et il l'employa à perfectionner et à compléter ses études littéraires. Il avait eu de bonne heure le goût et l'amour de la belle latinité et il s'était pénétré du génie de la langue dans laquelle Virgile et Cicéron, Lactance et saint Augustin ont écrit leurs immortels ouvrages, et l'on raconte de lui que, s'étant présenté à Caen pour y subir ses examens du baccalauréat, il s'exprima, dans cette langue, avec une élégance et une facilité qui lui valurent les félicitations et les applaudissements de ses examinateurs.

« Les goûts de M. Chartier l'avaient toujours porté vers le sacerdoce, sa vocation s'était nettement prononcée dès ses premières années ; mais dans la carrière ecclésiastique, ses préférences avaient été pour l'enseignement ; tout semblait, du reste, le prédestiner à ces fonctions et ses aptitudes lui permettaient d'y rendre d'importants et précieux services. Aussi fut-il, en 1821, appelé comme professeur au Petit-Séminaire de Séez, dont le vénérable M. Desaunay venait de prendre la direction. Il eut là pour élève, en quatrième et en troisième, M. l'abbé Dupont dont il devint plus tard le collègue au chapitre. Mais il n'était pas encore prêtre ; il quitta donc, au bout de quelque temps, le Petit Séminaire pour aller au Grand achever ses études de théologie et recevoir les Saints Ordres. M. Bureau, principal du collège de Séez et ancien sous-principal du collège du Plessis, à Paris, étant mort, M. Chartier fut nommé pour le remplacer.

« Parmi les élèves auxquels il professa la rhétorique, il en est deux qui sont l'une des gloires de notre Perche et qui ont laissé les meilleurs souvenirs au Petit-Séminaire et au collège : MM. Louis et Henri Martin, de Bellême. Le premier est aujourd'hui professeur de droit à la Faculté d'Aix ; le second, doyen de la Faculté des lettres de Rennes et auteur de plusieurs ouvrages justement estimés. C'est à cette époque que M. l'abbé Jamet, recteur de l'Académie de Caen, qui tenait en très haute estime l'abbé

Chartier et fondait sur lui de grandes espérances, lui offrit de le faire nommer proviseur du collège royal de Poitiers en attendant une place d'inspecteur ; c'était un avancement rapide et brillant, la carrière s'ouvrait d'elle-même devant lui, mais il refusa.

« Le 6 juin 1830, il fut nommé principal du collège d'Argentan. Les temps devenaient de plus en plus mauvais. L'orage qui grondait sourdement depuis longtemps déjà finit par éclater, et, à la fin de juillet, six semaines après la nomination du nouveau principal, la Révolution triomphante renversait le trône et ébranlait l'autel. On voulait se venger sur le clergé de son alliance trop étroite, disait-on, avec l'ancien ordre de choses et de son dévoûment trop absolu aux hommes et aux principes qui venaient de succomber. Dans les multitudes égarées c'était le sentiment d'une haine aveugle contre le prêtre, le mot d'ordre était : « A bas les Jésuites ! » dans les esprits moins grossièrement hostiles, mais saturés pourtant de préventions et de calomnies, c'était une défiance profonde à l'endroit du clergé ; aussi, l'abbé Chartier fut-il mal accueilli et difficilement reçu par l'administration de la ville. « On vous accuse d'être Jésuite, lui dit-on. — Si vous entendez par Jésuite, répondit-il, un prêtre fidèle à sa Religion et à ses chefs, oui, je suis Jésuite; si, par là, vous entendez un conspirateur, non, je ne suis pas un Jésuite. » Cette ferme et vigoureuse réponse, dont on ne peut s'empêcher d'admirer l'à-propos, ferma, du moins pour le moment, la bouche à la malveillance ; mais les passions haineuses, vaincues au grand jour, continuèrent leur œuvre souterraine et, en 1832, le principal, dont le caractère et l'habit déplaisaient au libéralisme, fut destitué. Ce fut, on le croirait à peine, si l'on ne savait tout ce qu'a d'aveugle la passion politique surexcitée, à l'occasion des troubles causés par le voyage en France de la duchesse de Berry. Voici comme la chose se passa : M. Chartier avait prêté à M. l'abbé Jamet 4,000 francs pour l'aider dans les grandes œuvres qu'il avait entreprises. Un homme qui vint lui rapporter cette somme, ayant été arrêté, on soupçonna le principal de fournir des secours à la duchesse. De là, grand émoi, une perquisition minutieuse est ordonnée et le collège occupé par cinquante gardes nationaux. Le résultat de cette fouille fut ce qu'on pouvait espérer. La police ne put saisir le moindre objet compromettant. Pendant tout ce temps, M. Chartier ne perdit pas un instant son sang-froid et sa gaîté ordinaires, il fut d'une exquise amabilité envers le magistrat qui présidait à l'opération et celui-ci se retira en lui faisant ses excuses et voulut bien l'assurer « qu'à ses yeux il n'avait rien perdu de son honneur ».

« A partir de cette époque, M. Chartier abandonna la carrière de l'enseignement pour se livrer au ministère ecclésiastique. Il fut successivement nommé, par Mgr Saussol, vicaire de Saint-Léonard d'Alençon pendant les derniers mois de M. Desperriers qui en était curé, puis de Saint-Martin de Laigle, où il arriva quand M. Hamel, parvenu à une grande vieillesse, avait besoin de remettre entre des mains plus fermes le fardeau d'une administration devenue trop lourde pour son grand âge.

« Ces deux postes de confiance indiquaient assez que l'administration diocésaine avait des vues sur M. Chartier. En effet, Mgr Mellon-Joly, peu de temps après son arrivée dans le diocèse, le nomma, le 8 novembre 1836, curé-doyen de la Ferté-Fresnel où il ne fit que passer et, moins d'un an après, le 27 juin 1837, curé-archiprêtre de Mortagne. C'est ici, pour nous, le principal théâtre de son zèle et la partie de sa vie qui nous intéresse davantage.

Les quinze années de son ministère y furent fécondes. Sa parole facile et sympathique ne manqua dans aucune occasion et fut toujours à la hauteur des circonstances. On se souvient encore qu'en 1848, lors de ses tournées à travers le département qu'il devait administrer comme commissaire du gouvernement provisoire, M. Berrier-Fontaine, ayant visité Mortagne, voulut parler au peuple dans l'église Notre-Dame et se faire de la chaire une tribune pour développer les théories qu'il exposait ailleurs dans les clubs et sur les places publiques. M. Chartier s'y opposa énergiquement. Invité alors par le commissaire qui sans doute ne s'attendait pas à être pris au mot, à y monter lui-même, le courageux curé, prenant pour texte ces paroles : « *Per me reges regnant et legum conditores justa decernunt* (Prov. 8, 15), Par moi règnent les rois, par moi les législateurs font des lois justes », parla avec un à-propos qui étonna même ceux qui attendaient le plus de lui, des devoirs des gouvernements et de leurs représentants. Il fut, de l'aveu de tous, magnifiquement inspiré dans cette circonstance, il sauvegarda l'honneur et la dignité de sa chaire et y fit entendre un langage digne de l'orateur chrétien et de l'Eglise qui sait adresser de graves enseignements aux rois et aux peuples.

Sa charité pour les pauvres fut inépuisable, elle alla même plus d'une fois jusqu'à la prodigalité. Son cœur et sa main étaient constamment ouverts. Il marchait toujours des premiers dans cette milice de la charité qu'il avait lui-même contribué à recruter et à organiser. On lui a reproché quelquefois, à lui, homme du sanctuaire, de s'être livré à des entreprises qui semblaient en dehors de son ministère, qui lui créèrent des embarras et des désagréments et dont l'issue fut ruineuse ; de sa part ce fut une illusion, mais une illusion noble et généreuse, car il n'eût jamais d'autre vue que de se créer des ressources pour pouvoir donner davantage. Sa bourse ne fut pas seulement à la disposition des misères ordinaires, si communes dans la vie, elle fut encore à toute époque au service des œuvres chrétiennes et des grandes infortunes.

Nous avons vu déjà qu'il avait avancé à M. Jamet, fondateur du Bon-Sauveur de Caen, des sommes importantes. Voici un autre trait non moins grand de sa générosité : lorsque Charles X passa à Argentan, en 1830, partant pour l'exil, le jeune principal du collège demanda à lui être présenté et, craignant que la famille royale ne fût dans la détresse, offrit au vieux roi une somme de quinze cents francs qu'il avait à sa disposition. L'indigence habite ordinairement sous les haillons, mais elle peut quelquefois se trouver sous la pourpre. Le monarque refusa cette royale aumône, mais il admira la magnanimité de celui qui la lui offrait. Jusque dans ses dernières années, pendant qu'une longue et cruelle maladie le tenait cloué sur un lit de douleur, on pourrait dire de martyr, il n'oubliait point les œuvres catholiques et, chaque fois qu'une quête avait lieu à la cathédrale, soit pour le denier de Saint-Pierre, soit pour d'autres œuvres, il ne manquait pas d'envoyer son offrande. Collecteur d'une dizaine pour la Propagation de la Foi, il s'occupait jusque dans ses derniers jours de faire recueillir les cotisations et de les faire verser à la caisse du directeur diocésain.

Son zèle fut grand pour la beauté et la splendeur de son église. Nous conservons avec reconnaissance les monuments de sa générosité personnelle qui fut, du reste, comprise et grandement imitée par ses paroissiens. Puisse se perpétuer parmi nous et produire au besoin des merveilles cet amour intelligent et actif d'un monument dû au génie catholique et l'un des plus beaux de notre province.

Il semblait que M. Chartier dût longtemps encore continuer à Mortagne les œuvres de son zèle, mais en 1852 il céda aux instances de Mgr Olivier, évêque d'Evreux, qui avait eu occasion de le connaître et qui, charmé des traits de son esprit, voulut l'associer à son administration. De l'agrément de Mgr Rousselet, M. Chartier quitta donc Mortagne et devint vicaire-général d'Evreux, avec le titre d'archidiacre de Pont-Audemer.

Nous ne le suivrons point dans cette nouvelle phase de sa vie qui, du reste, ne fut pas de longue durée. Mgr Olivier étant bientôt venu à mourir, M. Chartier revint à Séez et fut presque aussitôt nommé au canonicat resté vacant par la mort du vénérable M. Delaunay, dont il devint ainsi le successeur au chapitre comme il l'avait été à la cure de Mortagne. C'était en 1855. Il mourut le 16 décembre 1875.

Abbé RUEL. — M. l'abbé François-Théophile Ruel, ancien vicaire de Montsort d'Alençon, fut désigné pour remplacer M. l'abbé Chartier à la cure de N.-D. de Mortagne.

Il fut installé le samedi 25 décembre 1852, avec le cérémonial usité, par M. l'abbé Delaunay, ancien curé de la même église. Après les vêpres, M. Ruel est monté en chaire et par de simples et bienveillantes paroles, empreintes de piété et de charité, le nouveau pasteur a su gagner immédiatement le respect et la sympathie de tous ses paroissiens (1).

Comme nous l'avons dit, M. l'abbé Chartier avait laissé entre les mains de son successeur une certaine somme destinée à l'achat d'un maître-autel. M. Ruel s'appuyant avec pleine confiance sur la bonne volonté de ses paroissiens s'est activement appliqué à cette belle œuvre déjà heureusement commencée. Il lui fallait réunir une somme bien autrement importante que celle qu'il avait entre les mains et grâce toujours au zèle et au désintéressement de la ville, il a réussi à faire placer dans son église ce bel autel qui fut l'œuvre de l'habile abbé Choyer, d'Angers et que l'on ne se lasse pas d'admirer.

Les différents presbytères que la ville possédait avant la Révolution avaient été détruits ou vendus comme biens nationaux. Depuis le rétablissement du culte, M. le Curé de N.-D. n'avait reçu qu'une indemnité de logement en restant soumis aux caprices d'un propriétaire. La commune de Mortagne était peut-être la seule de l'arrondissement qui n'eût pas un presbytère à elle, aussi le Conseil municipal proposa-t-il, dans sa session de mars, l'acquisition d'un immeuble pour être approprié à cet usage.

Un autre projet non moins utile avait été proposé dans cette séance. C'était l'élargissement de la rue de la Justice et le dégagement de l'église N.-D. du côté de cette rue. Il s'agissait de faire disparaître les maisons qui bordaient la place N.-D. à l'est et le bâtiment désigné sous le nom d'ancienne audience. « Une rue, dit le procès-verbal, qui dans un endroit n'a que 2 m. 70, dans un autre que 3 m. 80, où passent continuellement les chevaux qu'on mène à l'abreuvoir et par lequel on se rend à l'église est assurément un sujet d'inquiétude permanent (2).

Ces deux projets reçurent leur exécution.

Nous lisons dans l'*Echo de l'Orne* du 2 mai suivant que « la ville de Mortagne vient d'acquérir la maison dite le presbytère.

---

(1) *Echo de l'Orne*, n° du 27 décembre 1852.
(2) *Echo de l'Orne*, n° du 21 mars 1853.

La fontaine des Cornes va être appropriée et plusieurs mesures d'utilité publique sont prises et approuvées par l'autorité supérieure. Dans son numéro du 20 juin suivant, le même journal rapporte le vote du Conseil municipal, dans sa session de mai, de « l'expropriation pour cause d'utilité publique des maisons joignant l'église N.-D. et bordant la place de ce nom à l'est, plus, des bâtiments où existait l'ancienne audience du tribunal et de ceux en dépendant » (1).

Un événement venait de se produire dans l'Eglise catholique. Pie IX avait proclamé, le 8 décembre 1854, le dogme de l'Immaculée-Conception.

Pour avoir été la dernière des villes du diocèse et peut-être de la France à offrir le tribut de ses hommages à la mère Immaculée du Sauveur, Mortagne n'en a pas manifesté moins brillamment le zèle de sa foi.

Mgr de Séez avait fixé la cérémonie au dimanche de la Quinquagésime, mais le froid rigoureux et la neige qui encombrait les rues, ainsi que le vent violent et glacial, s'opposaient à toute manifestation extérieure. M. le Curé obtint de Monseigneur l'autorisation de remettre la solennité au 25 mars.

Après les offices de la journée pour lesquels l'Eglise avait déployé la plus grande pompe, une longue procession sortit de Notre-Dame accompagnée de la jeune et intéressante musique du collège Sainte-Marie, au milieu d'une foule pieuse et pleine d'enthousiasme. On devait s'arrêter à tous les endroits où l'image de Marie était exposée.

Le chant était alterné de cantiques et de litanies. Les jeunes filles vêtues de blanc portaient les unes la bannière de Marie, les autres sa statue magnifiquement ornée. Les plus petites filles portant des bannières blanches se groupaient autour de la statue de leur mère du ciel. Une foule nombreuse et compacte suivait la procession qui se déroulait au milieu de rues très bien illuminées.

Le froid et la neige qui commençait à tomber forcèrent le cortège à revenir par le plus court chemin.

Il se passa alors une chose touchante. Le principal du collège eut l'idée de dédommager les habitants de la rentrée inattendue de la procession ; alors avec tous ses musiciens il s'en fut devant chacune des statues de la Vierge qui avaient été dressées sur le parcours du cortège religieux. Et là, sous la direction de leurs maîtres, les jeunes musiciens firent entendre leurs morceaux les plus harmonieux en l'honneur de la Reine du Ciel.

(3) Le square et la place situés devant le portail nord occupent actuellement l'emplacement de ces bâtiments.

Cette délicate attention fut goûtée par tous. Un salut solennel suivi d'une allocution par M. le Curé, termina cette journée où l'enthousiasme de la population mortagnaise fut à son comble (1).

Le 14 juillet 1861, Mortagne était de nouveau en fête : c'était le baptême d'une nouvelle cloche.

Suspendue sous un dôme de verdure à l'entrée du sanctuaire, elle attendait la bénédiction épiscopale.

A neuf heures, Mgr Rousselet, évêque de Séez, accompagné du clergé, se rend du presbytère à l'église. A son entrée il est salué par une fanfare. Pendant la messe basse qu'il célèbre lui-même, l'orphéon, alternant avec l'orgue, chante la messe de Dumont à trois parties. M. Peaumier en dirige l'exécution. Immédiatement après la messe, Monseigneur procède au baptême de la cloche, nommée Marie-Charlotte-Constance-Pauline par M. de Chazot, député, toujours empressé de s'associer au bonheur de ses électeurs et compatriotes, et par Mme Dubuisson, femme du président du Tribunal civil de Mortagne.

La quête est faite par M. de Vanssay de Saint-Denis, et par Mme de Chazot.

M. l'abbé de Fontenay, invité à prendre la parole, indique les rapports qu'il y a entre les baptêmes des cloches et celui des jeunes enfants, puis déroule les titres qu'elles ont à notre vénération et à notre amour.

Marie-Charlotte pesait 5,200 livres (2).

Certes cette cérémonie était imposante ; celle du 28 janvier 1866 le fut encore davantage car il y avait trois cloches à bénir. Elles complétaient une sonnerie probablement la plus belle du diocèse. Ce cadeau fait par les fidèles à leur église, était, il faut l'avouer, fort précieux.

Les rites du baptême des trois nouvelles cloches s'accomplirent au milieu du plus profond recueillement de la foule venue en grand nombre. M. l'abbé Louvel, chanoine honoraire de la cathédrale de Séez, ancien supérieur du Grand Séminaire, a dit dans son admirable discours : que la voix des cloches rappelle à toutes les âmes la présence de Dieu, les appelle à la prière ; les convoque à l'union qui doit les relier toutes à une même société de sentiments, d'espérance et de vie. Les morceaux exécutés par messieurs les musiciens ont été fort goûtés. La fête de la Bénédiction a été très belle. La présence du R. P. abbé de la Grande-Trappe qui officiait au nom de Mgr de Séez souffrant d'une indisposition, en a rehaussé l'intérêt.

---

(1) *Echo de l'Orne*, n° du 2 avril 1855.
(2) *Echo de l'Orne*, n° du 18 juillet 1861.

Voici les noms des nouvelles baptisées avec ceux de leurs parrains et marraines.

1re Eudoxie, Luce, Augustine. Poids 3,800 livres.

Parrain : M. le Comte Auguste-Alexandre de Vanssay de Saint-Denis, président de la fabrique, chevalier de la Légion d'honneur, ancien officier de cavalerie, médaillé de Saint-Hélène.

Marraine : Luce-Marie-Antoinette-Louise-Frédérique d'André de Saint-Victor, veuve du Lude.

2e Stéphanie, Anna, Mélanie, Renée, Jeanne. Poids 2,677 livres.

Parrain : Jules-René-Adolphe Cotin, maire de Mortagne.

Marraine : Marie-Marguerite-Mélanie Leveillé, épouse de Ferdinand Troussel.

3e Marie, Julie, Eugénie, Anna.

Parrain : Pierre-Eugène Léveillé, conseiller municipal, trésorier de la fabrique.

Marraine : Marie-Julie Regnard, veuve Rathier, ancien adjoint.

La cinquième cloche était une ancienne cloche, qu'on a eu la bonne idée de conserver pour compléter la sonnerie. Pour la mettre d'accord, M. Bollée, du Mans, qui fondit les précédentes dût lui enlever quelques livres de son poids primitif. Elle pesait encore après cette opération 2,000 livres.

M. l'abbé Ruel dût oublier ses fatigues lorsque de leur demeure aérienne, les cinq cloches lancées à toute volée, firent entendre leurs joyeux accords, répercutés au loin par les échos des collines du Perche.

Cette œuvre, fut la dernière importante de son ministère. Après avoir partagé les joies de son troupeau, le pasteur devait en partager également les angoisses. La guerre franco-allemande qui mit tant de familles en deuil jeta sur Mortagne, aussi bien qu'ailleurs, un voile de tristesse.

La Patrie demandait des sacrifices, on lui en fit. Dans les temples on n'apporta presque plus que l'offrande de ses prières.

Aussi l'histoire de N. D. n'a-t-elle rien à enregistrer jusqu'au 12 décembre 1872, date de la mort de M. l'abbé Ruel, à l'âge de 68 ans.

Le samedi 14, à dix heures du matin, une foule nombreuse revêtue d'habits de deuil, se pressait à la porte et aux abords du presbytère pour accompagner son pasteur à sa dernière demeure.

Dans cette foule, outre un grand nombre de prêtres, on remarquait le Conseil Municipal, la Société de Secours-Mutuels dont le défunt était membre honoraire, le Collège, les Ecoles communales et congréganistes, etc.

Après l'Evangile, M. l'abbé Lebreton, vicaire générale qui officiait, monta en chaire. Il rappela, comme le meilleur éloge à faire du défunt, les services rendus par lui pendant les vingt ans qu'il avait administré la paroisse de N.-D.

L'orateur fit connaître en quelques mots les antécédents de feu l'archiprêtre de Mortagne. Il entra dans quelques détails sur l'enterrement des prêtres et termina en disant combien il était sage de toujours se tenir prêt à paraître devant Dieu.

Les cordons du poêle furent tenus par M. Chartier, sous-préfet, M. Liais, procureur de la République, M. Léveillé, maire de Mortagne et par M. Brideau, juge de Paix (1). Un très nombreux cortège accompagna le cercueil au cimetière.

D'après la Semaine catholique du diocèse (2), M. Ruel, lors de son décès, chanoine honoraire de Séez et vicaire général de Bourges, se distingua de bonne heure par la vaste érudition de son intelligence et par la droiture de son jugement ; jeune encore, il fut placé dans des postes difficiles qui ne firent que développer ses brillantes qualités. D'abord vicaire de l'une des paroisses d'Alençon (Montsort) puis professeur au Grand Séminaire de Séez, il devint ensuite membre de cette vénérable compagnie de Saint-Sulpice qui a pour but spécial de former la jeunesse au ministère sacerdotal.

M. Ruel fut tour à tour honoré de la confiance de plusieurs évêques, qui le virent avec bonheur à la tête de leurs séminaires, Clermont, Avignon et Bourges reçurent ses leçons et en gardent un précieux souvenir. Cet homme si instruit et si capable, qu'un éminent cardinal, Mgr du Pont, regardait comme un ami, se faisait surtout remarquer par une piété profonde et une humilité peu commune. Tandis que les autres admiraient ses talents, lui seul semblait les ignorer, et il n'était pas rare de le voir demander avis à ceux mêmes, qui à tous les dégrés, étaient ses inférieurs.

M. Ruel dans sa prévoyante sollicitude n'avait point oublié la portion la plus chère de son troupeau ; aussi conformément à son désir, d'abondantes aumônes furent-elles distribuées le jour de son enterrement aux pauvres, qui se retirèrent en bénissant la mémoire d'un bienfaiteur regretté.

Abbé PROVOST. — A M. l'abbé Ruel succéda M. l'abbé Provost, curé de Rasnes. Le choix de l'Evêque de Séez fut confirmé par décret du 31 Janvier 1873.

M. l'abbé Provost avait montré dès sa plus tendre enfance un esprit distingué, une intelligence prompte et soudaine ; ses succès au petit séminaire de Séez l'avaient fait apprécier de ses maîtres :

(1) *Echo de l'Orne*, n° du 19 décembre 1872.
(2) N° du 26 décembre 1872.

La facilité avec laquelle, simple rhétoricien, il concevait et émettait sa pensée, annonçait qu'il serait un jour, comme sa vocation naissante le faisait espérer, l'un des prêtres les plus diserts du diocèse de Séez.

Il tenta l'épreuve du baccalauréat, chose fort rare à cette époque parmi les séminaristes, et ses réponses lui valurent les félicitations de ses examinateurs. On l'envoya au séminaire de Saint-Sulpice, à Paris, pour y approfondir la science maîtresse : la théologie.

Revenu à Séez, il fut nommé directeur au grand Séminaire et s'y fit apprécier des élèves qui trouvaient en lui la science unie à une bienveillance peu commune. Chargé du cours d'éloquence sacrée, il excellait à saisir et à analyser les compositions des séminaristes, à encourager leur bonne volonté et leurs premiers succès.

Après dix années environ passées dans le professorat, il fut nommé curé de Boucé, puis bientôt appelé à la cure de Rasnes.

Sa nomination à l'archiprêtré de Mortagne lui fit quitter cette paroisse où il ne laissa que d'unanimes regrets.

Il remplit parmi nous les obligations d'un bon pasteur, fidèle à distribuer aux âmes l'aliment de la doctrine et s'appliqua aux labeurs du Saint Ministère.

Partout où l'on réclamait le secours de ses prédications, il se mettait à la disposition de ses confrères. Grâce à sa diction facile et abondante, il était toujours prêt à prendre la parole, soit qu'il s'agit d'exhorter les foules dans le laisser-aller d'une instruction familière, soit que les circonstances exigeassent de lui le ton plus élevé de l'éloquence.

Maintenant que nous connaissons le nouveau pasteur voyons ce qu'il fit pour sa paroisse.

Ce que nous venons de dire fait prévoir que le ministère de la parole sera chez lui très abondant et il le fut en effet. Point de réunion publique qu'il ne s'efforçât de faire revêtir de quelque caractère religieux. Toujours il en profita pour faire rapporter à Dieu le mérite de toutes les bonnes actions de l'homme. L'inauguration du chemin de fer de l'Orne et de l'hippodrome en sont deux exemples bien frappants. Les discours qu'il prononça sont dignes de ce prêtre qui ne voyait partout que la main de Dieu. Les distributions de prix, les prières publiques lui fournirent encore de nombreuses occasions de rappeler à la jeunesse ou au monde officiel leurs devoirs réciproques. Pour les enfants c'est de la tendresse qui anime ses discours, pour les magistrats ou employés de l'Etat ce sont les accents du patriotisme chrétien qu'il fait entendre.

L'*Echo de l'Orne* lui ouvrit ses colonnes : il en profita pour écrire une série d'articles susceptibles de satisfaire à la curiosité et à la piété tout à la fois.

A Mortagne, comme partout ailleurs, la tiédeur religieuse commençait à se faire sentir. Les révolutions en passant avaient quelque peu effacé les anciennes traditions. Il fallait faire revivre dans les cœurs les pratiques d'autrefois. M. l'abbé Provost n'épargna rien pour atteindre ce but. Il fit donner des missions dans sa paroisse et les résultats le dédommagèrent de ses peines.

Les PP. Reverdy et Montvoisin, de l'ordre de Saint-Dominique, vinrent les premiers annoncer la parole de Dieu dans notre ville ; la mission dura un mois et la moisson spirituelle fut abondante. C'était en février 1875. L'année suivante, ces deux prédicateurs revinrent donner un sermon de charité. Ce jour-là, qui était le 4 novembre, une quête fut faite au profit de la Société de Saint-Vincent de Paul dont nous parlerons plus loin.

Le 2 novembre 1876, sur les sept heures du soir, un certain nombre de fidèles étaient réunis à l'église, pour l'office des morts, les cloches lançaient aux échos leur glas funèbre et un profond recueillement régnait dans le saint lieu. Soudain un bruit sourd se fait entendre : un sinistre pressentiment traverse l'esprit de quelques assistants qui se portent vers la tour. Ils aperçurent Buguet, l'un des sonneurs, renversé, broyé sous une énorme cloche gisant au milieu des décombres : les brides qui fixaient la cloche au bélier s'étaient rompues et la masse d'airain lancée dans le vide, effondrant les planchers et la voûte, avait été précipitée sur le sol de la hauteur de plus de 30 mètres.

Par un hasard inexplicable, cette cloche du poids de 1,250 kilos, qui aurait dû être mise en pièces, n'avait nullement souffert ; on put quelques jours après la réintégrer à sa place.

Mortagne voyait alors avec joie ses musiciens célébrer dignement la fête de leur patronne ; la fanfare de la ville était vraiment bonne et prêtait avec plaisir son concours aux fêtes religieuses. M. le curé, du reste, ne cessait d'encourager ses membres à suivre l'exemple de sainte Cécile : « Voyez, disait-il, quel est le rôle de la musique ici-bas. Elle chante les joies et les douleurs de l'homme. Pour chanter nos joies, il lui faut un sentiment religieux..... Impuissante à peindre la joie, la musique qui n'est pas religieuse, ne sait pas toucher d'une main discrète et vraie, les cordes sensibles de la douleur..... » (1). Nous voudrions rapporter ici tout ce que cette allocution contient de sublime poésie pour bien faire connaître son auteur, mais il nous faudrait sortir de notre sujet et nous ne le pouvons pas.

(1) *Echo de l'Orne*, n° du 23 novembre 1876.

Tout préoccupé qu'il était de ses prédications, l'abbé Provost n'oubliait point l'ornementation de son église. Le 8 avril 1877 avait lieu à N.-D. la bénédiction d'une statue de N.-D. de Lourdes, don d'une pieuse famille. M. l'abbé Darel, directeur au Grand-Séminaire de Séez, prit la parole et rappela que des pèlerins de Mortagne, se souvenant de la piété de leurs ancêtres envers Marie, sont allés plusieurs fois prier au pied de la grotte miraculeuse. Ce discours très approprié à la circonstance et qui rendait un juste hommage à la foi des Mortagnais fut très goûté. L'église était comble ainsi qu'aux grandes fêtes et cette manifestation en l'honneur de Marie Immaculée causa une grande joie au pasteur.

Parurent les fameux décrets de 1880, qui chassèrent les religieux de leurs pieux asiles. Les trappistes de Soligny, reçurent l'ordre d'abandonner leur retraite : ils s'y refusèrent et se barricadèrent derrière les murs de leur couvent. Des prêtres vinrent les encourager à la résistance et s'enfermèrent avec eux : à leur tête figurait l'abbé Provost. Vaincus par la force, les assiégés se rendirent, non sans protester hautement contre cet acte contraire à la justice la plus élémentaire, au droit et à l'inviolabilité du domicile garantie chez tous les peuples civilisés.

Quatre ans plus tard mourait M. Guyot-Dubuisson, président du tribunal civil de Mortagne que l'on avait vu au premier rang parmi les défenseurs des Trappistes. Ses obsèques qui eurent lieu le 15 juillet 1884, en l'église N.-D., furent pour l'archiprêtre l'occasion de flétrir de nouveau, devant les autorités présentes, les actes de tyrannie dont il avait été témoin. Les paroles qu'il prononça produisirent un incident qui eut son dénouement devant le tribunal correctionnel ; deux mois plus tard, l'abbé Provost, poursuivi pour abus de pouvoir, fut condamné à seize francs d'amende et aux dépens. A la nouvelle qu'il allait être traduit devant les tribunaux pour « s'être servi, dit la teneur du jugement, entre autres expressions injurieuses pour le gouvernement et ses actes de celles-ci : « *gouvernement odieux..... actes de violence et d'iniquité incroyable..... odieux décrets..... exécution des décrets d'un gouvernement inique où la force prime le droit.....* », il parut joyeux. Il faisait promettre à ses amis d'aller le voir en prison et la pensée d'un évènement que d'autres redoutaient pour lui, le réjouissait. Cette promesse il nous la fit faire à nous-même, et nous pouvons certifier que les sentiments qui l'animaient étaient ceux d'un homme qui préfère obéir à Dieu qu'aux hommes. Son titre de pasteur l'obligeait à défendre son troupeau (1), il l'a fait sans craindre la puissance des ennemis de Dieu.

(1) Le monastère la Grande-Trappe, dépend de l'archiprêtré de Mortagne.

Les difficultés, loin de refroidir son zèle, ne faisaient que l'augmenter ; il sentait que Dieu exigeait de lui l'emploi de ses forces et de son talent pour la défense et le triomphe de l'Eglise : il n'a jamais failli à son devoir.

Les Communautés qui le secondèrent si bien, trouvèrent en lui bienveillance et soutien. Nous verrons plus loin combien il eût désiré que le collège restât aux mains d'ecclésiastiques qui auraient donné aux jeunes générations le bienfait inestimable de la Science unie à la Foi.

Après s'être tant dépensé pour ses ouailles, il pouvait espérer une vieillesse tranquille et toute de consolations ; Dieu en disposa autrement : avec l'incendie de la Tour Notre-Dame s'ouvrit pour Mortagne une ère de calamité.

§. 3. Incendie et reconstruction de la Tour Notre-Dame.

L'année 1887 fut pour Mortagne une année de deuil, alors qu'elle aurait dû être une année de joie. Les Mortagnais qui voyaient pour la première fois la Société Hippique Percheronne se réunir dans leurs murs, avaient eu à cœur de fêter dignement cet événement. Les distractions ne furent point négligées : le 2 juillet un concert donné par la musique du 103º de ligne et l'embrasement de la tour N.-D. devaient terminer les fêtes que rehaussait la présence de hautes personnalités. Ce dernier point du programme ne reçut hélas ! que trop à la lettre son exécution.

Neuf heures venaient de sonner ; le jardin de la mairie illuminé *a giorno* était rempli d'une foule avide d'entendre une musique à laquelle ses oreilles n'étaient point accoutumées ; le concert allait commencer, lorsque tout à coup, les cloches firent entendre leurs voix lugubres : on sonnait le tocsin.

De toutes parts un cri sinistre s'élève « le feu est à Notre-Dame ! » Dans les rues on bat la générale : la joie s'est changée en tristesse et les Mortagnais qui couraient à un plaisir d'autant plus vif qu'il était pour eux plus rare s'en retournent consternés et le cœur rempli d'angoisse. Cependant bon nombre d'entre eux, le premier moment de stupeur dissipé, se joignirent aux pompiers et, avec eux, organisèrent fiévreusement les secours. Malheureusement leurs efforts sont presque perdus, car ils ont le douloureux étonnement de voir le sinistre se propager avec une violence et une rapidité prodigieuses.

C'est dans l'intérieur des combles et au-dessus de la voûte de la grande nef que le feu s'est déclaré ; les flammes ne tardent pas à apparaître simultanément des deux côtés du toit, vers la rue des Chapelles et vers le portail Nord. Les musiciens du 103e de ligne accourus des premiers sur le lieu du sinistre se conduisent en braves. C'est alors contre le fléau une lutte entamée avec une énergie désespérée et malgré l'intensité des foyers d'incendie on parvient à couper la toiture. C'était un grand pas dans l'œuvre de salut : en effet, le reste de l'église du côté du chœur est de ce fait hors de tout danger. Ce résultat obtenu, tous les efforts se concentrent ensuite sur un même point : la partie du toit enflammée attenante à la tour. On attaque ce point avec fureur ; une même pensée se glisse, avec une lueur d'espoir, du cœur de tous les assistants : « Enfin le feu sera bientôt maitrisé et tout danger conjuré », on redouble d'efforts.

Vers une heure du matin, les vœux et les espoirs semblent accomplis, quand, tout à coup, la tour s'enflamme intérieurement d'une vive clarté..... Hélas, aucun doute n'est plus permis : « Le feu ! le feu est à la tour ! » Cette clameur rugit de toutes parts en un cri de désespoir impuissant. En effet, quelle pompe parviendrait à lancer son jet à une telle hauteur ? Il ne faut plus songer dès lors qu'à protéger de l'immense brasier qui pétille au-dessus d'elles, les maisons avoisinantes. Nous comprenons l'angoisse qui serrait le cœur de ceux qui assistaient à cette phase vraiment horrible du sinistre. On ressentait comme une rage de lutte et de dévouement, et cependant il fallait rester impassible et impuissant devant ce fléau de flammes qui accomplissait lentement son œuvre de destruction.

Le spectacle était vraiment (mais faut-il en ces circonstances employer une telle épithète ?) magnifiquement beau. Le dôme majestueux couronnait la tour d'un terrifiant cercle de flammes ; de ce brasier la Croix, le signe du Salut, éminait debout encore, comme impassible et fièrement calme, méprisante du fléau, dominatrice de l'élément dévastateur, malgré qu'elle le sentit saper irrésistiblement sa base de seconde en seconde et bien qu'elle fût proche de sa destruction à jamais. Au-dessous de la croix, la grosse horloge s'était mise à tinter lugubrement et comme prenant part à l'affolement général, et cette voix de l'heure qui marquait les minutes de la vie, les secondes près de l'éternité, semblait s'élever encore pour un dernier adieu, à ceux dont elle avait compté les joies comme les douleurs. Et ce fut sinistre, et la voix de l'horloge à l'agonie, — car les choses, semble-t-il empruntent dans les grands événements les fonctions de la vie et de la mort à l'humanité, — se prolongea comme un râle et persista dans l'effondrement général. N'était-ce pas là un spectacle empreint d'horrible grandeur, ce symbole de la Rédemption et cette voix de bronze se détachant et parlant parmi la nappe de sang qui empourprait la lueur pâle de l'aube qui se levait alors ! Oh ! certes et nous avons vu frissonner plus d'un de nos compatriotes comme aussi des larmes briller aux yeux des plus sceptiques et des plus endurcis.

A quatre heures 25 m. le dôme, percé à jour, laisse voir sa charpente enflammée et, au milieu des poutres qui s'affaissent, la grande croix lentement et majestueusement s'incline et, traversant le vide avec une force toujours croissante, vient s'abattre sur le mur du jardin voisin, avec une violence telle qu'elle se brise en deux morceaux. Chacun d'eux, en rebondissant, met le feu à deux maisons de la rue des Chapelles. Grâce aux précautions prises par les pompiers de Mortagne et par ceux de Bellême, venus en toute hâte pour leur porter secours, le commencement de ces incendies est vite éteint.

De la tour il ne reste plus que les quatre murs, semblables à une cheminée crénelée. Les poutres qui soutiennent les cloches ne sont point encore carbonisées. A six heures seulement, un immense tourbillon de fumée noire et épaisse indique la chute de celles qui, la veille ou soir, sonnaient leur propre glas. Elles brisent les voûtes de la tour qui se trouvent sur leur passage. (Les déblais intérieurs terminés, on put constater que, de cinq cloches, quatre avaient été fondues ou brisées ; la cinquième seule restait intacte. La grosse en tombant s'était enfoncée de presque un mètre dans le sol). A huit heures, 200 hommes du 115e régiment d'infanterie viennent relever les pompiers.

Soldats, pompiers, charpentiers et habitants avaient montré le plus grand sang-froid. Nous ne citerons point de noms, afin de n'oublier personne, mais à tous nous nous empressons de rendre un juste hommage. Il y eut quelques contusions et quelques vêtements brûlés, mais aucun accident grave à déplorer.

En face d'un tel désastre, le cœur du pasteur saigna ; il dépeignit en ces termes la douleur qu'il ressentait, dans une lettre adressée au directeur de l'*Echo de l'Orne* (1).

« ..... Notre-Dame et sa tour étaient la gloire de Mortagne. Elles dominaient le pays tout entier et de bien loin on les regardait avec une fierté patriotique. Dans une de ces fêtes chères aux Mortagnais, où la Patrie et la Religion se donnent toujours la main, j'avais pu la saluer, en face du pays assemblé, comme la reine de la cité et de la contrée, sa splendide sonnerie allait au loin porter le nom et le souvenir de Mortagne.

« Pauvre Reine ! Elle est aujourd'hui découronnée. En quelques

(1) No du 7 juillet 1887,

heures a failli sombrer et périr sans espoir ce magnifique héritage des siècles passés. Il est bien peu de personnes à qui ce lamentable spectacle n'ait arraché des larmes. Et qui donc n'en aurait versé de bien amères, en voyant s'écrouler sous d'impitoyables flammes tant de souvenirs ! c'était la plus belle page de l'histoire de Mortagne qui allait brûler. Quelle désolante perspective pour le patriotisme et la Foi toujours si vifs dans nos contrées.

« Ah ! je ne rougis pas de l'avouer, spectateur désolé des ruines brûlantes de ma belle et chère église, mon esprit a été plus d'une fois traversé par des pensées que j'appellerais presque du désespoir. Tout, depuis le pavé jusqu'à la voûte, jusqu'aux splendides galeries de la tour, tout pouvait disparaître dans cet épouvantable sinistre et je me demandais avec une inexprimable angoisse si, à mon âge, mon courage ne faiblirait pas devant la reconstruction de l'œuvre des âges passés et s'il ne faudrait pas en laisser le soin à des mains plus fortes et plus jeunes ; cette tentation je l'ai vaincue, mais je dois reconnaître qu'à plusieurs reprises elle a obsédé mon âme, quand je voyais l'incendie s'étendre et menacer de tout envahir.

« Dieu soit loué ! le dévouement, le courage, la prière, ont arrêté la fureur de la flamme. Les désastres, si affreux qu'ils soient, n'ont pas été ce qu'il était trop permis de craindre. Notre voûte, notre tour nous restent, mutilées peut-être et découronnées, nos cloches, sauf une, sont brisées ; nos pertes sont grandes, sans doute et, peut-être longtemps, il nous faudra les pleurer, mais avec le temps, avec la générosité que Dieu mettra au cœur de tous, avec le concours des Pouvoirs que ne peut manquer de nous assurer la grandeur de nos désastres, espérons qu'elles sont réparables et qu'elles seront réparées.

« Permettez-moi donc, mes chers paroissiens et compatriotes, de vous remercier de l'admirable dévouement avec lequel vous avez contribué à amoindrir l'immensité du désastre. On nous a raconté des choses sublimes de dévouement ; nous n'avons pu être témoin de tout, mais Dieu n'a rien oublié et lui seul saura vous récompenser.

« L'histoire a conservé le souvenir de quelques cités qui, frappées de malheurs plus grands encore que ceux que nous pleurons, ont puisé dans leur patriotisme, leur Foi et leur espoir en Dieu, la force de se relever et de faire refleurir leurs ruines. A leur exemple, ne nous laissons pas abattre. Que chacun dans la mesure de ses forces et de ses moyens, s'inspire de cette générosité, de cet esprit de sacrifice, qui sommeille peut-être dans les temps ordinaires, mais que le malheur réveille et à qui la Foi, c'est là le puissant levier, inspire des résolutions et des énergies à la hauteur des circonstances et des besoins.

« Mes concitoyens bien aimés, travaillons ensemble avec la bonne volonté et les énergies viriles de la Foi à réparer nos pertes et à guérir nos blessures. Votre énergie doublera la nôtre. Merci pour ce que vous avez déjà fait, merci à l'avance pour ce que vous ferez à l'avenir. Dieu n'abandonne jamais un peuple qui ne s'abandonne pas lui-même. Courage donc et bon espoir. Dieu sera avec nous ! »

Voilà bien l'abbé Provost, tel qu'il fut toujours. Si nous avons cité cette longue lettre, c'est que nous voulions mieux faire connaître ce prêtre vénérable. Le malheur qui frappait ainsi notre ville fut, pour les ennemis de la municipalité d'alors, le signal d'une campagne bien peu honorable pour ceux qui la menèrent.

La politique, nous ne le savons que trop, ne respecte rien lorsqu'il s'agit de faire triompher une cause. C'est vraiment avec peine que nous avons vu des partisans d'une soi-disant liberté — car la leur ne peut être la vraie, — insulter au malheur public. Un journal osa imprimer une lettre enfiellée d'ironie, véritable insulte au deuil général qui venait de frapper notre ville. Et à propos de quoi ? De la plus juste des causes. La municipalité, véritablement consciente de ses devoirs, avait pris, dans sa séance du 30 juillet 1887, des décisions ayant pour but la réédification de la Tour Notre-Dame. M. Chartier, qui ne peut en être que loué, avait porté plainte au Parquet, persuadé qu'il était de se trouver en présence d'un crime.

Le relèvement de ce monument qui, par son élévation, blessait leurs principes égalitaires, la plainte contre un inconnu, comme eux animé de haine contre tout ce qui appartient au culte divin, ne pouvait que les aigrir.

« Aujourd'hui, — dit l'auteur anonyme de la lettre, car il n'a pas eu le courage de se faire connaître, — l'enquête paraît abandonnée ; elle n'a donné, comme il fallait s'y attendre, qu'un résultat négatif, mais le but qu'on poursuivait est atteint. Le temps a fait son œuvre ; on a réussi à détourner l'attention : les esprits, que l'événement avait surrexités, se sont calmés et le moment semble venu à nos édiles d'enterrer l'affaire et de nous demander de l'argent. »

Ce journal organe du parti républicain, attribue l'incendie à l'incurie de la municipalité conservatrice. Bonne occasion de faire valoir leur cause. Nous ne parlerons point dans le détail de ces querelles de parti qui ne devraient point exister en de pareilles circonstances. Les athées n'intimidèrent point les catholiques qui, eux au moins, surent être les interprètes de tous les honnêtes gens et non d'une faction. Le conseil municipal, dans sa séance du 3 septembre, nomma un comité pour la réédification de la Tour Notre-Dame.

L'anonyme XX, partit de nouveau en campagne : ce fut un nouveau coup d'épée frappé dans l'eau, la majorité de la municipalité étant décidée à faire son devoir jusqu'au bout.

Le 17 septembre eut lieu l'adjudication des travaux pour la réparation à faire à l'église à l'exclusion de la Tour. M. Marchand, entrepreneur à Mortagne, fut déclaré adjudicataire des travaux de charpente. M. Barbet, couvreur à Laigle, obtint les travaux de couverture.

Le Conseil municipal réuni en assemblée extraordinaire, le 22 octobre suivant, décida que la partie supérieure de la Tour serait démolie à la hauteur du cadran de l'ancienne horloge et que ce travail serait exécuté à la journée. M. Reboul, architecte à Paris, fut désigné pour diriger l'œuvre de la restauration.

Un comité fut constitué pour la reconstruction de l'Eglise Notre-Dame de Mortagne. Nous n'en pouvons nommer tous les membres. Nous citerons seulement : MM. Provost, curé-archiprêtre de Notre-Dame, Filleul, maire, Dr Leroy, Alphonse Bertrand et Octave Roquière, membres du Conseil de Fabrique, Chambay, Geslain et Ruel, vicaires de N.-D. Sajou, curé de Loisé, R. P. Coulombe, supérieur du collège, Victor, aumônier de l'Adoration, Dujarrié, aumônier de l'Hospice, Géré, chapelain de l'Hospice.

La première assemblée eut lieu le 8 janvier 1888, à 4 heures 1/2 précises en la salle du théâtre.

Le bureau provisoire fut ainsi constitué : MM. l'abbé Provost, curé-archiprêtre, Moisson et Louis Marreau, assesseurs, M. J. Boullay, secrétaire.

La parole est donnée à M. Henry Chartier, qui lit un rapport sur la situation de l'œuvre.

Nous croyons devoir le reproduire ici en entier.

« A raison même de la richesse et de la beauté de l'édifice, la dépense de cette délicate restauration est énorme, on ne peut la chiffrer à moins de 300,000 francs.

« Le budget communal, obéré de lourds emprunts pour de longues années, est impuissant à faire face à cette charge écrasante. L'indemnité versée à la commune par la compagnie d'assurances le *Soleil*, et qui s'est élevée à la somme de 82.152 francs, est la seule ressource dont la ville ait pu disposer pour la restauration de l'église. Le Conseil municipal d'un avis unanime, l'a affectée en entier à cette destination. Mais si largement qu'elle ait été réglée, cette indemnité, représentation des dégâts causés par le feu à un édifice profondément atteint à l'avance par les dégradations provenant du temps et des hommes, ne pouvait être et n'est plus qu'un faible appoint dans le chiffre total de la dépense. Pour apprécier sûrement ce résultat, qui peut surprendre au premier abord quelques esprits, il suffit de savoir ce qu'en langage d'assurances on appelle « la différence du neuf au vieux », différence qui, dans la circonstance, s'est élevée pour les parties ornementales de la tour atteintes par le feu jusqu'à 60 p. 0/0 de la valeur originaire. Enfin la restauration ne saurait être restreinte aux parties incendiées ; il faut de toute nécessité réparer à neuf l'ensemble de la tour, si l'on ne veut créer le plus fâcheux disparate entre les parties neuves et celles que l'on abandonnerait dans leur état de vetusté et de dégradation absolues. Cet élément de dépenses, auquel le sinistre du 2 juillet demeure étranger figure pour plus d'un tiers dans les prévisions du projet et l'assurance ne pouvait y pourvoir. Cependant la nécessité du travail s'impose.

« Le Conseil municipal l'a compris ainsi, et dans sa séance du 22 décembre dernier, il a approuvé le projet de réparation de la tour dressé par M. l'architecte Reboul. Ce projet qui comporte la remise en état de neuf de la tour ancienne, depuis le sol jusqu'à l'entablement qui servait de base à l'ancien dôme en charpente, s'élève en prévision, à 102,000 francs. Pour faire face à cette dépense, préliminaire indispensable de l'achèvement de la tour, le conseil ne pouvait disposer que du reliquat de l'indemnité, déjà fortement entamée par les travaux de charpente et de couverture de la nef, et par une foule de menus travaux se rattachant directement à l'incendie du 2 juillet. Ce reliquat, non encore apuré, ne dépassera certainement pas 68,000 francs si même il atteint ce chiffre. C'est donc un déficit de 34 à 35,000 francs qu'il faudra combler pour pouvoir mettre à exécution ce premier projet, et c'est de vous, Messieurs, que la Ville attend le secours qui lui est indispensable.

« Ces explications qui m'ont paru nécessaires une fois fournies, permettez-moi de vous faire connaître exactement et par de simples chiffres la situation de l'œuvre à laquelle vous voulez bien vous consacrer.

« Le Comité de reconstruction de l'Eglise Notre-Dame, compte à l'heure actuelle, 148 membres, tous habitants de Mortagne, à côté d'eux plus de 150 dames patronesses dans la ville, et à l'extérieur 50 dames patronesses parmi lesquelles se rencontrent les plus vieux et les plus illustres noms du pays. Nul doute que le nombre de nos adhérents et celui de nos gracieuses protectrices ne s'accroissent encore d'une façon notable. Aucun effort ne sera jamais épargné en ce cas.

« 260 souscripteurs, dont 127 seulement habitent Mortagne, ont pris des engagements ou versé des fonds dont le total s'élève à

Église de Mortagne
Côté Nord
D'après une photographie.

la somme de 112.266 fr. 30 cent., se décomposant ainsi :

Engagements par écrits.....	100.165 fr. » c.
Offrandes versées de suite....	10.080 30
Engagements verbaux.....	2.015 »
Total égal.....	112.266 fr. 30 c.

« Par suite des versements effectués par un certain nombre de souscripteurs, depuis la signature de leur engagement, M. Alfred Mary, banquier, qui a bien voulu, à ma prière, accepter provisoirement les fonctions de Trésorier, a encaissé une somme de 13.456 fr. 30 c. pour laquelle comme pour toutes celles qui lui seront ultérieurement déposées, il sert à la souscription un intérêt annuel de 4 p. 0/0 ; qu'il reçoive ici tous mes remerciements.

« Le système des souscriptions fractionnées en cinq annuités a été accueilli avec faveur et généralement adopté. Ce fractionnement permet en effet, à nos bienfaiteurs de s'imposer de plus grands sacrifices tout en rendant le fardeau moins sensible à leur bourse.

« Les dépenses de la souscription, au moment actuel, s'élèvent à 124 fr. 55.....

« Si l'on déduit ce chiffre du montant de la souscription, il reste net 112.141 fr. 75 c. sauf mémoire pour les intérêts des sommes encaissées..... »

Cette lecture est accueillie par les applaudissements répétés de l'Assemblée.

Lecture est ensuite donnée du projet de statuts du Comité, réglant la composition, le mode d'élection et les pouvoirs du Conseil d'administration.

Aucun membre ne demandant la parole sur ce projet, le Président le met aux voix, et les statuts sont adoptés à l'unanimité.

Il est alors procédé à l'élection du Conseil d'administration.

Mgr Trégaro, évêque de Séez, est acclamé par l'assemblée, président d'honneur du Comité.

Sont nommés à l'unanimité :

M. Henry Chartier, président.

MM. l'abbé Provost, Moisson, Louis Marreau, vice-président.

M. Alfred Mary, trésorier ; M. Victor Roussel, trésorier-adjoint

MM. Jules Boulay, l'abbé Chambay, Paul Cotreuil et Roger Dubuisson, secrétaire.

Le scrutin est ensuite ouvert pour l'élection de dix membres appelés à compléter le conseil d'administration ; 72 membres prennent part au vote.

Sont élus au premier tour et proclamés membres du conseil d'administration : MM. Frédéric Delorme, Charles Delaunay,

Octave Roquière, Albert Verbèque, Georges Levassort, R. Chorand N. le Prince, J. Lemarié, Alfred Baron, V. Rattier.

M. Chartier donne alors lecture à l'assemblée de la délibération du Conseil municipal, en date du 22 décembre précédent.

Le président soumet au Conseil les projets, plans et devis, dressés par M. Reboul, architecte, pour la restauration de la tour de l'église Notre-Dame.

Les projets comportent la restauration à neuf, pierre pour pierre et sans aucune modification, de la tour actuelle jusqu'à l'entablement qui supportait l'ancien dôme en charpente et ardoises. Ils répondent au vœu général de la population et du conseil de voir restituée dans son intégrité et sa beauté primitives cette partie vraiment remarquable de notre vieille église.

Les plans soumis au Conseil ne comprennent aucune prévision pour la toiture, provisoire ou définitive, à placer sur la tour ainsi restaurée. Le Conseil sait en effet, qu'une souscription est ouverte afin de venir en aide à la ville de Mortagne pour la reconstruction de la tour et de l'église ; et que cette souscription a déjà donné de très importants résultats. Le but principal que se proposent les souscripteurs est l'achèvement de la tour, par un clocher ou flèche en pierre, dans le style et le caractère de son époque, et il y a lieu d'espérer que ce but pourra être atteint assez promptement.

Le projet en délibération sera donc suivi à brève échéance d'un deuxième projet, comportant l'achèvement de la tour, et rendant par suite inutile toute toiture provisoire, qui constituerait une dépense en pure perte.

Le chiffre de la dépense totale du projet en délibération s'élève en prévision à 102,000 francs dont 35,000 francs environ pour la seule sculpture. Il importe de remarquer que cette coûteuse restauration est loin de trouver sa cause et sa nécessité dans le seul incendie du 2 juillet. La vétusté, les dégradations provenant du temps et du fait des hommes, représentent dans le chiffre total un contingent très sérieux. Le Conseil peut en juger par les deux chiffres suivants : pour la sculpture, la dépense pour la partie située au-dessus du cadran de l'horloge, la seule partie atteinte par l'incendie, s'élève à 6,691 fr. 50 seulement. Il reste donc une somme 28,496 fr. 50 applicable à la restauration sculpturale de la partie de la tour située au-dessous de la balustrade, partie qui n'a reçu aucune dégradation dans le sinistre du 2 juillet.

Quant aux voies et moyens d'exécution, le conseil, dans ses délibérations antérieures, a déjà affecté à la restauration de l'Eglise la totalité de l'indemnité de 82,152 fr. versée à la ville par la Compagnie d'assurances, le *Soleil*.

Par suite des crédits précédemment votés sur cette indemnité pour les honoraires de l'expert de la ville, les travaux de charpente et de couverture de l'église, la démolition de la partie supérieure de la tour, et divers autres travaux et dépenses se rapportant à l'incendie de l'église, la somme restant libre et en caisse sur le montant de l'indemnité se trouve réduite à environ 68,000 francs qui constituent la seule ressource dont la ville puisse, sans recourir à l'emprunt, disposer pour la restauration de l'église. Encore y a-t-il lieu de réserver sur cette somme un chiffre de 2 à 3,000 francs pour faire face à une foule de menues dépenses se rattachant directement à l'incendie et que le budget municipal ne permet pas de solder autrement.

Les voies et moyens de la commune sont donc absolument insuffisants pour permettre avec ses seules ressources l'exécution du projet en délibération; mais il y a lieu d'espérer que cette lacune des finances communales sera comblée par la souscription, dont les organisateurs prendront, à bref délai et dans la forme qui sera jugée nécessaire, l'engagement de fournir à la commune, après épuisement des ressources spéciales de celle-ci, les sommes indispensables pour solder la dépense de la restauration entreprise par la commune.

Vu cet exposé, et après en avoir délibéré, le Conseil, considérant que les projets qui lui sont soumis répondent au vœu général : qu'ils ne paraissent devoir soulever aucune critique, puisqu'ils ne sont que la restitution pure et simple dans son intégrité primitive d'un monument d'une grande valeur architecturale et artistique.

Considérant qu'il est de toute justice que la totalité de l'indemnité qui est la représentation des parties incendiées de l'église soit affectée à réparer les conséquences du désastre; que si la prudence, en l'état du budget communal, fait un devoir à l'administration de réserver sur cette indemnité une somme destinée à apurer les menues dépenses dont la cause se rattache directement au sinistre, il est bien entendu que ces menues dépenses une fois soldées, tout ce qui restera libre de l'indemnité doit être affecté à l'exécution du projet de restauration de la tour;

Considérant que la somme qui restera ainsi libre et qui selon toute vraisemblance, ne dépassera pas 67,000 francs, sera forcément insuffisante pour solder la dépense du projet, chiffrée en prévision à 102,000 francs; que le Conseil, à son grand regret, ne peut, en l'état des finances communales, combler ce déficit d'environ 35,000 francs; mais qu'il espère que la souscription ouverte et dont les résultats dès à présent acquis dépassent et de beaucoup le chiffre ci-dessus, viendra en aide à la commune et complètera la somme nécessaire à l'exécution du projet en délibération;

A l'unanimité :

Approuve les projets, plans et devis et cahier des charges dressés par M. l'architecte Reboul, pour la restauration de la tour ;

Vote dès à présent pour l'exécution de ce projet une somme de 65,000 francs à prendre sur le montant de l'indemnité versée à la ville par la Compagnie du *Soleil*, ouvre un crédit de cette somme sur l'exercice 1888 ;

Dit que le surplus de l'indemnité, restant libre après apurement de toutes les menues dépenses se rattachant directement à l'incendie du 2 juillet, est également affecté dès à présent à l'exécution du projet adopté ;

Prie instamment M. le Préfet de vouloir bien hâter autant que possible l'instruction administrative de cette affaire, et d'approuver les plans et projets de M. Reboul et la présente délibération afin que les travaux qui présentent un caractère d'extrême urgence, puissent être entrepris et commencés au printemps prochain.

Les diverses conclusions proposées par M. Chartier et que nous venons d'étudier en détail sont adoptées à l'unanimité. Le choix de M. Reboul, comme architecte est agréé par le Conseil.

Les choses en étaient là quand M. Chartier et son adjoint, M. Moisson, que nous voyons si empressés à réparer le désastre du 2 juillet, furent ainsi que l'artificier M. Kervella et l'architecte de la ville, poursuivis à la requête du parquet de Mortagne, devant le tribunal correctionnel de cette ville, comme « auteurs responsables » de l'incendie de la tour de l'église, et cela, qu'on le remarque bien, *six mois après* cet incendie.

Cette étrange affaire a commencé à l'audience du mercredi 8 février 1888. Le ministère public assigna 37 témoins ; la défense de son côté en assigna une quinzaine.

M. Chartier, maire, se défendit lui-même, M. Moisson, adjoint, eut pour défenseur Mᵉ Boivin-Champeaux d'Alençon, l'architecte de la ville, Mᵉ Hommey ; M. Kervella et ses artificiers, Mᵉ Verbèque de Mortagne.

Nous ne reproduirons ici ni les dépositions des témoins ni les plaidoiries des avocats :

Les prévenus se défendirent courageusement et le 7 mars 1887, un acquittement complet vint proclamer la fausseté des accusations portées contre eux.

Un nombre considérable de personnes avaient vu une lueur sous les combles une demie-heure avant que les feux de bengale fussent allumés : la malveillance semble donc avoir été la cause première de l'incendie, au moins pour tout esprit non prévenu. Ce fait ressort des dépositions des témoins que nous avons sous les yeux et spécialement de deux circonstances parfaitement établies : la première c'est que la lueur révélatrice fut aperçue juste à l'heure précise où le feu d'artifice *devait avoir lieu* d'après les affiches placardées sur les murs (il n'eut lieu qu'une demie-heure plus tard, l'obscurité n'ayant pas alors été jugée suffisante pour l'effet des illuminations), la deuxième c'est que les experts appelés à examiner les décombres déclarèrent que la plupart des débris et notamment de grosses poutres placées dans la charpente de l'église et dont tout le tour était carbonisé présentaient les mêmes caractères que les débris des monuments de Paris incendiés par les communards au moyen de l'essence de pétrole.

Combien de gens qui auraient certes apporté de précieux renseignements à l'instruction se turent pour ne point être importunés, combien d'autres furent éloignés nous ne savons pour quelle cause !

Les ennemis de la Religion qui, dès le lendemain du désastre, remplissaient leurs feuilles de cyniques reproches à l'adresse de ceux qui semblaient les plus frappés, continuent leur ignoble besogne de persécuteurs de la plus sainte des causes. Le respect pour la douleur, ils l'ignorent quand il s'agit de leurs ennemis politiques. Et ce qu'ils mettent le moins en pratique c'est la devise qu'ils n'ont jamais défendue qu'aux yeux des aveugles volontaires : *liberté, égalité, fraternité*. C'est aux jours de deuil que nous les voyons à l'œuvre, ces vampires qui, sous prétexte de défendre les intérêts du peuple, exploitent ses misères pour en faire leur gagne-pain.

M. Chartier, après son acquittement, fit insérer dans l'*Echo de l'Orne* (1), une lettre dans laquelle il remercie le rédacteur de ce journal d'avoir bien voulu donner une large publicité aux débats du procès et fait de nouveau appel à la générosité des âmes pieuses pour l'œuvre de reconstruction de l'église N.-D. A cette lettre était joint le document suivant :

☩

POUR DIEU ET NOTRE-DAME !

SOUSCRIPTION

Pour la reconstruction de l'Église Notre-Dame de Mortagne
Incendiée le 2 Juillet 1887
Ouverte sous le Patronage de S. G. Mgr TRÉGARO, Évêque de Séez
Président d'honneur du Comité

Par rescrit en date du 30 août 1887, sa Sainteté le Pape

---

(1) N° du 22 mars 1888.

Léon XIII a daigné accorder sa Bénédiction apostolique à tous les bienfaiteurs et souscripteurs de l'œuvre.

A dater du 1er septembre 1887 et jusqu'à l'achèvement de l'entreprise, une Messe sera célébrée chaque dimanche pour le succès de l'œuvre et pour tous les souscripteurs et leurs parents vivants ou défunts.

Après la reconstruction de l'église *et à perpétuité*, il sera célébré en l'église N.-D. de Mortagne, le premier dimanche de chaque mois, une messe à l'intention des souscripteurs et de leurs parents vivants et défunts.

On peut souscrire en une seule fois, *ou par annuités* (2, 3, 4 ou *cinq*).

Les noms des souscripteurs seront publiés dans l'*Écho de l'Orne* et seront inscrits sur un registre spécial qui restera déposé dans les archives de l'église N.-D.

Ce serait certes une ingratitude de ne pas reconnaître tout le zèle dépensé par lui en cette triste circonstance.

Une première liste de souscripteurs parut dans l'*Écho de l'Orne*, le 29 mars 1888. Nous citerons quelques noms, ainsi que le montant de leurs offrandes.

Mme Alexandre Dubuisson, Mlle Louise Noël MM. Roger et Robert Dubuisson.	20,000 fr.
Mme Eugène Léveillé.	10,000
Mme la Comtesse et M. le Comte de Lévis-Mirepoix, député.	10,000
Mme et M. Eugène Filleul, maire.	5,000
Mme et M. Alfred Mary, banquier.	5,000
Mme et M. Louis Marreau.	3,000
M. Alexis Ragaine.	3,000
Mme et M. Henri Chartier, avocat.	2,000
Mme Louis Houvet.	2,000
Mme et M. P. Charles Delaunay, notaire.	2,000
Mme, Mlle et M. Paul Cotreuil.	2,000
Mlle Flavie Honoré.	2,000
Mme de Saint-Paul, propriétaire, au Mans.	2,000
Mme la Baronne et M. le Général Baron Thomas.	1,500
Mme et M. Raymond Chorand.	1,500

M. l'abbé Provost, curé de N.-D. ; M. Dugué de la Fauconnerie et M. Roulleaux-Dugage, députés; MM. Albert Leguay et Amédée Beau; Mme et M. Frédéric Delorme ; Mme et M. Albert Delorme ; Mlles Fanny et Céline Martin, à Paris; un ancien vicaire de Mortagne; Mme et M. Alphonse Bertrand ; Mme et M. le Dr Leroy; Mme et M. Bremond ; Mme veuve Alleaume donnèrent chacun 1,000 fr.

A côté de ces noms que le rayon doré de la fortune fait briller au premier rang, des noms plus obscurs, mais non moins illustres aux yeux de Dieu, vinrent grossir le nombre des bienfaiteurs de N.-D. A l'offrande du riche, vint s'ajouter l'obole du pauvre et l'humble servante vit son nom paraître sur les listes officielles, à côté de celui de sa maîtresse. A tous, adressons un même remerciement : le sacrifice étant d'égale valeur.

L'œuvre de restauration commencée se continua sans interruption, grâce aux offrandes qui arrivaient de toutes part.

La troisième des cinq cloches, épargnée par l'incendie, fut placée sous un hangar dans le square N.-D. Peu après son installation, une fissure se révéla à la naissance des oreilles et menaça de s'étendre tout autour de la cloche.

Craignant un accident on se contenta de la tinter en attendant son remplacement. C'est le jeudi soir, **17** mai 1888, que les habitants de Mortagne entendirent, avec une joyeuse surprise, le son d'une nouvelle cloche, sortie des ateliers de M. Bollée, du Mans, et fondue avec une partie des débris des anciennes. Elle pèse 2,940 livres et porte l'inscription suivante :

Brisée dans l'incendie de l'Église Notre-Dame
survenu le 2 juillet 1887;
J'ai été refondue en avril 1888.
M. Joseph Provost archiprêtre,
chanoine honoraire de Séez,
étant curé de Notre-Dame,
et M. Eugène Filleul, maire de Mortagne,
pour faire face
aux besoins urgents du culte de la ville.
Je me nomme Marie-Renée.

Son baptême ne devant avoir lieu qu'après l'achèvement de la Tour, les noms des parrain et marraine seront gravés ultérieurement.

Une cérémonie bien faite pour faire naître l'espérance dans le cœur de tous, avait lieu le dimanche 15 juillet suivant : c'était la bénédiction des travaux de reconstruction de la Tour Notre-Dame. Elle se fit à l'issue des vêpres au milieu d'une affluence considérable. La municipalité, les membres du Conseil de Fabrique et la plupart de ceux du conseil d'administration de la souscription, se se trouvaient réunis sur le chantier des travaux lorsque le clergé y arriva processionnellement.

M. l'abbé Provost voulut profiter de cette solennité pour adresser aux assistants quelques paroles de remerciement et d'espérance. Il monta sur une grosse pierre et, de cette chaire improvisée, appelant sur la restauration de notre église incendiée les bénédictions du Ciel, il plaça sous la garde de Notre-Dame les ouvriers qui travaillaient à relever son sanctuaire. « Ce jour, a-t-il dit en terminant, nous permet d'entrevoir dans un prochain avenir, une autre fête qui sera, celle-là, toute de joie et de triomphe, la fête de la bénédiction de notre chère église enfin restaurée et sortant plus belle que jamais de ses tristes ruines. »

Après la bénédiction de la pierre commémorative, M. l'Archiprêtre la scella avec la truelle et le marteau traditionnels. Puis, ce fut le tour de M. le Maire et de M. le Président du Conseil de Fabrique. La procession rentra ensuite dans l'église et chaque fidèle vint frapper du marteau symbolique la première pierre de cette restauration tant désirée, dans laquelle fut encastrée une boîte de plomb renfermant avec quelques menues pièces de monnaie au millésime de 1888, le procès-verbal de la cérémonie signé des notables assistants.

Cet intéressant document (1), écrit à l'encre de Chine sur parchemin, était un véritable chef-d'œuvre de calligraphie dû au talent de M. Alfred Goupil, secrétaire de la mairie. Il portait au recto et au verso trois dessins à la plume d'une rare finesse, représentant l'église et la tour avant et après l'incendie du 2 juillet 1887 et le projet de restauration et d'achèvement de la tour dressé par M. Reboul.

Les travaux furent poussés activement et lorsqu'arriva l'hiver de 1889, le gros œuvre touchait à sa fin. La joie et l'espérance faisaient oublier chez les uns les sacrifices passés et suscitaient chez les autres de nouveaux actes de générosité.

---

(1) En voici la teneur : « L'an de N. S. J. C. M DCCC LXXXVIII, le dimanche 15ᵉ jour de juillet, à l'issue des vêpres, les travaux de restauration et d'achèvement de la tour de l'église Notre-Dame, incendiée dans la soirée du 2 juillet 1887, ont été bénits par M. Joseph Provost, archiprêtre, curé de cette ville, chanoine honoraire du diocèse de Séez, et cette pierre commémorative a été posée par lui, en présence de M. Henry-Marie Victor Chartier, avocat, ancien sous-préfet, maire de Mortagne, de M. Raymond-Aimable Chorand, propriétaire, adjoint au maire, de M. Octave Roquière, juge au tribunal civil, président du Conseil de fabrique et de M. Jean-Michel Vindras, trésorier ; de MM. Edmond Ruel, Auguste Geslain et Adrien Chambay, vicaires de l'église Notre-Dame ; de MM. les membres du Conseil de fabrique, du Conseil municipal et du Conseil d'administration de la souscription ouverte pour la reconstruction et la restauration de notre église incendiée.

« Cette reconstruction est entreprise sur les plans et sous la direction de M. Jules Reboul, architecte, en partie des deniers municipaux, en partie plus grande des fonds volontairement versés par la générosité et la piété des habitants de Mortagne et de leurs bons frères et amis de la contrée et du pays de France.

« Daigne le Dieu Tout-Puissant, à l'intercession de Notre-Dame, conduire l'œuvre à bonne fin et combler de ses bénédictions les bienfaiteurs de notre église !

« Ainsi soit-il ! »

Chacun, pouvait dire alors, en voyant la nouvelle tour se dresser fièrement au milieu d'un treillis d'échafaudages : « C'est là notre œuvre ; œuvre magnifique et qui durera des siècles ; j'y ai apporté ma pierre, et le bon Dieu m'en saura gré ». Un événement terrible se produisit : la tour N.-D. qui n'attendait plus que son couronnement définitif : une lanterne surmontée de la croix, s'effondra le 31 janvier 1890.

§ 4. — Ecroulement de la tour Notre-Dame. — Restauration de l'Eglise.

Quelques jours avant la catastrophe, les bruits les plus alarmants circulaient dans la ville au sujet des travaux de l'église.

Des fissures avaient été remarquées dans le côté sud de la tour. Des étais posés du côté de la rue des Chapelles firent accréditer ce bruit auprès de la population ; il serait bon d'ajouter que nous avons entendu des gens compétents exprimer leur doute sur la solidité de la tour. Dès le commencement des travaux, on a croyons-nous, trop négligé les avis de certains « vieux » entrepreneurs de maçonnerie, dont la longue expérience vaut bien les théories de certains de nos architectes modernes. Comparons la solidité de nos vieilles cathédrales avec celle de ces basiliques élevées de nos jours en 2 ou 3 ans et vous préférerez l'humble maître-maçon au constructeur sur le papier. Alors que les craintes devenaient de plus en plus grandes, que les crevasses s'agrandissaient, que des bruits anormaux se faisaient entendre aux oreilles d'observateurs attentifs, l'architecte, dans une lettre ouverte, écrite à M. Chartier, maire, le 28 janvier 1890, « assurait que la solidité générale de la construction *était hors de doute* et qu'*aucun mouvement*, si léger qu'il fût, *ne s'était manifesté* dans les nouveaux travaux de surélévation. Les bruits répandus dans le public n'ont donc aucun fondement. » La présence des échafaudages s'expliquait d'elle-même, d'après M. Reboul, puisqu'on allait procéder incessamment aux travaux de restauration extérieure de cette façade, la plus mauvaise du reste. Tous les journaux de la localité publièrent la lettre in-extenso, y compris le *Perche* qui, cette fois, fit preuve de tact tout en se montrant pessimiste.

Le peuple mortagnais, crédule aux paroles de ceux qu'il avait vus à l'œuvre, ne fut point satisfait des explications de l'étranger, il conserva ses craintes. Une commission de gens compétents vint à Mortagne, examina les travaux supérieurs de la tour — travaux neufs, — et s'en retourna après avoir constaté que rien n'avait bougé. Ce n'était pas là qu'il fallait chercher le point faible, mais bien dans la partie vieille de la tour : c'est là que des crevasses avaient été aperçues et qu'il fallait faire des sondages. Les ouvertures s'agrandissaient de plus en plus et chacun en faisait avec peine la constatation. Une nouvelle commission, envoyée par l'architecte, vint le jeudi 30 janvier, à Mortagne et se montra tout aussi rassurée que la première.

Quelques heures après son départ, des voisins de la tour entendaient des pierres se détacher des parements de la tour, toute la nuit pareille constatation pouvait être faite à intervalles plus ou moins rapprochés. Par prudence, quelques-uns avaient évacué leur demeure ; d'autres plus téméraires dormirent tranquilles au pied de l'édifice. Je dis « téméraires » car M. le Maire leur avait conseillé de partir, afin qu'aucun accident de personne ne put être imputé à sa négligence.

Le lendemain vendredi, sur les 7 heures du matin, plusieurs personnes, qui avaient constaté dans le courant de la nuit les bruits insolites dont nous avons parlé, firent part de leur crainte aux ouvriers de M. Marchand qui venaient d'arriver à leur chantier. Un des plus pessimistes, à juste titre, il est vrai, le nommé Bled dit à son camarade Moreau « *ne monte pas !* » Il avait à peine achevé ces paroles qu'il vit la tour s'effondrer et se sauva en jetant un cri d'alarme. Si l'un d'eux, dans sa fuite, avait eu la curiosité de Loth, c'en eût été fait de lui.

C'est donc le vendredi 31 janvier 1890, à 7 heures 8 minutes du matin, que notre vieille tour s'est affaissée sur elle-même enveloppant une partie de la ville dans un nuage de poussière. On ne peut mieux comparer le bruit de sa chute qu'au roulement produit par un certain nombre de tombereaux de pierres renversés simultanément.

A deux kilomètres ce bruit se fit si bien entendre qu'un de mes camarades sortit sur le seuil de sa porte et donna l'éveil dans le bourg de Loisé situé à cette distance. Les rumeurs des jours précédents lui firent porter les yeux vers la ville de Mortagne et sa surprise fut grande en n'apercevant plus la tour N.-D. Il vint frapper à ma porte et me dit de braquer ma longue-vue sur la ville encore environnée de brouillard. Pas plus que lui je n'aperçus la silhouette de N.-D. se détacher sur l'horizon ; il fallait se rendre à l'évidence : N.-D. avait disparu. Un brouhaha ne tarda pas à se faire entendre ; les victimes étaient-elles nombreuses ? oui sans doute, car la tour était haute et peut-être, semblable à un arbre qui tombe, avait, de la cime au pied, couvert une longue étendue de terrain.

Un frisson passa sur tout le corps et l'on vit les premiers levés courir en négligé vers la ville et, une heure après, revenir rassurer le village tout en émoi et donner des détails sur la catastrophe.

C'est en moins de 30 secondes que cette masse colossale s'est abîmée sur le sol ; écrasant une partie de la voûte de l'église et quelques maisons du voisinage, sous les décombres desquelles furent ensevelies quatre victimes : deux veillards, une jeune femme et un jeune homme d'une quinzaine d'années.

A peine les témoins de la catastrophe furent-ils sortis du tourbillon de poussière qui les environnait, et remis de leur frayeur, qu'ils s'informèrent s'il n'y avait point de victimes. MM. Gilles et Marchand, charpentiers, bravant le danger, atteignirent bientôt le sommet des décombres d'où ils ne tardèrent pas à percevoir certains gémissements qui semblaient provenir de la maison occupée par les époux Boullay.

Ils se mirent tous en devoir de procéder au sauvetage. Après une heure d'un travail opiniâtre et mené avec le plus grand sang-froid, les sauveteurs, dont il serait trop long d'énumérer les noms ici, purent sauver Boullay, sa mère et sa petite fille âgée de 8 ans. Quant à la femme Boullay, elle ne put être retirée avant 4 heures du soir et elle avait alors cessé de vivre.

A 5 heures du soir, on retira de la maison Guérin, la femme Guérin, dont le cadavre fut transporté à l'hôpital. Restaient encore sous les décombres : le père Guérin et le jeune Riet. Mais l'examen des lieux donna la certitude qu'ils étaient morts et que tout travail de sauvetage devait être abandonné pendant la nuit tant le danger qu'il offrait aux travailleurs était grand.

Le jour même du désastre arrivaient à Mortagne, M. Dugué de la Fauconnerie, député, M. le Préfet de l'Orne et un des grands vicaires de Séez, représentant Mgr Trégaro. Tous trois étaient venus apporter aux autorités civiles et religieuses l'expression de leur vive et douloureuse sympathie.

Le lendemain matin, les travaux de déblaiement furent repris sous la direction de M. Moreau, conducteur des Ponts et Chaussées. Comme nous l'avons dit, deux cadavres restaient ensevelis sous les décombres, ceux de Guérin et du jeune Riet. On les trouva dans leur lit pour ainsi dire renversés l'un sur l'autre contre la muraille et écrasés par d'énormes blocs de pierre. D'après M. le Dr Levassort, qui constata le décès de toutes les victimes, ces deux dernières avaient dû être tuées sur le coup.

Rendons en passant un juste hommage à tous ces travailleurs qui se dépensèrent si généreusement pour essayer de sauver leurs semblables. En nommer quelques uns serait faire une distinction à laquelle s'oppose la justice.

Mgr Trégaro vint lui-même dans l'après-midi se rendre compte de l'étendue du désastre; forcé de rentrer à Séez le soir même, il laissait à Mortagne M. l'abbé Marais, chargé de le représenter aux obsèques des victimes.

Nous avons déjà constaté qu'un journal de la localité avait toujours profité de nos malheurs pour servir ce qu'il croit les intérêts de son parti : là encore, il trouva matière à d'aimables plaisanteries sur Mgr Trégaro, sur l'architecte et sur M. Dugué de la Fauconnerie.

Nous croyons nécessaire pour la vérité historique de citer ce fait, afin que l'on sache bien que le parti soi-disant de la *liberté*, de la *fraternité*, de la *démocratie*, etc., telles que l'entendent nos radicaux, n'est qu'un véritable parti de *haine* et cette haine est telle que le plus terrible des malheurs ne peut en étouffer le cri (1).

Le dimanche 2 février, eurent lieu au milieu d'une foule nombreuse et impressionnée les obsèques des femmes Guérin et Boulay. La cérémonie funèbre se fit dans la chapelle de l'Adoration : l'église N.-D. ayant été fermée par mesure de sûreté. M. l'abbé Marais, vicaire général, officiait solennellement. Toutes les administrations et tous les Corps d'Etat étaient représentés à cette cérémonie. M. le Sous-Préfet de Mortagne, M. Dugué de la Fauconnerie, M. Henry Chartier, se tenaient au premier rang. Nous ne pouvons énumérer ici, toutes les personnalités mortagnaises et étrangères qui suivaient les chars funèbres. Avant l'absoute, M. l'abbé Provost est monté en chaire et, en quelques paroles émues, a retracé les cruelles épreuves par lesquelles les Mortagnais étaient passés depuis la fatale nuit du 2 juillet 1887.

Le mardi suivant eurent lieu avec le même cérémonial les obsèques de Guérin et du jeune Riet.

Les travaux de sauvetage une fois terminés, on essaya de se rendre compte de l'importance des dégâts matériels occasionnés par la catastrophe. Une partie de la voûte de l'église s'était abîmée et de grands travaux de restauration et de relèvement devenaient nécessaires. Au bas de la nef deux travées s'étaient écroulées entraînant avec elles, la tribune des orgues qui gisaient au milieu des décombres tordues et broyées. Deux chapelles latérales avaient subi le même sort.

La colonne d'air qui remplissait l'église, se trouvant refoulée par l'immense tourbillon de poussière qui se dégageait des décombres, a brisé pour se frayer un passage, un certain nombre de vitraux et le meneau d'une fenêtre est tombé en morceaux.

Si l'on réfléchit aux suites que pouvait occasionner l'écroule-

---

(1) Ceux qui voudraient s'en rendre compte par eux-mêmes n'ont qu'à se reporter au supplément du *Perche* paru le 2 février 1890.

ment de la tour un autre jour, ou même à une autre heure, on ne peut que remercier Dieu de sa bienveillante intervention. Un quart d'heure plus tard c'était la mort d'un certain nombre d'ouvriers. Un dimanche, les morts se fussent chiffrés par centaines.

Les quelques personnes qui assistaient à la messe de 7 heures en furent quittes pour la peur et une fuite précipitée vers la sacristie.

Dans la séance du Conseil municipal du 1er février 1890, M. Chartier « plus écrasé par la douleur que s'il l'eût été sous le poids des décombres, » ainsi qu'il le disait lui-même, donna sa démission de Maire de Mortagne ; par 13 voix contre 5, cette démission fut repoussée. C'était certes justice que d'accorder un vote de confiance à un homme qui s'était tant dépensé pour l'œuvre de reconstruction de la tour Notre-Dame. Nous passerons sous silence les nombreux débats suscités par certains membres de la minorité du Conseil, pour ne mentionner que les décisions de la majorité véritablement consciente de son devoir.

Une commission judiciaire fut nommée et chargée de prendre des mesures pour sauvegarder les intérêts de la ville.

Dans la séance du 15 février, M. Verbèque, rapporteur, après avoir rendu compte au Conseil des procédures suivies, donna connaissance des conclusions arrêtées le jour même devant M. le Président du Tribunal entre la commune et MM. Reboul et Lang.

Ces conclusions se trouvant essentiellement avantageuses à la ville, la commission les approuva à l'unanimité et proposa au Conseil d'accepter la transaction proposée par l'architecte et l'entrepreneur.

« En effet, si elle est acceptée et si elle est exécutée, dit le rapporteur, le désastre du 31 janvier n'aura rien coûté à la ville de Mortagne, comme argent bien entendu, et à part la profonde douleur que nous avons tous ressentie de la perte de nos malheureux concitoyens dans cette catastrophe, les contribuables n'auront pas à en supporter le contre-coup au point de vue financier. »

Le Conseil se rangeant à l'avis de la commission autorisa M. le maire à accepter et à signer, au nom de la commune, la transaction proposée par MM. Reboul et Lang.

Le traité, une fois signé, fut soumis à M. le Préfet de l'Orne qui le revêtit de son approbation, par arrêté du 2 juin pris en Conseil de Préfecture.

En voici les points principaux :

« MM. Reboul, Lang et Cie offrent à la ville de Mortagne de se charger exclusivement, à leurs frais, sans aucune contribution de la ville et solidairement entre eux :

1° De procéder immédiatement et sans désemparer au déblaiement des rues, places et propriétés particulières, et à l'enlèvement des décombres résultant de l'écroulement de la tour.

2° De prendre immédiatement les mesures nécessaires pour la conservation de ce qui reste intact de l'édifice, de faire procéder, à leurs frais, à une visite minutieuse de la partie conservée, au point de vue de la solidité de la construction et de la sécurité des personnes, et d'enclore, de telle sorte qu'elle puisse être rendue à l'exercice du culte, après le nettoyage indispensable, cette partie conservée, dans les deux mois qui suivront l'acceptation par le Conseil municipal des présentes offres; en ce travail sera compris le remplacement des *vitrages* défoncés.

3° De prendre à leur fait et charge toutes indemnités reconnues dues aux riverains de l'église, y compris les frais de procédures engagées actuellement par ou contre la ville, et ceux qui seraient nécessités par le règlement amiable ou judiciaire de ces indemnités.

4° De se charger, dans les mêmes conditions, des indemnités qui peuvent être dues aux familles des victimes.

5° De régler encore, dans les mêmes conditions, tous travaux ou mémoires non encore soldés, à l'exception du mémoire du serrurier Grenthe, réglé définitivement le 9 août 1889, mais non soldé par la ville; spécialement le compte du charpentier Marchand, de telle sorte que la ville ou toute personne ayant agi dans son intérêt ne puisse être recherchée de ce chef et n'ait absolument rien à débourser à partir de ce jour.

6° De reconstruire et remettre en leur état primitif toutes les parties des voûtes, murs et piliers, charpentes et toitures de l'église, atteintes ou endommagées par l'écroulement de la tour; de reconstruire et remettre à neuf la façade de l'église, travail complet à l'intérieur, *mais pour l'extérieur gros œuvre seulement*, les ravalements, moulures et sculpture à l'extérieur étant formellement exceptés.

7° De reconstruire également à leur frais la tour de l'église, y compris les bases fondations, et jusqu'à la hauteur des retombées des voûtes des chapelles, gros œuvre seulement, c'est-à-dire sans ravalements, moulures ni sculptures, l'escalier compris. »

Ces travaux, pour lesquels un délai de trois ans fut stipulé, furent poussés activement.

Restait à savoir si les dimensions de la tour seraient maintenues ou ramenées à des proportions en rapport avec l'église elle-même.

Le Conseil municipal, dans sa séance du 29 juin suivant, décida que la tour Notre-Dame serait reconstruite sur le plan en cours d'exécution au moment de son écroulement, et que c'est sur ce plan et dans ces dimensions que MM. Reboul et Lang devront reconstruire, à leurs frais, conformément à la transaction, les fondations et la partie basse de la tour.

Les réparations matérielles acceptées, restait à juger l'action criminelle intentée aux auteurs de la catastrophe du 31 janvier. Une ordonnance de non-lieu fut rendue à la suite du rapport de MM. de Joly et Chabat, experts nommés par M. le juge d'instruction.

MM. Reboul et Lang, soucieux de remplir leur engagements se mirent à l'œuvre avant même la signature du traité, et le déblaiement fut poussé activement.

Une fois ce travail terminé, le pic du démolisseur attaqua la partie de la tour restée debout. L'expérience ayant rendu prudent, il fut jugé nécessaire de faire de nouvelles fondations. C'est en détruisant les anciennes et en creusant le sol, que les ouvriers mirent à jour, en août 1891, la base de la tour du beffroy et celle des murs de la première enceinte fortifiée de Mortagne.

Nous avons vu (p. 57) que les habitants de Mortagne avaient été autorisés à bâtir l'un des côtés de l'église sur les murs d'enceinte et à détruire la tour du beffroy pour la remplacer par une autre plus en rapport avec l'architecture du reste de l'édifice. Ces deux faits se trouvent confirmés et complétés par le plan que nous donnons et qui ne manquera pas d'intéresser nos compatriotes (1).

Dans les fossés on trouva quelques ossements et menus objets sans importance.

Il est bon de faire remarquer que c'est la partie de la tour N.-D. la plus exposée autrefois au feu de l'ennemi et dont les fondations étaient assises dans les anciens fossés de Mortagne qui a fléchi la première : cela se comprend aisément, car, la nouvelle tour étant presque deux fois plus élevée et par conséquent plus lourde que l'ancienne, il dut se produire un tassement dans les terres rapportées avec lesquelles avaient été comblés ces anciens fossés et sur lesquelles reposait sans fondations suffisantes l'angle extérieur de la tour.

Si on eût consulté les historiens de notre province la catastrophe du 31 janvier 1890 ne se fût peut-être pas produite, car leurs

---

(1) M. Goupil, secrétaire de la mairie de notre ville, a très exactement relevé ce plan en notre présence et a bien voulu nous en laisser prendre copie. En même temps que nos remerciments pour ce service nous tenons à lui exprimer ici, toute notre reconnaissance pour l'extrême amabilité avec laquelle il n'a cessé de nous recevoir dans nos fréquentes visites aux archives municipales.

relations contenaient plus d'un avertissement pour un architecte.

Consulter un vieux chroniqueur, aussi bien qu'un vulgaire maître maçon de notre ville, c'eût été mettre en doute la science moderne et pourtant nos chefs-d'œuvre d'architecture n'ont eu pour auteurs que des hommes obscurs. Le véritable talent aime à se cacher.

L'énorme travail des fondations de la tour était déjà achevé le dimanche 10 mai 1896, date à laquelle M l'archiprêtre de Mortagne bénit solennellement les travaux de reconstruction de l'église. Une pierre commémorative de cette cérémonie fut posée en présence du clergé de la paroisse, de l'administration municipale et d'une grande affluence de fidèles. Cette pierre placée à l'entrée intérieure de la tour, donnant sur l'église, fait partie de la première assise en granit, au-dessus du sol.

M. l'abbé Provost, dont la santé avait été fortement ébranlée par les pénibles événements dont nous venons de parler, donna sa démission de curé-archiprêtre et fut nommé chapelain du couvent de l'Adoration de Mortagne, en remplacement de M. l'abbé Victor, qui se retirait à Bellême son pays natal. Nous sommes dans les premiers jours de décembre 1891.

Nous dérogerons un instant à l'ordre chronologique pour suivre M. l'abbé Provost dans sa retraite et à sa dernière demeure.

Allégé du poids du ministère paroissial, M. l'abbé Provost s'occupa de la publication de certaines œuvres pieuses. Il composa un *Mois de Marie*, un *Mois de Saint-Joseph*, un *Mois des Ames du Purgatoire* et un *Mois du Sacré-Cœur*. Son ouvrage le plus important est une *Vie des Saints* pour tous les jours de l'année, en deux forts volumes, qui vit le jour en 1889. Il ne faut point omettre ses *Commentaires sur l'Imitation de Notre-Seigneur* qui s'imprimaient à l'époque de sa mort.

Atteint depuis longtemps d'une maladie de cœur, que les pénibles événements dont nous venons de parler ne firent qu'aggraver, il se trouvait réduit quelque temps avant sa mort à ne plus pouvoir sortir à pied.

Le jeudi soir, 14 septembre 1893, il recevait les derniers sacrements avec une grande ferveur. Les trois jours suivants furent pour lui une longue et pénible agonie, pendant laquelle il fut admirable de patience et de résignation. Sa piété pour la Sainte Vierge, dont il fut toujours le fidèle serviteur, ne fit qu'augmenter dans ses derniers moments. Il expira le dimanche 17, sur les 10 heures du soir. Ses obsèques eurent lieu le mercredi suivant. M. l'abbé Fourmy, vicaire général, présidait la cérémonie. Plus de 60 prêtres, parmi lesquels presque tous les doyens de l'arrondissement vinrent lui rendre les derniers devoirs. Les habitants de Mortagne rendirent aussi, en foule, un suprême hommage à la mémoire de leur ancien pasteur.

M. l'abbé Provost était né à Hesloup, du légitime mariage de Joseph Provost et de Marie Rousser, le 15 mars 1825. Son père était laboureur, herbager et même tisserand. Sa mère qui était très pieuse ne fut point étrangère à la vocation que son fils manifesta étant tout petit enfant.

M. l'abbé Prunier, dans l'oraison funèbre qu'il fit du vénérable archiprêtre, nous apprend qu'après avoir achevé ses études au Petit-Séminaire, « il ne suivit pas immédiatement l'attrait de sa vocation. Pour condescendre à un désir de la prudence paternelle, il consentit un instant à poser le pied dans le monde. Mais, pareille à la colombe planant sur les eaux qui couvraient la terre, son âme n'y trouva pas le lieu de son repos. Les promesses les plus engageantes ne purent l'y fixer. M. Provost entra au Grand-Séminaire. »

Nous ne terminerons point cette courte biographie sans rendre un hommage personnel à la mémoire de ce prêtre qui, à plusieurs titres, avait droit à notre reconnaissance.

M. l'abbé BIGNON. — M. l'abbé Provost, déclaré démissionaire le 6 janvier 1892, eut pour successeur à la cure Notre-Dame de Mortagne, M. l'abbé Auguste Bignon, curé de Couterne, par décret présidentiel en date du 19 décembre 1891 et par décision épiscopale du 7 janvier suivant.

Installé chanoine honoraire de la cathédrale de Séez le 13 du même mois de janvier, il prit possession de l'archiprêtré de Mortagne le dimanche 17. Cette imposante cérémonie, présidée par M. l'abbé Marais, Vicaire-Général, délégué de Mgr Trégaro, eût lieu avant la messe paroissiale.

M. l'abbé Marais, dans une éloquente allocution pleine d'à-propos, fit l'éloge de M. l'abbé Provost, puis il a présenté le nouvel archiprêtre aux paroissiens comme un prêtre dont le passé le désignait pour recueillir la lourde tâche de son prédécesseur.

Puis, accompagné de M. l'abbé Marais, M. l'abbé Bignon prit possession selon le rituel, de sa nouvelle église et des différentes fonctions curiales. Ensuite il est monté en chaire. Après avoir adressé ses remerciements à Monseigneur l'évêque de Séez, pour son élévation à l'archiprêtré de Mortagne il dit combien il regrettait Couterne et ses habitants tout en assurant ses nouveaux paroissiens de son entier dévouement.

Sous son ministère se continua l'œuvre de réparation de l'église Notre-Dame de laquelle l'ancien pasteur ne se désintéressa point et fut assez heureux pour la voir terminée.

Le dimanche 2 juillet 1893, six ans jour pour jour après le terrible incendie, encore présent dans la mémoire de tous, eût lieu la cérémonie d'inauguration des nouveaux travaux de l'église.

Dès neuf heures du matin l'église était comble. La nef principale, dont l'ornementation ne nuisait point à la beauté architecturale, fit l'admiration de tous. Parmi les notabilités présentes nous citerons M. Gaillard, maire et ses deux adjoints, M. Chartier, président du Comité de reconstruction, M. Dugué de la Fauconnerie, député et conseiller général du canton, etc.

Dès que Monseigneur Trégaro eût pris place au trône épiscopal, M. l'abbé Bignon, lui rappelant en quelques mots le passé, lui indiqua les sacrifices qui restaient à faire pour mener à bonne fin l'œuvre commencée : la reconstruction de la Tour Notre-Dame.

Monseigneur répondit en faisant l'éloge de M. l'abbé Provost, sans cesse à la hauteur de sa tâche, malgré les souffrances physiques et morales qu'il avait eu à supporter en ces dernières années surtout. Ensuite il fit part des espérances qu'il fondait sur M. l'abbé Bignon aidé de la générosité des fidèles pour arriver promptement à la réparation de nos désastres.

Le prélat a ensuite procédé à la bénédiction de la partie de l'église nouvellement reconstruite qu'il a processionnellement parcourue au milieu des rangs serrés des fidèles.

La grand'messe a été célébrée par M. le Vicaire-Général. La maîtrise de Notre-Dame et la musique du Collège se sont fait entendre pendant la cérémonie. Tout cœur mortagnais s'est réjoui en ce jour de fête, et en voyant l'effet de la nouvelle nef l'oubli de l'ancienne se fit promptement. La reproduction des motifs d'architecture est si parfaite que l'on ne peut s'empêcher de reconnaître le talent et la loyauté des architectes et entrepreneurs et de louer la décision de M. Chartier et de ses amis.

Nous ne terminerons pas ce chapitre sans mentionner la reconstruction en pierre de la tribune des orgues.

Nous avons dit (p. 67) que le grand portail était autrefois divisé en deux parties par un pilier. Ce pilier a été rétabli avec sa niche surmontée d'un dais.

Tous ceux qui s'intéressent à la conservation et à la restauration de nos monuments au point de vue architectural, aimeraient à voir entreprendre la réfection du fronton du portail nord.

Espérons que dans un avenir prochain, il nous sera permis d'admirer notre vieille église entièrement restaurée. Nous prions Dieu de susciter dans le cœur des favorisés de la fortune de généreux sentiments envers l'œuvre de reconstruction de la Tour Notre-Dame.

§ 5. — Enseignement primaire et secondaire.

Après la Révolution, l'enseignement primaire, à part quelques modifications, nécessitées par les besoins du moment, reçut son organisation actuelle. Chaque commune dut pourvoir, avec l'aide de l'Etat, à l'instruction de ses enfants. Elle put pendant longtemps choisir ses instituteurs.

A Mortagne, l'éducation des jeunes filles fut confiée aux Religieuses de la Providence jusque dans ces dernières années où la laïcisation des écoles devint obligatoire. L'école congréganiste resta cependant ouverte gratuitement à toutes celles dont les parents préféraient l'enseignement religieux à l'enseignement laïc.

L'éducation des garçons fut toujours confiée à des laïcs. Une école chrétienne et gratuite dirigée par les Frères de Ruillé (Sarthe) fut bien fondée par M. l'abbé Duchâtel, mais elle ne subsista que quelques années seulement.

Nous comptions à Mortagne, il y a quelques années encore, trois établissements d'enseignement secondaire :

1º Le collège établi dans une partie des anciens bâtiments du couvent de Saint-Eloi et dirigé par des prêtres.

2º Le pensionnat des dames des Sacrés-Cœurs ou de l'Adoration, connues dans la population sous le nom de Dames Blanches, fondées en 1821, dans la rue d'Alençon.

3º Celui des religieuses de la Providence situé dans la rue des Tailles.

Le collège et le pensionnat des dames des Sacrés-Cœurs fermèrent leurs portes par suite de taquineries municipales ou gouvernementales.

Nous ne passerons point non plus sous silence l'école maternelle gratuite dirigée par les religieuses de la Providence si dévouées à l'instruction des enfants, pas plus que l'Ouvroir où les jeunes orphelines apprennent non seulement à lire et à écrire mais encore à travailler et à devenir de bonnes mères de famille.

Ces divers établissements formeront, ainsi que l'école gratuite des frères, un chapitre spécial dans notre second volume réservé aux communautés et institutions religieuses.

Il nous faut cependant mentionner, en terminant, les cours que Mlle M. E. Laurent faisait pour les petits garçons, 6, rue du Portail Saint-Denis, vers 1869, ainsi que nous l'apprend la lettre que cette dame adressait en cette année, aux familles de Mortagne. Cette lettre est reproduite dans l'*Echo de l'Orne* (1).

(1) Nº du 7 octobre 1869.

CHAPITRE IV

ÉGLISE ET PAROISSE DE LOISÉ

AVANT LA RÉVOLUTION

§ 1. *Fondation et description de l'Eglise Saint-Germain de Loisé. — Ses environs. — Limites paroissiales. — § 2. Curés. — § 3. Bienfaiteurs. — § 4. Confréries établies dans l'église de Loisé.*

§ 1. — Fondation et description de l'église Saint-Germain de Loisé. — Ses environs. Limites paroissiales.

A deux kilomètres Sud-Ouest de Mortagne, se trouve le bourg de Loisé, bâti en amphithéâtre sur le flanc d'une colline au pied de laquelle verdoient de riches prairies. La Chippe, dont une partie des eaux alimente les réservoirs de la ville, arrose la vallée qui n'était autrefois qu'un immense étang.

Avant de parcourir le territoire de cette paroisse qui a toujours dépendu, au temporel, de la ville de Mortagne, nous visiterons l'église située au centre de la bourgade et placée sous le vocable de Saint Germain, évêque d'Auxerre.

La date de sa fondation nous est inconnue et si nous en examinons l'architecture elle parait renfermer bien peu de chose de sa construction primitive.

La tour carrée, située au bas de la nef de gauche, rappelle celle de la collégiale de Toussaint, mais ne fut jamais terminée. Sur un des contreforts on lit ces deux dates : 1616 et 1633. Cette dernière est gravée au-dessous d'un cadran solaire.

Nous montons un escalier de pierre d'une quinzaine de marches et nous pénétrons dans l'église par le grand portail surmonté d'un fronton triangulaire au milieu duquel on aperçoit une tête d'ange aux ailes déployées.

La grande nef paraît immense pour une simple église de campagne. Aujourd'hui lambrissée, la voûte était autrefois en pierre ainsi que l'indiquent une arcade, et des fragments de pilastres et de nervures. A leur naissance se voient encore des figures grimaçantes ou autres sujets qui font croire que les historiens avaient raison d'en faire remonter la construction au xi° siècle. Cette assertion se trouve d'ailleurs confirmée par le « procès-verbal de la visite générale, faite par M. l'archiprêtre de Mortagne le 5 décembre 1842 », qui mentionne que « sur une pierre de l'intérieur on lit 1011. »

Un badigeonnage postérieur à cette visite a sans doute fait disparaître cette inscription car il ne nous a pas été possible de la retrouver.

Le chœur, surélevé de deux marches du reste de l'église, est vaste et entouré de stalles provenant de l'ancienne abbaye du Val-Dieu.

Autrefois en pierre, le maître-autel est aujourd'hui en bois sculpté et surmonté d'un magnifique rétable renfermant la reproduction d'un célèbre tableau du Vatican appelé *Notre-Dame des Anges*. Quatre colonnes en bois soutiennent une gloire magnifique venue de Notre-Dame de Mortagne et appartenant primitivement à la chartreuse du Val-Dieu. Elles ont remplacé les colonnes et le chapiteau en pierre d'avant la Révolution et dont les débris se voient encore au bas de la tour.

De splendides panneaux semblables à ceux dont nous avons donné la description p. 67 — et ayant la même provenance — se font remarquer de chaque côté du sanctuaire là où se voyaient, autrefois, des boiseries peintes, imitant le marbre.

Outre la grande nef, l'église de Loisé possède deux nefs latérales. Celle de droite est restée inachevée. La chapelle qui la termine est dédiée à Notre-Dame des Sept-Douleurs. A la clef de voûte on peut lire la date de 1615.

L'autel, aujourd'hui en beau chêne sculpté, était autrefois en pierre et d'une grande simplicité. Le chapiteau soutenu par deux colonnes renfermait une niche où se trouvait la Vierge tenant l'Enfant Jésus dans ses bras.

Dans l'autre partie de cette nef les Frères de la Charité ont établi leur chapelle dédiée à Saint-Roch. La fenêtre qui l'éclaire possède des fragments d'un fort beau vitrail du xv° ou du xvi° siècle représentant la fuite en Egypte et le martyre de sainte Barbe.

A la clef de voûte on peut lire cette inscription : ISAUGERO LM.

II s. BERTG^rn. qui nous semble être la signature de *l'imaigier* ou sculpteur.

Le collatéral de droite est terminé par la chapelle de Saint Joseph (il y a quelques années encore de Sainte Barbe). L'autel est semblable à celui de la chapelle de la Vierge.

Un peu plus bas, se trouve l'autel de Saint Jean qui forme le pendant de celui de Saint Roch. Comme ce dernier, il est d'une grande simplicité. Il est surmonté d'un tableau plus ou moins artistique.

Aux fenêtres qui éclairent cette nef on remarque quelques fragments de vitraux des XVe et XVIe siècles. Au-dessus de la petite porte se lit la date de 1614. C'est donc dans la première moitié du XVIIe siècle que se firent les travaux de reconstruction de l'église de Loisé, presqu'entièrement détruite pendant les guerres de Religion.

Avant de sortir, jetons un coup d'œil sur une grande fresque qui a son histoire et dont nous parlerons plus loin. Nous distinguons vite un chef d'œuvre au milieu d'un affreux barbouillage et nous déplorons qu'un peintre en bâtiment se soit fait le continuateur d'un Benedict Masson.

Disons en passant que la chaire vient du Val-Dieu ainsi que l'horloge du clocher. L'Eglise de Loisé possède également la cloche en bois, dite des *Ténèbres*, de l'ancienne Chartreuse. Après l'avoir sciée en deux, on convertit chaque moitié en socle. Ces deux socles supportent les statues de Saint Germain et de Saint Marc, placées de chaque côté du sanctuaire.

La petite porte, par laquelle nous sortons, donne sur une terrasse plantée de superbes maronniers. Sous leur ombrage a lieu chaque année, le premier dimanche d'août, la fête du village.

Ce lieu était autrefois planté d'ormeaux, ainsi que nous le verrons plus loin.

L'ancien cimetière était beaucoup plus vaste que celui actuel. Il faisait presque le tour de l'église.

A cela rien d'étonnant, puisque Sain-Jean venait y enterrer ses morts ainsi que nous l'avons vu p. 25.

Le tracé de certaines routes l'a fait ce qu'il est actuellement.

Il renferme le caveau de la famille de Vanssay de la Forgetterie.

Le presbytère est situé près de l'église et appartient aux héritiers de M. l'abbé Ménager qui fut curé de cette paroisse. Le desservant de Loisé reçoit chaque année de la municipalité de Mortagne une indemnité de logement. Si nous descendons la rue, nous nous trouvons bientôt en face d'un lavoir près duquel nous remarquons une fontaine d'humble apparence ; cependant bien connue.

Cette fontaine, dite de *Saint-Germain*, se trouvait au siècle dernier un peu plus haut à l'intersection des deux rues ; mais, comme elle gênait la circulation des voitures, on la changea de place.

Les eaux possèdent, dit-on dans la contrée, des vertus surnaturelles. Des mères y viennent de fort loin pour y plonger leurs enfants malvenants, autrement dit *noués*. L'opération doit se faire, si possible, avant l'aurore. C'est surtout le 23 juin, veille de la Saint-Jean-Baptiste, ou 30 juillet, veille de la Saint-Germain, que les pèlerins y viennent en plus grand nombre.

Ces pratiques religieuses rappellent le culte grossier qu'avaient nos ancêtres pour les arbres, les fontaines, etc. Le christianisme a pu changer les objets de croyance, il ne parvint pas à détourner le peuple de ces superstitions, car c'est moins des saints que de la source que les mères attendent la force et la santé qui manquent à leurs enfants. Cette remarque nous l'avons faite maintes et maintes fois en causant avec des femmes qui avaient la spécialité de plonger les enfants dans l'eau bienfaisante.

Pourquoi cette source fut-elle dédiée à Saint Germain plutôt qu'à un autre saint ? Une légende bien peu connue, recueillie de la bouche d'un vieillard, nous l'apprendra.

Germain, évêque d'Auxerre venait de consacrer à Dieu la petite Geneviève de Nanterre, et se disposait à aller combattre l'hérésiarque Pélasge, quand il apprit qu'au milieu de la forêt du Perche, au pied des ruines du Montcacune (*Mons-Cacuna*) — cité romaine détruite par les barbares — Céronne vierge d'Aquitaine, était venue se sanctifier et que sur son tombeau s'opéraient de nombreux prodiges. Il quitte son troupeau n'ayant tout d'abord qu'un seul but, celui de s'assurer de la véracité des faits. Mais voici qu'en route il se rappela qu'un de ses amis d'enfance habitait le château de Mortagne (*Mauritania*) situé à quelque distance de Mont-Cacune.

Il lui tardait de le revoir. Aussi, après avoir constaté que ce qu'on lui avait dit sur Sainte Céronne était vrai, prit-il le chemin de Mortagne, où il fut assez heureux pour rencontrer celui qui l'avait autrefois honoré d'une grande amitié, mais qui était resté fidèle à la religion de ses pères : au culte druidique. Bien que la question religieuse ne fût point soulevée entre l'évêque et le fils des druides, Germain n'en cherchait pas moins l'occasion de convertir l'infidèle au christianisme. Elle ne tarda pas à se présenter.

Un jour qu'ils se promenaient près d'un lieu appelé *Losellum* (Loisé) ils entendirent un bruit de fête : c'était la population idolâtre des environs qui se livrait autour d'une source, à toutes les folies et à toutes les turpitudes engendrées par le paganisme ;

nous savons en effet qu'à cette éqoque le culte des fontaines était en grand honneur dans les Gaules.

A cette vue, Germain sentit son cœur se serrer et demanda à son compagnon de regagner aussitôt Mortagne.

Visité par le malheur, ce dernier ne demandait qu'à fuir la foule ; aussi, se garda-t-il bien de ne pas accéder aux désirs de l'Evêque.

Notre châtelain, que nous appellerons, si vous le voulez bien, Viridovix, avait perdu récemment son épouse. Elle était morte en mettant au monde un enfant qui, à l'époque de la visite de Germain, était malingre et se consumait d'un mal inconnu.

L'infortuné père avait fait offrir des sacrifices à tous les dieux sans jamais avoir pu obtenir le moindre soulagement pour son fils.

Dans son désespoir, il dit un jour au saint Evêque :

— Puisque tu dis ton Dieu si puissant, pourrait-il guérir mon enfant.

— Il le peut, répondit le prélat, mais toi, que feras-tu pour lui ?

— Je reconnaîtrai sa divinité, je l'aimerai et je le ferai honorer partout où s'étend mon pouvoir.

— Eh bien ! viens, et donne-moi ton enfant.

Ils retournèrent à Loisé où tous les idolâtres étaient encore réunis et Germain les interpella en ces termes.

— Croyez-vous que les divinités auxquelles vous avez consacré cette fontaine, puissent guérir cet enfant ?

Nul ne répondit.

— Eh bien ! moi, je viens vous annoncer un Dieu qui opèrera le prodige que depuis longtemps vous sollicitez de vos divinités. Après lui avoir consacré cette fontaine, je plongerai l'enfant dans les eaux et je l'en retirerai guéri.

Et tous de s'écrier : Faites cela et nous croirons en lui.

L'évêque se recueillit, fit le signe de la croix sur l'eau, y plongea le petit malade qui se sentit aussitôt soulagé. Il était guéri. Ses membres atrophiés se développèrent et bientôt le fils du seigneur ne parut plus inférieur en force à ses ancêtres.

A la vue du prodige tous demandèrent le baptême et Germain devint le père spirituel des habitants de Loisé.

En suivant le chemin de la gare, on aperçoit, un peu à gauche, la ferme de la *Prévosterie* dont le nom indique assez que quelque *prévost* en a fait autrefois son habitation.

Les bâtiments ont du reste conservé l'aspect des logis seigneuriaux et tout fait croire qu'ils ont abrité d'autres gens que des *manans*.

C'est du reste à la *Prévosterie* que se réunirent les protestants lorsqu'il leur fut interdit d'établir un prêche dans la ville de Mortagne (1).

Si l'on continue à gravir la *Rue-Noire* — nom donné à la partie de la route qui longe le bois — on rencontre à sa gauche un calvaire, élevé au lendemain de nos derniers désastres. Nous en ferons plus tard l'historique. Contentons-nous d'enregistrer en passant la légende qui se rattache à la formation de la butte de Chartrage autrement dite *la Garenne*.

Gargantua, le personnage légendaire de *Rabelais*, aurait passé, dit-on, dans le Perche par un jour de dégel. Il venait de loin, et aux semelles de ses chaussures avait adhéré une grande quantité de terre qui avait formé ce que l'on appelle vulgairement des *bottes*. Gêné dans sa marche, il résolut de se *débotter* et les décrottures de ses souliers formèrent les buttes de Chartrage et de Champaillaume qui de loin offrent le même aspect.

Nous arrivons à Chartrage et en tournant à gauche nous apercevons l'ancienne léproserie située sur la paroisse de Loisé. Poursuivons notre course et nous trouvons — toujours à notre gauche — Préfontaine et plus loin le château de la Forgetterie, habité par la famille de Vanssay.

Nous pouvons revenir au bourg de Loisé par la Forgetterie et la Métairie, deux hameaux qui n'ont rien de remarquable.

Nous serions incomplet si nous ne signalions la maison seigneuriale du lieu sise au midi de l'église, habitée aujourd'hui par M. Revert, propriétaire; elle l'était précédemment par M. de Villereau, qui l'avait achetée de M. François d'Escorches de Sainte-Croix, ancien officier de cavalerie, chevalier de Saint Louis, dernier seigneur de Loisé avant la Révolution.

En quittant le bourg pour rentrer en ville, nous traversons le hameau du *Gué* ainsi appelé parce qu'à cet endroit on traversait la Chippe à gué avant la construction du pont actuel.

La paroisse de Loisé avait autrefois les mêmes limites que la commune de Mortagne possède actuellement, si nous exceptons la partie qui touchait Saint-Jean et Notre-Dame.

Elle contournait l'enceinte fortifiée et fut toujours la plus importante des quatre paroisses de la ville. Actuellement encore, elle comprend la presque totalité du territoire de la commune de Mortagne.

§ 2. — Curés.

Le plus ancien document connu qui fasse mention de Loisé (*Losellum*) est une charte de 1050, par laquelle Gaultier Gruel,

---

(1) Voir p. 79.

Gérard de Sassy et Geoffroy le Batard, tous trois seigneurs de ce lieu, donnent aux moines de Saint-Denis de Nogent la tierce partie des droits qu'ils avaient chacun « en icelle église » de Saint-Germain-de-Loisé (1).

Plus tard, une bulle du pape Alexandre III, datée de l'an 1160, nous apprend que les moines de Saint-Denis envoyèrent des religieux pour faire l'office claustral dans l'église de Loisé. Voici les termes de cette charte, confirmant aux religieux la libre jouissance de cette église et de ses dépendances: *Ecclesiam sancti Germani de Loyse, cum capellanis et appendiciis suis.... decimam pasnagii de Reino et de eodem nemore calefactionem et reparationem domorum monachorum de Loyse* (2). « Nous leur confirmons la jouissance de l'église de Saint-Germain de Loisé, avec les chapelains, et leurs dépendances...... leur droit de chauffage dans la forêt de Réno, et la réparation des maisons des moines de Loisé. »

Rien à noter jusqu'en 1506 date à laquelle le Pouillé de Séez, commence à nous donner la liste des curés de Loisé.

Nous y voyons que le 1er janvier de cette année, Jean Boltier fut pourvu du bénéfice de cette cure, sur la présentation des moines de Saint-Denis de Nogent, par suite du décès de Richard Collet.

Le 10 décembre 1507, collation à Guillaume de Rennes par suite de vacance et de présentation comme ci-dessus.

Le 22 décembre 1587, Pierre Richard devient curé de Loisé par suite de la résignation de Jean Boucher ou Boltier.

Il eut pour successeur, le dernier jour de février 1549, Mathieu Vernoil.

Puis le *Pouillé* ne mentionne plus aucune nomination avant celle de Mathieu le Texier qui succéda à son frère aîné, le 31 décembre 1494, en vertu de lettres apostoliques.

Si nous ignorons la date à laquelle ce dernier fut pourvu du bénéfice de la cure de Loisé, il faut attribuer cette lacune aux guerres de Religion qui firent de grands ravages dans notre contrée et en particulier dans la ville de Mortagne.

Un acte notarié (3) du 5 décembre 1579, nous apprend qu'à

---

(1) Bart des Boulais, *Documents sur la province du Perche*, p. 102 et 103 ; des Murs, *Histoire des Comtes du Perche de la Famille des Rotrou*, p. 207 ; abbé Fret, *Chr. perch.*, T. III, p. 85; *Cartulaire de Saint-Denis de Nogent*. — V. *Bibl. nat.*, coll. Duchesne. vol. 22 fol. 290, copie.

(2) Cartulaire de Saint-Denis de Nogent-le-Rotrou, publié en 1895 dans les « *Archives du Diocèse de Chartres* », p. 5. A. Gouverneur, *Essais historiques sur le Perche*, p. 221 ; Abbé Fret, *Chr. perch.*, T. III, p. 509 ; J.-F. Pitard, *Fragments historiques sur le Perche*, p. 311.

(3) Minutes de Me Heudeline, notaire à Mortagne.

cette date M⁾ François Le Mercier, official du Perche était curé et recteur de l'Eglise paroissiale de Loisé. Est-ce sous son ministère qu'il faut placer la destruction presque totale de son église par les huguenots? Rien ne nous permet de l'affirmer.

Lorsque Mathurin Le Texier dont nous venons d'indiquer la nomination, vint à mourir, les moines de Saint-Denis de Nogent ne voulurent point, pensons-nous, accepter le choix qu'il avait fait de la personne de son frère, puisqu'ils présentèrent un autre candidat : Jean Ozan et le firent nommer curé de Loisé, le 17 juin 1595.

Le 25 du même mois, Mathieu Le Texier, permutait avec Pierre Lucas, qui affermait, en 1598, à Lehoux, archer des gardes du corps du roi, moyennant 33 écus un tiers, les « dixmes » de la cure de Loisé.

Ce bail fut renouvelé le 1ᵉʳ juillet 1600 (1).

Pierre Lucas résigna ses fonctions en faveur d'Anselme Chevalier, dont les lettres de provision, obtenues en Cour de Rome, portent la date du 1ᵉʳ février 1621.

Trois jours après, c'est-à-dire le 4 février 1621, nous voyons figurer sur le Pouillé la nomination de Louis de Fontenay, comme curé de cette paroisse « par suite du décès de Pierre Lucas, sur la présentation du prieur-chanoine de Nogent. »

Le 25 juillet 1621, c'est Jean Jussaume qui obtient la collation de la cure par suite du même décès « *in vim graduum.* »

Le surlendemain (27 juillet 1621), Mathurin Louveau, obtenait la même collation toujours par suite du décès de Pierre Lucas et « *gradu cito* ».

Anselme CHEVALIER. — De toutes ces nominations, celle d'Anselme Chevalier, a été seule maintenue.

En 1629, date à laquelle commencent les registres des baptêmes de la paroisse de Saint-Germain de Loisé, il était doyen de la collégiale de Toussaint et official de Séez au siège de Mortagne. Lorsqu'on parla de la réunion de la paroisse Saint-Malo à celle de Saint-Jean c'est lui qui fit, comme official, l'enquête de « *commodo et incommodo.* » (2).

La peste régnait en cette même année 1629, à Loisé, ainsi qu'a soin de le mentionner, sur le registre des baptêmes, M⁾ Pierre du Pont, alors vicaire. Ce dernier avait eu pour prédécesseur, M⁾ Michel Rivière, qui était déjà titulaire de ce vicariat en 1620. C'est sous le ministère d'Anselme Chevalier qu'il faut placer la construction de l'église Sainte-Croix, ainsi que nous le verrons plus loin.

(1) Minutes de Mᵉ Heudeline, notaire à Mortagne.
(2) Voyez page 12.

Nicolas MICHELET. — Anselme Chevalier, ayant résigné ses fonctions de curé, Nicolas Michelet lui succéda en vertu de lettres apostoliques qu'il obtint le 13 février 1664.

Le 9 mars 1651, Michel Liger était vicaire de Loisé. Le 7 janvier 1668, Anselme Saisy remplissait ces fonctions.

Nicolas Michelet démissionna à son tour et eut pour successeur Jean Martin.

Jean MARTIN. — C'est par lettres apostoliques, en date du 28 avril 1679, que Jean Martin fut pourvu de la cure de Loisé.

Nicolas Michelet eut-il cette nomination pour agréable ? Toujours est-il qu'il contesta la prise de possession de ce dernier et « toutes autres demandes formées et à former pour raison de ce bénéfice. » En octobre 1679, il portait encore le titre de curé de Loisé.

Une transaction eut lieu entre le nouveau et l'ancien curé, le 10 novembre 1681 (1). Le premier, qui habitait alors Paris, consentit « à ce que les fruits et revenus appartiendroient audit sieur Michelet, en desservant la paroisse ou en la faisant desservir jusqu'au jour de Pasques prochain (1682). »

A cette époque, le dit sieur Michelet s'est désisté en faveur du sieur Martin et fait au presbytère les réparations nécessaires.

Ce dernier demeura paisible possesseur de la Cure jusqu'à sa mort arrivée en l'an 1710.

Dans un testament non daté, Mre Jean Martin déclarait vouloir être inhumé à Loisé et n'être point « exposé au conspect des peuples revestu des habits sacerdotaux, mais incontinent après son décès estre ensevely en un linceul et mis en un cercueil. »

Il donne au Trésor de Loisé tous les meubles et effets mobiliers qu'il aura lors de son décès, à la charge de lui faire dire des obits composés de deux messes hautes avec vigiles.

Il laisse la somme de 40 livres à la sacristie des Pères Capucins pour « six vingts » messes qu'ils devront dire pour le repos de l'âme de défunte demoiselle Marguerite Martin, sa sœur.

Il donnait, en outre, au Trésor une somme de 483 livres qui lui était due par la Charité de Loisé, et environ cent livres qui lui étaient dues de part et d'autre à charge de lui faire dire des obits. De plus, il lui abandonnait 9 boisseaux et demi de terre sis proche le Val de Mortagne à charge de faire dire deux obits aux intentions de sa famille.

Ce testament est annexé à un procès-verbal d'inventaire dressé après son décès le 3 septembre 1710 (1).

---

(1) Minutes de Me Heudeline, notaire à Mortagne.
(2) Minutes de Me Heudeline, notaire à Mortagne.

La bibliothèque du curé se composait, d'après cet inventaire, de 33 volumes in-folio et de 46 autres in-4°. L'analyse des papiers nous donne quelques détails sur le revenu de la cure. Nous y reviendrons au chapitre des *Bienfaiteurs*.

Jean-Rodolphe COLLET. — Le 23 août 1710, il était nommé curé de Loisé, sur la présentation des moines de Saint-Denis de Nogent. Nous ne savons rien de lui ni de ce qui se passa sous son ministère. Il mourut en 1739.

Mre Louis-René JULLIEN. — Prêtre du diocèse de Séez, gradué, demeurant à Mortagne paroisse de Saint-Jean, il prit possession de la Cure de Saint-Germain de Loisé, dans l'après-midi du 21 juillet 1739. Assistaient à la cérémonie : M^res Jacques Le Vavasseur, curé de Saint-Hilaire, doyen du Corbonnais, Guillaume Le Grand, vicaire de Loisé, Jean-Vignon Moulin, écuyer, garde de Monsieur duc d'Orléans, René Chartier et Philippe Baroux, marchands, Jacques Carré, aussi marchand, Pierre Soyer, René-Louis Lefort, diacre, M. Jean Tison, sous-diacre, Noël-François Brard, acolyte, Jean-Nicolas Moulin, clerc tonsuré.

Le 8 avril 1777, Mre Jullien donnait pouvoir *en blanc* pour remettre entre les mains de N. S. P. le Pape sa démission de curé de cette paroisse en faveur de Pierre-Christophe Le Bec, prêtre du diocèse de Séez.

« Toutefois, il faisait réserve de 500 livres de rente et pension viagère annuelle, sur les revenus et fruits de cette paroisse, plus l'usufruit d'une chambre à feu au-dessus de la salle, d'un cabinet de garde-robe étant à côté, dont l'entrée est sur le vestibule, l'une et l'autre éclairés d'une croisée sur la cour, et d'un petit jardin, contenant environ 10 perches, joignant : d'un côté M. Descorches, d'un bout la rue du village, d'autre bout la cour dudit presbytère. »

Cette résignation fut acceptée en Cour de Rome, le 4 des calendes de mai 1777. Le Parlement l'approuva à son tour par arrêt en date du 18 août de la même année.

Le 7 septembre suivant, les habitants (1) de la paroisse de Loisé se réunirent pour délibérer sur les demandes de Mre Jullion. Ils déclarèrent « qu'ils attesteraient, à tous ceux qu'il appartiendra que le revenu temporel ou bénéfice de la cure de cette paroisse et de Sainte-Croix monte annuellement à la somme de 1500 livres au moins, et que la réserve de 500 livres de pension, n'excédant

---

(1) Etaient présents : Mre Claude-François d'Escorches, écuyer, ch^r de Saint-Louis, ancien capitaine d'infanterie au régiment de la Marche, Mathurin Cornu, François Jardin, Jacques Launay, Roch Billotte, Jacques Fosse, etc...

pas le tiers, firent droit à la demande du sieur Jullien et lui accordèrent à l'unanimité ce qu'il demandait... »

Pierre-Christophe LE BEC. — Il fut le dernier curé de Loisé avant la Révolution. Ses lettres de nomination furent visées par l'évêque de Séez le 26 août 1777. Le premier septembre, il prenait possession de la cure de cette paroisse assisté de Mre François Barbier, curé de Saint-Jean, doyen rural. Tous deux étaient en habits de chœur et portaient l'étole. Une cérémonie semblable eut lieu dans l'église Sainte-Croix où M. Le Bec, toujours accompagné du doyen, s'était immédiatement transporté.

Le procès-verbal de ces deux prises de possession fût arrêté, dans la matinée, « au banc d'œuvre de Sainte-Croix », en présence de M^{res} Charles-François Le Boisne, curé de N.-D., François Beziers et Louis Poitevin, vicaires de Sainte-Croix ; Mathurin Poitevin, prêtre chanoine, chantre en dignité de la collégiale, prieur commandataire de Maupas, Nicolas-Pierre Gaillard, chanoine, prévost de Toussaint ; R. P. J.-B. l'Enfant et Pillai de Guichard, prêtres, religieux de Saint François, Mre Claude d'Escorches ; Mre Rodolphe-Nicolas Fousteau, écuyer, sieur du Tertre, conseiller procureur du Roi et de Monsieur au bailage et siège de police de cette ville, etc...

M. Le Bec paraît se préoccuper beaucoup de l'entretien de son église. C'est à son instigation que les habitants de Loisé se réunissent le 15 avril 1779, pour « statuer sur les observations des trésoriers. » L'un d'eux, Me Noël Bourgeois, « fait observer : 1° que la seconde des deux cloches de cette église est cassée et hors d'état de sonner depuis environ deux ans et qu'il est indispensable de la faire refondre, à joindre que l'occasion est d'autant plus favorable que les fondeurs viennent d'opérer pour le même objet pour plusieurs cloches de la ville ; 2° qu'il y a des réparations et peut-être des réfections à faire tant à la couverture et autres endroits de l'église qu'à la maison presbytérale de cette paroisse... »

Les habitants autorisèrent les membres du Conseil de Fabrique à prélever sur les fonds du trésor, la somme nécessaire pour la refonte et les réparations dont il vient d'être fait mention.

Parmi les comparants nous remarquons M^{res} Louis de Vanssay, ch^r, s^{gr} de Mauregard, et René Nicolas Vavasseur, sieur des Perriers, conseiller du Roi, René Chartier, lieutenant des chasses de Monsieur, etc.... (1).

Un fait vraiment digne de remarque s'est produit sous le ministère de M. Le Bec. Il s'agit de l'achat de droits honorifiques dans l'église de Loisé.

(1) Minutes de Me Heudeline, notaire à Mortagne.

M⁰ Claude-François d'Escorches, éc⁰, s⁰ʳ de Loisé, le seul gentilhomme qui résidât dans cette paroisse, exprimait, vers 1785, à Louis, comte de Provence et du Perche, seigneur haut-justicier de Loisé, le désir qu'il avait d'occuper « une place distinctive dans cette église où il se *trouvait* au milieu des autres habitans. »

Pour l'obtention de ce privilège il s'offrait de payer au Domaine de Monsieur, une redevance annuelle.

Le 3 janvier 1786, le Comte de Provence fit droit à sa demande et M⁰ d'Escorches put, en payant chaque année, une somme de 30 l., faire placer dans le chœur un banc pour lui et pour son fils.

Nous croyons intéresser le lecteur en reproduisant en notes les pièces concernant cette concession (1).

(1) A Monsieur et à nos seigneurs du conseil de son Altesse royale.

Supplie très humblement Claude-François Descorches de Loisey, chevalier, seigneur de la moyenne et basse justice de la Tremblaye, ancien capitaine d'infanterie au régiment de la Marche, chevalier de l'ordre royal et militaire de Saint-Louis et pensionnaire du Roy, demeurant en sa terre de Loisey près Mortagne, au Perche.

Et a l'honneur d'exposer à votre Altesse et à vous nos seigneurs que la nef de l'église de Saint-Germain de Loisey est un peu petite pour contenir tous les habitans ; qu'il est le seul gentilhomme qui réside en ce lieu, que désirant avoir une place distinctive dans cette église où il se trouve au milieu des autres habitans ; et que vous estes, Monsieur, Seigneur et haut justicier de cette paroisse et le seul qui puissiez faire placer pour votre Altesse un banc dans le chœur, et que comme elle n'use pas de son droit dont elle ne retire aucun avantage, le suppliant désireroit en être concessionnaire à charge d'une redevance envers elle : que cette grâce qu'il sollicite avec instance et qui ne peut préjudicier en rien aux droits de votre Altesse Royale peut luy être d'autant plus aisément accordée que l'église dont est question est la seule où le suppliant puisse assister à l'office divin et que le chœur a assez d'étendue pour souffrir un retranchement particulier sans préjudicier aux cérémonies de l'office ; et qu'enfin, comme cette paroisse est dans l'arrondissement de sa justice de la Tremblaye, personne autre que vous, Monsieur, et le suppliant ne peuvent réclamer ce privilège.

Ce considéré, il plaise à votre Altesse Royale Monsieur, et à nos seigneurs de votre conseil, accorder au suppliant la concession d'une place de banc dans le chœur de l'église paroissiale de Saint-Germain de Loisey, pour luy et sa famille aux offres qu'il fait de payer annuellement à votre domaine, Monsieur, la somme de quinze livres de rente pour raison de la dite concession, avec les frais d'icelle et droits y relatifs ou telle autre somme plus modique qu'il plaira à votre Altesse Royalle et à nos Seigneurs de votre conseil fixer. Il ne cessera d'adresser au Ciel ses vœux et prières pour la conservation de jours aussy précieux à la nation que les vôtres, Monsieur, et de ceux de nos seigneurs du conseil de son Altesse Royale Monsieur frère du Roy.

Signé : Descorches de Loisey.

La réponse ne fut pas telle que l'espérait M. d'Escorches. Aussi, écri-

M. Le Bec que nous avons laissé tout préoccupé des réparations à faire à son église, mena une vie bien paisible jusqu'au jour où il préféra prendre le chemin de l'exil plutôt que de se soumettre à la Constitution civile du Clergé.

Nous ferons connaître dans la seconde partie de cette monographie, les évènements qui ont précédé son départ.

§ 3. — Bienfaiteurs.

Nous n'avons pu trouver qu'un très petit nombre de dons ou de fondations qui aient été faits à l'Eglise de Loisé avant la Révolution.

Par son testament, en date du 22 juillet 1473, Marie d'Arma-

vit-il à une personne dont nous ignorons le nom, mais que nous pensons devoir être un personnage important, la lettre suivante :

Monsieur,

J'ai l'honneur de vous prier de recevoir mes remerciments de la bonté que vous avez eue de me faire passer un contrat de concession et engagement des droits honorifiques de l'église de Saint-Germain de Loiscy, près Mortagne que M. Bezot, auquel il étoit adressé a eu la complaisance de me faire remettre les derniers jours de décembre. Je vous prie, Monsieur, de trouver bon que je vous le renvoye, ne pouvant me déterminer à l'accepter parce qu'il n'est que pour ma vie seulement. J'étois persuadé qu'il seroit pour celle de Monsieur qui probablement doit me survivre, comme j'espère que mon fils pourra exzister (sic) après moy ; je serois flatté de luy épargner le désagrement dès que je ne seroient (sic) plus, de se voir dépouillé de tout l'honorifique acordé par ce contrat. Comme il n'est pas possible de plaire à tout le monde, un curé, des marguilliers auxquels j'orais ou mon fils déplu sans y avoir donné lieu soisiroient avec avidité l'instant de manifester leur mauvaise volonté. Si il étoit possible, Monsieur, de substituer à cet acte le nom de Monsieur et supprimer le mien en supposant que ce moyen soit praticable recevroient (sic) l'acte avec plaisir et alors il seroit necessaire (sic) que vous voulussiez bien avoir la complaisance de me faire indiqué la marche que j'orais à tenir pour entrer en possession et jouir paisiblement.

J'ay l'honneur d'être avec un bien respectueux attachement,
       Monsieur,
Votre très humble et très obéissant serviteur.
                                      (Signé : Descorches).

Quelques jours après M. d'Escorches recevait une entière satisfaction ainsi que nous le verrons par l'ordonnace suivante :

Les commissaires nommés et députés par Mgr Louis-Stanislas-Xavier, fils de France, frère du Roi, Monsieur, Duc d'Anjou et d'Alençon, comte du Maine, du Perche et de Senonches, par résultat de son conseil du 11 septembre 1785 pour procéder à la passation du présent contrat, à tous ceux qui ces présentes verront, salut : savoir faisons que par le résultat sus daté Monsieur a ordonné qu'il serait par nous passé au profit du sieur Claude-François Descorches, chevalier seigneur de la Tremblaie et autres nac, donnait une somme de quarante sols tournois, applicable, moitié à la fabrique et moitié au curé de cette paroisse (1).

Le 27 août 1590, Denys de la Motte, marchand, demeurant à Mortagne, paroisse de Loisé, faisait don au trésor de 15 sols de rente à charge de dire chaque année, pour le repos de son âme, une messe haute avec vigiles et de faire la prière le dimanche précédent.

Selon ses dernières volontés, il fut inhumé en l'église de Loisé « au.lieu où ses prédécesseurs avaient été inhumés. » Le jour de son enterrement, il devait être dit deux *Messes Hautes* avec *vigiles à notes* et des messes basses « au playsir et vouloir de ses parents et amis (2). »

Balthazard Saisy, sieur du Gros-Chêne (3), testait le 31 juillet 1650, en faveur du trésor de l'église de Loisé auquel il léguait une somme de 226 l. t. payable après son décès.

Il demandait, en retour, qu'il fut célébré un service solennel composé de vigiles et trois grand'messes.

Un *subvenite* et un de *Profundis* devaient être chantés sur sa tombe le premier dimanche de chaque mois.

Le 26 février 1653, Martin Chastel, sieur de la Forest, consti-

lieux, chevalier de l'ordre royal et militaire de Saint-Louis et ancien capitaine d'infanterie au régiment de la Marche, demeurant paroisse Saint-Germain de Loisey près Mortagne, un contrat de concession et engagement des droits honorifiques de l'église paroissiale dudit Saint-Germain pour en jouir par lui sa vie durant et après son décès par Marie-François Descorches, son fils, page de la Chambre de Monseigneur comte d'Artois, aussi sa vie durant, en conséquence et à cet effet nous commissaires susdits en vertu du pouvoir à nous donné par ledit résultat, avons audit sieur Descorches père, concédé et engagé, concédons et engageons les droits honorifiques de l'église paroissiale de Saint-Germain de Loisey au comté de Mortagne, apartenans à Monsieur comme seul patron et seigneur haut, moyen et bas justicier de la dite paroisse et tels que ce prince a droit d'en jouir en vertu de son apanage ; pour par ledit sieur Descorches en jouir et après lui le dit Marie-François Descorches son fils, sa vie durant à charge par les dits sieurs Descorches père et fils et conformément à la soumission qui demeurera jointe et annexée au présent contrat de payer à la recette générale des domaines de Monsieur une redevance annuelle de trente livres, dont le premier paiement échéra et se fera le premier janvier de l'année prochaine (1787) et ainsi continuer à pareil jour de premier janvier de chaque année. Promettons pour et au nom de Monsieur l'entretènement du contenu au présent contrat qui sera enregistré au greffe du bureau des finances d'Alençon à l'effet de quoi nous l'avons signé et délivré ce jourd'hui trois janvier 1786.

(Suivent les signatures).

Arch. nat. R5 150. Cote 561.

(1) Bart des Boulais, *Recueil des Antiquités du Perche*, édition de M. H. Tournoüer, p. 268.
(2) Arch. nat. ZZ1 264.
(3) Un hameau porte encore ce nom dans la commune de Mortagne.

tuait, au profit de ce même Trésor, une rente annuelle de 113 s. 4 deniers.

A une date que nous ignorons, un membre de la famille du sieur Vavasseur Desperriers constituait au profit du Trésor une rente annuelle de 100 s. qui fut amortie le 9 décembre 1709.

Un bail du 28 août 1704, nous apprend que chaque année les dixmes à prendre sur la terre de la Hutinière se louaient pour une somme de 38 livres.

Il ne sera pas sans intérêt de donner, en détail, le contenu des granges dimeresses de la paroisse de Loisé au 3 septembre 1710 (1).

« Dans les granges dimeresses se sont trouvés : 38 boisseaux de blé méteil, 18 boisseaux d'orge et 18 boisseaux d'avoine.

« Dans une grange dimeresse sise au bourg de Loisé, Jacques Jarry, un des deux dimeurs a dit qu'il y avait : environ 200 gerbes tant de blé, de méteil, froment que de seigle ; environ 400 gerbes d'orge, environ 600 gerbes d'avoine et 200 gerbes de pois et autres grains.

« Dans la grange dimeresse, sise au Val : là s'est trouvé le sieur Nicolas Lemoul des Mallets, fermier des deux tiers de la dîme appartenant au sieur Prieur de Saint-Denis et l'autre au sieur curé de Loisé : 450 gerbes de blé, froment, méteil et seigle ; environ 400 gerbes d'orge ; 200 gerbes d'avoine ; 420 gerbes de pois dont un tiers seulement pour le curé. »

Par suite des dons qu'il a faits au Trésor (2), Jean Martin peut être rangé au nombre des bienfaiteurs de cette paroisse.

§ 4. — Confréries établies à Loisé.

Nous ne connaissons que deux confréries établies à Loisé avant la Révolution : celle du Saint-Sacrement et celle de Saint-Roch.

A. Confrérie du Saint-Sacrement. — A. Fondation et règlement. — La confrérie du Saint-Sacrement nous paraît être la plus ancienne des deux, bien que la date de sa fondation nous soit inconnue.

Nous ignorons ses règlements et nous ne savons rien concernant le costume des Frères.

Monseigneur Le Camus, évêque de Séez, l'érigea en *Charité* en 1625 (3) et l'un de ses successeurs en ordonna la réunion à la confrérie de Saint-Roch, le 18 janvier 1759 « pour ne former plus

(1) Inventaire fait après le décès de Jean Martin.
(2) Voir p. 260.
(3) Registre de la Charité de Loisé.

qu'une confrairie du Saint-Sacrement sous l'invocation de Saint-Roch et de Saint-Claude ».

A cet occasion, un inventaire des meubles et des titres fut fait le 6 mai 1760 (1), à la réquisition des Frères des deux confréries, en présence de M⁰ Julien Dubois, curé de Loisé.

Le dernier receveur de la confrérie du Saint-Sacrement, fut le s' Péan de Saint-Germain qui refusa de rendre compte de sa gestion du mois d'août 1759 au 27 avril 1760, malgré l'intimation qui lui en fut donnée.

En présence de ce refus, les Confrères présents « voulant observer l'ordre prescrit par les statuts et après avoir mûrement délibéré, destituent le dit sieur de Saint-Martin de sa charge de prévost-receveur et nomment à sa place Thomas Jarry, du consentement du curé de Loisé. Ils lui donnent pouvoirs nécessaires..... »

Mais comme ils n'avaient pas de clefs pour ouvrir les différents meubles, ils ont eu recours aux bons offices d'un serrurier de Mortagne, le nommé Louis Renault.

Si la plupart des objets inventoriés n'ont aucun intérêt au point de vue historique quelques-uns nous fourniront cependant certains renseignements précieux.

C'est ainsi que nous apprenons qu'une bannière de la confrérie « représentait d'un côté la Vierge, de l'autre, Saint-Sébastien et Saint-Germain sur un fond de damas cramoisy » et que deux autres étaient « de drap noir. »

Dans un coffre de la chapelle des frères « placé contre le dernier pilier à gauche de la principale église (2) » il s'est trouvé : « deux croix de cuivre ayant chacune un *criste* (sic) la plus grande est moderne, garnie d'une fleur de lis aux extrémités de la dite croix et l'autre *très ancienne* et plus petite. Item, une écuelle d'étain, deux tintenelles, une petite et l'autre moyenne le tout de métal avec leurs battants de fer. »

Ajoutons à cela « huit vieilles torches » trouvées dans une armoire, et nous pouvons assurer que les attributs de la confrérie du Saint-Sacrement devaient différer bien peu de ceux des confréries de Charité actuelles.

Deux chasubles et deux étoles trouvées dans un autre coffre font croire qu'à une certaine époque la confrérie avait son chapelain.

B. BIENFAITEURS. — L'inventaire des titres nous donne les noms des bienfaiteurs de la confrérie en même temps que l'état de ses revenus en 1760.

(1) Minutes de M⁰ Heudeline, notaire à Mortagne.
(2) Par principale église on veut sans doute entendre, ici, nef principale.

Le 11 septembre 1611, Noëlle Legendre, épouse de Jean Hayot, constituait par testament, une rente de 3 l. au profit de la dite confrérie.

Le 18 septembre 1680, une autre rente de 3 l. était constituée par une personne dont nous ignorons le nom. Elle était à prendre sur une maison située au Val.

Gilles Chartrain donnait, le 18 avril 1692, 6 l. un sol de rente et le 7 mai, Nicolas-René Lefevre et Claire Lhemitte, sa femme, constituaient 13 l. de rente au principal de 260 l.

La Confrérie du Saint-Sacrement possédait un pré situé près Saint-Mard-de-Réno et une maison sise à Mortagne paroisse de Loisé, proche la porte des Capucins. Elle avait encore, une rente de 112 s. à prendre sur la dame du Perron. Le 2 Septembre 1726, Denis Trottier et Charlotte Delaistre, sa femme, donnaient une rente de 13 l. 14 s.

Une autre de 5 l. à prendre sur le sieur Peigné de Bubertré.

Une autre de 40 s. à prendre sur le sieur Copin.

Une autre de 3 l. 17 s. à prendre sur le nommé Bourdier.

B. Confrérie de la Charité. — A. Fondation et règlements. — Nous ignorons à quelle date fut fondée la confrérie de Charité établie dans l'église Saint-Germain de Loisé.

Nous savons seulement qu'elle fut *relevée* en l'année 1583, ce qui fait supposer qu'elle avait été momentanément supprimée à la suite d'événements dont nous ignorons la nature.

Les guerres de Religion ont peut-être été la principale cause de la dissolution de cette confrérie dont nous avons pu retrouver les statuts.

L'an mil cinq cent quatre-vingt-trois, le treiziesme jour d'aoust.

Les ci-après nommés, marchands et bourgeois de ceste ville de Mortaigne, tous gréés et assemblés en bon amour docile et charité, ont relevé et érigé la confrairie de M. Sainct-Roch et de M. Sainct-Claude, en l'esglize de M. Sainct-Germain de Loisé, dont les noms et prénoms sont cy-après transcrits et dénommés :

Premièrement : Adrien Gentays et sa femme ; Marin Charpentier et sa femme ; Gervais Marchant et sa femme ; Michel Gentays et sa femme ; Jean Ducernay et sa femme ; François Tasse et sa femme ; Simon Charpentier et sa femme ; Jacques Bigot et sa femme ; Jean Septier et sa femme ; Jean Giroux et sa femme ; Guillaume Guesne et sa femme ; Richard Charpentier et sa femme ; François Legendre et sa femme ; Jean Letard et sa femme ; Louis Baudry et sa femme ; Pierre Legendre et sa femme ; François Charpentier ; Michel Legendre et sa femme ; Denis Charpentier et sa femme ; Balthazar Hugot et sa femme ; Guillaume Mignier et sa femme.

Tous les dicts fondateurs et érecteurs de ceste confrairie ont faict, constitué et ordonné les constitutions et ordonnances qui suivent pour estre gardées et observées en ceste dicte confrairie.

Ont, les cy-dessus dénommés, ordonné qu'il y aura un *livre* dans lequel les noms et prénoms des Frères et Sœurs seront escrits et enregistrés, et dans lequel aussi seront escrits les comptes rendus par les dicts *Gouverneurs*, au *banc* de la dicte confrairie, en présence des sieurs curez et Frères de la susdicte confrairie, lequel compte sera rendu le lendemain de leur *change* qui se fait actuellement le jour et feste de M. Sainct Roch, sinon et faulte par le *receveur* de rendre son dict compte de gestion, et de l'administration des deniers qu'il aura reçus pendant son année de recepte, le dict comptable sera tenu et obligé de payer l'intérest de la dicte somme en laquelle se trouvera reliquataire envers la dicte confrairie.

Ont ordonné aussy qu'il y aura une *boëte* fermant à clef, pour y mettre les deniers provenant de la dicte confrérie.

Ont également ordonné que toutes les personnes qui voudront être confrères en icelle, payeront chacune ou par personne deux sols au jour et feste de M. Sainct Claude ou Sainct Roch et les fondateurs payeront quatre sols, et leur service sera fait de deux messes hautes, vigiles et *libera* devant l'autel de M. Sainct Claude et de M. Sainct Roch, auquel tous les Frères, servants pour lors en la dicte confrairie, seront tenus et obligés d'assister avec six torches et six cierges allumés.

A été ordonné qu'il y aura deux personnes de la dicte confrairie *déléguées* pour régir et gouverner icelle et donner ordre aux Frères et Sœurs qui voudront payer leur confrairie et ceux qui succéderont au second délégué, il leur sera donné la charge de la boëte, laquelle sera fermée à clef pour mettre les deniers qui proviendront à cause de la dicte confrairie.

A esté ordonné que les dicts délégués qui auront librement et volontairement pris et accepté la charge de bien et duement faire leur devoir aux charges et gouvernement d'icelle, seront tenus et obligés de faire faire le Service Divin, tant à la feste de M. Sainct Claude, qu'à celle de M. Sainct Roch, auquel jour se fera leur change à vespres, et le lendemain se fera un service solennel à l'intention des confrères et sœurs de la dicte confrairie, il sera composé de vigiles et une messe haulte, et la procession se fera autour du cimetière auparavant la dicte messe, ou les Frères tant vieux que nouvaux assisteront et au *libera* que l'on dira à la fin d'icelle, avec leurs torches autour du *Chevalez* ; pourquoi le *gouverneur* alors en recepte donnera au sieur curé quarante sols, au vicaire trente sols, au clerc cinq sols et au sacristain qui sera tenu de sonner la cloche le soir d'auparavant qui sera le jour de M. Sainct Roch, tout au moins trois quarts d'heure, douze sols.

Pour le service de M. Sainct Claude qui se fera le jour dudict Sainct, savoir : les premières vespres, matines, la grande messe, et la procession autour du cimetière, et les secondes vespres, les dicts Frères seront tenus d'y assister et de faire faire le pain bénit, comme au jour Sainct Roch, et s'il ne se trouvait personne qui voulût prendre le *chanteau* le Gouverneur en chef le fera alternativement; pour lequel service le Gouverneur, comme cy-devant, payera au sieur curé, trente sols, au vicaire vingt sols, qui doit dire un *libera* à l'issue des vespres, au clerc, quatre sols, au sacristain dix.

Seront tenus les dicts Gouverneurs de faire dire et célébrer chaque dimanche de la semaine une messe basse en la dicte chapelle, laquelle messe sera durant la grande messe et seront tenus les dicts gouverneurs de sonner pendant le *Kyrie eleison*, cinq coups de cloche, premièrement en l'honneur des Cinq Playes de Nostre Seigneur Jésus-Christ, à peine de dix sols d'amende applicables à la dicte boëte.

Seront tenus les dicts Gouverneurs et Frères de *cueillir* parmi l'église, pendant la dicte messe et service et mesme aux festes solennelles, par chacun leur mois, durant le tems qu'ils seront pour ce délégués, lesquels seront tenus de rendre leurs comptes le premier dimanche de chaque mois en la présence des cy-dessus dénommés ou autres représentants qui seront de l'état de teneur, à peine de vingt sols d'amende applicables à la dicte boëte.

A esté ordonné par les sus-nommés que les Gouverneurs seront tenus d'avertir ou de faire avertir les Délégués et ordonner d'assister au Service Divin pour porter le luminaire ensemble à ceux qui décèderont, qui seront de la dicte confrérie, aux enterrements et à faire les obits des trépassés, pour quoi les dicts Frères prendront des personnes proches de l'église, pour les avertir quand ils auront entendu sonner l'appel.

A esté ordonné que les cy-dessus nommés seront tenus de se trouver au service les jours de M. Sainct Claude et de M. Sainct Roch et mesme aux festes solennelles pour porter les torches et cierges de la dicte confrairie faisant la procession. Ceux qui seront trouvés défaillants seront tenus de mettre un homme à leur place faulte de quoy ils payeront cinq sols d'amende et s'il est averti par luy-même il sera taxé à la pluralité des voix.

Les dicts Frères seront tenus aussi d'assister les jours de Vierge, Fête-Dieu, dimanche de l'octave et salut de l'octave, à la grand' messe et à vespres, tous les premiers dimanches du mois à grand' messe et à vespres.

Seront tenus les dicts Délégués, après avoir été avertis par un des dicts Gouverneurs, d'assister à l'enterrement de celui ou celle qui sera décédée, pour porter le luminaire ; et semblablement aux obits et service qui se feront pour les trépassés et s'il arrivait que les dicts défunts ne fussent confrères, les dicts Délégués seront tenus les porter et enterrer et pour l'assistance des chapelains qui assisteront aux enterrements, ils auront chacun deux sols.

A été ordonné que s'il arrivait qu'aux inhumations de ceux qui seroient inscrits sur le dict Livre, et aux autres jours d'assistance, il ne se trouvât pas nombre de Frères, quand le dict service serait commencé, et quand ils seroient sortis de l'église après la cloche sonnée, pour aller à quelques enterrements, à moins que ce ne fut un proche parent d'un des dicts confrères, où il serait censé présent ; si donc il ne se trouvoit que quatre Frères, n'étant pas un nombre considérable, les dicts défaillants payeront chacun cinq sols d'amende qui s'appellent *vacus*, qui iront au profit de ceux qui seront présents ; les dicts commis n'empêcheroient pas le dict *vacat*, et s'il arrivoit que ce fut parent ou moderne, ils payeront chacun sept sols six deniers.

A été ordonné que le sieur vicaire dira, tous les premiers mardis du mois, une messe devant l'autel de Sainct Roch, à l'intention de tous les Confrères et Sœurs qui seront inscrits sur le Livre, avec le *libera* à la fin et auront les dicts Gouverneurs soin de le faire recommander le dimanche d'auparavant au prosne de la grand'messe par le sieur vicaire ou autre en sa place, à la diligence de la dicte confrairie, pourquoi il sera délivré par le receveur de la dicte confrairie au sieur vicaire la somme de sept livres et sera aussi obligé le dict sieur vicaire, moyennant la dicte somme, d'assister avec les frères aux inhumations de ceux qui seront sur les livres.

A été ordonné que ceux qui auront été *Gouverneurs* de la dicte confrairie, décédés auront à leur enterrement et inhumation huict torches et huict cierges et tout le luminaire de la dicte confrairie et à leurs obits et services, vigiles et trois *messes à notes* et trois messes basses avec le dict luminaire et même seront quittes de leur confrairie durant qu'ils seront gouverneurs.

A été ordonné que ceux qui auront été *Délégués* d'assister aux enterrements et inhumations des frères et sœurs d'icelle confrairie, décédés, auront à leur enterrement six torches et six cierges et à leurs obits et services, vigiles, deux *messes à notes* et deux messes basses avec le luminaire qu'ils auront eu à leur enterrement.

A été ordonné que l'enterrement des dicts Gouverneurs et Délégués se feraient avant midi, et il y auroit *messe à notes*, le dict luminaire sera allumé durant icelle, et si c'estoit après-midi, sera allumé le dict luminaire aux vigiles durant icelles.

A été ordonné que les dicts Gouverneurs et les dicts Délégués seront tenus d'assister aux inhumations et enterrements des Frères et Sœurs d'icelle confrairie, lesquels auront à leurs *enterrages* quatre torches et quatre cierges, et à leurs obits et service *messe à notes* et une messe basse avec le luminaire qui aura esté à leur enterrement, l'on fera deux petits obits ensemble pour ceux comme on l'on a dict cy-devant qui seront inscrits sur le dict livre et l'on dira vigiles pour les deux.

A été ordonné que les dicts Gouverneurs et Délégués seront tenus d'assister; et s'il arrive que l'un des dicts Gouverneurs, ou bien l'un des dicts Délégués, ne pût assister aux dicts enterrages et services, il leur est permis d'y mettre un homme capable, et à défaut de ce, n'ayant chargé aucun ni prié d'y en commettre à ses dépens, le dict défaillant sera amendable à cinq sols et applicable à la dicte boëte.

A été ordonné que si aucun des dicts Gouverneurs et Délégués étant congrégés et assemblés tant aux inhumations, enterrements, services et autres affaires de la dicte confrairie, juroient ou blasphémoient le nom de Dieu ou de la Vierge Marie, ou autres jurements et blasphèmes, ou quelques invocations du diable est amendable à douze deniers et ceux qui seront cause de quelque sédition, querelle, noise ou scandale est amendable à dix sols et le tout est applicable à la dicte boëte.

A été ordonné depuis par tous les Frères tenant alors banc, et en la présence du sieur curé, que les Frères pourront s'acquitter sur le Livre de la dicte confrairie eux et leurs femmes, en payant ce qu'ils doivent sur icelui de vieux, de donner vingt sols et s'il arrivoit qu'ils n'y fussent point inscrits, ils en seroient quittes en donnant quarante sols pour l'homme et la femme, et tirer acquit signé des Gouverneurs et Frères et du sieur curé ou vicaire et en son absence comme ils auront payé la dicte somme portée par le présent chapitre pour oster tout abus.

A esté ordonné que l'on priera des Frères pour servir à la dicte confrairie à la Pentecôte, pour leur faire prêter le serment et assister le jour de la fête de M. Sainct Claude, à la grand'messe et à la procession chacun un cierge à la main après les avoir placés au banc chacun en son rang, et se doivent faire trois billets pour les trois frères, pour ôter toute ambition, et comme écherront les dicts billets chacun prendra sa place; et pour le Gouverneur, il doit être pris et choisi entre ses Frères, banc tenant.

A été ordonné que, si quelqu'un des dicts Gouverneurs ne vouloit faire la charge du Gouvernement de cette confrairie, et l'ayant refusée sans excuse raisonnable après avoir été élu, sera biffé et osté d'icelle confrairie, comme indigne d'assister en la dicte confrairie et ainsi des Frères après les avoir requis par trois fois différentes.

A été ordonné que le jour du *Change* se fera une petite réjouissance, entre les Frères tant *vieux* que *nouveaux*, et avec modestie, après la grand'messe et, pour cet effet, le Gouverneur qui entrera en charge aura soin de faire préparer et de faire un *billet* de ce qu'il achètera pour le représenter le jour de la Notre-Dame, au banc, qui ne doit point monter plus haut que six ou sept livres au plus. Chacun payera dès le soir à vespres.

Egalement et sera tenu le dict Gouverneur de faire les avances des *nouveaux* qui le rembourseront dès le jour de Sainct Roch à vespres, en présence des *vieux*, après quoi les dicts Frères nouveaux auront été avertis et priés par deux Frères d'assister le dict jour de Sainct Roch et le dict Gouverneur doit fournir plus que les autres du dessert à la discrétion, et sera joué une partie de boule entre les *vieux* Frères et les *nouveaux*, qui sera de la somme de trois livres, savoir : que les perdants payeront quarante sols et les gagnants vingt sols : la dicte partie se jouera après l'obit général.

A été ordonné que les Frères seront obligés d'aller à confesse pour se préparer à communier en corps de confrairie les quatre fêtes solennelles et le dict Gouverneur en charge préviendra tous les Frères de s'y préparer un mois avant les dictes fêtes *avec répation de barbe* sous peine de cinq sols d'amende.

Et a été ordonné que le dict Gouverneur en charge est obligé de faire défense à tous les Frères de *tenir le silence* et de ne point parler au dict *banc* sans nécessité ; que s'il arrivait par un des dicts Frères de le faire, il sera condamnable à deux sols six deniers et si c'est le Gouverneur, cinq sols.

A été ordonné avoir jetté les yeux sur l'un des Frères et sur un Gouverneur, que les Frères indiquent les uns et les autres au *banc* ils seront avertis par l'un des frères, après qu'il leur aura été enjoint par le Gouverneur qu'ils ont choisi pour servir et assister à la dicte confrairie, et pour reconnaissance de cela qu'un tel jour prémédité deux Frères les iront voir chez eux pour les assurer de l'élection que toute la compagnie a faicte d'eux ; savoir : les Gouverneurs iront chez le Gouverneur et le *Greffier Nouveau* et les deux suivants chez les deux autres.

A été ordonné que l'on *tiendra banc* les premiers dimanches du mois, à l'issue de la grand'messe, pour traiter des affaires de la dicte confrairie et pour voir si chacun est à son devoir et si quelqu'un a forfait contre l'honneur de Dieu, de la Vierge, ou des

Saincts ou de la confrairie; et le gouverneur interrogera tous les Frères, chacun en son rang et selon sa dignité, à prononcer l'amende convenable au *malfait* de celui qui aura manqué à son devoir.

Pour les services des défunts, quand ils auront servi les obits, ils doivent se faire dans le mois, savoir : vigilles et deux messes haultes, pour un Gouverneur, vigilles et trois messes haultes, auxquels services tous les Frères devront assister avec toutes torches et tout luminaire à peine des amendes portées ci-devant, et au regard des simples obits, le Gouverneur en charge y assistera seulement pour fournir le luminaire de la confrairie, qui sont quatre cierges, et pour lesquels services en sera payé par le dict Gouverneur également chacun quinze sols au sieur curé, vicaire et sacristain; pour les simples obits huict sols, et pour ceux d'un Frère il aura dix sols, pour sonner le soir d'auparavant, et pour le Clerc deux sols; pour un Gouverneur, il sera payé une messe de plus.

A été ordonné que les Frères étant au Banc garderont le silence pendant le Service Divin et *ne croiseront point les jambes les unes sur les autres*, à peine de payer deux sols six deniers d'amende.

A été ordonné que le Gouverneur en charge commandera les dicts Frères d'entrer et d'asperger dans toutes les maisons à peine de cinq sols d'amende.

A été ordonné que le Gouverneur avertira les Frères tous les premiers dimanches du mois, après vespres, des assistances qui se trouveront dans le mois à l'église et commandera à chacun sa place de porter aux corps des Sœurs ou Frères qui auront servi à la dicte confrairie et qui décèderont dans le mois; savoir : le Frère de mémoire en charge, de porter le drap et le mettre sur le corps des défunts, portera la bannière et la posera à la porte des défunts aussitôt qu'ils seront avertis et partiront tous deux ensemble *en robe* et *bonnet carré*, à peine de cinq sols d'amende.

A été ordonné que le jour et fête des Rois, le Gouverneur donnera un gâteau dans lequel il y aura une fève et que celui à qui elle tombera payera le dessert à discrétion.

A été ordonné que si les dicts Frères, par paresse, ne sont pas au Banc pour recevoir *le commandement du chaperon* pour le Service Divin ou pour enterrement, payeront deux sols six deniers et, s'il arrive que ce soit le Gouverneur en charge, il payera cinq sols ainsi que les autres amendes qu'il fera seront doubles de celles des autres Frères.

A été ordonné que lorsque les Frères iront en corps aux enterrements, salueront toutes les Croix, statues saintes, comme aussi toutes les personnes qu'ils rencontreront dans leur chemin et se conduiront bien pieusement jusqu'au lieu où sera le corps ainsi que l'enterrage, et s'il se passe quelque chose contre l'honneur de la dicte confrairie, l'amende en sera faicte à la pluralité des voix au au banc que tiendra après l'enterrement.

A été ordonné que lorsque les Frères entreront dans le banc, ils se prosterneront devant la Croix qui est ordinairement sur le dict banc et après salueront le Gouverneur, Echevins et tous Frères, à peine de six deniers d'amende.

A été ordonné que si *tenant banc* pour les affaires de la confrérie, les Frères se fâchent et frappent de la main sur le banc, par violence ou autrement, par paroles sales, seront amendables à la somme de dix sols, laquelle somme sera applicable à la *boëte*.

A été ordonné que les Frères en charge de cueillir pendant le mois à l'église seront aussi tenus de cueillir à tous les enterrements.

A été ordonné que les deux Gouverneurs feront la quête dans toute cette ville en l'honneur de Saint-Roch, et tous les autres Frères se mettront à leur rang, un jeune avec un vieux et parcourront les campagnes, l'espace d'une lieue et demie autour pour faire pareille quête laquelle quête, sera faite et finie au jour et fête de St-Roch, et, s'il arrive que quelque Frère refuse de s'en acquitter, il payera autant que feront le plus haut des autres Frères, et que la dicte quête sera raportée par chaque Frère au banc, en présence de M. le curé et de tous les Frères, sur laquelle quête il ne sera osté seulement qu'un pain bénit pour donner des pièces à tous ceux et celles qui auront servi en la dicte confrairie qui s'adonne le jour du change.

A été ordonné que le Gouverneur en charge de la dicte confrairie sera tenu et obligé de donner à ses Frères le premier jour de l'année pour étrennes chacun *trois quarts de ruban violet* que les Frères attacheront au devant leur robe qui demeureront jusqu'au jour et fête des Rois après vespres.

A été ordonné que s'il arrivait qu'un Frère ou qu'une sœur vint à mourir pendant leur dict service, les autres Frères et servants seront tenus et obligés de fournir à leurs frais neuf cierges de chacun cinq sols, à neuf pauvres qui assisteront à l'enterrement, après quoi ils seront pareillement tenus et obligez de payer un sol à chacun des dicts pauvres.

A été ordonné que le Gouverneur en chef avertira et fera avertir les Frères de se trouver au banc pour lever et porter le luminaire en corps de confrairie pour aller au devant des processions et Charités qui viennent en dévotion en l'église de St-Germain de Loisé où est érigée la dicte confrérie, qui sont les jours de feste de Ste-Marie et de St-Roch ; et, faulte par le Gouverneur de ne pas avertir ou faire avertir les dicts Frères, il payera dix sols d'amende applicable à la *boëte*.

A été ordonné que le sacriste seroit tenu de faire un mémoire de tous les inscripts qui sont sur le livre de la dicte confrairie, losqu'ils seront trouvés et qu'ils sont avertis pour en faire la sépulture par la dicte confrairie. Alors le dict sacriste sera tenu d'en donner mémoire et cognoissance du nom et du deubt à M. le Curé et Gouverneur, ainsi que des Frères servant en la dicte confrairie, pour que le dict Gouverneur en fasse recepte semblable ; pour le mémoire qui sera donné du dict sacriste, il sera affirmé par M. le Curé et tous les Frères, pourquoi il lui sera payé trente sols.

A été ordonné que, s'il se trouve quelque Frère qui rapporte les affaires qui se passeront au banc de la dicte confrairie, il sera amendable à vingt sols applicable à la dicte boëte.

A été ordonné que si quelque Frère vouloit céder son service à quelque autre parent ou ami, il ne pourra le faire sans s'engager de rentrer à la dicte confrairie au premier change.

A été ordonné que nous Frères de cette dicte confrairie, sommes obligez d'assister aux inhumations de toutes personnes décédées, lorsque nous serons avertis, savoir : les *inscripts*, l'espace de trois lieues, et pour les *servants*, l'espace de quatre lieues, à l'exception des *prévosts* que tous les Frères seront obligés de se trouver au banc, à eux indiqué au son de la cloche, pour décider, et en cas qu'il soit décédé plus loin que les quatre lieues, faulte au dicts Frères de s'assembler, ils payeront vingt sols par chaque défaillant qui seront applicables de la dicte boëte.

Fin

Rien à signaler jusqu'en 1723. A cette époque, un conflit s'éleva entre les frères de Charité de Notre-Dame et de St-Jean et ceux de la Charité de Loisé au sujet de l'inhumation d'une Veuve Banse.

On s'était mutuellement adressé des compliments peu édifiants et finalement on s'était battu à coups de torches.

L'évêque de Séez informé de ce scandale ordonna une enquête. Puis, faisant droit à la demande des *Charitons* de Notre-Dame et de St-Jean, le prélat interdit à ceux de Loisé d'assister aux inhumations qui se feraient à Mortagne, dans les paroisses de Théval, St-Langis, Réveillon et Loisail « lorsque les Charités de Notre-Dame et de St-Jean seroient demandées. »

En 1750 la confrairie de Charité se composait de 7 frères et de 7 sœurs. En 1789, elle comptait 7 frères et 6 sœurs.

Le 12 avril 1792, le directoire accorda aux frères de la Charité de Loisé, sur leur requête, la croix de Sainte-Croix « si elle n'était déjà remise aux mains des trésoriers de Notre-Dame » et les renvoya aux commissaires de la municipalité.

En 1794, cette confrérie existait encore et comptait alors 3 frères et 6 sœurs servants.

Lorsque tout culte et signe religieux fut prohibé, les confréries de Charité disparurent, du moins officiellement, car des personnes pieuses et dévouées n'en continuèrent pas moins à rendre aux morts les derniers devoirs.

Aussitôt après le rétablissement du culte, les confréries de Charité reparurent et dans la plupart des paroisses du Perche elles fonctionnent encore de nos jours.

Mais, bien peu ont conservé intacts leurs anciens règlements. Beaucoup les ont modifiés avec la nécessité des temps.

C'est ainsi que « le 16 août 1838, les Frères de la Charité de l'église St-Germain-de-Loisé, réunis dans leur sacristie, lieu ordinaire de leurs séances, ont statué relativement au change des Frères :

1° Que le dit change aurait lieu dorénavant le dimanche de la Trinité.

2° Que la prestation de serment, pour entrer dans la dite confrairie serait fixée au jour des Rois, époque à partir de laquelle les nouveaux Frères feront partie de la Charité et seront traités comme tels par les anciens. »

D. Costumes des Frères. — Cérémonial. — Ayant survécu à la Révolution et fonctionnant encore de nos jours, la Charité de Loisé nous permettra de faire sur elle une étude plus détaillée que sur celles de Notre-Dame, St-Jean et Ste-Croix.

Les Frères sont vêtus d'une robe noire, assez semblable à celle des juges mais beaucoup moins ample et plus courte que cette dernière. Ils portent, en outre, un rabat blanc et, en écharpe, un chaperon rouge sur lequel on distingue d'un côté l'image de la Vierge et de l'autre un ostensoir placé entre, et un peu au-dessus, des deux patrons de la Charité : St-Germain et St Roch. Sur ceux des dignitaires sont mentionnées les fonctions qu'il remplissent.

Le Porte-Croix ou Petit-Clerc est toujours un enfant. Il est vêtu d'une soutane rouge, et d'un surplis. Il est ceint d'une ceinture rouge et porte souvent un petit chaperon en tout semblable à celui des Frères.

Le Sacristain, lui, porte un costume tout particulier. Il est revêtu d'une robe, d'un surplis et d'une espèce de dalmatique noire parsemée de larmes d'argent au milieu desquelles on aperçoit un sablier ailé. Nous disons *parfois* car les ornements varient avec la richesse des costumes.

Chaque Frère porte à la main une torche formée d'un flambeau, d'un bassin de cuivre à bords relevés destiné à recevoir la cire qui peut couler du flambeau et d'un bâton qui supporte le tout. Ce bâton, d'environ deux mètres et demi de haut est appuyé sur l'épaule de celui qui le porte. Il est toujours multicolore, sculpté ou en torsade.

Les dignitaires n'ont à la main qu'un *cierge* ou *souche* peint en rouge.

Aux inhumations et aux processions, sauf à celles du Saint-Sacrement, les Frères portent la barette.

On appelle *Frère Servant* celui qui a été pendant une année entière membre de la confrérie. Il a droit à l'inhumation gratuite et solennelle. S'il fait plusieurs services, c'est-à-dire qu'il passe plusieurs années dans la confrérie, il peut céder à ses parents et amis, les services supplémentaires.

Quand un Frère Servant vient à mourir, le sacristain sonne le glas funèbre à deux reprises différentes (12 coups pour un homme et 13 pour une femme.)

La veille de l'inhumation, deux Frères vont porter la bannière, la croix et le drap mortuaire au domicile du défunt. C'est ce qu'on appelle *porter le luminaire*.

Le jour de l'enterrement, les Frères sont avertis au son de la cloche qu'ils aient à se rendre à leur chapelle : c'est *l'appel*.

Le signal du départ donné, le clergé, précédé des Frères de la Charité — plus communément appelés *Charitons* — va faire la levée du corps. Après que le prêtre a récité les prières liturgiques, le Prévôt s'adressant au petit clerc prononce, sur un ton de commandement, les paroles suivantes : « Petit Frère, à l'église et priez pour l'âme du défunt. »

On entonne aussitôt le psaume : *miserere mei Deus...* et le cortège s'avance lentement.

Le sacristain de la Charité ouvre la marche, suivi de la bannière, des croix (car il y a celle de la Charité et celle du clergé) et de deux acolytes portant des chandeliers. Viennent ensuite les *Charitons* et le clergé.

Derrière le prêtre, le cercueil est porté par 4 ou 6 Frères de la Charité. La foule suit, tête nue et l'air recueilli.

Lorsque sur le parcours on rencontre des maisons d'habitation le sacristain agite deux clochettes ou tintenelles de différent ton, qu'il porte à la main, de manière à rappeler les tintements du glas. Le cortège funèbre fait son entrée à l'église au son lugubre des cloches et la cérémonie religieuse commence.

Le cercueil déposé au milieu de le nef, les Frères se placent dans les bancs situés de chaque côté et vont, à tour de rôle, sonner des *ébranlées* dont le nombre est proportionné à la solennité des funérailles.

Après l'absoute on se rend au cimetière dans l'ordre que nous venons d'indiquer. A la voix plaintive des cloches viennent se mêler les tintements des clochettes du sacristain.

Le prêtre a dit les dernières prières. La fosse se remplit peu à peu. Pendant qu'à tour de rôle les assistants aspergent la fosse d'eau bénite, le petit clerc ou à son défaut le sacristain, chante le psaume : *In exitu Israël*, ce dernier agite toujours ses clochettes.

Ce chant achevé, les Frères allaient, il y a quelques années encore, se placer sur deux rangs à l'entrée du cimetière et l'un d'eux entonnait un cantique ou plutôt une complainte en l'honneur de St-Sébastien, cantique qui variait quelque peu avec les lieux. Le refrain est souvent en latin et les couplets en français.

Dans beaucoup de paroisses, cette coutume de faire la haie au moment de la sortie des assistants existe encore. Il en est de même du chant du cantique que nous venons d'indiquer (1).

Le défilé terminé, les Frères reviennent à l'église en silence, font une prière commune en passant devant le chœur et quittent leurs ornements.

Voilà en quelques lignes le cérémonial ou plutôt les coutumes observées par les membres de la confrérie de Charité de Loisé.

Nous aurions voulu être plus complet et conserver à la postérité certains détails aussi intéressants que typiques.

C. BIENFAITEURS. — Nous ignorons quels furent les principaux bienfaiteurs de la Charité de Loisé.

Nous savons seulement qu'en 1685 un sieur André Lacourte, constituait au profit de cette confrérie une rente annuelle de 10 sols.

Mais, beaucoup avaient coutume de donner au jour de St-Roch une certaine quantité de cire blanche.

C'est ainsi qu'en 1756 Me Nicolas Legendre, avocat au Parlement, bailly de la baronnie de Longny, promettait pour l'année suivante (16 août 1757) une livre de cire blanche et priait « les Frères de charité d'assister à son inhumation. » De plus, il avait ordonné qu'il leur soit payé la somme de 3 livres.

Au 28 juillet 1786, nous voyons, par le compte de gestion rendu ce jour-là, par le Sr Louis Duteil, ci-devant receveur, que les recettes s'élevaient à 392 l. 18 s. 6 d., les dépenses à 361 l. 8 s. soit un excédent de recettes de 31 l. 4 s. 6 d.

---

(1) M. le Dr Jousset, dans sa brochure sur *Les confréries campagnardes dites de Charité dans le Perche*, donne, en plus des renseignements très intéressants sur ces confréries, des extraits de cantiques dédiés à Saint-Sébastien.

PENDANT LA RÉVOLUTION

(1789-1802)

§ 1. — *Prêtres attachés au service de l'Eglise de Loisé.*
§ 2. *Dépouillement de l'Eglise de Loisé.*

§ 1. — Prêtres attachés au service de l'église de Loisé.

Au commencement de l'année 1789 les habitants de Loisé résolurent de mettre fin à un incident survenu entre eux et les habitants de Ste-Croix, l'année précédente.

Le 31 mars 1788, les Loiséens s'étaient réunis sous la présidence de leur curé, M. l'abbé Lebec et avaient « autorisé » les sieurs Sébastien Dollivet, trésorier de la fabrique et Jean-Léonard Berrenger « 1° à faire faire l'abbatis des ormes complantés alentour de l'église de ladite paroisse de Loisé ; 2° Et à faire la dépense nécessaire pour l'achat et plaçage d'une troisième cloche dans la tour, dont l'utilité et la nécessité avaient été reconnues par les dits sieurs curé, trésoriers et habitants. »

Mais voici que les trésoriers de Ste-Croix, succursale de Loisé, signifient au sieur Dolivet, par exploit de Fraboulet, huissier, en date du 26 mai suivant « que, pour les causes et moyens y contenus, ils s'opposent formellement à ce qu'il soit passé outre tant à la fonte et plaçage de la cloche qu'à l'abbatis des ormes. »

Cette opposition fut approuvée par les habitants de Ste Croix, réunis en assemblée plénière le 8 juin suivant. Les relations devenaient donc de plus en plus tendues.

Ce qui fit que tous les habitants de Loisé furent invités à se réunir, le 27 juillet « au banc de l'œuvre et fabrique de la paroisse St-Germain de Loisé, issue de vespres » afin « de délibérer entre eux sur le parti qu'il convenait de prendre dans cette circonstance. » (1)

---

(1) Assistaient à cette réunion outre M. Le Bec curé de Loisé et le sieur Sébastien Dolivet, trésorier de la dite fabrique :
M⁵ Charles-Jacques de Bonvoust, prêtre, doyen de la Collégiale royale de Toussaint de Mortagne, propriétaire en cette paroisse ; M⁵ Simon-Jean

De nouveau, « l'utilité et nécessité d'une troisième cloche et de faire faire l'abbatis des ormes » furent reconnues.

De plus, « en approuvant en tant que de besoin, ce qui a été fait jusqu'à ce jour par les dits sieurs Berrenger et Dolivet, les dits sieurs Curé et habitans ont dit et observé, qu'encore bien que les défenses et oppositions des sieurs trésoriers et habitans de Ste-Croix, qu'ils n'entendent aucunement approuver, ne soient à leurs yeux d'aucune considération, cependant, pour leur témoigner le désir qu'ils ont de traiter avec eux par voie amiable et pacifique et prévenir les longueurs et frais d'un procès, toujours désagréable entre les habitans d'une même paroisse, voulant d'ailleurs faire revivre et entretenir l'union, la paix et la concorde qui doit régner entre eux tous et leur pasteur commun, » il a été convenu :

1. Que le plaçage de la cloche et l'abatis des ormes seraient différés ; 2º Que les sieurs de Bonvoust et Hérode, ce acceptant, étudieraient les moyens de conciliation et de transaction propres à détendre les relations entre la paroisse et sa succursale.

Il fut encore convenu qu'il serait en « présence des dits habitants de Ste-Croix et des dits sieurs députés, procédé à la visite de la tour dudit Loisé pour en constater l'état et savoir si par la construction et son état actuel elle est dans le cas de pouvoir supporter le poids et le plaçage de la cloche dont il s'agit... »

Les choses traînèrent en longueur et le sieur Dolivet fut « informé que les dits sieurs députés et commissaires ne pouvoient et ne vouloient plus être chargés de cette conciliation. »

C'est alors qu'il prit le parti d'assembler à nouveau les habitants de Loisé le 7 décembre « aux fins de délibérer sur ce qui doit être fait dans cette circonstance, qu'il ne voit que deux moyens pour terminer cette affaire, savoir : de l'autoriser conjointement avec deux d'entre les dits habitans qui seront à cet effet nommés et choisis ou à faire assigner les dits habitans de Ste-Croix... pour faire lever leurs oppositions ou à faire placer dans la tour la nouvelle cloche qui est faite depuis plusieurs mois et à vendre les ormeaux dont il s'agit, nonobstant toutes oppositions faites et à faire... »

Mais les membres de l'assemblée (1) « se sont retirés sans

Hérode, consr du Roi, prést du grenier à sel, aussi propriétaire; Jean-Léonard Berranger; Charles Blavette; Nicolas Riantz; Michel Bourgoin; Nicolas Hommey; Louis-Nicolas Charpentier; Pierre Gilbert; Nicolas Berranger; François Moisseron; Jacques Milcent; Nicolas Tremblayes; Noël Bourgoin; Pierre Gilbert; Urbain-Mathurin Olivier; Jacques Dupont; Jean Dupont; Jean Lorillière; Nicolas Desprez; Gislain fils; François Vincent; Jean Groseil; Jean Guestre; Jean Durand et Jacques Launay.

(1) M. le Curé, Sébastien Dolivet, trésorier en charges, Jean-Léonard Berranger; Charles Blavette; Nicolas Riantz; Michel-Charles Bourgoin; Jacques Launay; Jean Durand; Jean Bourgoin; François Aubert; Jean-

vouloir délibérer ni aviser au parti à prendre dans la circonstance présente. «

Nouvelle réunion « des habitans et propriétaires en général » de la paroisse de Loisé, le 2 février 1789 toujours pour « terminer et traiter à l'amiable tant avec les habitans de la paroisse de Ste-Croix, succursale dudit Loisé qu'avec le dit Delestang de la Linardière, marguillier, sur et relativement aux différentes oppositions successives formées à leur requête à ce qu'il soit passé outre au plaçage d'une troisième cloche et à la vente des ormeaux complantés devant la porte de l'église dudit Loisé ainsi qu'il avait été résolu par les dits habitans de cette paroisse par les précédentes délibérations. »

Cette fois, on prit la résolution définitive d'abattre les onze ormeaux qui interceptaient le jour et faisaient le plus grand tort à la couverture de l'église. Ensuite il fut décidé que l'on procéderait au plaçage de la troisième cloche dont l'achat était fait et dont l'utilité était reconnue par tous les habitants.

Les srs Bérenger et Blavette furent chargés de veiller à l'exécution des décisions de l'assemblée : la troisième cloche fut enfin placée dans le clocher et les ormeaux abattus (1).

Aucun incident important à signaler jusqu'au 9 janvier 1791.

A cette date, les habitants de Loisé, réunis en assemblée générale nommèrent 4 commissaires chargés de « veiller à la conservation de la dite église, pour paroisse. »

On parlait en effet à cette époque de procéder à une nouvelle circonscription de paroisses et chacun craignait de voir supprimer la sienne.

Cette délibération, que nous reproduirons aux pièces justificatives, était donc toute naturelle.

Comme la situation de cette église et son éloignement de la ville militaient en faveur de sa conservation, elle fut érigée en succursale. Cette décision mit dans la joie les habitants de cette paroisse.

Nous arrivons au 23 janvier 1791, date de la prestation du serment civique.

Ce jour-là, M. l'abbé Le Bec, curé de Loisé et son vicaire, M. l'abbé Hersan, sommés de se rendre à Ste-Croix succursale de cette paroisse pour y accomplir les formalités exigées par la Constitution, furent prévenus, ainsi que les vicaires de Ste-Croix, MM. les abbés Marre et Blanche, qu'ils ne seraient « interpelés

Michel Gislain ; Noël Bourgoin ; Nicolas Berranger ; Hugues-Mathurin Bourgoin ; François Dangereux ; Louis Besnier ; Michel Lhermusier ; Nicolas Charpentier ; Félix Bourgoin et autres.

(1) Minutes de Me Heudeline, notaire à Mortagne.

sur le serment qu'à l'heure des vespres ; c'était, dit l'abbé Marre, dans ses mémoires, donner aux mauvaises têtes le temps de fomenter et c'était ce que l'on voulait.

« Nous savions que l'assemblée législative avait prévu les restrictions au serment, qu'elle le déclarait nul et sans effet si on y ajoutait, si on le diminuait et nous n'ignorions pas que ceux d'entre nous qui refusaient de le prêter purement et simplement étaient regardés comme des orgueilleux, comme des aristocrates pourris et comme des ennemis du bien public. C'est pourquoi nous convinmes de prononcer la formule en y ajoutant : *Dans tout ce qui ne sera pas contraire à la Religion catholique, apostolique et romaine*, persuadés que le plus grand nombre de nos ennemis n'était qu'égaré et qu'une explication motivée pourrait faire impression sur plusieurs, les faire revenir de leurs préventions et et détourner l'orage qui nous menaçait, mais nous n'y gagnâmes rien.

« Cependant nos vespres s'avançaient et nous étions au psaume : *In exitu Israël de Egypto, domus Jacob de populo barbaro*, lorsqu'il entra dans nos églises ce peuple barbare qui devait nous exiler de notre patrie, s'il ne nous assassinait pas. Ce fut un tonnerre de criailleries et de hurlements à ébranler la voûte. Ils se poussaient et se bousculaient à étouffer, il y en eut même qui ne s'en tirèrent qu'avec des contusions. Horde épouvantable ; les deux tiers restèrent aux portes, faisant chorus avec ceux de l'intérieur.

« Une voix roulante : Place, Place... silence... de par la Nation, la loi et le Roi.

« Des gendarmes, sabres nus, des gardes nationaux bayonnettes en l'air fendent la foule et ouvrent un passage aux magistrats qui parviennent enfin à arriver en haut de la nef.

— Citoyens prêtres approchez !

« Nous nous rangeâmes tous les quatre sous le crucifix, sur la marche à l'entrée du chœur, le dos tourné vers l'autel. Ainsi placés, nous dominions de la tête les magistrats qui étaient devant nous comme le sont ordinairement devant les juges les témoins appelés à faire serment. Mais il fallait alors que tout fut à l'envers même le bon sens. Ordre est donné à un espèce de greffier de lire la loi, ainsi que la formule du serment que nous devions prêter. Nous sommes ensuite interpellés en ces termes :

— Voulez-vous ?... Ne voulez-vous pas prêter le serment ?

« Pour toute réponse M. le Curé de Loisé déploie un papier, tousse... se mouche... et tousse encore. Il commence à lire, mais du haut, du milieu, du bas de l'église, c'est un tapage au travers duquel on ne peut entendre que ce cri : « Le serment ! Le serment ! point de préambule ! le serment ! le serment ! » M. le Curé étendit la main en disant :

— Vous le voulez, et bien, nous allons le faire.

« A ces mots le calme se rétablit.

« Après avoir prononcé la formule tant bien que mal il élève la voix et ajoute : *dans tout ce qui n'est pas contraire à la religion catholique, apostolique et romaine.*

« Une voix fait observer que c'est là une restriction et alors nouvelles explosions de criailleries longtemps répétées : point de restrictions .. point de restrictions... La leçon avait été faite.

« Le vacarme continuait. Cette restriction nous la répétâmes l'un après l'autre mais à mesure que mon tour qui était le dernier s'approchait, les vociférations : « Point de restriction » se multipliaient. Il se trouvait près de moi une apparence de forgeron qui s'écriait :

— Ils ont tous les quatre la tête dans le même bonnet.

« Dans ce moment il avait dit vrai. Le silence un peu rétabli, on nous fait décliner nos noms, prénoms, qualités, domicile et un scribe les couche sur un gros registre. Sommés l'un après l'autre de prononcer la formule du serment purement et simplement, nous refusons et Monsieur ou plutôt le citoyen-président prononce d'une voix tonnante :

— Ecrivez : *réfractaires.*

« Nouvelle qualification pour la foule de tant d'ignorants aveuglés par la séduction, ils ne distinguèrent plus entre aristocrates et réfractaires, pour eux c'étaient des cannibales altérés du sang de la nation. Pauvre peuple ! Ils sont coupables, ceux qui t'endoctrinent !

« Confiants dans la bonté de notre cause, je m'étais proposé de l'établir en peu de mots ; j'avais préparé un petit discours ainsi divisé : 1° Que toute âme soit soumise à la puissance qui gouverne ; 2° Il faut mieux obéir à Dieu qu'aux hommes, mais à peine parvenu à la chaire un individu m'adresse cette injonction : « Va-t-en blanc-bec. » D'autres criaient : « aristocrates... réfractaires... ils la danseront la *Carmagnole*... »

« On peut dire qu'il y avait émulation de sottises et d'invectives entre cette multitude de tapageurs. Je ne pus pas articuler une parole et j'eus plus peur en descendant de la chaire qu'en y montant.

« Lasse de nous accabler d'injures et de malédictions, la foule s'écoule mais en s'écoulant elle nous habillait de toutes pièces et proposait diverses mesures de punition, de châtiment et de prescription :

— Chassons-les de leurs églises... il faut tout de suite en condamner les portes.

« Expédition qui se serait exécutée, si une bonne tête n'eut observé que la loi nous maintenait dans nos fonctions jusqu'à remplacement. Nous reprîmes nos vespres au psaume : *In exitu Israël...* où nous étions restés... »

A partir de ce jour les prêtres *non jureurs* eurent à subir toutes sortes de vexations et ce n'est qu'avec les plus grandes difficultés qu'ils purent exercer leur ministère.

Un évêque intrus, M. Le Fessier venait de monter sur le siège épiscopal de Séez.

Le 21 mai 1791 le Directoire recevait de « Messieurs du département un paquet contenant 4 exemplaires de la lettre pastorale de l'évêque de l'Orne, avec invitation d'en faire passer un exemplaire aux curés des paroisses de cette ville. Il a été arrêté que MM. Louvain, Coru et Muteau se transporteraient chez les différents curés de la ville pour leur remettre un exemplaire de la lettre pastorale et qu'ils tireraient de chacun d'eux un certificat d'acceptation de la lettre ou de refus qu'ils en pourraient faire.

« Après s'être acquittés de leur mission les trois commissaires cy-dessus revinrent avec leur certificat. MM. les curés de N. D. et de St-Jean acceptèrent la lettre. Le sieur Coru-Fornival apporta lui aussi, un certificat d'acceptation de la part du curé de Loisé mais avec déclaration de n'en pas faire la lecture. Le curé de Loisé aurait même dit au sieur Coru : « Vous êtes bien pressés MM. les officiers municipaux de mettre les ordres du département à exécution, vous pourrez vous en repentir, les inférieurs ne doivent pas obéir à leurs supérieurs lorsqu'ils commandent mal à propos. » Et pour ce qui regarde les dits sieurs desservants de Ste-Croix, le dit sieur Curé a déposé une lettre d'eux contenant non-seulement le refus d'acceptation de la dite lettre mais encore une déclaration de ne pas reconnaître le sieur évêque du département. »

MM. Coru-Fornival et Chechin père furent ensuite désignés par les membres du bureau de la municipalité pour assister, le lendemain, aux messes paroissiales de Loisé et de Ste-Croix « pour rédiger procès-verbal de lecture ou non lecture de la lettre pastorale. »

Comme on devait bien s'y attendre la lettre de M. Le Fessier ne fut lue dans aucune des deux églises.

Cette attitude de M. Le Bec et de ses vicaires ne fit qu'exciter la population et les mit dans la dure obligation de prendre le chemin de l'exil.

Nous ignorons à quelle date M. Le Bec quitta sa paroisse. Ce que nous savons c'est que le 13 juin 1791 l'abbé Charles-Léonard Muteau, vicaire de St-Jean, lecteur du club, était élu curé de Loisé par l'assemblée électorale du district.

Le 25 du même mois l'abbé Muteau faisait part au bureau de la municipalité de l'intention qu'il avait de prendre possession de sa nouvelle cure le lendemain 26.

Séance tenante, « le bureau décide que le corps municipal se réunira à la maison commune pour se rendre à Loisé sur les 7 heures du matin et accomplir à l'égard du dit sieur Muteau ce que prescrivent les art. 38 et 39 de la loi constitutiontionnelle et civile du Clergé. » (1)

M. l'abbé Marre rapporte que le nouveau curé de Loisé était « assez bon jeune homme vicaire à St-Jean, sa promotion ne l'enfla point, il me dit, dans une rencontre, avec bonhomie : *il y en a qui disent que je serai damné, mais si jamais je suis damné je serai damné avec bonne foi.* »

Le 24 août 1792, l'abbé Muteau prêtait le serment « d'estre fidèle à la Nation, de maintenir la liberté et l'égalité et de mourir s'il le faut en les défendant. »

Le 13 pluviôse, an II (1er février 1794) il renonçait à ses fonctions sacerdotales et déposait ses lettres de prêtrise sur le bureau du conseil du district (2).

Il devint avoué dans la suite mais comme cette charge était au-dessus de ses moyens il la vendit et mourut apostat. (3)

§ 2. — Dépouillement de l'Eglise de Loisé.

Le 5 janvier 1792, le Directoire prenant en considération la pétition des habitans et marguillers de Loisé relativement à l'option d'ornements, décide que jusqu'au décret de suppresssion cette paroisse pourra jouir et se servir des ornements de Ste-Croix, sa succursale, plutôt que de les laisser se détériorer.

En conséquence, « délivrance de 2 ornements complets, 6 chasubles, 6 aubes, autant de cordons et amicts, 6 nappes d'autel » sera faite par 2 officiers municipaux.

Le 14 novembre de la même année, il est procédé à l'inventaire des mobiliers des églises ainsi que nous l'avons indiqué. (4)

Le 27 décembre suivant, on met en adjudication les chaises des églises. Le citoyen Peau et la Vᵉ Robert Letertre sont déclarés adjudicataires. (5)

Le 2 janvier 1793 le citoyen Belin est nommé administrateur

---

(1) Archives mun. de Mortagne, reg. des dél. du Conseil.
(2) Mémoires mss. de Monsieur l'abbé Marre.
(3) Voir p. 122.
(4) Voir page 123.
(5) Voir page 123.

des revenus de la Fabrique et de la Charité de Loisé ; le 18 les citoyens Belin et Boucher furent chargés de faire l'inventaire des chaises et des titres de la fabrique et de la confrérie de Charité de cette paroisse.

Les habitants de Loisé croyant « d'une grande utilité qu'il y ait à l'église de Loisé une horloge et ayant conçu le projet de faire l'acquisition de celle de la cy-devant maison de la Trappe dont le prix fera un objet peu important », demandèrent à la municipalité l'autorisation de prélever le prix de cette acquisition sur les fonds de la fabrique restant disponibles.

Le Conseil, ouï le Procureur de la Commune accorda, l'autorisation demandée jusqu'à concurrence toutefois de la somme de 300 livres.

Les membres du Directoire du district faisaient presser la descente des cloches des paroisses. (1) Dans celle de Loisé deux cloches devaient être descendues et conduites au district. Cette opération ne se fit pas sans incidents ainsi que nous le verrons tout-à-l'heure.

Ces deux cloches qui, avec les trois de N.-D. pesaient 6252 livres, prirent le chemin de Paris le 14 nivôse an II (3 janv. 1794). (1)

Puis ce fut le tour des vases et des ornements sacrés en or et en argent. (2)

La paroisse de Loisé envoya à la Monnaie : (3)

1 soleil d'argent pesant	4 marcs	1 once	3 grosses.
1 ciboire	4 »	1 »	6 »
2 calices et patènes, 1 cuillère et une custode	7 »	4 »	1 »
1 soleil de Ste-Croix.	3 »	5 »	6 »

Plus de cloches, plus d'ornements, tout exercice du culte devenait impossible.

Et puis, qui eut osé célébrer, à cette époque, un office institué par le fanatisme ? Personne.

Les prêtres qui jusqu'alors avaient rempli les fonctions curiales y renoncèrent et déposèrent leurs lettres de prêtrise.

L'abbé Muteau fut du nombre ainsi que nous venons de le voir.

La suppression du culte catholique ne satisfit point encore les révolutionnaires. Ils décidèrent que les croix qui se trouvaient encore sur les tours des églises seraient rasées et remplacées par un drapeau tricolore surmonté du bonnet de la liberté.

Le coq et la croix de l'église de Loisé furent donc supprimés en

---

(1) Voir page 124.

(2) Voir le décret national et l'arrêt du Directoire page 124.

(3) Registres du Directoire du district de Mortagne. Archives de l'Orne, série L.

vertu d'une décision du conseil général de la commune en date du 4 germinal an II (24 mars 1793). Nous avons dit dans quelles conditions se fit ce travail et pour quel prix le citoyen Gasteclou dit Bellecroix s'en rendit adjudicataire. (1)

Comme la plupart des églises, celle de Loisé fut convertie en salpêtrière et louée aux enchères publiques. L'adjudication eut lieu le 25 germinal an III (14 avril 1795). Après la lecture du cahier des charges (2) « la dite église a été enchérie par le Citoyen Brou à cinq sols, par Bourgeois à dix sols, le feu s'est éteint adjugé provisoirement ; un second feu allumé enchère par Brad à vingt sols, par Bourgeois à deux livres, par Desprès à deux livres dix sols, le feu s'est éteint, adjugé provisoirement ; un troisième feu allumé s'est éteint sans enchère, pourquoi :

« Nous avons adjugé définitivement la dite église au citoyen Nicolas Michel Desprès, marchand filotier en cette commune moyennant la somme de cinquante sols. Et a présenté à l'instant pour caution le citoyen François Charles Brad, marchand, demeurant en cette dite commune présent qui s'est obligé solidairement avec le dit Desprès tant ou payement de la dite somme qu'aux charges, clauses et conditions ci-dessus et ont signé.

Le même jour le Directoire s'assemblait afin d'examiner une demande des citoyens Drespiez et Brou tendant à ce que « le Directoire fasse constater l'état de l'église de Loisé qui était tellement

---

(1) Voir page 125.
(2) Cahier des charges :
Le 25 germinal l'an 3º de la Rép. Nous administrateurs de ce directoire du district de Mortagne en exécution de notre délibération du 19 de ce mois devons procéder au plus offrant et dernier enchérisseur à l'extinction d'un dernier feu sans enchère comme pour la vente des biens nationaux à l'affermement de la ci devant église de Loisé en la commune de Mortagne comme ne servant point de salle décadaire ni à aucun établissement public en conséquence, des affiches ou publications faites et apposées partout où besoin a été et notamment en cette commune, aux charges, clauses et conditions ci-après :

1º Qu'il ne sera point admis plus de trois adjudicataires.
2º A la charge des réparations, menues et locatives tant de l'intérieur que de l'extérieur et de la couverture ainsi que des murs du cimetière.
3º Que l'adjudication n'aura lieu que pour un an au bout duquel tems l'adjudicataire rendra la dite église en bon état.
4º N'aura rien l'adjudicaire dans les herbes du cimetière dont la location a dû avoir lieu à la municipalité de cette commune conformément à l'arrêté de ce directoire du huit germinal courant.
5º De payer les frais de l'enregistrement.
6º Enfin, de payer les frais de publication, affiches, papier nécessités pour parvenir à la dite adjudication, montant en total à 12 livres.

L'adjudicataire sera tenu de fournir bonne et suffisante caution dans 24 heures.

A ces charges, clauses et conditions etc...

endommagé, tant par l'extraction des terres pour le salpêtre que par les bris des vitraux et croisées, clefs de voûte, ouvertures pour la descente des cloches et enlèvement de la croix, qu'ils ne se croyaient pas obligés de faire ces réparations comme locataires. »

Il fut décidé que le citoyen Delestang se transporterait à Loisé pour vérifier les dires des citoyens Desprez et Brard et faire un état de lieux.

Trois jours après (le 28) le Directoire s'assemblait de nouveau et « constata que, d'après le procès-verbal dressé par le citoyen Delestang, les dégradations faites à l'église de Loisé n'étaient point à la charge des locataires. »

Ces dégradations qui avaient déjà fait le sujet de précédentes discussions avaient été commises par des nommés Lemiraux, Bellecroix et Collin, tous de cette commune.

Afin d'éviter des réparations aussi nombreuses qu'onéreuses, on se demanda s'il ne serait pas « beaucoup plus avantageux pour la République » de vendre l'église.

Cette vente n'eut pas lieu et on continua à mutiler l'édifice, ainsi que nous le verrons tout à l'heure.

Une véritable réaction venait de s'accomplir après la mort de Robespierre. On commençait à avoir moins peur.

Les prêtres réfractaires sortirent bientôt de leurs cachettes. Tout d'abord, ils célébrèrent la messe dans les maisons qu'ils habitaient, puis ce fut dans les églises même qu'ils exercèrent le ministère. C'est ainsi que le 23 floréal an III (12 mai 1795), le citoyen Daupeley « ministre non assermenté » vint déclarer au Conseil municipal « que les dimanches et fêtes il exercera à Loisé. »

Un nouvel orage ne tarda pas à éclater et les prêtres regagnèrent leurs retraites.

Le 11 brumaire an IV (2 novembre 1795), « un rassemblement illégal au son de la cloche de Loisé » est signalé.

Le 11 germinal suivant (31 mars 1796), l'administration municipale chargea des commissaires « de faire des visites domiciliaires dans le bourg de Loisey pour constater s'il n'y avait point de ministre du culte catholique dans le cas de la loi du 3 brumaire. »

Le procès-verbal de la séance du 22 pluviose an V (10 février 1797) de cette même administration nous apprend que les susdits commissaires avaient également pour mission « de faire descendre la cloche dudit lieu et de faire transporter l'horloge à la commune, pour y être placée sur le haut de la maison de lad. administration, qu'il n'y eut qu'une partie des instructions de l'administration d'exécutée, la descente de la cloche, le moment n'ayant pas permis d'exécuter le transport de l'horloge, opération

APRÈS LA RÉVOLUTION

Les Curés de Loisé. — Bienfaiteurs, etc.

A son retour de l'exil, M. Le Bec n'eut d'autre préoccupation que celle de se faire réintégrer dans son ancienne cure. Le préfet de l'Orne accéda à ses désirs, le 25 pluviose an XI (14 février 1803), en le nommant desservant de la succursale de Loisé.

M. Le Bec prêta le serment requis par la loi, le 15 ventôse suivant (6 mars) et vit sa nomination ratifiée par Mgr de Boischollet, évêque de Séez, le 19 du même mois.

C'est dans l'après-midi du 10 floréal (30 avril 1803) que M. Aubert, premier adjoint au maire de Mortagne, remit à M. Le Bec « en présence du peuple » et après avoir « fait sonner la cloche... les clés dépendantes de l'église de Loisey. »

A partir de ce moment, nous voyons M. Le Bec se donner tout entier à la restauration de son église qui non seulement était délabrée, mais encore manquait des objets nécessaires au culte (1).

Ainsi que nous l'avons dit, des trois cloches que renfermait le

---

(1) L'église de Loisé était, en effet, bien pauvre au moment de la restauration du culte. Voici ce que le procès-verbal de visite, fait le jour de la prise de possession de M. Le Bec constate :

« Le maître autel sans aucune garniture, un tabernacle en bois doré, le chœur de la dite église garni de six mauvaises stales non peintes, trois tabourets servant aux chantres, un mauvais pupitre monté sur une grosse pierre blanche brute.

« Dans la chapelle, à gauche en entrant, une grande armoire en bois de chêne en forme de haut et bas de buffet.

« Dans la sacristie il s'y est trouvé trois mauvaises chappes, un encensoir en cuivre qui, autrefois, avait été argenté, une croix de bois peinte en blanc, une mauvaise chasuble, quatre amicts, deux corporaux et six purificatoires, deux burettes de verre et deux livres de notes, c'est-à-dire un graduel et un antiphonaire et un mauvais rituel, le tout en grande partie déchiré.

« Au-dessus de la grande porte de l'église il y a un christ et deux statues.

« Enfin, dans la tour, il y a une horloge et une cloche pesant environ 1800 livres dont les anses sont cassées et qui sert de timbre, cependant, cette cloche est posée de façon que du bas de la tour on la sonne facilement (1). »

(1) Arch. mun. de Mortagne.

clocher, deux avaient été envoyées à Paris et la troisième avait été descendue et endommagée à la suite d'un « rassemblement illégal. »

Mais comme les anses seulement avaient été brisées, on remonta cette dernière pour servir de timbre à l'horloge, et, au besoin, on la sonnait tant bien que mal pour rassembler les fidèles lorsque le culte fut rétabli.

Cependant les choses ne pouvaient durer longtemps dans cet état. Aussi, M. Le Bec demanda-t-il à la municipalité une cloche que l'on puisse mettre « en vol sans courir le risque qu'elle se détache et qu'elle occasionne quelque accident fâcheux. »

Le 18 prairial an XI (7 juin 1803), le maire et les adjoints arrêtèrent que « la cloche de Loisé sera provisoirement descendue de la tour pour être fondue, il en sera substitué une autre pareille à celle qui sert maintenant dans la tour de Notre-Dame pour appeler les fidèles à l'église, et jusqu'à ce que les circonstances permettent, si besoin est, de placer une sonnerie plus considérable (1). »

Cette cloche, qui existe encore de nos jours, porte cette inscription :

L'an 1778, j'ai été bénie par Monsieur François Sevestre, curé de ce lieu, nommée Marguerite-Françoise par Mre Jean-François Desperais de Neuilly, éc^r, et demoiselle Marguerite de Courci.

Sujets : Saintes femmes au pied de la Croix.
La Vierge et l'Enfant Jésus.

Au bas :
Gervais Cochet, trésorier.

Diam : 0^m 86.

M. l'abbé F. Sevestre n'étant en 1778 curé d'aucune paroisse de la ville de Mortagne, d'assez longues recherches seraient nécessaires pour connaître la provenance exacte de cette cloche que M. Le Bec ne jugea point suffisante pour remplacer l'ancienne sonnerie.

Il adressa ses réclamations à qui de droit, et le 23 octobre 1803 « il a été convenu et accepté à l'Hôtel de Ville, en la mairie de Mortagne, par M. de Saint-Gervais, maire, MM. de Champmorin fils, Dormecey, Desperriers, Broux, membres du Conseil, et plusieurs autres personnes notables, que la municipalité ou la ville donnerait à Loisé, en le tems de cinq ou six ans de ce jour, une seconde cloche au-dessus et outre celle d'environ sept cens livres qu'on a desjà donnée en la place et dédommagement de la grosse de Loisé que la municipalité avait fait enlever en présence de

(1) Arch. mun. de Mortagne.

M. Crestien, commissaire, et placer à l'église de Notre-Dame. Cette grosse cloche pesait dix-huit cens livres, comme il est constaté par les témoignages publics de tous les anciens trésoriers de Loisé, et notamment reconnu par la municipalité de Mortagne au procès-verbal que la municipalité a fait pour l'installation du desservant de Loisé et la visite de l'église, le 10 floréal an XI. Les fondeurs peuvent aussi juger de la pezanteur de la dite cloche par la pezanteur de son battant qui est de cinquante-cinq livres aiant été pezé et dont on a aussi dressé procès-verbal en présence de témoins, le 28 vendémiaire an XII (21 octobre 1803). Lequel battant et les deux belles fontaines ont été aussi enlevées et mises à l'église de Notre-Dame.

« Les deux cloches n'égaleront pas encore la grosse de Loisé, mais cet arrangement a été fait pour arrêter et terminer à l'amiable la contestation qui était prête à être portée devant M. le Préfet. La pétition était toute prête et M. Delestang, sous-préfet, a dit dans ce temps-là, le 2 brumaire an XII (25 octobre 1803), à M. le desservant de Loisé que la municipalité avait bien fait de faire cet arrangement, qu'il avait toujours été de ce sentiment et messieurs de la municipalité ajoutèrent même que si on ne fournissait pas, dans le dit temps, la seconde cloche à Loisé, les trésoriers et fabriciens du dit Loisé seraient toujours dans le cas de demander à M. le Préfet la restitution de leur grosse cloche de dix-huit cens livres qui ne leur serait certainement pas refusée ; cet enlèvement de la dite grosse cloche étant un fait public (1). »

Le 3 avril 1805, le conseil de Fabrique faisait l'achat d'un calice. Le 14 mai, Mme Renouf donnait un ostensoir du prix de 300 fr.

Le 9 juin suivant, M. l'abbé Le Bec faisait don à l'église d'une croix argentée avec rayons dorés à condition que la Fabrique lui fasse dire, après sa mort, trois messes de *Requiem*.

Le 10 août, « les trésoriers de la Fabrique, après avoir visité et fait visiter l'ouvrage de la clôture du chœur de cette église de Loisé ainsi que de l'autel de la Sainte Vierge », ont accepté ces différents travaux.

Le dimanche 4 juin 1809, les membres du conseil de Fabrique se réunirent sous la présidence de M. l'abbé Le Bec et jugeant qu'il était « nécessaire pour la décence du Culte de faire faire une contre-rétable au grand autel de cette église et une menuiserie autour du chœur, et que la belle menuiserie et sculpture qui *leur était venue* de l'ancienne église des religieux du Val-Dieu, par les bons soins de M. le Maire de cette commune, ne *pouvait* être placée en entier qu'en fermant les deux niches qui *étaient* dans

---

(1) Registre de la Fabrique de Loisé.

le chœur de l'église, *arrêtèrent* qu'il *serait* fait un plan et un devis dans lequel il serait compris deux pieds de stalle ou cul-de-lampe très solides en bois de chêne..... »

Le dimanche suivant (11 juin) le sieur Colin, menuisier et sculpteur à Mortagne, offrait au conseil de Fabrique « de faire, fournir et placer, dans cinq mois de ce jour, en bon état, bien conditionné, en bon bois de chêne, sujet à visite : la contrerétable menuiserie, les pieds de stalle ou cul-de-lampe, etc... »

Ses offres furent acceptées. De plus il fut chargé de placer, en même temps, « le grand portrait » que le conseil de Fabrique avait acheté.

Mais avant de remettre ce tableau en place, il devait le faire « retoucher par un peintre ». Les frais de retouche devaient lui être remboursés.

Le 9 août 1810, on met en adjudication la clôture des fonds baptismaux et une armoire. Le sieur Colin, menuisier, est déclaré adjudicataire moyennant la somme de 45 francs.

Le 5 avril 1812, Mlle Marie Esnault fait don d'une chaire.

Le 19 décembre 1819, amortissement et remboursement de la rente annuelle de 6 francs 50 que faisaient les héritiers de Michel Bourgoin.

Les 130 francs formant le principal de cette rente furent de nouveau « placés à rente perpétuelle » le 16 avril 1820 (1).

Trois ans après, le 22 mai 1829, M. l'abbé Le Bec mourait.

Il eut pour successeur M. l'abbé Derré, ex-vicaire de Putanges, décédé le 23 novembre 1833. Nous ne savons rien de ce qui se passa sous son ministère.

M. l'abbé Mesnager, ancien vicaire de Regmalard, lui succédait le 28 novembre de la même année.

Ce prêtre se dépensa beaucoup pour l'ornementation de son église. C'est lui qui fit bâtir le presbytère actuel sur un terrain lui appartenant.

Aussi, après sa mort arrivée le 4 décembre 1860, cet immeuble, n'ayant pas été acheté par la commune, devint-il la propriété de ses héritiers qui le louent au curé actuel.

Ce dernier reçoit de ce fait, de la municipalité de Mortagne, une indemnité de logement de 300 francs.

M. l'abbé Charles-Auguste-Edmond Sajou, ordonné prêtre à Paris en 1852, fut nommé curé de Loisé le 6 mai 1861.

De même que ses prédécesseurs, M. l'abbé Sajou s'occupa beaucoup de l'embellissement de son église.

A la place du « grand portrait » sans valeur dont nous venons de parler et qui représentait l'*Adoration des Mages*, il fit mettre

---

(1) Registre de la Fabrique de Loisé.

une superbe copie de la *Vierge aux Anges*, qu'un de ses parents avait rapportée de Rome.

Le 15 septembre 1872 eut lieu la bénédiction du Calvaire de la Rue-Noire.

Mgr l'Evêque de Séez avait bien voulu coopérer à cette fondation en y attachant une indulgence, et, à défaut de M. le curé de Mortagne, empêché par sa santé, il avait désigné M. le curé de Réveillon pour présider la cérémonie.

Le clergé de plusieurs paroisses, réuni à l'église de Loisé, à l'heure des vêpres, est sorti en procession suivi d'un nombreux concours de fidèles, les bannières des Frères de Charité et des Confréries précédaient une longue file d'enfants chantant des cantiques, alternés avec les chants sacrés. Une foule encore plus nombreuse attendait aux alentours du Calvaire dont les lignes sévères se détachaient de la manière la plus heureuse sur le noir feuillage des chênes. On l'avait entouré d'une ceinture de verdure et de fleurs : une couronne de marguerites, la fleur du souvenir, était suspendue au-dessus de cette inscription :

Ce Calvaire a été érigé le 15 septembre 1872
en action de grâce du retour de deux fils revenus
sains et saufs des sièges de Metz et de Paris
et des prisons de l'ennemi (1)
Et en mémoire de tous ceux qui sont morts pour la France
dans la guerre de 1870-1871.
Vous qui passez, priez pour le repos de leurs âmes.
Indulgence de 40 jours, concédée à perpétuité
par Mgr l'Evêque de Séez pour chaque PATER *et* AVE
récités devant ce Calvaire.

Le clergé étant entré dans l'enceinte et l'assistance pressée à l'entour ou groupée sur les tertres environnants, M. le curé de Sainte-Elisabeth de Versailles, monté sur les marches du Calvaire, a adressé à la foule une éloquente allocution.

Il a parlé de la chute de l'homme, de sa tendance au mal et de son relèvement par le Christ mort sur la Croix.

Il a terminé en disant que la Croix devait être la consolation et l'espérance de ceux qui souffrent.

Puis M. le curé de Réveillon, environné de tout le clergé, a procédé à la bénédiction liturgique qui s'est terminée par l'adoration de la Croix au milieu des chants sacrés.

La procession s'est ensuite reformée et a repris le chemin de l'église en chantant des hymnes d'actions de grâces (2).

(1) Messieurs Edgard et Roger de Vanssay.
(2) *Echo de l'Orne*, 19 sept. 1872.

Une dizaine d'années après, le Christ, qui était en terre cuite, fut brisé à coups de pierres par un gamin et remplacé par un autre en fonte.

C'est M. l'abbé Provost, curé-archiprêtre de Mortagne, qui le bénit au milieu d'une assistance fort nombreuse.

Puisque l'érection de ce Calvaire nous a amenés à parler de la famille de Vanssay qui possède depuis de longues années le château de la Forgetterie, sis paroisse de Loisé, disons tout de suite que plusieurs de ses membres furent insignes bienfaiteurs de cette église.

C'est à eux que l'on doit notamment l'appui de communion et les vitraux en grisailles qui se trouvent dans la chapelle de la Sainte Vierge et dans celle de Saint Joseph.

Un autre Calvaire a été érigé en 1876, à l'entrée du bourg, à l'intersection de la grande route qui conduit à Mortagne et du chemin du Val.

Nous ne terminerons pas cette monographie sans parler de la fresque qui se trouve dans l'église, près de la chaire.

Elle fut commencée il y a environ 15 ans par un peintre célèbre, M. Benedict Masson, dont on admire les fresques dans les galeries de l'Hôtel des Invalides, à Paris.

M. Masson était venu passer quelques mois au *Moulin-à-Vent*, habitation bourgeoise, située sur le vieux chemin de Loisé à Mortagne. C'est alors qu'il s'offrit de peindre cette descente de Croix qui n'est plus aujourd'hui qu'un affreux barbouillage.

Lorsqu'il regagna Paris, à la fin de sa villégiature, l'esquisse au fusain était achevée, certains personnages étaient déjà ébauchés. La tête et un bras du Christ et la tête de la Vierge étaient seuls achevés.

L'ensemble avait déjà une très grande valeur artistique. Pourquoi a-t-il fallu qu'un incident que nous croyons inutile de rappeler vint indisposer l'artiste lorsqu'il revint l'année suivante à Loisé et lui fit abandonner ce qui eût été certainement un chef-d'œuvre !

Pourquoi, surtout, a-t-il fallu qu'un peintre en bâtiments ait obéi à l'ordre qu'on lui donnait de porter une main sacrilège sur cette peinture inachevée, mais cependant d'un prix inestimable !

Le malheur, hélas, est aujourd'hui sans remède.

CHAPITRE V

ÉGLISE & PAROISSE SAINTE-CROIX

§ 1. *Fondation et description de l'Eglise Sainte-Croix. — Limites paroissiales.* — § 2. *Curés.* — § 3. *Bienfaiteurs.* — § 4. *Confrérie de la Charité.* — § 5. *Les derniers vicaires de Sainte-Croix. — Destruction de cette Eglise.* — § 6. *Cimetière de Sainte-Croix.*

§ 1. — Fondation et description de l'Eglise Sainte-Croix. — Limites paroissiales.

Ainsi qu'on a pu le remarquer dans les précédentes monographies paroissiales, toute la partie sud-ouest de la ville de Mortagne, comprise entre la porte Saint-Eloi et la porte de Paris, était sous la direction spirituelle des curés de la paroisse de Saint-Germain-de-Loisé.

C'était plus de deux kilomètres que beaucoup avaient ainsi à parcourir pour se rendre à leur église. L'hiver surtout, ce voyage n'avait rien de bien agréable. Dans les temps pluvieux, le lieu nommé *le Gué* était le receptacle de toutes les eaux des environs, et il fallait le traverser sur de grosses pierres ou de mauvaises planches.

Vers le milieu du XVIIᵉ siècle, les habitants de cette partie de la ville conçurent le projet d'élever au milieu d'eux une église succursale, pour se procurer plus facilement les secours spirituels. Et le 15 octobre 1634, un des principaux d'entre eux, François Lefebvre, bourgeois de la ville, achetait « tant pour lui que pour les habitans de son faubourg, paroisse de Loisé », une portion de terrain dépendant de l'Hôtel-Dieu de Mortagne.

« Une fois en possession de cet emplacement de la future église, écrit M. l'abbé Fret (1), ils présentèrent une requête à

(1) *Chroniques percheronnes*, t. III p. 91.

Mgr Camus de Pontcarré, évêque de Séez, à l'effet d'obtenir l'autorisation nécessaire.

« Le prélat, après un mûr examen, trouva leurs raisons légitimes et octroya leur demande par une ordonnance du 30 octobre 1634, permettant aux pétitionnaires : « de construire, du consentement d'Anselme Chevalier, curé de Loisé, une église succursale et simple annexe de la susdite église de Loisé, avec tous droits curiaux et parochiaux, tels que prône, eau et pain bénit, fonts baptismaux, administration de sacremens, service divin journellement fait et célébré, excepté les jour et fête de Saint-Germain, patron de l'église matrice, que la succursale sera fermée sans y être fait ni célébré aucun service divin. »

« Le 18 décembre de la même année, Grégoire Got, archidiacre du Corbonnais, procéda à la plantation de la Croix sur le terrain désigné à la future église. Le 5 juillet 1635, Messire Pierre Gruel, marquis de la Frette, gouverneur de Chartres, maréchal de camp, etc., etc., représenté par le sire de Moulicent, posa la première pierre, en sa qualité de seigneur de Loisé. A partir de ce jour, les travaux de construction furent poussés avec tant de zèle et d'activité que l'église fut achevée dans le court espace de huit ans. Le doyen de Toussaint, official de Séez au siège de Mortagne, y célébra la première messe le 12 juillet 1643. Elle fut dédiée à la Sainte-Croix et en porta le nom. »

Cette église fut lambrissée en 1679 seulement, ainsi que l'indique le contrat passé entre les trésoriers (1) de cette paroisse et Nicollas Raimbert et Jean Monteau, maîtres-menuisiers de Mortagne, le 19 décembre 1678.

L'église Sainte-Croix était bâtie dans la rue qui porte aujourd'hui son nom et n'avait rien de remarquable. Elle était petite et sans bas-côtés. Les fenêtres qui l'éclairaient possédaient des vitraux dont nous ignorons les sujets.

On y accédait par deux portes : une grande et une petite. L'édifice avait cent trente-trois pieds de long sur trente-trois de large.

D'un côté on remarquait une petite chapelle dédiée à la Sainte-Vierge. Cette chapelle contenait six toises. De l'autre côté se trouvait une salle en forme de caveau voûté sur lequel était située la sacristie.

Autant que nous avons pu le vérifier, la paroisse de Sainte-Croix était limitée au sud et à l'ouest par les fortifications, au nord et à l'est par la Grande-Rue, la place d'Armes ou Grand'Place et la rue d'Alençon.

(1) Alexandre Clopistre, sieur de Bonneval, marchand, Rodolphe Marchand, sieur de Challoué, et François Gaillard, sieur de la Tour.

§ 2. — Curés.

Sainte-Croix n'étant qu'une succursale, la paroisse était desservie par des vicaires placés sous la juridiction immédiate du curé de Loisé.

Cependant, si l'on en croit M. l'abbé Marre, ils ne tardèrent pas à conquérir une certaine indépendance qui leur permit d'avoir tous les honneurs et les profits du curé.

A la fin du XVIIIe siècle, le curé de Loisé ne paraissait plus à Sainte-Croix qu'une fois par an, la veille de Pâques ou de la Pentecôte, pour y faire l'eau bénite, et, par ce moyen, faire acte de prérogative et conserver son titre. A cela près, les vicaires jouissaient des droits et des honneurs curiaux. Tout le casuel était pour eux. Le curé ne touchait rien de son annexe et les marguillers n'avaient même pas de compte à lui rendre.

Ce *modus vivendi* fit qu'une certaine rivalité naquit entre les deux paroisses et donna lieu aux incidents que nous avons rapportés pages 280 et suivantes.

Nous ne citerons donc que pour mémoire les noms des prêtres qui se sont succédés de 1634 à 1789 dans le gouvernement de ces deux paroisses, l'ayant déjà fait pages 257 et suivantes.

1634-1664.	Anselme Chevalier.
1664-1679.	Nicolas Michelet.
1679-1710.	Jean Martin.
1710-1739.	Jean-Rodolphe Collet.
1739-1777.	Louis-René Jullien.
1777-	Pierre-Christophe Le Bec.

Les deux derniers vicaires de Sainte-Croix furent les abbés Blanche et Marre, dont nous aurons bientôt occasion de parler.

Le premier avait été nommé à ce poste vers 1778 et le second au mois de septembre 1788.

M. l'abbé Marre fut installé le premier dimanche d'octobre suivant. M. le curé de Loisé ne parut point à la cérémonie d'installation.

§ 3. — Bienfaiteurs.

La construction de l'église de Sainte-Croix n'était encore qu'à l'état de projet que des personnes pieuses assuraient un certain revenu à la Fabrique de la future paroisse. C'est ainsi que le 5 janvier 1634, Jean Violet, sieur de la Tuée, et Marie Ruffré, son épouse, donnaient au sieur curé de Loisé et à ses successeurs une rente annuelle de 4 livres « pour l'entretien du vicaire que le sieur curé mettra à Sainte-Croix qui *sera bastie au cimetière de l'Hôtel-Dieu.* »

D'autres dotèrent le nouveau temple d'objets nécessaires à la célébration du culte. Mais si l'on en croit certains auteurs et la tradition, le principal bienfaiteur fut Messire Jean Abot, prêtre, seigneur de Champs, prieur commendataire et seigneur châtelain du prieuré de Sainte-Gauburge, près Bellème.

Il mourut le mardi 8 octobre 1643 et fut inhumé dans cette église enrichie de ses bienfaits (1).

Le 14 juillet 1647, Marie Ruffré, veuve de Jean Violet, sieur de la Tuée, donnait au trésor de Sainte-Croix une pièce de terre labourable contenant 2 boisseaux, située paroisse de Saint-Langis. Elle exigeait en échange la concession d'une « place en la dicte église de Sainte-Croix, à main gauche en entrant, de 5 p. 1/2 de longueur et largeur, joignant d'une part à celle de la veuve Mathurin Rousseau, d'autre part aux murailles pour y avoir droit de sépulture. »

Le 11 septembre 1650, Jean Nepveu, sieur de la Buchère, demande à être inhumé dans l'église Sainte-Croix. Il désire que chaque année, il soit dit pour le repos de son âme un service avec vigiles et 3 grandes messes. Pour l'acquit de cette fondation, il lègue au Trésor une somme de 150 livres.

Le 24 août 1678, Paul Dubois, marchand, donne à la Fabrique 3 boisseaux de terre labourable et un pré sis en la prairie de Gironde, paroisse de Saint-Mard-de-Réno, à la charge de faire dire, tous les premiers vendredis du mois, une messe haute de la Sainte-Croix au maître-autel, à son intention et à celle de Gabrielle Bignon, sa femme, et à toutes celles de ses parents défunts.

Il voulait, en outre, être enterré en la place où reposait sa femme, c'est-à-dire devant l'autel de la chapelle Sainte-Anne.

Le 22 mars 1679, Michel Collet, prêtre, curé de Villiers, léguait par testament une somme de 100 l. pour lui faire dire chaque année un service composé de vigiles et de 2 grandes messes.

Il voulait être mis dans son cercueil avec ses habits sacerdotaux et inhumé en la place de Mathurin Collet des Radrais, son père.

Le 16 février 1682, Barbe Cherault, femme de Jean Nepveu, sieur de la Buchère, donnait, également par testament, à l'église Sainte-Croix, la somme de 300 l. Elle demandait à être inhumée près d'un pilier et à ce qu'il soit dit « un service hautain annuel. » Puis 2 autres services annuels et solennels, l'un au jour de la Présentation et l'autre le jour anniversaire de sa mort.

---

(1) Abbé Fret, *Chron. perch.*, tome III, p. 92.

Le 4 novembre 1685, Robert Saugeron donne au Trésor une rente de 32 sols.

Le 12 septembre 1686, Marie Boucherie donne tous ses meubles et immeubles pour être inhumée à Sainte-Croix et pour qu'il soit dit après sa mort « un huitain hault avec un annuel bas. »

Le 16 mars 1689, Jacqueline Rousseau, veuve Gervais Saulière, lègue à la Fabrique 12 l. de rente annuelle à prendre sur ses biens le jour de Noël.

Claude Lavie et Marie Gobillon donnent au Trésor de Sainte-Croix, le 10 novembre 1690, une somme de 500 l.

Marie-Charlotte d'Escorches, veuve Michel du Chesnay, constituait, le 6 décembre 1712, une rente annuelle au capital de 750 l.

Cette somme lui avait été remise par Rodolphe Lavie pendant sa dernière maladie pour être donnée au Trésor de Sainte-Croix, à charge de faire dire « un ordinaire et demy de messes basses » par an et à perpétuité, à son intention, à celle de ses parents et amis défunts.

Le 29 septembre 1715, Messire Le Petit de Richebourg, écuyer, sieur de Tilloy, léguait 40 l. de rente dont 30 pour le prêtre qui acquittera la fondation et 10 pour la Fabrique.

Cette fondation se composait d'une messe basse tous les vendredis à 10 heures. Elle devait être acquittée par un prêtre à la nomination de la dame de Richebourg, son épouse, et de ses héritiers.

Le 23 juin 1727, Philippe Grande donnait au Trésor la moitié d'une maison située rue du Pilori, plus 600 l. pour qu'il soit donné, chaque année, à son intention, 3 saluts : le 1er à Pâques, le 2e à la Pentecôte et le 3e à Noël ; 3 autres saluts devaient être donnés les 3 premiers dimanches de Carême.

François Billotte léguait par testament, le 12 novembre 1730, la portion lui appartenant dans la maison qu'il occupait, rue de Haute-Folie, et la moitié d'un jardin.

Ce legs était fait à charge par la Fabrique de faire l'exposition du Saint-Sacrement le jour de l'Invention de la Sainte-Croix, avec un salut le soir et le *Te Deum* et un *Libera* sur la fosse du donateur.

Au salut, il devait y avoir 40 cierges de cire blanche de chacun 4 sols. Pendant le *Te Deum*, le prêtre devait *tenir l'ostensoir dans ses mains, tourné vers le peuple*. Le lendemain, une messe basse devait être célébrée pour le repos de l'âme du défunt avec, à la fin, un *De profundis* sur sa fosse.

Cinq ans après, le 22 février 1735, son épouse, Marguerite Rousselet, léguait l'autre moitié de la maison et du jardin pour la fondation d'un service solennel avec premières vêpres, matines, grand'messe, deuxièmes vêpres et salut, le jour de Sainte-Marguerite, sa patronne. Ce jour-là, le Saint-Sacrement devait être exposé depuis le matin jusqu'au soir.

Le 1er juillet 1731, Catherine Beuselez, veuve de feu Messire Rodolphe Boudrais, en son vivant médecin ordinaire de feu S. A. R. le Duc d'Orléans, léguait au Trésor une rente annuelle de 3 l. 10 s. payable le 26 novembre de chaque année, à charge de faire dire une messe haute de Sainte-Catherine tous les ans, à perpétuité, à 10 heures du matin. Elle voulait que 30 s. soient attribués au curé ou vicaire qui dirait la messe, 6 sols aux chantres-chapiers, 6 sols au sacristain, 2 sols à l'enfant de chœur. Les 20 autres sols devaient rester au Trésor.

Le 10 octobre 1773, les trésoriers et habitants de la paroisse de Sainte-Croix, réunis en assemblée générale, acceptèrent un contrat de 82 l. 12 s. de rente, à prendre sur les Aides et Gabelles. Ce contrat était présenté par le sieur Louis Rathier pour l'acquit de la fondation faite par Françoise Rathier, veuve Chartrain, d'une messe toutes les semaines, à perpétuité (1).

§ 4. — Confrérie de la Charité.

Nous ne connaissons qu'une seule Confrérie établie dans l'église Sainte-Croix : celle de la Charité dont les règlements furent arrêtés en 1712 et déposés entre les mains de Mgr Turgot, évêque de Séez.

Quelques années plus tard, à une date que nous n'avons pu trouver, les membres de cette Confrérie présentèrent une supplique à l'Évêque de Séez pour le prier d'apporter quelques modifications à leurs règlements.

Ils demandaient de faire lire, le 2 novembre, après le service qu'ils ont coutume de faire célébrer chaque année, les statuts de la Charité.

Ils désiraient que les enfants des Frères servants soient enterrés par les Frères, alors même qu'ils ne seraient pas inscrits sur le registre.

Ils voulaient augmenter les rétributions des prêtres chargés de dire les messes de *Spiritus* et de *Beata* en les portant de 15 sols à 20 sols.

Il avait été admis à l'article 19 que si quelqu'un des confrères était obligé de quitter la ville ou la paroisse pour aller dans les deux autres paroisses ou en campagne par nécessité, il ne serait

(1) Archives de l'Evêché de Séez.

pas permis à la communauté d'en nommer un autre de la paroisse en sa place.

Tous les Frères seront tenus d'assister aux services célébrés par la Charité.

Tous les jours d'assemblée, les confrères seront tenus, à l'issue de leur assistance, d'entrer dans leur chapelle pour y tenir banc afin « d'y cueillir les voyes de chaque confrère pour connaître s'il est arrivé quelque faute par lesd. confrères. »

Le premier lundi de chaque mois, la Charité faisait célébrer un service composé tout d'abord de 3 grandes messes, ensuite de 3 messes basses: une de *Spiritus*, une de *Beata* et une de *Requiem* (1).

C'est tout ce que nous avons pu recueillir concernant les statuts de cette Confrérie, qui disparut à la Révolution.

Nous aurions aimé donner les noms de quelques bienfaiteurs de la Charité de Sainte-Croix, mais nos recherches ont été, sur ce point, complètement infructueuses.

§ 5. — Les derniers vicaires de Ste-Croix. Destruction de cette église.

Nous sommes au 26 avril 1789. Les habitants de Sainte-Croix sont réunis en assemblée générale, mais on remarque l'absence de Me Pierre Christophe Le Bec, curé, « quoyqu'invité. »

Cette absence ne nous paraît nullement extraordinaire après ce que nous venons de dire concernant les relations qui existaient alors entre la paroisse de Loisé et sa succursale.

La séance s'ouvre cependant sans incident et MM. Léonard Muteau, chirurgien, Louis Rathier l'aîné et Louis-Charles Delestang de la Linardière, trésoriers, soumettent aussitôt à l'assemblée l'approbation de certains travaux.

C'est d'abord la reconstruction de la partie du mur de l'église, du côté du midi, partie comprise entre la petite porte et le pilier des fonds baptismaux. Puis, comme à cet endroit l'éclairage laissait beaucoup à désirer, on y percerait une fenêtre semblable à celles qui se trouvaient dans l'autre partie du mur « cy devant refaitte en entier et très bien éclairée de plusieurs vitraux, depuis et y compris le sanctuaire jusqu'au pillier où est le bénitier de la petite porte. »

Pour la facilité des entrées et des sorties il faudrait bien aussi modifier le perron de la porte du midi en le haussant d'un degré.

---

(1) Archives de l'Evêché de Séez.

Les murs du cimetière avaient eux aussi, grand besoin d'être réparés.

Enfin, le candélabre qui servait à porter le cierge pascal étant hors d'état de servir il fallait songer à le faire mettre en état et « même dorer pour la décence du lieu. »

Les habitants se rangèrent à l'avis des marguilliers et l'exécution de ces divers travaux fut décidée. Pour couvrir les dépenses qu'ils occasionneraient il fut convenu que l'on prélèverait les sommes nécessaires « sur les deniers provenant des reliquats des comptes des années précédentes étant aux mains dudit sieur Delestang, trésorier en charge et sur des épargnes de l'année courante sans nuire à l'acquit des charges ordinaires de la Fabrique. »

Et puis, plus rien à signaler jusqu'au 13 décembre 1789, date à laquelle les habitants de Sainte-Croix se réunirent, toujours en l'absence de M. Le Bec.

Il s'agissait, cette fois, de la remise par M. Delestang de la Linardière — dont le mandat de trésorier allait expirer — de la gestion et de la nomination de son successeur.

Le procès-verbal qui en fut dressé (1) contient plus d'un détail fort intéressant ; aussi, nous en citerons les extraits suivants :

« 2° Que les soins que le dit s^r Delestang a apportés pendant les deux années de son administration ayant procuré une augmentation de revenu..... ils (les trésoriers) croyaient qu'il serait à propos d'en appliquer une partie en faveur de M^{rs} les vicaires dont les honoraires actuels sont sans doute insuffisants, non seulement pour répondre au zèle avec lequel ils gouvernent la paroisse, mais encore eu égard à la cherté des vivres et de toutes les choses nécessaires à l'entretien dans une ville.

« 3°..... que les gages des deux chantres, ceux du sacriste, des enfants de chœur et du suisse étant très modiques, il serait également possible et même juste de leur faire part de ces dispositions, chacun en proportion de sa place. »

Déjà, en 1763, les vicaires de cette paroisse avaient fait observer que leurs honoraires étaient trop modestes, qu'ils ne pouvaient pas subvenir à leurs besoins et avaient demandé un supplément de traitement de 50 l. au moins. Cette demande avait été formulée avec l'assentiment tacite de M. Julien, curé de Loisé.

Les trésoriers et les habitants de Sainte-Croix firent droit à la demande de MM. Charles Thiboust et Pierre Masnier, vicaires, et décidèrent, le 17 avril 1763, que leur traitement s'élèverait, à partir du 1er de ce mois, à 240 livres. Il était, antérieurement, de 200 livres.

---

(1) Minutes de M Heudeline, notaire à Mortagne.

Moins de trente ans plus tard, les 240 livres n'étaient déjà plus trouvées suffisantes, ainsi que nous venons de le voir.

Aussi, fut-il décidé que les vicaires de cette paroisse toucheraient 55 l. de plus à partir du 1ᵉʳ janvier 1790 (1).

Les chantres reçurent une augmentation de 10 l., celle du sacristain s'éleva à 20 l., celle des clercs à 30 sols et celle du suisse à 12 l.

Le même jour (13 décembre 1789) il fut décidé qu'il serait alloué une somme de 74 l. au lieu de 50 pour l'achat du vin de messe par suite de la cherté de cette liqueur.

Les derniers jours de 1789 se passèrent sans que nous ayons à mentionner aucun fait concernant cette paroisse ; il en fut de même pour les onze premiers mois de l'année suivante.

Le décret de juillet 1790 sur la nouvelle circonscription des paroisses préoccupa beaucoup le monde religieux. Dans les paroisses dont on redoutait la suppression, des assemblées générales des habitants eurent lieu pour demander la conservation de ces églises comme succursales.

Une réunion (2) de ce genre eut lieu à Sainte-Croix le 26 décembre 1790 et les paroissiens y émirent l'espoir que « cette église et son cimetière, achetés et bâtis à leurs propres frais sans aucuns secours étrangers » seraient conservés.

Vaine espérance, car cimetière et église furent vendus comme biens nationaux ainsi que nous le verrons plus loin.

Moins d'un mois après, avait lieu, dans cette église, la cérémonie de la prestation du serment civique pour le clergé de la paroisse de Loisé et de sa succursale (3).

Nous avons vu que les deux vicaires de Sainte-Croix, les abbés Marre et Blanche, se refusèrent à prêter, sans restriction, un serment qui les eût rendus schismatiques.

Depuis ce moment, leur situation devint critique. Ils furent en butte à toutes les clameurs d'une foule en délire. « C'est une bourrasque, avait répondu l'abbé Blanche à l'abbé Marre qui lui faisait part de ses inquiétudes et de son intention de fuir, ça ne peut pas durer, on monte et on démonte le peuple à volonté, n'ayez pas peur. »

Mais loin de se calmer, la haine contre les *non jureurs* ne fit que grandir.

---

(1) En 1791, après la Constitution civile du clergé, le traitement des vicaires de Sainte-Croix fut fixé à 800 livres. De plus, ils reçurent, en qualité de chapelains de Toussaints 141 l. 3 s. 1 d. Ce qui faisait pour chacun une somme annuelle et totale de 941 l. 3 s. 1 d.

(2) Nous en donnons le procès-verbal aux pièces justificatives.

(3) Voir le récit détaillé de cette cérémonie page 282 et suivantes.

« A partir de ce jour, dit l'abbé Marre, les inculpations et les calomnies ne nous furent plus épargnées. Le sobriquet d'*aristocrates* nous fut donné, ce qui, dans ce temps-là, était une qualification plus expressive que le mot *scélérat*. Bientôt nous entendîmes, sous nos fenêtres, du matin jusqu'au soir et aussi dans les rues, quand nous passions : *Ah ! ça ira, les aristocrates, on les pendra...* C'était même le premier alphabet des enfants qui nous poursuivaient avec cet éternel refrain, aux applaudissements des patriotes. Tout cela me rendait, pour ainsi dire, honteux et timide, quand je n'avais pas d'autre sujet d'en avoir peur... »

Le 7 février suivant, les habitants de cette paroisse se réunissaient en assemblée générale et consentaient à ce que, conformément au décret rendu par le comité permanent de la ville, « le produit des quêtes du pain bénit qui seroient faittes dans l'église fut rapporté à la *Caisse de Charité*, pendant les trois premiers mois de cette année... (1) »

Puis on parla de remplacer les prêtres *non assermentés* par des *jureurs*. Aussi, quelque temps après la prestation du serment, les vicaires de Sainte-Croix résolurent-ils de faire faire la première communion pendant qu'ils étaient encore provisoirement maintenus dans leurs fonctions.

L'abbé Blanche et l'abbé Marre firent le catéchisme le matin et le soir, le premier se chargea des petits garçons, le second des petites filles.

Comme le clergé, la population s'était divisée en deux camps. Aussi, les partisans des non-jureurs envoyèrent-ils leurs enfants suivre les cours d'instruction religieuse à Sainte-Croix.

Chaque jour, le nombre des communiants augmentait. Il en venait de Notre-Dame et de Saint-Jean.

Afin d'éviter un scandale, un jour de la semaine fut choisi pour la cérémonie de la première communion.

« Des groupes se formèrent autour de l'église, mais elle était bien gardée. Un nombre considérable de femmes, serrées les unes contre les autres, défendaient l'entrée du chœur et il eût fallu les écraser pour y pénétrer. Et la cérémonie se termina sans trop d'incidents, sauf quelques clameurs entendues du dehors. »

Le soir, les révolutionnaires protestèrent contre la cérémonie du matin en « faisant un charivari composé de *Ça ira*, de danses à la *Carmagnole*, d' *Vive la Nation ! à bas les Aristocrates !* etc. »

Les événements se précipitaient rendant aux prêtres non assermentés la situation de plus en plus difficile.

---

(1) Minutes de M⁰ Heudeline, notaire à Mortagne.

Le 22 mai 1791, MM. Coru-Fornival et Chechin père attestent que la lettre pastorale de l'évêque constitutionnel de Séez n'a pas été lue au prône de la messe paroissiale de Sainte-Croix.

MM. Blanche et Marre avaient même été jusqu'à refuser cette lettre et à déclarer ne pas connaître le sieur Lefessier comme évêque du département.

Cette attitude attira contre eux des mesures de plus en plus sévères et accentua l'hostilité sans cesse grandissante des républicains.

On commença par les désarmer, ainsi que toutes les personnes que l'on soupçonnait de penser comme eux. Voici comment M. l'abbé Marre nous raconte les perquisitions qui ont été faites chez lui :

« Un capitaine entre dans ma chambre, suivi de quatre fusilliers.

— Vos armes ?

— Je n'en ai point.

Ils se mettent à fouiller ; ils fouillent, ils tâtent et tâtonnent et se fâchent parce qu'ils ne trouvent pas des armes que je n'avais point.

Le capitaine pose sa main sur mon épaule et dit : « Petit abbé, ta tête ne tient pas à grand'chose. » J'eus assez de présence d'esprit pour lui répondre : « Prenez-la tout de suite et emportez-la. » Cette réponse aurait été prise au sérieux quelques mois plus tard. Mais on n'en était encore qu'aux paroles. L'exécution n'avait pas encore suivi la menace. On se contentait d'injurier et de vexer les *aristocrates*. On faisait des aubades sous leurs fenêtres. Un ecclésiastique qui habitait cette paroisse fut tout particulièrement le point de mire de la populace. Quoique simple sous-diacre, et par conséquent non astreint au serment civique, M. l'abbé Coupart eut, en effet, sa part dans les tribulations qu'eurent à subir les vicaires de Sainte-Croix. Il était âgé de 69 ans.

M. l'abbé Marre nous apprend, dans ses mémoires, que M. l'abbé Coupart était né à Versailles, qu'il avait été élevé à Paris et y avait passé 50 ans de sa vie. « Fils d'un fermier-général, il avait hérité d'une fortune considérable. Il était abbé commendataire (1) et simple sous-diacre.

« Le mari de sa sœur, établi à Mortagne avec sa femme et ses trois enfants, avait trouvé le secret de se ruiner. M. l'abbé ne balança point à transférer son domicile à Mortagne pour se charger de cette famille qui lui était chère, la prendre chez lui et la rendre heureuse. Sa maison était tenue comme celle d'un prince, domestiques nombreux, cuisinier, aide et sous-aide, femme pour

(1) De Courtevroult.

le linge, table ouverte, une dame d'honneur présidait aux approvisionnements et avait charge de procurer des convives à M. l'abbé. L'avocat, le médecin, un vieux notaire en faillite, l'abbé Blanche et moi étions de fondation quotidienne.

« Le genre de vie de M. l'abbé Coupart était réglé. Il ne sortait guère chaque jour de son hôtel que pour aller à la messe, à la même heure ; de l'église, il se rendait à sa chambre où il disait son bréviaire et faisait des lectures pieuses. Il ne paraissait au salon qu'un quart d'heure avant le dîner. Ses aumônes étaient abondantes. Il possédait en bénéfices ecclésiastiques de cinq à six mille livres de rentes et il les versait par nos mains dans le sein des pauvres. L'abbé Blanche avait son quartier, j'avais le mien ; nos indigents se présentaient dans la sacristie, à l'issue des messes et nous leur délivrions des bons de pain, vin, viande, bois, linge, en un mot, pour tout ce dont ils avaient besoin. M. l'abbé les soldait chaque mois et quand, à la fin de l'année, les bons dépassaient les cinq ou six mille francs, il ne disait point : c'est trop. Sa généreuse sollicitude envers les pauvres était vraiment inépuisable, dans un hiver rigoureux (hiver de 1788 à 1789) il fit venir une abondante provision de riz et nous chargea de la distribuer par toutes les maisons. Nous verrons comment il en fut récompensé par ceux mêmes qu'il avait nourris... »

Louis XVI venait d'être arrêté à Varennes au moment où il allait franchir la frontière. Un courrier l'annonça à Mortagne le jour de la célébration de la Fête-Dieu (1).

C'était à l'heure du dîner. Les vicaires de Sainte-Croix, leur office du matin terminé, s'étaient rendus chez M. l'abbé Coupart et ils allaient se mettre à table. Donnons la parole à M. Marre :

« On sonne au portail. Un domestique va ouvrir. Il revient précédé d'une femme qui entre précipitamment, les larmes aux yeux, et qui crie en sanglotant : « Sauvez-vous, mes bons messieurs, ils vont vous tuer. »

« Dans la milice, comme dans l'administration, il y avait des chefs qui n'avaient du patriotisme que le masque. Honneur et action de grâces à ces généreux citoyens ! Ils ne se maintenaient dans leur poste que pour protéger l'innocence autant que possible. Dans cette catégorie était M. de la Tuilerie, commandant.

« Nous lui dépêchâmes un domestique qui nous rapporta en courant ces quatre mots écrits au crayon : *Je n'en suis plus le maître, partez au plus vite.*

« Un des murs du jardin de M. l'abbé donnait sur la campagne. Vite, vite, nous montâmes sans peine mais non sans inquiétude. Nous prîmes par les champs.

(1) Voir à la page 141 les incidents que cette cérémonie a soulevés.

« Le chef de cuisine de M. l'abbé lisait, en cachette, le journal de Camille Desmoulins, journal incendiaire qui avait mis le feu dans la tête du cuisinier. Il prend congé de son maître et disparaît. Où va-t-il ? Louer un cheval et charger deux pistolets. Rouge de colère, étincelant de fureur, il enfourche son cheval et dit : « Soyez tranquilles, j'vas bientôt en avoir défait le pays. » Il pique des deux et galope sur le chemin qui conduit à Moulins, où demeurait ma mère et, non loin, la sœur de M. Blanche. Nous devions fuir vers Moulins et telle était notre intention.

« Celle du cuisinier fut bientôt connue et nos amis nous pleuraient, mais il avait pris le chemin direct et nous la traverse. »

Nous ne suivrons point les deux fugitifs au presbytère de Sainte-Céronne où ils demandèrent de quoi assouvir leur faim, car ils n'avaient pas mangé depuis la veille, ni au village de Burlière où ils restèrent cachés jusqu'au jour où M. Dehail, avocat à Mortagne, leur écrivit par un exprès : « Revenez avec nous, on commence à vous rendre justice. Vos ennemis en rabattent, vous n'avez rien à craindre aujourd'hui.... Nous vous attendons ce soir. »

MM. Blanche et Marre remercièrent, mais répondirent par un refus.

Le surlendemain, qui était le 2 juillet, nouvelles instances, cette fois les deux ecclésiastiques revinrent à Mortagne et purent regagner tranquillement leur domicile où ils trouvèrent cette lettre que M. Cottin de la Tuillerie leur avait écrite le lendemain de leur départ, soit le 24 juin :

« Je viens, messieurs, de communiquer votre lettre au corps de la Garde Nationale, et unanimement ils m'ont dit de vous conseiller de partir, ainsi, le plus prudent est de vous munir d'un passeport bien en règle.

« On assure que vous avez des armes chez vous, soit fusils ou pistolets, je vous crois trop honnêtes pour me refuser de me les envoyer sur le champ afin que je les dépose au corps de garde, car, si on vous en trouvait après cela, je ne répondrais pas qu'on ne voulût vous en punir.

« J'attends votre réponse et ai l'honneur d'être, etc..... »

Cette lettre, qui n'est, on le voit, que la confirmation des quelques lignes tracées au crayon dont nous avons donné le texte, nous indique clairement l'état d'âme et des révolutionnaires et de ceux qui n'acceptaient un emploi, souvent périlleux, que pour mieux sauver les prêtres et les nobles.

Nos deux abbés avaient un ami sûr dans M de la Thuilerie et cette amitié leur fut d'un grand secours ainsi que nous venons de le voir.

Lorsqu'ils furent au courant de tout ce qui s'était passé en leur absence, ils songèrent au lendemain et ils se réjouissaient déjà à la pensée qu'ils auraient le bonheur de célébrer la messe dans leur église.

Dans leur évasion si précipitée, ils avaient bien laissé le Saint-Sacrement exposé sur l'autel, dans l'ostensoir, mais le prieur de Saint-Éloi était venu, sur les quatre heures, et l'avait renfermé dans le tabernacle. Point de profanation.

« Nous allions, dit l'abbé Marre, retrouver notre église dans l'état où nous l'avions laissée. L'heure de nos messes était déterminée, fixée ; nous suivions, jusqu'à remplacement, la ligne tracée sans nous en écarter.

« Le sacristain, prévenu, se rend à l'église pour y servir ma messe. Je le trouvai à la porte causant avec des municipaux.

« Que faisaient-ils donc là ? Ils apposaient les scellés. Qu'avais-je à faire ? Rien. Ils l'entendaient ainsi. Leur volonté s'appuyait sur le nombre, ils étaient quatre, peut-être cinq, car notre sacristain avait fait connaissance, comme notre cuisinier, avec Camille Desmoulins ; j'étais donc seul. »

Ces quatre municipaux, auxquels M. l'abbé Marre fait allusion, n'étaient autres, sans doute, que les C^{ens} Fretté, Chéchin père, Desgrouas et Coru-Fornival, qui avaient été désignés la veille (2 juillet), par le Procureur de la Commune pour faire l'apposition des scellés sur les églises et couvents visés par l'arrêté du Directoire du Département en date du 27 juin.

Bien que, sur l'ordre du Procureur de la Commune, le sacristain de Sainte-Croix ait déposé, sur le bureau de la municipalité, les clés de cette église et qu'elle fût « déjà fermée et abandonnée des desservants », il fut « cependant cru prudent d'y apposer les scellés (1) ».

C'est juste à ce moment qu'arriva M. l'abbé Marre. Dans l'impossibilité d'entrer dans son église et d'y célébrer la messe, il s'en fut trouver le curé de Notre-Dame, M. Le Monnier. C'est alors que se passa, entre les deux prêtres, la scène que nous avons rapportée à la page 111.

L'abbé Blanche, lui, se glissait, nous ne savons comment, dans la collégiale de Toussaint, dont il était chapelain, et y célébrait le Saint-Sacrifice, comme à la dérobée.

Depuis leur retour, les vicaires de Sainte-Croix allaient, dès le matin, dire la messe où ils pouvaient et rentraient chez eux le plus tôt possible, pour n'en sortir que pendant la nuit. C'était, en effet, à la faveur des ténèbres qu'ils visitaient les malades et leur administraient les sacrements.

---

(1) *Arch. mun. de Mortagne.* Reg. des délib. du Conseil.

Ne remplissant plus de fonctions publiques, ils n'étaient plus sérieusement inquiétés que par intervalles, « quand, dit l'abbé Marre, des bouffées d'effervescence, par exemple, étaient provoquées ou par quelque libelle ou par la calomnie. »

Un jour vint, cependant, où la position ne devint plus tenable pour eux, aussi prirent-ils la résolution de quitter Mortagne et de passer à l'étranger.

Ils firent leurs malles le 13 août 1791.

M. l'abbé Blanche partit le premier, dans la nuit du 14 au 15 août.

M. l'abbé Marre ne s'enfuit que le lendemain, à la même heure, ainsi qu'il avait été convenu. Par malheur pour lui, il avait été aperçu allant faire ses adieux à M. l'abbé Coupart, quelques heures avant son départ.

L'éveil est aussitôt donné, et les révolutionnaires envahissent la demeure de ce dernier qu'ils explorent de fond en comble, espérant y trouver celui qu'ils y avaient vu pénétrer.

Mais M. l'abbé Marre avait réussi à leur échapper en escaladant un toit voisin, au risque de se casser le cou. Arrivé dans sa chambre, il passe en toute hâte sa redingote et sort sans bruit par la porte cochère.

Il arriva à la Burlière, au petit jour, et y trouva son confrère caché dans une étable. Ils n'y furent bientôt plus en sûreté et ils durent fuir leur persécuteurs. Champeaux, le Plantis, une caverne de la forêt de Moulins, Séez, Caen, Bayeux, furent tour à tour leurs lieux de résidence. Mais, ne rencontrant nulle part la sécurité, ils gagnèrent Paris où ils assistèrent à la fameuse journée du 20 juin et à la non moins fameuse nuit du 2 août 1792.

Dans la crainte de subir le même sort que M. l'abbé Le Meunier, ils quittèrent la capitale, munis de passe-ports et se dirigèrent vers Rouen, en compagnie de M. Coupart et de sa famille. Ils y arrivèrent le 4 août. Quelques jours après, leur retraite était découverte par suite d'une saisie faite au domicile de Mme veuve Blanche, et les trois ecclésiastiques furent mis en état d'arrestation le 19 du même mois.

Trois ou quatre jours après leur arrestation, il leur fallut partir pour Moulins où ils arrivèrent dans l'après-midi du 25 août.

Le surlendemain, l'abbé Coupart prenait, seul, le chemin de Mortagne où son arrivée avait été annoncée. Ce jour-là plusieurs centaines de Bretons faisaient séjour dans la ville.

« Ils n'avaient point d'armes à feu, nous dit M. l'abbé Marre, mais pour faire à cet aristocrate une réception telle qu'il la méritait, ils firent des bayonnettes avec les lames de leurs couteaux, qu'ils fixèrent au bout de leurs bâtons.

« Instruit de ce complot, M. Pinquet, cafetier et capitaine dans un régiment de chasseurs, entreprit de défendre M. l'abbé Coupart. Il réunit ses hommes, leur exposa son dessein et tous lui répondirent qu'il pouvait compter sur eux.

« A l'arrivée de la voiture, la lutte ne tarda pas à s'engager, mais les Chasseurs serrèrent de si près la voiture qu'elle fut inabordable aux terribles Bretons. »

Dans la séance du Conseil municipal qui se tint le lendemain, 28 août, Desgrouas, procureur de la Commune, dit « que le sieur Coupart, ci-devant abbé, ayant été arrêté à Rouen, sur notre réquisition par le procureur de la Commune de Moulins, que le dit Coupart ayant été mis à la maison d'arrêt pour le soustraire à la fureur populaire, hier, vingt-sept ;

« Considérant que le procès-verbal, dressé à Rouen, et qui nous a été communiqué, ne le charge en aucune manière et que nous n'avons contre lui aucune preuve, mais seulement les discours populaires qui le taxent comme ayant été cause que plusieurs prêtres n'ont pas prêté le serment, requérons que, pour la sûreté dudit abbé Coupart et celle de ses possessions menacées, il demeurera à la maison d'arrêt sous la sauvegarde de la Loi et que la municipalité veille à ce qu'il n'en sorte pas que lorsqu'il n'y aura plus à craindre pour ses jours. »

Le 3 septembre l'abbé Coupart n'était pas encore relâché. Ce jour-là, il est donné lecture à la municipalité d'une requête de cet ecclésiastique tendant à reprendre sa liberté.

Mais le conseil ne jugea pas prudent d'y donner suite, car, « considérant que s'il n'existe contre Coupart, abbé, aucune trace de délit, il est nécessaire de le garder pour sa sécurité personnelle dans les présentes circonstances d'effervescence populaire, que dans ce moment la tranquillité pourrait être compromise s'il se trouvait trop promptement mis en liberté. »

Trois jours après, il était enfin sorti de prison et prêtait serment.

Le procès-verbal de la réunion de la municipalité, du 29 août 1792, nous apprend que M. l'abbé Blanche devait, lui aussi, être transféré de Rouen à la prison de Mortagne. « ..... Dix heures du soir, lecture faite d'un procès-verbal dressé à Moulins, contenant description de pièces et lettres trouvées dans la maison de la veuve Blanche, de Moulins, d'un autre procès-verbal du 28 qui constate l'arrestation dudit Blanche, prêtre insermenté, et porte qu'il sera transféré dans la maison d'arrêt de cette ville.

« Les pièces relatives au délit commis par le dit sieur Blanche ayant été saisies sur le directoire du district de Laigle, le Conseil Général de la commune décide que le s' Blanche sera conduit sous bonne escorte dans les prisons de cette ville. »

Mais M. l'abbé Marre nous apprend dans ses *Mémoires* que ce transfert n'eut pas lieu, pour la bonne raison que M. l'abbé Blanche ne vint pas jusqu'à Mortagne. Car, arrivés à une portée de fusil de cette ville, les gendarmes qui l'escortaient « furent instruits qu'il y avait en ce moment du tumulte dans la ville, et que, si l'abbé Blanche y entrait, il allait y mourir sous les coups des séditieux.

« Ne voulant pas conduire leur prisonnier à la mort, ils n'allèrent pas plus loin, tournèrent bride et ramenèrent l'abbé Blanche à Moulins. »

C'est dans la prison de Moulins qu'était également incarcéré M. l'abbé Marre. Il recouvrèrent enfin leur liberté quelques jours après. Arrêtés de nouveau, ils furent conduits à Alençon. Délivrés une seconde fois, ils prirent cette fois tout de bon la route de l'exil. Munis de passe-ports, ils gagnèrent Elbœuf, Conches, et après diverses aventures, Honfleur et le Hâvre, puis s'embarquèrent pour l'Angleterre, le 20 novembre 1792.

Nous renonçons à suivre nos fugitifs sur la terre étrangère car il faudrait tout un volume pour dire toutes les souffrances physiques et morales que ces deux prêtres ont endurées pendant leur dix années d'exil.

Maintenant que nous sommes rassurés sur le sort des ecclésiastiques de cette paroisse, revenons à l'église dans laquelle personne ne peut pénétrer par suite des scellés qui ont été apposés sur les serrures des portes.

Le 4 avril 1792, le Procureur-Syndic faisait remarquer au Directoire du district que depuis la fermeture de cette église les croisées avaient été « rompues et les plombs enfoncés, en sorte qu'il pourrait arriver que les effets de l'église fussent volés, il est donc nécessaire de les faire transporter en lieu sûr. »

Le Directoire décida alors de les remettre aux mains des trésoriers de Notre-Dame. Deux commissaires de la municipalité devaient en dresser l'inventaire sommaire. C'est ce qui explique pourquoi les vases d'argent de Sainte-Croix figurent avec ceux de Notre-Dame dans l'état de l'argenterie provenant des communautés et églises.

Dépouillée de ses ornements, interdite au culte, l'église de Sainte-Croix ne tarda pas à servir aux réunions publiques. C'est, en effet, dans ce temple qu'il fut décidé, le 23 août suivant, que se tiendraient les assemblées primaires pour les paroisses de la ville.

Le 15 octobre de la même année l'édifice est converti en halle. C'est pour cette raison, sans doute, que sa location ne fut pas mise en adjudication.

Enfin, le 6 thermidor an IV (24 juillet 1796), les administrateurs du département de l'Orne vendaient au citoyen René Saugeron, horloger, demeurant à Mortagne, moyennant une somme de 6,200 livres :

« 1° Un bâtiment contenant 133 pieds de long sur 33 pieds de large, compris l'épaisseur des murs, servant autrefois d'église succursale, supprimée en 1791, avec petite chapelle contenant six toises avec les murs, sis à Mortagne.

« 2° Une espèce de salle en forme de caveau voûté avec un appartement au-dessus, servant autrefois de sacristie, un grenier au-dessus, le tout se tenant ensemble et compris dans les dimensions ci-dessus, avec les boisures existant dans une partie dudit bâtiment qui servait de local pour le rassemblement de la société populaire, l'autre partie dudit bâtiment ayant été destinée à faire une halle aux toiles, ce qui n'a pas eu de suite.

« 3° Le terrain servant ci-devant de cimetière pour la dite église, enclavée dans le dit terrain qui contient environ 231 toises superficielles, le tout joignant d'un côté la rue ci-devant dite de Sainte-Croix, d'autre côté le jardin du ci-devant Hôtel-Dieu, avec les jours qui y existent actuellement donnant sur ledit jardin, d'un bout le soumissionnaire, d'autre bout les citoyens Renaut, serrurier, et Desgrouas.

« Le tout avec ses consistances et dépendances, tel qu'il se poursuit et comporte, qu'il a été soumissionné par ledit acquéreur, le 15 prairial (3 juin) dernier, qu'il appartient à la République, comme provenant de la ci-devant Fabrique du lieu...... »

Le surlendemain, René Saugeron vendait à François Plane, moyennant 3,100 fr., un *droit indivis* sur les immeubles dont il venait de faire l'acquisition.

Un des premiers soins des nouveaux propriétaires fut de se débarrasser des « ci-devant » cimetière et église de Sainte-Croix, mais ils ne paraissent pas avoir été d'un placement bien facile, l'église surtout.

Le 29 brumaire an V (19 novembre 1796), le citoyen Danguy se rendait acquéreur, moyennant 500 fr « d'un terrain à prendre dans le ci-devant cimetière de Sainte-Croix.., qui aura 24 pieds de façade sur le bord de la rue de Bellême, et en longueur et profondeur en ligne directe autant qu'il emporte des dits 24 pieds, laquelle profondeur sera de 13 toizes et demie environ... »

C'est ainsi que, le 7 frimaire suivant (27 novembre), les citoyens Saugeron et Plane vendaient au citoyen Louis-René Pigeard, moyennant 450 fr. « une portion de terrain à prendre dans le ci-devant cimetière Sainte-Croix..... qui aura 22 pieds de façade, sur le bord de la dite rue de Bellême, et en longueur et profondeur en ligne directe autant qu'en comportent les dits 22 pieds, laquelle profondeur sera d'environ 13 toises, en traversant l'édifice de la ci-devant église et allant aboutir au mur de derrière. »

Quant au reste des immeubles, Saugeron et Plane en firent deux lots qu'ils tirèrent au sort. Ce partage eut lieu par devant Mes Bail et Souvré, notaires à Mortagne, le 22 prairial an V (10 juin 1797) (1).

Aujourd'hui, il ne reste plus de cette église, démolie en 1796, après un siècle et demi d'existence, qu'un pan de mur, servant tout à la fois de limite au parc de la Sous-Préfecture et d'appui à la toiture d'un bâtiment occupé par M. Quentin, couvreur.

Au rétablissement du culte, la paroisse de Sainte-Croix resta comme auparavant unie à celle de Loisé dont le curé était M. Le Bec.

Les prêtres de Notre-Dame, qui désiraient ardemment la réunion de cette paroisse à la leur, s'avisèrent d'y faire les fonctions curiales, sans même en avoir obtenu l'agrément de M. Le Bec, que son grand âge ne permettait pas de venir à la ville, toutes les fois que sa présence eût été nécessaire.

L'abbé Beaudoire et ses vicaires, voyant que le curé de Loisé ne faisait aucune réclamation, obtinrent de Mgr de Boischollet, alors évêque de Séez, la réunion de Sainte-Croix à Notre-Dame. C'est ainsi que les curés de Loisé perdirent la plus belle portion de leur paroisse (2).

§ 6. — Cimetière de Sainte-Croix

L'église Sainte-Croix était bâtie au milieu d'un terrain qui, de tout temps, a servi de cimetière à cette succursale.

En vertu d'un arrêt du Parlement, en date du 10 mai 1785, il fut interdit d'inhumer dans la partie de ce cimetière située devant l'église parce que, bornant la rue, il pouvait nuire à la salubrité des habitants. Restait donc, pour servir aux inhumations, le terrain qui se trouvait au nord de l'édifice.

Mais ce terrain, bien qu'il ne fut à usage de cimetière que depuis 1778, était déjà rempli en 1780, parce que, à défaut d'endroit pour enterrer leurs morts, les paroissiens de Notre-Dame s'en étaient servi.

En face d'un tel obstacle, l'achat d'un nouveau terrain s'impo-

---

(1) Minutes de Me Heudeline, notaire à Mortagne.
(2) Notes manuscrites de M. l'abbé Bouvier.

sait. Aussi, dans leurs délibérations des 28 septembre et 2 octobre 1785, nommèrent-ils des députés avec tous pouvoirs pour traiter cette affaire.

Ces commissaires étaient : MM. Jean-Elisabeth Coupart, prieur-commendataire de Courtevroult, Robert-Claude Dennery, chevalier de l'ordre royal et militaire de Saint-Louis, ancien maréchal-des-logis de gendarmerie, Léonard-André Muteau, m° en chirurgie, marguillier en charge.

Les événements se chargèrent de simplifier leur mission. L'Hôtel-Dieu ou plutôt ses administrateurs (1) voulurent attaquer en nullité un acte du 15 octobre 1634, qui n'était autre que le contrat de vente du terrain sur lequel avait été construit l'église de Sainte-Croix. Ils s'appuyaient sur ce fait que deux membres seulement du bureau dudit Hôtel-Dieu avaient traité avec François Lefèvre.

A l'époque où nous sommes, c'est-à-dire en 1785, cet établissement avait formé le projet de construire une filature. Mais une partie du cimetière de Sainte-Croix gênait passablement pour la régularité des futures constructions. Que faire ? Si on chicanait ? Ce moyen fut sans doute trouvé excellent, car on chicana.

Les paroissiens de Sainte-Croix désirant la paix, et voyant aussi leur coup à faire, entrèrent en pourparlers avec le bureau de l'hospice et consentirent à leur céder le terrain convoité à condition de leur donner, en échange, pour servir de cimetière, un champ situé près la Grange de Son.

Après une série d'incidents soulevés de part et d'autre, les parties finirent par arrêter ce qui suit :

L'Hôtel-Dieu cédait à la fabrique de Sainte-Croix la moitié du terrain qu'il avait acquis de Pierre Chéchin, suivant acte reçu par M° Lange le (date laissée en blanc), moyennant une somme de 1,000 livres. Ce terrain, qui contenait un demi-arpent, devait être entouré de murs pour la Toussaint.

De son côté, la Fabrique de Sainte-Croix abandonnait à l'Hôtel-Dieu la partie du cimetière située derrière l'église et les murs de clôture de l'hôpital « avec une portion de terrain de devant la dite église, à prendre par le bout attenant à la maison dudit

(1) MM. Antoine-François Berthereau, conseiller du Roi, lieutenant civil et criminel et de police au bailliage du Perche, conseiller aux Conseils de Monsieur ; Rodolphe-Nicolas Fousteau, écuyer, s' du Tertre, consr du Roi et son procureur au bailliage du Perche ; Charles-Jacques de Bonvoust, doyen de Toussaint, official de Séez ; Mathieu Poitevin, prêtre, prieur commandataire de Maupas, chantre honoraire de Toussaint ; Louis de Vanssay, chevallier, ancien capitaine d'artillerie, Louis-Pierre Masnier, receveur de l'Hôtel-Dieu.

Lapierre dans la longueur de 54 pieds du côté de la rue Sainte-Croix à revenir en droite ligne du côté de l'église jusqu'à la ruelle tendante de la dite église à la rue du Perche. »

Mais l'Hôpital s'engageait à céder le terrain nécessaire pour la construction des nefs, si les habitants de cette paroisse, « après avoir fait construire un collatéral sur le terrain de devant la dite église, voudraient en bâtir un second sur le dit terrain. »

Cet échange fut accepté le 9 octobre 1785, par le « général des habitans assemblés en l'église Sainte-Croix, au son de la cloche, en la manière accoutumée ..... Lecture de la transaction fut faite par Me Lange qui en a gardé minute (1) ».

(1) Minutes de Me Heudeline, notaire à Mortagne.

PIÈCES JUSTIFICATIVES

N° 1.

19 février 1492 (n. st.)

Lettres patentes de René, duc d'Alençon et comte du Perche, autorisant les habitants de la paroisse Notre-Dame à reconstruire leur église qui tombait en ruines.

« René, duc d'Alençon, per de France, conte du Perche, et viconte de Beaumont : à noz amez et féaulz conseillers les gens de noz comptes, capitaine de Mortaigne, bailly, viconte, avocat, procureur et receveur de nostre dict conté, ou à leurs lieuxtenants, salut et dilection. Noz chers et bien amez les parroissiens de Nostre-Dame de nostre ville de Mortaigne nous ont très humblement faict dire et remonstrer qu'ils ont intencion de refaire et réparer leur église à présent estant en grant décadence, se nostre plaisir estoit leur donner congé et consentement d'icelle église édiffier dedens le mur servant de clôture à nostre dicte ville.

Savoir vous faisons que nous, toutes ces choses considérées, désirans le bien de l'Eglise estre tousiours de plus en plus augmenté et afin que nous et nostre postérité puissions à jamais demourer es prières et bienfais qui se pourront dire et célébrer doresnavant en la dicte église, avons aux dicts parroissiens donné et octroyé, donnons et octroyons par ces présentes congé et licence de leur dicte église faire construire et édiffier en tant que est l'un des costés d'icelle dedens le dict mur servant de clôture à nostre dicte ville sans ce qu'ils en puissent désormais estre reprins ne reprouchez par quelconques personnes que se soient. Si, vous mandons, et à chacun de vous se comme à lui appartiendra, que de noz présens congé et licence vous faictes souffrez et laissez jouyr et user paisiblement les dicts parroissiens sans leur faire, mettre ou donner ne souffrir leur estre faict mis ou donné aulcun empeschement au contraire. Donné en notre ville de Mortaigne, le dix-neufviesme jour de février l'an mil quatre cent quatre vingts et unze. *Plus bas est écrit :* Par Monseigneur le duc et per, le conte de Sancerre ; maistre Laurent Maulevaux conseiller et maistre des requestes ordinaires, et plusieurs aultres présens. *Signé Gagnon avec paraphe.*

Bibliothèque du château des Guillets ; hist. ms. du Perche, t. II. p. 116, Copie du XVIIIe siècle.

N° 2.

2 mai 1540

Lettres patentes des roi et reine de Navarre autorisant les habitants de la paroisse de Notre-Dame à démolir la tour du Beffroi pour en bâtir une nouvelle qui servirait de clocher à l'église.

« Henry, par la grâce de Dieu, roy de Navarre, duc d'Alençon et de Nemours, conte de Foix, d'Armaignac, de Roddez, du Perche, per de France, et Marguerite de France, seur unique du Roy, par la mesme grâce, royne de Navarre, duchesse et comtesse desdicts lieux : à noz amez et féaulx les gens de noz comptes d'Allençon, bailly et vicomte du Perche, advocat et procureur à Mortaigne, ou à leurs lieuxtenants, salut : noz chers et bien amez les parroissiens de l'église parrochiale de Nostre-Dame de Mortaigne nous ont très humblement remonstré et faict apparoir comme, en l'an 1491 nostre feu très cher et très aymé cousin et beaupère le duc René d'Allençon, conte du Perche, leur donna, permit et octroya par ses lettres patentes cy-attachées soubs nostre contre seel, de pouvoir faire et bastir leur église sur les murs de la dicte ville de Mortaigne ce qu'ils ont faicts, et pour ce que es dicts murs y a une tour..... partie dedans la dite église et par le dehors fort ruynée et en grand décadence, faisant difformité et incommodité à la dite église ; les dicts parroissiens nous ont pareillement très humblement requis, leur octroyer et permettre faire démolir et abbattre la dicte tour pour icelle reffaire et bastir tout de neuf et approprier racommoder au service de la dicte église et qui pourra néanmoins servir mieulx qu'elle ne faict de présent à la fortification et deffense de la dicte ville. Savoir faisons que nous, inclinans à leurs prière et requeste, avons, à l'imitation et bon exemple de nostre dict feu cousin et beaupère, à l'honneur de Dieu et de son divin service, décoration et bien de la dicte église et consolation aux dicts parroissiens et pour aultres bonnes causes et considérations à ce nous mouvans, permis, voulu et consenty, permettons, voulons et consentons par ces présentes aux dicts parroissiens de pouvoir faire démollir et abbattre la dicte tour et icelle faire de nouveau bastir, reffaire et rediffier pour servir ainsi qu'il est cy-dessus mentionné sans en estre aulcunement par vous reprins, empeschez ne contredicts ne par quelques aultres personnes. Si vous mandons, et à chacun de vous se comme à luy appartiendra, que de noz présens congé et licence vous faictes, souffrez et laissez jouyr et user paisiblement les dicts parroissiens, sans leur faire mettre ou donner ne souffrir leur estre faict, mis ou donné aulcun empeschement au contraire. Donné à Verneuil, le deuxième jour du mois de may, l'an de grâce mil cinq cens quarante. (Signé : Henry, Marguerite, et plus bas est écrit : par les roy et royne, duc et duchesse. Signé : Brodeau, avec paraphe.)

Bibliothèque du château des Guillets ; hist. ms. du Perche, t. II. Copie du xviii° siècle.

N° 3.

27 février 1603.

Arrêt du Conseil d'Etat autorisant l'exercice du culte protestant dans la maison d'un nommé Etienne Franconnet ou dans toute autre maison située dans la paroisse de Saint-Langis.

Veu par le Roy en son Conseil : la requeste présentée par les habitans de la ville de Mortaigne faisans profession de la relligion prétendue réformée, à ce que la maison de Estienne Franconnet leur soit baillée pour faire l'exercice de leur dicte relligion ou telle autre maison dans la mesme rue qu'ilz nommeront ou achepteront pour cest effect. Arrest du dict Conseil du dixième septembre dernier par lequel est ordonné qu'il sera baillé ung lieu ausdictz de la relligion en la parroisse Sainct-Langis-lez-Mortaigne pour faire exercice de leur dicte relligion avec injonction au lieutenant-général du dict lieu de les y mettre en possession. Procès-verbal du dict lieutenant général par lequel il ordonne aux dictz de la relligion de choisir l'ung des trois lieux nommez le Tartre, la Sagerie et la Forterie, pour estre, de celuy qu'ilz opteront, par luy mis en possession, conclusions du procureur du Roy du quatriesme du dictz moys et au bas lesquelles il consent que les dictz de la relligion soient mis en possession de la dicte maison appartenant au dict Franconnet pour faire l'exercice de leur dicte relligion ou de telle autre maison qu'ilz vouldront choisir aux faulxbourgs du dict Mortaigne à eulx appartenant,

Sa Majesté, en son dict Conseil, a ordonné et ordonne que la maison du dict Franconnet sera baillée aus dictz de la relligion prétendue réformée ou telle autre qu'ilz nommeront ou achepteront dans la dicte parroisse de Sainct-Langis-les-Mortaigne pour faire l'exercice de la dicte relligion avec injonction au lieutenant

général de sa dicte Majesté de les en mettre en possession à peine d'en répondre en son propre et privé nom et d'en certiffier le dict Conseil dans ung moys pour toute préfixions et délays. Faict au Conseil d'Estat du Roy, tenu à Paris le vingt-septiesme jour de febvrier 1603.   Signé : BELLIÈVRE,   CAMUS,
A. DE BÉTHUNE.

Archives nationales, E 5ª f. 144. — *Bibliothèque nationale*, p. 18,166, f. 223.

N° 4.

20, 21, 26 mars, 3 avril et 14 mai 1686.

Information par nous faicte conjoinctement avec M° Jacques Bigot, prestre, curé de Saint-Ouen-de-Sécherouvre, vice-gérant en l'officialité de Seez, au siège de Mortagne, par nous Charles-Richard de Puisaye, escuyer, sieur du lieu, Cons^r du Roy, président et Lieut^t-G^{al} civil et criminel et commissaire examinateur au bailliage du Perche à Mortagne, à la requeste du Procureur du Roy en ce siège, demandeur et accusateur allencontre do ceux qui se trouveront chargez par icelle, à laquelle information avons procédé avec M° Pierre Marchant, nostre greffier ordinaire, ainsi qu'il ensuit (1).

N° 5.

26 décembre 1790.

Délibération des habitants de Sainte-Croix pour le maintien de leur église.

L'an 1790, le dimanche 26° jour de décembre, pardevant les notaires du Roy à Mortagne, soussignés, sont comparus : MM. les trésoriers de la Fabrique de Sainte-Croix, succursale de Saint-Germain-de-Loisé de cette ville, ès-personnes de Louis Rathier l'aîné, Louis-Charles-Nicolas Delestang et Louis Rathier le jeune, demeurans en ladite paroisse, lesquels, en l'absence de M. Le Bec, curé de cette paroisse, quoiqu'invité, ont dit qu'ils ont convoqué l'assemblée du général des habitans, à ce jour, lieu et heure, tant par annonces aux prônes des messes paroissiales de cette église par trois jours de dimanches et fêtes consécutifs y compris ce jourd'hui que par billets invitatoires et au son de la

(1) La direction des *Documents sur la province du Perche* ne jugeant pas à propos la publication de ce long document, nous ne pouvons, ainsi que nous l'avions annoncé (page 78) en offrir le texte *in-extenso* à nos lecteurs.

cloche en la manière accoutumée aux fins de délibérer sur les affaires et intérêts de lad. paroisse, lesdis habitants comparants par Jean-Elizabeth Coupart, Jean-Richard Salliot, Charles Boulanger, Jean-Louis Lemarié, Adrien Maillard, Guillaume Cébert, Jacques Dupont, Jean-Denis Marge, Nicolas-Jean-Laurent Lanos, Michel Boucher, Jean Soyer, Michel Lizot, Jean Paston, Jean-Charles Cottin, René Pernelle, Jacques Petit, Robert-Claude Dennecy, Denis Trotier et Charles Blavette.

L'assemblée formée, M. de Lestang, l'un des marguilliers, a représenté que, pour l'article VI du dernier décret rendu par l'Assemblée Nationale, le 2 juillet dernier, sur la Constitution du Clergé, sanctionné par le Roi le 24 août suivant, il sera procédé incessamment à une nouvelle formation et circonscription de paroisse; qu'il y a tout lieu de croire sur la suppression de cette succursale et sa réunion à l'église principale de cette ville; à moins que, par l'article XXIV du même décret, elle ne serve, comme chapelle, pour acquitter les fondations dont la continuation est provisoirement ordonnée, ce qui n'est guère à présumer.

Cette circonstance a engagé ledit s^r de Lestang à proposer aux dits habitants d'en délibérer, les croyant en droit de réclamer cette église avec son cimetière achetés et bâtis à leurs propres frais sans aucuns secours étrangers, non pour la vendre à leur profit mais pour en faire un don à la municipalité de cette ville pour quelque établissement public, déclarant ledit s^r de Lestang ne pouvoir prendre part à la présente délibération à cause de ses fonctions de procureur de la Commune pour lesquelles il se réserve.

Sur quoi lesd. sieurs trésoriers et habitans ayant délibéré, prenant en considération l'exposé dudit s^r de Lestang, ont arrêté qu'il devait être provisoirement nommé quatre commissaires à l'effet de rédiger pour et au nom du général des habitants de cette succursale, un mémoire aux fins de demander tant à l'Assemblée Nationale qu'au Département, la conservation de cette église pour succursale; à laquelle nomination procédant, lesdits sieurs trésoriers et habitans ont choisi MM. Coupart, Dennecey, Rathier jeune et Boulanger, ce acceptans, auxquels sont donnés tous les pouvoirs suffisans et nécessaires de solliciter, demander et faire tout ce qui conviendra pour parvenir à obtenir ladite conservation; promettant, obligeant, etc., fait et passé lesd. jour et an, en la salle où se tiennent ordinairement les assemblées de lad. succursale, issüe de Vespres et ont tous lesd. sieurs trésoriers et habitans et commissaires, signé, lecture faite.

(Suivent les signatures.)

Minutes de Me Heudeline, notaire à Mortagne.

N° 6.

9 janvier 1791.

Nouvelle délibération des habitants de Loisé pour la conservation de leur église.

L'an 1791, le dimanche 9° jour de janvier, au Banc de l'Œuvre et Fabrique de la paroisse Saint-Germain-de-Loisé de la ville de Mortagne, issue de vespres, pardevant les notaires du Roy à Mortagne, soussignés, en l'assemblée générale des habitans de la dite paroisse Saint-Germain-de-Loisé, convoqués tant par annonces aux prônes des messes paroissiales par trois jours de dimanches et fêtes consécutifs, y compris ce jourd'hui, qu'au son de la cloche en la manière accoutumée, où étoient MM. Charles Blavette, Jacques Fosse et François-Charles Brou, marguilliers honoraires et en charge de ladite fabrique, MM. Louis de Vanssay, ancien capitaine d'artillerie, chevalier de l'ordre royal et militaire de Saint-Louis, Jean-Léonard Berranger, Jean-Louis Lucas, sindic, Gilles-Charles Bernier, Sébastien Dolivet, Hugues-Mathurin Bourgoin, Noël Bourgoin, Mme Charles Bourgoin, Nicolas Hommey, Félix Bourgoin, Jacques Maux, Toussaint Provost, Antoine Breduel, Nicolas Tremblais, Nicolas Després, Jean Durand, Jacques Dupont, Noël Sergent, Pierre Gilbert, Nicolas Boulay et André Boulay, Paul-Jacques Dutertre, René Soyer, Gallerand de Souchez, François Guestre, Pierre Robert, Roch Billotte, Jacques Launay, Jacques Chartrain, Nicolas Mérieux, Nicolas Charpentier, Urbain-Mathurin Olivier, Nicolas Henry, Marin Boisnet, François Fosse, Mme Bigot, Jacques Robert, M.-Victor-Jacques Milcent, Jean Lorillière, Mme Gislain, Jean Deloge, René Bigot, Michel Lhermusier, Jean Dupont, Louis Mesnil, François Moisseron, Charles Billard, Charles Cloputre, René Brad, François Després, Louis Jardin, Michel Plumet, Etienne Girard, Charles Jouas, Thomas Charpentier, Marin Lefort, Jean-Louis Charpentier, François Aubert, Charles Dutertre, Michel Mau, René Saugeron, Jacques Juigné, François Tessier, tous habitans et propriétaires en lad. paroisse Saint-Germain-de-Loisé, assemblés comme dit est, faisant tant pour eux que pour les absents.

A été représenté par MM. les trézoriers, qu'en exécution des décrets de l'Assemblée Nationale, acceptés et sanctionnés par le Roy, il doit être incessamment procédé à une nouvelle circonscription de paroisses et à la formation de nouveau arrondissement, d'où il résultera la conservation et extension d'aucunes des paroisses existantes et la suppression des autres, qu'encore bien que la situation de cette église, éloignée d'une demi-lieue ou environ de la ville de Mortagne, ayant un bourg assez considérable et des fermes et hameaux en assez grand nombre, joint à d'autres avantages de localité, décident en faveur de sa conservation pour paroisse, lesdits sieurs trézoriers croient néanmoins qu'il seroit prudent de veiller avec la plus grande sollicitude à cette conservation et même de faire et présenter tous mémoires, requêtes et plans, lorsqu'il sera question desdits changements et suppression projetés, comme aussi de proposer toutes distractions et réunions convenables et nécessaires au bien public.

Sur quoi lesdits sieurs trézoriers ont requis lesdits habitans de délibérer.

Et après que tous lesdits habitans ont dit avoir délibéré entre eux, prenant en considération l'exposé desdits sieurs trézoriers, ils ont arrêté qu'il seroit nommé quatre commissaires qui seront chargés de veiller à la conservation de lad. église pour paroisse et à faire toutes les démarches, sollicitations, demandes, enfin tout ce qu'ils croiront convenable pour y parvenir. En conséquence, procédant à la nomination desd. commissaires, tous les dits habitans ont unanimement choisi les personnes de M. de Vanssay, M. Descorches, lesdits sieurs Jean-Léonard Berreuger et Broust, ce acceptans.

A tous lesquels conjointement, même à chacun d'eux séparément, lesd. habitans assemblés en forme de général, tant pour eux que pour les absens donnent par ces présentes tous les pouvoirs généraux et suffisans de faire toutes démarches, demandes, sollicitations qu'ils croiront convenables pour demander et obtenir la conservation de l'église de Loisé pour paroisse ; à cet effet, présenter tous mémoires, pétitions, requêtes, soit au district ou au directoire du département, même à M. l'Evêque ; y employer tous moyens qu'ils jugeront nécessaires et valables ; produire tous titres, pièces et soutiens, faire tous dires, réquisitions et demandes que besoin sera et généralement faire tout ce que lesdits sieurs commissaires jugeront à propos pour parvenir à obtenir la conservation de cette église pour paroisse, même proposer tous plans et distractions et réunions et autres que besoin sera, signer et arrêter tous lesd. mémoires, requêtes et actes, promettant, obligeant, etc. Fait et passé lesd. jour et an ; partie des délibérans ont signé et les autres ont déclaré ne le savoir de ce interpellés, lecture faite.

(Suivent les signatures.)

Minutes de Me Heudeline, notaire à Mortagne.

N° 7.

5 juin 1791.

Protestation des habitants de la paroisse de Saint-Jean.

L'an 1791, le dimanche 5ᵉ jour de juin, en l'église Saint-Jean, issue de vespres, pardevant les notaires du Roy à Mortagne, soussignés, — en l'assemblée des habitans de la paroisse de Saint-Jean de cette ville où étoient : René-Joseph Verger, marguillier honoraire, Jean-Louis-Simon Louvain, marguillier en charge, François Bouvier-Desnos, François Rondel, Alexandre Loricul, Jean-Charles Cottin, Louis Bertaux, Jean Bourgeois père, Jean-Pierre Chaline, Pierre Sicot, Nicolas Rondel, Jean Fresnel, François Rondel le jeune, René Landre, Louis Boucher, Jean Fouquet, Jean-Louis Groseil, Pierre Le Bouc, Denis Hervé, Thomas Julien, Jacques Riantz, François Leprêtre, Julien Amesland, Pierre-François Guillet, Claude Robine, Jean-Pierre Groseil, Louis-Charles de l'Etang du Chesnay, René Margerie, Louis Paumier, Pierre Geffroy, Marin Hardy, Antoine Gohier, René-Charles Bellanger, François Tissain, Noël-Pierre Gilles, Noël Gohier, Jacques Maux, Pierre-Yves Le Large, Louis Esnaux, Nicolas Le Goust, Germain Emery, Pierre-François Gadois, Jean-Noël Lemoine, Jean-Charles-René Fosse, Alexandre Echauffour, Jean Laudier, Charles Provost, Pierre-Charles Maillard, Pierre-Julien Provost, Pierre Vaudron, François Bonhomme, Etienne Mesnager, Pierre Turgeon, Pierre-François L'Etard, Denis Granger, Michel Bellanger, Jacques Quinterne, Jean Fraboulet, Charles Touchet, Louis Desandes, Yves Le Large, Jean Bouvier, Pierre-Rodolphe Chaline, Jean Maillard, Jean Hubert, Pierre Maillard, François Le Comte, Louis Granger, Louis Le Meunier, Pierre Guillet, Pierre Verger, René Besnard, Louis Chaillou. Tous assemblés au son de la cloche en la manière accoutumée pour délibérer sur différens objets et notamment sur ce qui va leur être ci-après exposé. A été représenté par aucuns des dits habitans qu'ils ont été instruits que par les nouvelles circonscriptions de paroisses du district de Mortagne et les nouveaux arrondissemens faits et arrêtés par le directoire du département de l'Orne, en exécution des décrets de l'Assemblée Nationale, il paroit qu'il n'y a de conservé en la dite ville de Mortagne que l'église de Notre-Dame pour paroisse, d'où il résulte que celle de Saint-Jean se trouve supprimée et que l'église est seulement conservée comme oratoire, qu'avant que cet arrêté soit mis en exécution, il est instant de solliciter auprès du Département le rapport de cet arrêté, comme ayant été rendu sans fondement et sans motif au regard de cette église Saint-Jean, qu'il conviendroit se pourvoir pour faire décider qu'elle sera conservée pour paroisse, qu'il y a d'autant plus lieu d'espérer du succès des démarches et des sollicitations qu'on pourra faire observer que cette paroisse est une des plus fortes de la ville en population, qu'elle est d'ailleurs celle à la plus grande proximité des habitans de la campagne des environs qui y viennent très fréquemment aux offices et qui s'en trouveroient privés par la suppression de cette paroisse puisqu'il n'y seroit célébré qu'une messe basse si elle étoit établie comme oratoire.

Sur quoi tous les dits trésoriers et habitans ayant délibéré, prenant en considération l'exposé et ce qui est ci-dessus représenté ont dit et déclaré être unanimement d'avis de demander et solliciter la conservation de cette église pour paroisse, en conséquence nomment unanimement les personnes des dits sieurs Verger, François Bouvier-Desnos, Pierre-Denis Bouvier-Desnos, Pierre Brad et François Rondel, auxquels, ce acceptans, ils donnent plein et entier pouvoir de pour eux et au nom des dits habitans en général, faire, soit auprès du Département, soit auprès de M. l'Evêque, du district et où il appartiendra, toutes demandes, représentations, sollicitations et toutes démarches que besoin sera pour obtenir la conservation de la dite église Saint-Jean pour paroisse et pour cet effet présenter tous mémoires, requêtes, etc...

Autorisant les dits habitans le trésorier en charges de payer tous les frais et faire toutes les avances nécessaires et que pourra occasionner la dite demande.

Fait, passé et arrêté lesd. jour et an, lesd. sieurs trézoriers ont signé avec la majeure partie desd. habitans et quant aux autres ils ont déclaré ne le savoir, de ce interpellés lecture faite.

(Suivent les signatures.)

Minutes de M° Heudeline, notaire à Mortagne.

N° 8.

11 Floréal an III (30 avril 1795).

Location de l'église Saint-Jean.

La location de l'église Saint-Jean fut mise en adjudication aux mêmes charges, clauses et conditions que celle de N.-D. (voir page 126).

Il est dit au cahier des charges que « les ustensiles de la Salpêtrière ne font point partie de la présente location, lesquels seront enlevés dans le délay de quinzaine ».

N° 9.

Paris ; 19 Germinal an VI (8 avril 1798).

Lettre de L. Lavot au citoyen Barras, membre du Directoire exécutif, sur Desrochers La Fresnaye, juge de Paix du canton de Soligny, et trois commissaires de l'arrondissement de Mortagne, Creveux, Gohier et Freté.

Citoyen directeur,

On me fait espérer que vous voudrez bien prendre connoissance de quelques détails relatifs à l'objet dont j'ai eu l'honneur de vous entretenir dans mon exposé du 9 de ce mois, plus étendus que ceux que je vous y ai présentés. Je n'attendois pas moins de la généreuse sollicitude qui vous porte à accueillir avec empressement tout ce qui tient à l'intérêt public. Pour ne pas abuser néanmoins de vos momens, je tâcherai d'être court.

La partie du département de l'Orne qui comprend les cantons de Mortagne et de Soligny, auroit toujours été en paix s'il ne s'y fut pas trouvé des hommes qui, se prétendant patriotes exclusifs, ont tout fait pour s'emparer du pouvoir et écarter des places ceux que leur moralité et leur amour éclairé des vrais principes républicains en rendoient dignes. Le grand moyen qu'ont employé ces hommes pour réussir a été l'exagération combinée avec la protection qu'ils ont accordée à tous les mauvais sujets dont ils avoient besoin pour grossir leur parti. Là, comme cela s'est fait ailleurs, ils ont affermi leur domination par la terreur.

Le citoyen La Fresnaye a constamment lutté contre ceux dont je parle avec l'ascendant des lumières et de la probité........

Après avoir représenté Créveux, commissaire auprès du tribunal de police correctionnelle de Mortagne, comme un des plus farouches révolutionnaires de son temps, L. Lavot ajoute :

Gohier, avec des vociférations, seconde parfaitement les vues de Créveux. Cet homme s'est érigé en défenseur officieux près le tribunal, d'où la seule répugnance de communiquer avec lui a écarté les gens à talent. Il ne seroit que complettement ridicule par son extrême bêtise s'il n'exerçoit une terreur universelle dans le pays par les dénonciations calomnieuses qu'il a souvent réussi à faire accueillir. Sous le rapport de son ignorance crasse, il peut être jugé par le style seul de ses dénonciations. Il est absolument dépourvu de la portion d'intelligence nécessaire pour comprendre le sens des loix à l'exécution desquelles il doit concourir ; aussi n'en connoît-il d'autres que ses caprices et ses passions. Sous l'influence dangereuse qu'avec sa seule impudence il exerce sur des esprits faibles, les actes arbitraires se multiplient d'une manière effrayante. Secrétaire et receveur de l'ancien comité révolutionnaire de Mortagne, il poussa si loin la tyrannie envers de malheureux paysans dont l'innocence fut reconnue sous le régime même de la Terreur, qu'il fut incarcéré lui-même pour la part odieuse qu'il prit dans cette affaire. N'y eut-il contre lui que la barbarie avec laquelle il a traité sa mère, il seroit encore exécré à Mortagne. Il est dans l'aisance et n'a pas rougi de dépouiller sa mère du peu de bien qu'elle s'étoit réservé pour sa subsistance en l'attaquant devant les tribunaux pour un défaut de formalités que sa tendresse pour lui ne lui avoit pas permis de songer à remplir......

Lavot nous dépeint ensuite Fretté en termes peu élogieux pour le commissaire auprès de l'administration de Longny.

Collection de M. H. Tournouër ; original.

AVIS

Le plan primitif de l'*Histoire religieuse de Mortagne* comprenait, outre l'histoire des paroisses, celle des diverses Communautés de la ville, mais M. J. Besnard cessant désormais toute collaboration avec les *Documents sur la Province du Perche*, l'ouvrage peut être considéré comme terminé et la table alphabétique des noms de personnes et de lieux en sera distribuée dans les prochains fascicules.

TABLE DES MATIÈRES

Pages.

Introduction 4

CHAPITRE Ier

Église et Paroisse de Saint-Malo.

Fondation et privilège de l'église Saint-Malo....... 7
Description de l'église Saint-Malo.................. 9
Curés de Saint-Malo....... 10
Bienfaiteurs 11
Réunion de la paroisse Saint-Malo à celle de Saint-Jean......... 12
Démolition de l'église Saint-Malo................................. 14
Chapelle du Calvaire... 19

CHAPITRE II

Église et Paroisse Saint-Jean.

Fondation et description de l'église Saint-Jean. Environs. Limites
    paroissiales.. 22
Curés... 27
Bienfaiteurs 45
Chapelains 47
Confréries établies à Saint-Jean................................. 49
Destruction de l'église Saint-Jean............................... 52

CHAPITRE III

Église et Paroisse Notre-Dame.

A. — Avant la Révolution.

Fondation de l'Église Notre-Dame................................. 56
Description ancienne et moderne de l'Église Notre-Dame........ 58
Curés... 67
Principaux bienfaiteurs ou fondateurs............................ 86
Chapelains 91
Confréries à Notre-Dame... 92
Cimetière. Limites paroissiales.................................. 98
Enseignement primaire et secondaire............................. 101

B. — Pendant la Révolution. 1789-1802.

Prêtres attachés au service de l'Eglise Notre-Dame............ 109
Dépouillement de l'Eglise Notre-Dame........................ 121
Réunions à Notre-Dame et fêtes patriotiques ayant un caractère
    religieux.. 130
Enseignement primaire et secondaire pendant la Révolution...... 195

C. — Après la Révolution.

Le concordat et le Clergé Mortagnais. La Petite-Eglise ou Eglise
    Anticoncordataire.. 199
Les Curés de Notre-Dame. — Fondations, etc................. 205
Incendie et reconstruction de la Tour Notre-Dame............. 220
Ecroulement de la Tour Notre-Dame. — Restauration de l'Eglise. 241
Enseignement primaire et secondaire 251

CHAPITRE IV

Eglise et Paroisse de Loisé.

Avant la Révolution.

Fondation et description de l'Eglise Saint-Germain de Loisé.
    Ses environs. Limites paroissiales...................... 252
Curés... 257
Bienfaiteurs.. 264
Confréries établies à Loisé................................. 266

Pendant la Révolution.

Prêtres attachés au service de l'Eglise de Loisé.............. 280
Dépouillement de l'Eglise de Loisé 286

Après la Révolution.

Les Curés de Loisé. — Bienfaiteurs, etc...................... 292

CHAPITRE V

Eglise et Paroisse Sainte-Croix.

Fondation et description de l'Eglise Sainte-Croix. — Limites
    paroissiales... 298
Curés... 300
Bienfaiteurs.. 300
Confrérie de la Charité..................................... 303
Les derniers vicaires de Sainte-Croix. — Destruction de cette
    Eglise... 304
Cimetière de Sainte-Croix................................... 316
Pièces Justificatives....................................... 319
Table des Matières.. 331

Mortagne. — Imp. Vve Georges Meaux.

www.ingramcontent.com/pod-product-compliance
Lightning Source LLC
Chambersburg PA
CBHW060508170426
43199CB00011B/1375